中国法学会后期资助项目文丛
BOOK SERIES FUNDED BY CHINA LAW SOCIETY

中国商事立法研究

Research on China's Commercial Law Legislation

张保红◎著

法律出版社
LAW PRESS·CHINA

中国法学会后期资助项目文丛

出版说明

为进一步落实中央《关于加强中国特色新型智库建设的意见》，充分发挥中国法学会作为党和政府联系法学法律界桥梁和纽带的作用，着力实现中国法学会作为国家法治建设领域核心智库的发展目标，为专家学者开展法学研究和成果转化提供支持，不断丰富和发展中国特色社会主义法治理论体系，中国法学会特决定设立后期资助项目，对具有重要理论和实践价值的优秀法学研究成果予以后期资助，纳入“中国法学会后期资助项目文丛”出版。2015年中国法学会后期资助项目设立以来，累计立项60余项成果，已交付出版40余部。今后每年我们还将评选确定一定数量的后期资助项目并予以出版。

中国法学会

2018 年 7 月

目　录

Contents

内 容 提 要

商法及商事立法目前非常尴尬：民法固有的理念、原则和制度支配着我国民商法的制度建设和发展，商法及商事立法处于非常弱势的地位。之所以如此，是因为商法的灵魂与制度为民法所占据，商法很难再提出一般理论。商法应当以效率与安全重塑自己的灵魂。商事立法也应当得到应有的重视。

第一章：商事立法的模式选择。近代商法先于近代民法产生。近代商法诞生于公元 11 世纪的中世纪后期的欧洲，以商人法的形成作为标志，有自己的产生、发展的轨迹，并不起源于罗马法。我国商法立法自清末变法始，主要源自于西方。新中国成立以来，商事立法经历了一些挫折，但现在正逐渐走向正轨。商事立法，主要有民商合一和民商分立两种模式。我国商事立法的理想模式应当是制定《商法通则》，辅之以商事的单行法；我国商事立法的现实模式是搭《民法典》立法的顺风车，将成熟的商事单行法纳入民法典之中。

第二章：商事立法的重大问题。商法在性质上属于私法，所谓商法是公法或兼具公法性的观点均不成立。商法的价值是效率和安全，此有别于民法的自愿与公平（伦理）的价值。商法为营业与营利之法，而民法则是生活和人格发展之法，二者有不同的价值追求。商法的基本原则既应包括民法的基本原则，还应包括商法所特有的基本原则。商法所特有的基本原则主要有两个：一个是规范原则，即商法以强制性规范参与私法意思自治，以提高交易效率和保障交易安全；另一个是外观原则，商行为的效果以行为人行为的外观为准进行认定。外观原则是商法的基石。

第三章：商法总则。商法，是指为提高交易效率和保障交易安全而调整商人和商行为的法律规范的总称。商人与商行为由民法与商法共同调整，商法调整强调效率安全的一面，民法调整强调意思自治的一面。商法总则应当明确规定商法的法律渊源及其适用次序。商法渊源包括商法法律规范、商业习惯和商法法理。商事习惯与商事法理应当优先于民法规定适用。商法总则应当明确规定规范原则和外观原则。商事活动中，当事人不得以意思自治为由规避商法所规定的强制性规范。外观原则是立法原则，也是司法原则。涉及交易效率和交易安全的地方，除法律或交易习惯另有规定的外，外观原则应当优先适用。

第四章：商人法。商人，指依法登记的适宜从事营利性营业活动的非自然人。商人法应当明确规定商人法定原则。不得设立不符合规定类型的商人；法律以强制性规范规定的具体商人类型的内部治理、财产关系和责任形式，禁止行为人任意变更。商人法的主要使命是塑造独立的商人人格。商人法立法应当着重对商人名称、意思及意思治理机制和财产及财产独立机制三方面对商人人格元素进行塑造。商人法应当规定经理、代办和法定代表。商人法应当详细规定商业登记和商业账簿制度，特别要明确前者的效力。商人法应当就独资企业、合伙企业、公司和破产进行单独立法。

第五章：商行为法。商行为，是指营利性营业行为和法律规定为商行为的行为。商行为多数为法律行为。商事法律行为的主体即商主体被假定为“强而智”，商法规范直接参与意思表示内容的形成，意思表示解释则采外观原则，强调对交易习惯的尊重。商行为法，应当规定商主体为商行为时应当遵循通常商主体之注意义务；应当规定双方商行为的可撤销规则的限制、缄默视为要约之承诺、违约金调整限制等规则；应当具体规定代理商、行纪商、居间商制度。商行为法，应当就票据、证券、保险、银行、电子商务等法定商行为单独立法。

引言　商法立法的春天

这是民法的春天，而商法仍然在感受着冬天的丝丝寒意！“民法固有的理念、原则和制度支配着我国民商法的制度建设和发展，并几乎包容了我国民商法立法的所有内容。”[①]《民法总则》的颁布似乎加固了这种趋势。即便从成文法算起，近代商法也早于近代民法。法国路易十四于1673年和1681年分别了颁布了12章111条的《陆上商事条例》与5编《海上商事条例》，而此时法国民事法律尚未完成成文法化，普通民事关系尚适用罗马法与习惯法。标志近代民法产生的《法国民法典》一直到100多年以后才诞生。[②]

如果说近代私法的躯体源自罗马法，那么其灵魂则来源于商人法。罗马法轻意思而重形式。梅因将契约区分为粗糙形式的契约和成熟时期的契约。“粗糙形式的契约存在于古代法之中，毫无‘允诺’之思想存在，其十分重视仪式，一旦某一仪式被误用或被忽略，其相应的契约就不能够产生法律上的效力。相反，若仪式的所有要素已经完备，即便其相应的契约是在欺诈或胁迫的情形下作出的，该契约的效力也不会因此而受到任何影响。这种在近现代民法看来不能理解的现象在当时并不为奇，因为近现代

---

① 邹海林主编:《中国商法的发展研究》，中国社会科学出版社2008年版，第2页。

② 参见范健、王建文:《商法的价值、源流及本体》，中国人民大学出版社2004年版，第37页。

民法之中，人们重视的是一个包含特定允诺的意思，而在古代法中，其所强调的是一个完整无缺的仪式。”[①] 商法的出现，给复兴中的罗马法注入了灵魂。近代私法的根基是平等和自由，而自由最核心部分即契约自由则主要是由商人实践出来的。法国1791年以法律的形式宣布“工商自由原则”，并制定了“勒沙佩里耶法”（loi Le Chapelier）重申行会的消灭。此后，人人皆商的理念深入人心，商人也不再得到行会的保护。[②] 张国键认为，商法首创自由主义，“即契约自由，与方式自由。自19世纪时期，法、德、奥、瑞士诸国，对从前所加于契约自由的各种限制，都先在商事方面，予以废除”。[③]“历史地观察，商法是合同自由的积极领路人。”[④]

但是，商法一度迷失了自己。“商法的内容是朦胧的，商法的边界是模糊的，商法的位置在哪里？……我们知道它的过去，但却说不清它的现在，也看不透它的未来，我们似乎被笼罩在商法的烟雾中。”[⑤] 商法的价值原本是营业自由[⑥] 和契约自由。随着人人平等观念的倡导和社会生活的普遍商化，商法的价值被民法蚕食。民法将营业自由和契约自由包装成意思自治原则；再将商法的商事合同拿走，等等。[⑦] 但民法只愿意摄取商法的灵魂，享受商法的精华，其余残肢剩体则任凭其散落一地。商法能够继续存在，“不如说是被容忍了”。[⑧] 商法在对抗民法的战斗中节节失利。追求

---

① [英] 梅因:《古代法》，沈景一译，商务印书馆1996年版，第154页。转引自刘保玉、郭栋:《权利外观保护理论及其在我国民法典中的设计》，载《法律科学》2012年第5期。

② 参见 [法] 伊夫·居荣:《法国商法》，罗结珍、赵海峰译，法律出版社2004年版，第17页。

③ 张国键:《商事法概要》，三民书局1986年版，第7页。

④ [德] C. W. 卡纳里斯:《德国商法》，杨继译，法律出版社2006年版，第8页。

⑤ 赵旭东:《商法的困惑与思考》，载《政法论坛》2002年第1期。

⑥ 将营业自由依旧作为商法的基本原则（叶林主编:《商法学原理与案例教程》，中国人民大学出版社2006年版，第15页）是不恰当的。自由是民法的理念，商法强调营业自由不过是商法意思自治原则的重申。只有与民法的理念有所区别，商法才能取得立足之地。

⑦ 本书认为，商事合同依然属于实质商法的范畴。

⑧ [法] 克洛德·商波:《商法》，刘庆余译，商务印书馆1998年版，第16页。

“个体自由的田园牧歌式的民法”总能引起人们的共鸣；民法的正统性、普适性和理论性总能引起立法者的好感。民法的抽象能力无与伦比，令无数法律学者为之痴迷。渊源于罗马，形成于德国的物权和债权制度，几乎具有概括所有财产权利的能力；法律行为，更是德国私法学的巅峰之作，“几乎可以包容人世间任何性质的行为和交易关系”。① 而商法只能给出一些配方，却无法提出一般理论。② 一般理论的缺乏遭到了民法的揶揄：“那些长期独立于法典之外的商事单行法规，彼此之间没有紧密的关联，迫切需要抓住最后一根救命稻草，即民法典。” ③ 商法面临如此窘境不单是商法的悲哀，也是市场经济的悲哀：民法和经济法不仅蚕食着商法的精华，而且也蚕食着市场的特色和自主。

商法需要找回自己的价值。今天市场经济的精细化给了商法重聚理念的机遇。经济领域越发依赖法律技术规范对各种具体的商事关系进行精巧的设计和规范。民事生活中，人们不会每天订一份婚约或购买一份房产，因此，人们面临此等合同，总有充裕的时间综合考量，以制定一份对于自己可谓是“量体裁衣”的契约。但在商业活动中，时间就是金钱，商事交易迅速而又大量重复，交易人没有时间也没有必要去思考交易细节。只要交易能够带来财富，交易人也不在乎交易是否能够满足个人生活需要。此种情形下，交易人只有信任已经建立起来的交易机制。④ 这种交易机制必

---

① 施天涛：《商法学》（第 3 版），法律出版社 2006 年版，第 46 页。

② 参见［法］伊夫·居荣：《法国商法》，罗结珍、赵海峰译，法律出版社 2004 年版，第 12 页。学者范健、王建文认为，“商法起源于商事交易和惯例，不像民法起源于罗马法，它是一门实践性法学，从一开始就没有完整的理论，许多国家是先有商事习惯后有商事法律，再有商法理论”。范健、王建文：《商法的价值、源流及本体》，中国人民大学出版社 2004 年版，第 2 页。这些论述不无道理，但商法没有完整的理论更多是民法掠取的结果。

③ 许中缘：《商法的独特品格与我国民法典编纂》（上），人民出版社 2017 年版，第 32 页。

④ 参见［法］伊夫·居荣：《法国商法》，罗结珍、赵海峰译，法律出版社 2004 年版，第 11 页。

然建立，无论它是基于个人不断的实践，还是基于习惯、法律，[①] 因为它是市场的内在规律和商主体的内在需要。商法上的这些技术规范背后的理念不是管制，而是对效率和安全的追求。效率和安全即是新时期下商法的价值。此种商法价值，是市场经济深化后独有的价值，不能被民法和经济法所掠夺。民法无论如何，也不能只讲效率和安全，而忽视对万千生活的规范。效率安全尽管最终的追求是自由，但很难完全等同于自由。商法在价值上，完成了对民法的又一次超越。商法或许永远无法像民法那样有精美的体系和缜密的理性，但这未必是商法的缺点。诚如罗科斯·庞德所言："就抽象体系而言，普通法略逊一筹。但若考察单个纠纷的实际解决，普通法却总占上风。" [②] 商法借助其形式灵活、身段柔软，可以大量吸收商业习惯以补充成文法的不足，从而达到与普通法类似的效果。

商法价值即是商法的灵魂。商法不再迷失自己，商法灵魂的回归，[③] 预示商事立法的春天即将来临！如果冬天来了，春天还会远吗？[④]

① 商法发源于习惯法，绝大部分商法规范是商事习惯的规范化。

②［美］罗科斯·庞德：《普通法的精神》，法律出版社 2001 年版，第 3 页。

③ 需要制定《商法通则》以彰显商法的价值，否则商法的灵魂无所依归。

④ 雪莱：《西风颂》。

第一章　商事立法的模式选择

第一节　国外商事立法

一、商法的诞生

一般认为，商法诞生于公元11世纪的中世纪后期的欧洲，以商人法的形成作为标志。商人法首先在意大利地中海沿岸形成，并被称为欧洲各国商法的“母法”。法国、德国、西班牙等国的商人法多是把意大利商人法中适合本国情况的内容收集起来，加以汇编适用。[①]商法的诞生是多种因素共同作用的结果。

（一）产生背景

欧洲中世纪是一个典型的农业社会。自给自足的自然经济使得贸易长期处于半消亡状态。到了11世纪，情况有了一些好转，当时商业已经了具备一些发展条件。商人们迫切需要统一、明确的贸易规则以扫除商业发展的制度障碍。但是，当时的社会环境和法律环境于贸易十分不利。“商

---

① 参见何勤华主编:《法国法律发达史》，法律出版社2001年版，第245页。

人是社会与法律的弃儿。”①

社会环境。一方面，自然经济排斥商业。在6世纪到10世纪的中世纪长夜里，封闭而又静止的自然经济占据了欧洲。②商业并不占据中世纪社会的舞台中心，占据中心的是农业和土地。土地主要用来经营农业，变动不居的土地很难获得持续的农业收益。为维持农业的发展，社会倾向于维持土地的静止不动。受自然经济的影响，中世纪与商业有关的法律也处于长期的消亡时代。③另一方面，教会贵族鄙视商业。亚里士多德认为，财富应当分为由劳动所获得的自然财富和由商业所获得的人造财富。前者是为了维持家庭生活而创造的真正财富，后者则是为富而作为手段的伪善的财富。将获利作为生活的目的，不但本末倒置，更是人类邪恶产生的原因。④后来受此影响的基督教认为高利贷等商业行为是不道德的。教廷“反对贸易，反对科学技术进步，认为贸易鼓动人们的发财致富欲望，科技进步动摇人们固有的思想。教廷认为贷款要利息，即商业的灵魂，是犯了渎圣罪”。贵族同样蔑视商业，但不无讽刺的是，“他们的十字军东征和奢华使这些活动重获新生，他们对黄金的渴望与追求利润非常相像”。⑤

法律环境。第一，欧洲当时占统治地位的封建法和寺院法无法完成促进商业发展的使命。封建法“否认无因行为，认许连带债务得分别偿还，卖主得以低于市价半数为理由，而撤销其买卖行为等规定，皆非商人阶级所能忍受”；寺院法“不仅严禁放款生息，且不准借本经商，其不加式于

① 李永军:《论商法的传统与理性基础》，载《法制与社会发展》2002年第6期。

② 参见［法］克洛德·商波:《商法》，刘庆余译，商务印书馆1998年版，第6页。

③ 参见［法］克洛德·商波:《商法》，刘庆余译，商务印书馆1998年版，第6页。

④ 参见樊涛、王延川:《商法总论》，知识产权出版社2010年版，第23页。

⑤［法］克洛德·商波:《商法》，刘庆余译，商务印书馆1998年版，第6页。不同意见认为教会的布道不过是说说而已，并未真正付诸实施。参见［美］哈罗德·J. 伯尔曼:《法律与革命》，贺卫方等译，中国大百科全书出版社1993年版，第412页。

货物而转换得利者，亦认为违法，商人阶级，尤难接受该法律的支配”。[①]第二，囿于当时的社会氛围，期待国家立法调整商业行为极不现实。立法以土地为中心，其中心在于维护地主对土地的稳定拥有。那些复杂的交易形式和善意取得迟迟未能确立，即是基于这些原因。因此，很难指望国家对商业进行立法。第三，罗马法无法用以解决当时的现实问题。一方面，罗马法市民法当时刚被发现，多数内容注重烦琐形式而排斥意思自治，与当时流行的封建法与寺院法相比情况未必见好。更重要的是，罗马法富于逻辑而深邃绵密，未必适应简单多变的商业实践。商法规则应当从商业实践中总结。

所幸，有贸易便会有习惯的产生。这些长期形成的商业习惯内容主要有六个方面：第一，诚实信用原则；第二，商业合伙；第三，票据制度；第四，保险制度；第五，法律方式自由；第六，对善意第三人之保护。[②]在商人法产生之前，商人们主要依靠这些商业习惯作为处理商业纠纷的依据。这些商业习惯不系统、适用地域也有限制，彼此也常常存在冲突之处，显然有进一步整理的必要。

（二）商人法的形成

中世纪欧洲分裂的政治现实给了在法律整体敌视环境中的商业一隙发展空间。11 世纪意大利地中海沿海的一些城邦，一方面位于商业贸易的交接点上，另一方面又处于“封建关系最薄弱、封建统治鞭长莫及或权力真空的地带”。[③]商法即起源于这些城邦。到了 12 世纪，港口贸易带动了法国和西班牙的城市发展，出现了马赛、巴塞罗那等著名的港口商业城市。与海商发展的同时，陆商也得到了发展。全欧许多城市和城镇都出现了定

① 张国键:《商事法论》，三民书局 1980 年版，第 11 页。

② 参见张国键:《商事法论》，三民书局 1980 年版，第 11 ～ 12 页。

③ 金观涛、唐若昕:《西方社会结构的演变》，四川人民出版社 1985 年版，第 174 页。

期举办的国际集市和国际市场。[①] 商法在这些地区也开始出现。这些地区的商法都不同程度地受到了意大利商人法的影响。[②]

商法的形成是商人自身争取的结果。商人自发组织起来，制定各种商业法规，这些法规源自长期商业实践形成的商业习惯，被称为商人法（lex mercatoria/law of merchant）。同时，商人自己组成交易市场、商事法院和行会组织，实行商人自治。[③] 商人行会组织（又称基尔特，Merchant Guild）[④] 通过认可和接纳商人，在这一特定和相对独立的人群中建立了属于商人自己的王国。这个王国中的法庭和法官制度，审判和强制执行程序，都不是当时刑事、民事或教会等官方司法制度的一部分。[⑤]

商法的出现是一场法律革命，它与当时深入发展的商业革命相互影响。"商业革命有助于造就商法，商法也有助于成就商业革命。实际上，所发生的不仅是商业的革命性转变，而且还是整个社会的变迁。在这种整体变迁中，商法也像封建法和庄园法一样，有它自身的各种渊源，并且像它们一样，从这种变迁中获得了自己的特性。"[⑥] 商法不仅仅出色地完成了在商业领域中的使命，而且对于塑造近代私法的性格，和整个社会的、国家的性格都功不可没。[⑦] 商法正是在那时在西方逐渐被人们看作是一种完

---

① 参见徐强胜:《商法导论》，法律出版社 2013 年版，第 31 页。

② 参见何勤华主编:《法国法律发达史》，法律出版社 2001 年版，第 245 页。

③ "商人们自发聚集到一起，制订共同的游戏规则。商业法律由此诞生。它没有得到国家的承认，完全是自发产生，自行裁决并强制实施，就像一个俱乐部的规章制度一样。"［美］麦特・里德雷:《美德的起源：人类本能与协作的进化》，刘珩译，中央编译出版社 2004 年版，第 221 页。

④ 商会的存在，反映了商人阶层内部的平等性。"凡是有等级组织存在的地方，行会就完全成为多余。"［德］马克斯・韦伯:《经济通史》，姚曾廙译，上海三联书店 2006 年版，第 86 页。

⑤ 参见［英］梅里曼:《大陆法系》，顾培东、禄正平译，知识出版社 1984 年版，第 116 页。

⑥［美］哈罗德•J. 伯尔曼:《法律与革命》，贺卫方等译，中国大百科全书出版社 1993 年版，第 409 页。

⑦ 商业的本质是自由和平等，这正是近代启蒙思想的三大口号中的两个；商人的势力的强大，使得商人不断争取更大的自治权力，以至于到后来建立了许多以商人为主体的共和国。这些反过来又促进了商法和商业的发展。

整的、不断发展的法律体系。①

（三）小结

商法诞生的标志是商人法的形成。对此需要补充以下几点：

第一，不宜将商法诞生的历史追溯到10世纪意大利商人法之前。一方面，将商法追溯罗马法也不恰当。罗马法对后世影响深远，所谓“言必称罗马”。②不过，商法与罗马法至少没有直接的关系。罗马法文献的确有一些调整简单交易关系的契约规则，但是，这些契约没有概念化，且没有商业契约和非商业契约，“所有的契约都被当作民事契约”。并且，罗马时代的许多契约不是由市民法支配，而是由包括万民法在内的习惯法支配。这些习惯法商法可以追溯到公元前300年的《罗德岛海洋法》，以及后来在东地中海沿岸发展起来的海上贸易习惯。罗马商业习惯法的一些规则以及市民法的一些规则独立于查士丁尼的法律文本之外，但它们从5世纪到11世纪一直留存于西方，并可以从各地如威尼斯的商人习惯中找到。不过，“无论是重新发现的罗马市民法，还是仅仅残存的罗马习惯法，包括万民法，都不足应付在11世纪晚期和12世纪出现的各种国内和国际的商业问题”。仍然构成今天商法主要内容的制度，如票据、保险、商业合伙、银行、商业账簿和商业登记等，都来源于那个时期。③事实上，调整简单

① 参见［美］哈罗德·J.伯尔曼：《法律与革命》，贺卫方等译，中国大百科全书出版社1993年版，第406页。

② “罗马法摆脱了民族的局限，使自身在后世作为超越时间与空间的成文理性出现，并且具备了在另一个世纪控制另一个民族的能力。”［德］古斯塔夫·拉德布鲁赫：《法学导论》，米健等译，中国大百科全书出版社1997年版，第72页。

③ 本部分资料来自伯尔曼所著《法律与革命》。作者还认为，“无论是可流通信用票据的概念还是做法，对于古罗马法都是未知的，它是8世纪和10世纪之间地中海的穆斯林商人和其他商人中也不是一种发达的概念或做法。它由11世纪晚期和12世纪的西方商人创立，而这当然是对那时出现的发达商品市场的一种反映”。［美］哈罗德·J.伯尔曼：《法律与革命》，贺卫方等译，中国大百科全书出版社1993年版，第413～414、427页。

商事交易的法律规则不唯罗马法有之，甚至可以上溯至公元前 18 世纪的《汉谟拉比法典》。这些零散的、不系统的贸易规则并不能作为部门法商法诞生的标志，因为它们同样对近代商法的形成几无影响。质言之，“尽管商法中的某些制度与商业本身一样古老，可是，西欧的商法只是在中世纪才得到了根本性的发展”。①

第二，商法起源于中世纪已有定论。我国已故著名学者谢怀栻指出，“近代资本主义国家的商法典产生于封建社会末期，是从封建制度之内逐渐形成的，它与原来的民法根本没有关系”。②在国外，伯尔曼认为，“近代商法体系的结构性要素如果不是绝大多数形成于这个时期，那么至少也是很多形成于这个时期”。③马克斯·韦伯指出，近代法上资本主义的一切特有的制度都不是归根于罗马法。“无论出自私人债务或战争贷款的有息债券都起源于中世纪的法律。”④不仅现代资本主义的法律制度“是由居住在具有自治的法律体系的（中世纪）独立城市中的商人们发展起来的”，而且商人们还创设了一个精致并且有序的交易市场，发展了一个自由身份的社会。⑤

第三，商法的形成过程反映了商业活动的内在规律。一方面，商法的形成需要一个足以支撑形成相应法律现象的商业环境和商人阶层。⑥直到中世纪，商人组建自己的行会乃至城邦之后，这个条件才得以成就。另一方面，商业活动的本身特点要求其必然是自治的。商业的复杂性决定了其

---

① 徐强胜:《商法导论》，法律出版社 2013 年版，第 30、32 页。

② 谢怀栻:《外国民商法精要》，法律出版社 2002 年版，第 55 页。

③ [美] 哈罗德·J. 伯尔曼:《法律与革命》，贺卫方等译，中国大百科全书出版社 1993 年版，第 430 ~ 438 页。

④ [德] 马克斯·韦伯:《经济通史》，姚曾廙译，上海三联书店 2006 年版，第 214 页。

⑤ 参见 [瑞] 理查德·斯威德伯格:《马克斯·韦伯与经济社会学思想》，何蓉译，商务印书馆 2007 年版，第 21 页；徐金海:《商法源流论》，中国经济出版社 2011 年版，第 54 页。

⑥ 参见徐强胜:《商法导论》，法律出版社 2013 年版，第 30、32 页。

发展早期主要是靠习惯而不是立法来规范商业活动。立法者无法洞悉商业规则，也无法预测商业发展的方向。当时的主要商业城市的统治当局，[①]虽也尝试通过编纂商事习惯（如1056年的《热那亚习惯》,1161年比萨的《法律与习惯》和1216年米兰的《习惯全书》）以促进商法体系的发展，[②]但并没有打算将这些商业习惯编纂为成文法，个中原因也在此。商法不能在罗马法中诞生的原因也在于此。可以想象，11世纪到13世纪的热情的罗马法学家有意愿也有能力从罗马法的文献里创立一种商法体系。[③]但他们没有这样做，原因是商法只能尊重商业规律，只能从商人的无数实践中提炼规则，否则，将是徒劳的。即使到今天，商业习惯也是商法的重要来源。可见，大陆法系的商法产生有其历史、社会和理论背景。既与商业不兼容于当时的社会环境和政治制度有关，也与商业活动自身特点有关。后者是商法独立产生的根本原因。

总之，与由学者撰写的带书卷气的罗马法和教会法不同，商法的形成，不是来自国家立法，不是来自学者演绎，而是来自实践。[④]商人法产生后几百年间，罗马法已经复兴，国家也插手商事立法。结果是罗马法并未吃掉商法，国家也尊重商法的存在。这些说明商法是实践总结而非简单是历史形成。商法产生的历史表明，商法从一开始并不依附于民法。商法

---

① 应当指出的是，当时并不是所有的政府当局都敌视商业。一些城邦本身即是由商人建立的。当然，这是商人自身努力的结果。欧洲的政治分裂也提供了这样的条件。

② 参见［美］哈罗德·J. 伯尔曼:《法律与革命》，贺卫方等译，中国大百科全书出版社1993年版，第432页。

③ 参见［美］哈罗德·J. 伯尔曼:《法律与革命》，贺卫方等译，中国大百科全书出版社1993年版，第414页。

④ 即便曾经造成一种错觉，“整个商法体系都处在一种演化的过程之中，这一过程表现在数个世纪中不断地把过去展现于未来，表现为一种自主的发展。至少存在一种错觉，即不仅错误地以为商人制定用来支配其活动的法律体系具有基本的统一性，而且错误地以为连续有几代商人为了这种法律体系的存在和发展进行了持续不断的合作”。［美］哈罗德·J. 伯尔曼:《法律与革命》，贺卫方等译，中国大百科全书出版社1993年版，第433页。

应当而且可以单独立法。

二、商法发展的高峰：商法典的编纂

随着近代民族中央集权国家的形成，王权开始争夺商事立法权和商事裁判权。1563 年，法国设立商事法院。1673 年，法国颁布了《陆上商事条例》。该条例共计 14 章，包括商人、票据、破产、商事审判的管辖等规定。[①] 这是世界上第一个由国家颁布的商法，[②] “事实上是一部生效的商法典”。[③]1681 年，法国颁布《海上商事条例》。该条例共计 5 编，包括海事法院、海员及船员、海上契约、港湾警察、海上渔猎。[④]1807 年《法国商法典》和 1897 年《德国商法典》的颁布标志着商法发展达到了高峰。

《法国商法典》将中世纪的商人法发展为商行为法。[⑤] 法典颁布时共 648 条 4 卷：第一卷商事总则，第二卷海商，第三卷破产和司法清理，第四卷商事法院。其中商事总则包括 9 编，分别是：第一编商人，第二编商人会计，第三编公司（现被 1966 年 7 月 24 日第 66-537 号法律即《商事公司法》废除），第四编商业注册，第五编商事交易所、证券经纪人和居间商，第六编质押和行纪商，第七编商行为的证据，第八编汇票和本票，第九编时效。[⑥] 法典是商法国内化的产物。[⑦] 受法国大革命的自由、平等思考的感召，《法国商法典》认为，人人皆可为商，法律应当打破当时

① 参见王保树：《商法总论》，清华大学出版社 2007 年版，第 83 页。

② 参见谢怀栻：《外国民商法精要》，法律出版社 2002 年版，第 55 页。

③ [美] 艾伦·沃森：《民法法系的演变及形成》，李静冰等译，中国政法大学出版社 1992 年版，第 166 页。

④ 参见王保树：《商法总论》，清华大学出版社 2007 年版，第 83 页。

⑤《法国商法典》的实质是特殊的商事契约法。参见 [法] 克洛德·商波：《商法》，刘庆余译，商务印书馆 1998 年版，第 11 页。

⑥ 参见《法国商法典》，金邦贵译，中国法制出版社 2000 年版，第 1 ~ 93 页。

⑦ 参见张谷：《商法，这只寄居蟹》，载《清华法治论衡》2005 年第 2 期。

的商人这一特殊阶层对商业的垄断，一切从事商行为的人均应当适用商法的规范。商法典这一做法不仅对促进人人平等有重要的意义，同时也与当时的环境相契合。当时，公司等现代企业并未成为市场上处于主导地位的主体，法律所面对的仍然是一些经营传统商业的小商人。[①]对于这些商人，法律没有特别可以调整之处。商法的民族化的另一个结果是国家兼并了商事审判权，这使得传统商人法彻底没有了存在的必要。[②]

《德国商法典》重新回归到商人法。《德国商法典》就是规范商人的法。[③]商人法被看作商人之间商业交易的特殊规范。[④]为此，立法者不惜让票据、[⑤]证券和保险等人人皆可为的法定商行为游离于商法典之外。德国商人法并不是商人法的全面回归。法典既没有赋予商人对于商业的垄断权，也没有使得商事审判权回归到商人的手中。法典回归商人法的重要原因是当时商业的进一步发展和深化，产生了一批仅负有限责任的商人。有限责任的出现是现代社会史和法律史上的重大事件。它使得商人的投资能力和风险隔离能力空前提高，但也给交易相对人和市场带来空前的风险。为了平衡风险，商法通过商人法定原则强加给商人以较大的义务，大大提高了

---

①《法国商法典》被批评为革命立法，立法者坚持纯粹的个人主义，关心小商业和手工业，而对促进大工业发展了无兴趣。参见范健、王建文:《商法的价值、源流及本体》，中国人民大学出版社 2004 年版，第 37 页。这种指摘没有道理。法国的工业革命只到 19 世纪 20 年代才刚刚开始，而此时《法国商法典》已经诞生十几年了。

② 法国至今仍保留商事法院（一审），其法官由商人而不是由职业法官组成。但其他国家就没有这样幸运了。参见［法］伊夫・居荣:《法国商法》，罗结珍、赵海峰译，法律出版社 2004 年版，第 7 页。

③ 参见［德］C.W. 卡纳里斯:《德国商法》，杨继译，法律出版社 2006 年版，第 2 页。德国的立法者认为，“一个社会中的不同职业构成了相互独立的身份集团，而每一集团都有其专门的法律”。［德］罗伯特・霍恩、海因・科茨、汉斯・G. 莱塞:《德国民商法导论》，楚建译，中国大百科全书出版社 1996 年版，第 232 页。

④ See Frederick Pollock & Frederic W. Maitland, *The History of English Law*, Cambridge,1978,Vol. 1, p. 467.

⑤《德国商法典》仅有第 363 ~ 365 条中关于商业有价证券的规定属于商法。

商主体的生存能力，相应地降低了交易对手的交易风险。

《法国商法典》和《德国商法典》在语言、结构、模式等方面大受质疑。[①] 两部商法典没有经过长期的理论准备，仓促法典化存在问题在所难免。不过，即使经过长期的理论准备，制定一部精良的事无巨细的商法典也不太可能。一是商事规范的易变性，商法典完成之时或许即是其落后之时；二是商法不可能像民法那样有公式化的体系。这并不是说商法缺乏理论深度，而是商法的体系特点是形式分散但具有统一的价值。同时，商法的精深的理论体现于一些具体规则之中。民法与商法的理论并无高下之分。

由于法国、德国两个主要的大陆法系国家选择了法典化作为商法的民族化的工具，最终使得民商分立成了大陆法系私法的主流。法典化运动使得《法国商法典》或《德国商法典》也搭上了法国民法典或德国民法典的模仿“顺风车”，在欧洲、拉丁美洲和亚洲被许多国家作为楷模而普遍效仿。《法国商法典》对荷兰、意大利、西班牙、葡萄牙、土耳其、波兰、希腊、罗马尼亚、巴西、智利、阿根廷和埃及等产生了影响;《德国商法典》对日本、中国、奥地利、瑞典、挪威、丹麦、土耳其（1956 年之后）、韩国等产生了影响。

三、商法典的衰落和商法的新生

商法通过商法典在形式上获得了独立。但商法典的地位日趋尴尬。德国学者论述道：商法典“曾被设计为民法典的一颗卫星，而今天它与它的

① 参见［法］Danis Tallon:《民商分立的沿革》，方流芳编译，载《外国民法论文选》（第 2 辑），中国人民大学法律系民法教研室（校内用书）1985 年版，第 9 ~ 10 页。学者对两部法典的评价均不高。《法国商法典》是拿破仑在军火商供货屡屡出现麻烦时一怒之下颁布的，“起草匆忙，杂乱无章，一开始生效就显得过时与不全”，“缺乏预见性和灵感”。相反，司汤达一直把《法国民法典》视为写作的大师。参见［法］克洛德·商波:《商法》，刘庆余译，商务印书馆 1998 年版，第 10 ~ 11、20 页。

辅助法律一起更像是一片陨石了”。[①]《德国商法典》的条文几经修改，目前还有效力的已经所剩无几。《法国商法典》颁布时有648条，继续有效的条款仅有140条，保留1807年行文的仅30余条。[②]此外，还有一些原属于商法典的内容后来逐步从商法典独立出来。法国、德国和日本的公司法或全部或部分从商法典中独立出来。以德国为例，在当时构成商法的许多内容中，今天被学界视为商法而加以研究的只剩下《德国商法典》第一编和第四编中的部分内容了。[③]

商法典的窘境源于商法的价值难寻。商法典各个内容的内在联系性远远不如民法。商事规则原本是民法的“弃儿”，商法典是对游离于民法之外的“散兵游勇”的收容。将票据、证券、保险、破产等放在一起，使人对这些商行为是不是有机联系的整体产生了怀疑。[④]即便长于思考的德国人，也未能于商法典中列明商法区别于民法的原则和标准，[⑤]而只能将商法规范与商人概念简单联系起来。这显然不是基于某种内在的必然。当然，德国学界仍然在为商法规范寻找着内在的标准。例如，Heck认为商法规范属于大批量从事的法律行为的法律规范。[⑥]这不足以提示商法真正的价值所在。直至今日，大陆法学者仍旧在孜孜不倦地寻找商法规范的核心标准，但就此认为各国商法立法技术水平远不及民法典是不公平的。民法典只留给商法以难以体系化的技术化规则，统合这些自然有难度。此外，一些私法中本应当共有的制度规定于民法之中，如人、物和法律行为等制度，商法为避免重复规定，只能略显单薄。

---

① 转引自范健、王建文：《商法的价值、源流及本体》，中国人民大学出版社2004年版，第36页。

② 参见《法国商法典》，金邦贵译，中国法制出版社2000年版，“译者的话”。

③ 参见范健：《德国商法的历史命运》，载《南京大学法律评论》2002秋季号。

④ 参见李永军：《论商法的传统与理性基础》，载《法制与社会发展》2002年第6期。

⑤ 参见［德］C. W. 卡纳里斯：《德国商法》，杨继译，法律出版社2006年版，第8页。

⑥ Cappelle/ Canaris, Handelsrecht, 20. Auflage, § 1 Ⅱ.

商法的技术性与多变性也决定了商法典稳定性不够。商法不能像民法一样，可以抽象出有限的统一的原则与原理，以统辖千差万别的商业活动。不能不是做不到，而是商业的性质决定，商法如果这样做，它就与民法没有区别。有限的统一和商业活动的复杂多变，意味着当事人双方必然存在较大的意思差别。如此，交易效率和安全则无从保证。事实上，就法律与商事关系而言，法律抽象的次数越多，纸上的法律与商业实践中的法律之间的距离就越远，“在法律适用上就越容易出现偏差”。[①] 如果商法把这些易变的规则统一在一起，基于商业活动的演进性，商法规范极易变动，商法典形成之时，可能也就是过时之时。诚如有学者所言：“将各种法律人为地编纂在一起，是理性的愚昧。”[②]

商法典衰落了，商事单独立法却日益膨胀起来。[③] 以公司法为例，各国公司法不论条文数量还是理论研究，都足以和任何一个部门法匹敌。2005 年，日本立法机构将原来分散在《日本商法典》、《有限责任公司法》及《商法特例法》等诸多法律中的公司法统一为《公司法典》，法典计 8 编 34 章 979 条。[④]2006 年的《英国公司法》共有 47 部分、1300 个条文和 16 附件。英国商法一直在单行法轨道上蓬勃发展，受世界瞩目。但是，就我国而言，由于欠缺强有力的更上位的部门法作为支撑，公司法等商法的

---

① 施天涛:《商法学》(第 3 版)，法律出版社 2006 年版，第 43 ~ 44 页。

② 施天涛:《商法学》(第 3 版)，法律出版社 2006 年版，第 43 页。

③ 法国在商法典之外颁布了大量的单行立法。例如，1917 年《工人参加股份公司法》、1919 年《商业登记法》、1925 年《有限责任公司法》、1930 年《保险契约法》、1935 年《票据统一令及支票统一令》、1936 年《海上物品运送法》、1942 年《证券交易所法》等，同时对商法典作了相应的修改。德国也颁布了许多商事单行法。例如，1892 年《有限责任法》、1895 年《内河航运法》、1908 年《保险合同法》、1933 年《票据法》、1933 年《支票法》、1966 年《德国股份法》等。

④ 参见[日]前田庸:《公司法入门》(第 12 版)，王作全译，北京大学出版社 2012 年版，译后记。

构成部分始终无法得到如同民法等部门法一样的重视。[①] 这与国外的实践形成鲜明的对比。在意大利，尽管只有一部民法典，但法学院仍然将商法和民法作为两门学科分设。在英国，立法从无商法的概念，但却并不妨碍学者对商法进行学术研究，有影响的商法专著也不鲜见。可见，商法和商法学的存在，并不以商法典的存在为前提。我国以立法带动学科研究的现状是极不正常的，这或许主要受制于法治信仰不足的影响。商法基本理论研究不足也是商法不受欢迎的原因。目前，必须重塑商法的价值，加强商法基本理论的研究。唯此，商法才能获得新生，商法的精神才能得弘扬。

综上所述，商法经历了一个从商人法到商行为法，再到商人法，最后到商人法与商行为法并重的过程。商法最初只适用于商人。16 世纪时，以法国为代表，国家争夺商法的立法主导权，并随着社会全面经济化、商化，商人法演化为商行为法。19 世纪，以德国为代表，随着公司的兴起，强调对法律对商人的规范，商法重归对商人的重视。20 世纪以来，商法单行法强势崛起，在商人法与商行为法两方面均不断深化和拓展。这是对不断变化升级的商业形势的密切反映。

第二节　国内商事立法[②]

令人失望的是，中国古代没有商法。这并不是说古代中国没有商业。

① 在我国，公司法不属于法学核心课程（法学专业核心课程有 16 门：法理学、中国法制史、宪法、行政法与行政诉讼法、刑法、刑事诉讼法、民法、民事诉讼法、经济法、商法、知识产权法、国际法、国际私法、国际经济法、环境资源法、劳动与社会保障法）。商法不受重视还有一个原因，那就是这些法律充斥着公法条文和公权干预的迹象。从观感上，研究者对这种公私掺杂的法律显然印象上要打折扣。在法治发达国家，倒没有这种现象。如在英国，商法完全为普通法所吸收。

② 本部分资料主要来源于王志华：《中国商法百年》，载《比较法研究》2005 年第 2 期。

直到1800年，中国始终是世界经济的中心。[①]但在漫长的封建社会，我国民间的商事惯例始终各自为政，或如“帮会手势、咒符、暗语般低级状态”，在彰显规律、体系和规模方面与中世纪的商人法差距明显。究其原因，“中国历史上的商始终未能冲破血缘宗法关系和专制政权统治的束缚，既未有过像罗马政权鞭长莫及之下众多民族之间自由地互通有无和经商牟利的场景，也从没出现过西欧中世纪自治城市那样摆脱了人身依附和封建统治的商人乐园”。[②]

一、近代中国的商法

中国商事立法肇始于1904年1月21日由清朝政府颁布的《钦定大清商律》。[③]其产生是为了收回领事裁判权。五口通商之后，凡涉外商事纠纷，外国人均以我国没有商法为由而适用外国法。《钦定大清商律》名为商律，实际上仅包括作为商法总则的《商人通例》和《公司律》。其中《商人通例》仅9条。商部奏折说明了其中原因：“编辑商律，门类繁多，实非克期所能告成，而目前要图，莫如筹办各项公司……此外各门商律，仍由臣等次第拟订，奏明办理。”[④]此后，1906年和1908年清政府先后颁布了《破产律》和《银行通行则例》。其中，前者开创了我国商事单行立法的先河。1911年清政府又编定《大清商律草案》共计367条。但未及实施，清政府即宣告灭亡。值得一提的是，该草案条文主要来源于由民间性质的上海立宪公会发起的商法起草委员会起草的《商法总则》和《公司律

---

① 参见［德］贡德·弗兰克：《白银资本：重视经济全球化中的东方》，刘北成译，中央编译出版社2001年版，第168页。

② 史际春、姚海放：《再论商法》，载《首都师范大学学报》（社会科学版）2003年第1期。

③《钦定大清商律》是中国法制史上第一部现代意义上的法典，具有划时代的历史意义。参见帅天龙：《清末的商事立法》，载徐学鹿主编：《商法研究》（第1辑），人民法院出版社2000年版，第118页。

④《大清法规大全》卷九，考正出版社1874年版，第3021页。转引自王志华：《中国商法百年》，载《比较法研究》2005年第2期。

草案》。《钦定大清商律》和《大清商律草案》标志着清朝实行的是民商分立的模式。

北京国民政府时期先后制定了《公司条例》(1914年)、《商人通例》(1914年)、《证券交易所法》(1914年)、《物品交易所条例》(1921年)、《海船法案》(1926年)。此外,还编定了《破产法草案》(1915年)的《票据法草案》(1925年)。北京政府还在1922年请修订法律馆法国顾问爱斯加拉起草了《商法法典》,"草案之条文,不啻将中国旧有之习惯,及各国立法上之经验,合为一物也"。[①] 上述诸法,以《商人通例》最值一提。该法分为商人、商人能力、商业注册、商号、商业账簿、商业使用人及商业学徒、代理商等7章共73条。第1条列举的商业范围包括制造业和加工业在内共17种。有关商人能力则规定,无论男女"凡有独立订结契约负义务之能力者,均得为商人。无能力者则引入代理人制度,从而使商人能力得以扩张"。此规定即便放眼世界,也至为先进。北京政府时期,既没有采民商合一,也没有采民商分立,而是在此之外走了第三条道路,即以《商人通例》统率商事立法。此种模式应当引起我们的高度注意。

南京国民政府将经理人、代办商、交互计算、行纪、仓库、运送营业、承揽运送及隐名合伙均并入民法典债编,其他不能编入民法典的是《公司法》(1928年)、《保险法》(1929年)、《海商法》(1929年)、《交易所法》(1929年)、《银行法》(1931年)、《破产法》(1934年)、《合作社法》(1934年)等单独立法。时谓"民商合一"。关于理由,一是商法乃阶级立法,二是商行为与民事行为不宜区分,三是商法不能总则贯串全体,四是如遇单方商行为则适用不便等。[②] 然该合一难称恰当并有些名不副实。第一,《公司法》《保险法》《海商法》《破产法》等未列入民法典,难称真正

① 谢振民:《中华民国立法史》,张知本校订,中国政法大学出版社2000年版,第815页。

②《民商法划——提案审查报告书》。转引自胡长清:《中国民法总论》,中国政法大学出版社1997年版,第27~28页。

的民商合一。形成这种局面，实乃心有余而力不足。商事各法修订频繁，如编入民法典，则修订颇为不便，并影响民法典的稳定性。商事诸法篇幅均较大，如若强硬塞入民法典，其注重技术性的特点必然影响民法典体系与价值的统一性。此外，公司、证券、票据、海商、保险在清末或有立法或有草案，因循旧例则可节约成本。第二，当时未能编入民法典债编的商法总则部分内容仍准援用1914年颁布的《商人通例》(1927年8月12日国民政府令)，直至1929年《商业登记法》颁行，《商人通例》才完全失效。《商业登记法》实际上起到部分商法总则的作用。例如，其第2条规定："本法所称商业，谓以营利为目的，以独资或合伙方式经营之事业。"结合第3条"商业及其分支机构，除第四条第一项①规定外，非经主管机关登记，并发给登记证后，不得开业"之规定，此处商业即商人之别称。正如我妻荣所言："中国所实现之民商法统一主义，其范围实远如不如瑞士债务法之广泛……已移入民法典中者，仅保险法以外之商行为，及商法总则之一部，其他广大之部分，并未形成合一之法典，仍对民法处于特别法之地位。然则关于编订此项特别法之领域，实际上所收效果，竟与以商法为民法以外之一法典者无异，或且更甚。"②

二、现代中国的商法

1949年，根据中共中央发布的《关于废除国民党的六法全书》的指示，南京政府所立法律全部废止。尽管20世纪50年代也颁布了诸如《私营企业暂行条例》等商法性质的法律，但这不过是过渡时期的临时立法而已。一俟过渡时期结束，这些法律也便归于无效。到20世纪50年代末，

① 《商业登记法》第4条："下列各款小规模商业，得免依本法申请登记：(1)肩挑负贩沿街流动贩卖者。(2)家庭农、林、渔、牧业者。(3)家庭手工业者。(4)合于中央主管机关所定之其他小规模营业标准者。"

② [日]我妻荣：《中国民法债编总则论》，洪锡恒译，商务印书馆1935年版，序言。

我国消灭了商品经济，自然也就消灭了商品经济的法律形式：商法。

1978年改革开放之后，我国立即着手商事立法。与当时的有计划的商品经济体制相适应的是，起初的商事立法是与经济法立法纠缠在一起的。例如，《中外合资经营企业法》（1979年）、《外资企业法》（1979年）和《中外合作经营企业法》（1979年）等。至于规范内资企业的，除《全民所有制工业企业法》及其配套法《破产法》之外，则基本采用行政法规的形式规范。之所以如此，明显是为了对外开放的需要。商事真正独立立法始于市场经济确立之后的1992年《公司法》。此后，我国商事立法进入了快车道。《海商法》（1992年）、《保险法》（1995年）、《票据法》（1995年）、《商业银行法》（1995年）、《合伙企业法》（1997年）、《证券法》（1998年）、《个人独资企业法》（1999年）和《合同法》（1999年）等。我国商法的单行法已经比较齐全。商事立法尽管繁荣，但缺乏统率单行商事立法的基本法。

综观我国近现代商事立法，尽管历经曲折，但最终商事立法走向正规。而推动这一过程的根本动力，乃是商品经济发展的需要。尽管商人作为一个特殊阶级已不存在，但只要有商业的存在，只要有商业活动对效率和安全的追求，那么商法就必须存在。正如王保树教授所言："商法、商事立法和商事司法的产生与发展，不是人有意为之的结果，而是历史发展的必然产物。在计划经济体制下，没有发达的商事关系，不存在调整商事关系的需求，人有天大的本事，也不可能创制出商法，更不可能有商事法制。相反，在市场经济体制下，已经出现了商事关系的调整需求，如果人们视而不见，甚至藐视实践的需求，不去主动适应它，则会逆历史逻辑而行，导致重大损失发生。"①

① 王保树：《商法总论》，清华大学出版社2007年版，第6页。

第三节 传统商法的模式

商法作为独立的法域既是基于历史事实，也是基于理性建构。商事立法，有民商合一和民商分立两种模式。但无论采哪一种立法模式，都不能否认商法的存在。例如，民商合一以意大利最为典型，但意大利在学科设置上分别设民法学和商法学。因此，民商合一或民商分立是很有争议的概念。这里仅以一国有无商法典为标准，有商法典的，为民商分立，没有商法典的，为民商合一。

近代商法早于近代民法。中世纪盛行教会法和封建法，这些法律对于商业并无规定，而教会和封建贵族们对商业和商事法律并无兴趣。在中世纪末期的意大利地中海沿岸，海上贸易非常发达，商人之间形成了一些商业习惯。为了解决商事纠纷，商人自己组成了行会（基尔特），这些团体适用业已存在的商业习惯。这些商业习惯经常长期适用，形成了最初的商习惯法。这是法制史上最早的商法。近代民法确立之后，民商分立与民商合一在不同历史阶段，各主导当时的时代潮流。

一、民商分立与民法的第一次商化

民商分立，主张民商同源但宗旨不同、立法技术不同，商法典与民法典彼此分立的立法体例。目前采用此立法体例的主要有法国、德国、日本、西班牙、荷兰（早期）、比利时、韩国等国家。1807年，法国颁布了《法国商法典》。[①]1897

① 《法国商法典》分四卷九编：一般商事、海商、破产和商事诉讼。法典是由前述两个条例合并再加上其他一些内容编纂而成。

年德国颁布《德国商法典》。[①] 日本、[②] 韩国[③] 等国也实行民商分立。[④]

民商分立的背景。近代民法的产生以 1804 年的《法国民法典》为标志。此前，商法已经以习惯法或制定法存在。因此，商法的产生先于民法。[⑤] 当时，学者在改造罗马法的基础上全盘接受商法的营业自由、契约自由的价值和主要制度，形成了近代民法。可以说，商法是构成近代民法价值和制度的主要来源。[⑥] 例如，近代民法上的善意取得即主要渊源于商法。[⑦] 这个过程可以称为民法的第一次商化。在民法大规模的商化，攻占了商法大部分领地，并率先制定了民法典之后，商法的境地是十分尴尬的。一方面，民法不能也不愿意全盘接受商法。商法有很多技术性规范，民法的适用对象是所有人，调整的主要领域是生活，商法当时被认为是商人的特权法，由于不可能全盘接受商法，民法鼓吹人人平等，自然不愿意与商法为伍，在将商法的主要制度和价值拿走之后，对剩余的部分弃之不

---

① 目前的《德国商法典》分五编：商人的身份、公司和隐名合伙、商业账簿、商行为和海商。

②《日本商法典》分为五编：总则、公司、商行为、票据、海商。现行法典仅余总则、商行为和海商三编。

③《韩国商法典》分为五编：总则、商行为、公司、保险、海商。

④ 实行民商分立的还有《奥地利商法典》(1938 年)、《利比亚商法典》(1954 年)、《委内瑞拉商法典》(1955 年)、《阿富汗商法典》(1955 年)、《约旦商法》(1966 年)、《哥伦比亚商法典》(1971 年)等。采民商分立立法模式的国家实际上是多数。民商合一未必是世界立法趋势。

⑤ 谢怀栻先生认为，近代商法产生于近代民法之前，因此说商法是从民法分化出来的观点是不正确的。但他同时认为，“民商分立完全是历史的原因而不是理论的原因形成的”。谢怀栻：《外国民商法精要》，法律出版社 2002 年版，第 55 页。

⑥ 国外许多学者对此作出了十分积极的评价。卡纳里斯教授指出：“历史地观察，商法是合同自由的积极领路人。”[德] C. W. 卡纳里斯：《德国商法》，杨继译，法律出版社 2006 年版，第 8 页；意大利学者李塞尔(Rieser)曾言：“商法在交易错综的里程上，常作为民法之变导，且为勇敢之开路先锋。亦即成为民法吸收新鲜思想而借以返老还童之源泉。”郑玉波：《民法总则》，中国政法大学出版社 2003 年版，第 43 页。

⑦ 参见郑玉波：《民法总则》，中国政法大学出版社 2003 年版，第 43 页。

顾；[①]另一方面，商法在价值被民法拿走之后，面临着价值真空，商法找不到自己的存在感，自己无法体系化，商法只能勉强依附于民法而存活。

民法的第一次商化所导致的民商分立是一种地位不平等的分立。人们认为，商法典只是对无法为民法所收编的商事规则的汇编。这些规则尽管有一些特殊性，但远远谈不上体系和逻辑。与民法精密的体系相比，商法更相形见绌，无法与民法争锋。各国总是先制定民法典之后，再制定商法典。私法的领地总是先让民法占领，剩余的才给商法。

二、民商合一和民法的第二次商化

民商合一，主张民商法部分统一，私法只设民法典，不设商法典。采用的国家和地区主要有瑞士、意大利（自 1942 年起）、土耳其、瑞典、蒙古、荷兰（1992 年之后）、匈牙利、南斯拉夫、俄罗斯以及我国台湾地区等。[②]

最早的民商合一始于瑞士法。1881 年，瑞士颁布了《瑞士债务法》。[③]1907 年，《瑞士民法典》将《瑞士债务法》列为民法典的第五编，列入时还补充了公司部分。《瑞士债务法》第一、二编是契约总则、各种契约，第三编是公司与合作社，第四编是商事登记、商号与商业账簿，第五编是有价证券。[④]《瑞士债务法》在《瑞士民法典》之中是相对独立的，

---

① 艾伦・沃森在谈到《法国商法典》对商法“令人吃惊的疏漏”时认为，“民法典里没有商法的简单原因是商法没有被当成民法来看待。一句话，优士丁尼的《法学阶梯》里没有它，从而法国法理论里也没有它”。[美]艾伦・沃森:《民法法系的演变及形成》，李静冰等译，中国政法大学出版社 1992 年版，第 166 页。

② 目前民商分立立法例远远多于民商合一。《各国宪政制度和民商法概览》，上海社会科学院法学所编辑，法律出版社 1987 年版。转引自任先行、周林彬:《比较商法导论》，北京大学出版社 2000 年版，第 74 ~ 81 页。

③ 学说上，意大利学者摩坦尼利（Motanelli）于 1847 年首倡“民商合一”，主张商法应一并归入民法典。

④《破产法》则为单行法。谢怀栻先生认为，《瑞士债务法》本来可以称为“商法典”，现有名称是为了与宪法规定相一致。参见谢怀栻:《外国民商法精要》，法律出版社 2002 年版，第 57、110 页。

一点有点类似于《意大利民法典》。1942年，《意大利民法典》形式上实现了民商合一，但该法典仅是民商法律的汇编，并非民商理论的合一。此外，意大利还在民法典之外编有《公司法》《证券交易法》《票据法》等。真正实现民商在理论上统一的是1992年《荷兰民法典》，其在债务法和主体法领域均实现了民商合一。但民商合一均只是民商法典的合一，几乎所有国家在民法典之外仍需制定商事单行法，可谓名合实分。更重要的是，在价值上，民商更难做到真正的合一。

民商合一时期是民法的第二次商化。民商分立后，商法典尽管越修改越衰落，但商法的影响却蒸蒸日上。不但各种商事单行法层出不穷，而且随着市场经济的日益深化，商法对社会的影响的深度和广度不但没有缩小，反而有所扩大。所有这些，再度引起民法对商法的觊觎。民商合一的模式有三种：第一种是债法合一式；[①]第二种是汇编合一式；第三种是完全合一式。《意大利民法典》是汇编式，名合实分。下面主要分析债法合一式和完全合一式。

债法合一式以1929年《中华民国民法典》[②]为代表，民法首先将商事合同纳入民法。这种做法的理由是，因为随着社会商化的不断深化，很难区分民事合同和商事合同。[③]合同法统一之后的确给法律调整和私法主体带来一些方便。但是，合一也不可避免地带来一些负面影响：第一，造成

① 因《瑞士债务法》含有公司与合作社等内容，故《瑞士民法典》并非典型的债法合一式，典型的债法合一式为1929年《中华民国民法典》。

②《中华民国民法典》将通常属于商行为的交互计算、行纪、仓库、运送营业及承揽运送、指示证券等，将属于商法总则中的经理和代办，都编入了债法，又另外制定了《公司法》、《票据法》、《海商法》、《保险法》、《证券交易法》和《商业登记法》等。参见范健、王建文:《商法的价值、源流及本体》，中国人民大学出版社2004年版，第43～44页。法典“形成了一个折衷的状况，名为民商法合一但又不是完全合一”。谢怀栻:《外国民商法精要》，法律出版社2002年版，第57页。

③ 存在这样的疑虑：以买卖为例，商事买卖与民事买卖虽有区别但区别很少，把两种买卖分别规定于商法典和民法典，似乎缺乏必要性，既造成立法资源的浪费，也可能违反“同样情况，同样处理”法治理念。但商事买卖与民事买卖的区别主要不在于条文而在于理念。

了民法与商法价值的损伤。基于统一的需要，民法与商法的价值不得不互相接近，结果造成商法与民法之间价值的模糊，给法律适用也带来了一些影响。第二，这种合一在很大程度仍然是形式上的合一，有些合同基于商事和民事的原因，仍然会适用不同的规范；双方价值虽然靠近，但很难真正融合。司法实践也反映了这一点。例如在我国，尽管合同法统一了，但商事合同和民事合同却在不同的法庭审理，民事合同主要在民一庭审理，商事合同在民二庭。法庭的不同，在适用规范和法律价值方面自然也会不同。

完全合一式以《荷兰民法典》为代表，该法典在债法和主体法实现了合一。但是，合一也带来了一些问题。就主体法而言，首先，《荷兰民法典》在第二编法人编将协会、合作社、相互保险协会、股份公司、有限责任公司和基金会等营利性组织和非营利组织放在一起，会造成一些价值冲突，以及调整上的困难；其次，《公司法》中有许多行为法，将其放在主体法中，有些不伦不类，与该编不是很协调；最后，公司法等商人法因应时势，变动将非常快，如果修改极其频繁，会造成整个法典的不稳定。如果不修改，则只能于法典之外另外制定单行法，此种做法将虚置法典，使法典徒具虚名。整体上说，荷兰的这种做法，试图泯灭民事法律与商事法律的差别。但是，法律要适应形势，如果商事活动与民事活动有差别，那么商事法律和民事法律也将要有差别。即使纸面上做到了无差别，也改变不了司法通过判例实际改变这些规范的做法。除此之外，《荷兰民法典》还有过于抽象之嫌。[①] 过度抽象将使法律与实践脱节。这一点在商业实践中表现得更明显。商业实践是鲜活的，它需要具体化的规则去指引，而不是用抽象的理性去指导。

第二次商化主要还是制度上的，民法还真正难以消化吸收商法对效率和安全的价值追求。当然，民法也受到了这些价值的影响，但这还不是根

① 一个体现是《荷兰民法典》设财产总则，以统辖物权和债权，极尽抽象之能事。

本性的，也很难做到根本性的改变。第二次商化还在持续中。

综上，民商分立与民商合一彼此之间并没有绝对的优势。“人们既不能从私法一元化的理论，也不能从民商分立理论中发现至关重要的原理，各持己见的学者都是适应于本国的体制，忽视了这一体制所存在的缺点。”[①] 同时，由于很容易造成误导，或许摒弃民商合一或民商分立而改为“商法典取舍”的提法更好。

第四节　中国商法模式

学界关于中国商法的立法模式有两种观点：第一，民商合一。又分为两派，一派认为，将可以整合的商法规范整合进民法典，其余的商事规范单独立法。这种观点契合当前立法。[②] 另一派认为，制定商法通则，[③] 收集不能单独立法又不能吸收进民法典的商法规范。代表学者为王保树、石少侠、赵旭东、蒋大兴等。[④] 第二，民商分立论。认为应当制定商法典。代

---

① 丹尼斯·特伦语：《外国民法论文选》（第 2 辑），中国人民大学法律系民法教研室（校内用书）1985 年版，第 39 页。

② 参见王利明：《关于我国民法典体系构建的几个问题》，载《法学》2003 年第 1 期；程淑娟：《我国商事立法模式的再思考——兼论〈商法典〉、〈商法通则〉的不可行性》，载《甘肃理论学刊》2008 年第 1 期。

③ 深圳 1999 年曾制定《深圳经济特区商事条例》，但于 2014 年废止。该条例共 8 章 65 条，包括总则、商人、商事登记、商人的名称与营业转让、商业账簿、商业雇员、代理商和附则等内容。

④ 参见王保树：《商事通则：超越民商合一与民商分立》，载《法学研究》2005 年第 1 期；石少侠：《我国应实行实质商法主义的民商分立——兼论我国的商事立法模式》，载《法制与社会发展》2003 年第 5 期；赵旭东：《制定〈商事通则〉的五大理由》，中国商法年刊 2007 年版，第 1 ~ 11 页；蒋大兴：《论民法典〈民法通则〉对商行为之调整——透视法观念、法技术与商行为之特殊性》，载《比较法研究》2015 年第 4 期；任尔昕：《制定〈商事通则〉论纲——以总体思路、体系结构为内容》，载《甘肃政法学院学报》2004 年第 3 期；刘云升：《商事通则构造论》，载《河北法学》2007 年第 4 期；雷兴虎：《商事通则：中国商事立法的基本形式》，载《湖南社会科学》2004 年第 6 期；曾大鹏：《中国商法通则理论与立法研究》，法律出版社 2013 年版。

表学者有范健、徐学鹿等。这里无意评述各种模式的优劣。本书认为，中国商法是否法典化面临着理想与现实的选择。理想模式是基于法治环境而言。在法治水平较高的社会中，商法法典化模式劣于“商法通则＋商事单行法”模式。后一模式更有利于法律对商事活动的精确调整，[①] 有利于商法特性的彰显。正如有日本学者所言，民商法之划分，“与其谓非沿革之遗物，毋宁以商法之特性为沿革之后盾”。[②] 在法治水平较低的社会中，情况正好相反。此时，商法法典化模式或许也是一个不错的选择。商法法典化不唯制定一部单独的商法，一部包含民法、商法的绝大部分内容的民商法典也是可以接受的。

一、中国商事立法模式之理想选择

民法与商法“你中有我，我中有你”。民法对商法的影响自不待言；反之，商法对民法也有相当的影响，这种影响以在合同法中体现最为明显。合同一般区分为商事合同和民事合同，除商事合同要受商法调整之外，一些所谓的民事合同其实有时也要受到商法的调整。例如，买卖合同，如果在普通民事主体之间签订，自然适用民法，但若在商事主体之间签订，就需要适用商法的价值和原则。[③]

民商完全合一很难做到。一方面，形式很难完全合一。民法典完全吸纳商法规范，有技术上的困难。一些商法规范可能正在发展之中，纳入法典尚不成熟。民法典吸收商法规范还会造成民法的价值分散。另一方面，精神无法合一，商法重效率和安全，而民法则重自由和伦理，二者很难兼

① 正如有伦理学家指出的那样：“我们不想生活在一个公正的社会中，在这个社会里什么也买不到；我们也不想生活在一个‘有效率、富裕的’社会里，这个社会把它的金钱用于道德上受到指责的目的。”［德］科斯洛夫斯基：《资本主义伦理学》，王彤译，中国社会科学出版社 1996 年版，第 5 页。

②［日］我妻荣：《中国民法债编总则论》，洪锡恒译，商务印书馆 1935 年版，序言。

③ 商法有自己独立的价值和原则，下文对此将有详细阐述。

容。民商完全分立也是很难做到。一方面，民法与商法相互交融，商业活动既要由民法调整，也要由商法调整，形式上很难完全独立；另一方面，在精神层面，商法即使做到形式上的完全独立，也无法挣脱民法基本价值和原则的约束。商法仅仅是对一些需要强调效率和安全的商事交易和商人法领域做出特别规定。如前所述，一个商事交易关系，即使在商法调整下，也离不开民法的调整。

鉴于完全的民商合一和完全的民商分立都很难做到，本书认为，中国商法理想的立法模式应当如下：

（一）《商法通则》

本书主张制定《商法通则》以统率诸商事单行立法，并载明商法的基本价值和游离于单独商事立法之外的比较稳定的商法规范。内容包括商法的价值与原则、商人及商行为的定义、商事代理、商业登记、商业名称、商业账簿的一般规定等。在《商法通则》中规定统一适用于所有商事规范的商主体和商行为概念，能够有效解决我国民事立法中的商化过度和商化不足的问题。商化过度的例证：第一，《民法通则》将诉讼时效统一规定为2年，只考虑了商业交易的需要。《民法总则》虽将诉讼时效延长到3年，但仍旧太短；第二，仅考虑了商事买卖的需要，对买受人过于严苛（如检验条款）。商化不足的例证：没有规定商事合同中的缄默视为承诺的规则。[①] 这与我国没有商人和商行为的概念有关。立法者在目前民商合一的情况下一时找不到区别民事行为与商事行为的法律技术。

《商法通则》在我国并非没有先例，1904年清政府颁布的《钦定大清商律》第一部分《商人通例》即类似于《商法通则》。此后，1914年，北京国民政府单独颁布了《商人通例》。此外，目前的《法国商法典》和

① 参见张谷：《中国民法商法化举隅》，载《金融法苑》2005年第1期。

《德国商法典》实际上也更多的是起到通则或总则的作用。两部法典的大部分内容（《德国民法典》公司和隐名合伙的内容除外，《法国商法典》票据和商事法院的规定除外），均是《商法总则》的规范范围。这种情形也表明了实质意义上的《商法典》不可行。关于《商法通则》，我国也不乏支持者。江平教授认为，依照当初《民法通则》的模式，制定《商法通则》，将有关商事总则的内容加以规定，相比制定一部商法典或者在民法典中规定，更为简便可行，并能突出商法的特点。[①] 商法的易变性导致未来制定商法典已无多大必要。《商法通则》的规范应当注重稳定性，不宜规定较为精细的易变的商法规范。

制定《商法通则》的建议遭到了部分民法学者的反对。本书认为，既不愿意全盘吸收商法规则，又不允许商法通过《商法通则》以重聚自己的价值，这种做法毫无道理。商法的效率与安全价值无疑应当在商事领域得到强调，而《商法通则》的制定更有利于这一目的的实现。同时，《商法通则》的制定并不意味着商法要与民法割袍弃义。事实上，即便是那些制定了《商法典》的立法例也无不强调商法始终尊崇民法为普通法。民法没有必要对《商法通则》怀有戒备之心。

（二）商事单行立法

商人法方面，应当维持目前的《公司法》、《合伙企业法》和《个人独资企业法》等商事单行法。法律对商人的特殊调整并不是要赋予这些商人以特殊利益，而是基于其不同于一般自然人的特点即其更容易积聚交易风险而对其加以调整。商事关系并非只有商人参与，非商人也可以参与商事关系，如保险业务中的投保人。[②] 商行为法方面，普通商行为法如债法

① 参见江平:《关于制定民法典的几点意见》，载《法律科学》1998 年第 3 期。

② 投保人可能是商人，也可能是非商人。非商人的投资人，一方面其地位类似于消费者，另一方面其也受到商法诚信规则的约束。

领域统一规定于民法典之中；而特殊商行为法应当制定商事单行法。普通商行为领域（以合同为主），商业自由使得民事和商事关系实现高度融合，二者联系远大于区别，分开调整非常困难，统一规定民法典比较合适。这样做，一是降低了立法的难度，二是使得法律调整更加周延。特殊商行为领域维持目前的《票据法》、《证券法》、《保险法》、《海商法》和《破产法》等单行法。散见于《商法银行法》《民用航空法》等法律中的银行服务规定、运输合同规定等也是商特殊行为法。[①]特殊商行为迥然不同于普通商行为的特点即特别强调效率和安全，使法律有必要对其特别调整。商法无论是对商人还是对商行为的调整，都是基于效率和安全的主旨。在价值和原则适用上，应当做到既统一又分立：民法的基本原则和价值适用于整个民商事关系，商法的价值和原则优先适用商事关系，包括债法和合同法调整的一些对效率和安全有特殊追求的商事关系。

2017 年 3 月 15 日，我国立法机关通过了《民法总则》。《民法总则》含有如下商法因素：第一，法律适用。《民法总则》第 11 条规定，“其他法律对民事关系有特别规定的，依照其规定”，这里的其他法律包括商法，由此确立了商法规范优先适用的规则。第二，商法主体。《民法总则》第 54、56 条规定了个体工商户；第三章将法人区分为营利法人和非营利法人，并对营利法人资格取得、组织机构、法定代表人等作了规定；第四章规定了个人独资企业和合伙企业这两种非法人组织，并明确非法人组织对法人一般规定的参照适用。[②]其中，独资企业、合伙企业和法人为商人法

① 有学者慨叹：“保险法为商法，为何银行法不为商法？海商法既为商法，航空、铁路等运输法为何不为商法？票据既为商法所调整，信用证为何不为商法？”赵旭东：《商法的困惑与思考》，载《政法论坛》2002 年第 1 期。从整体上说，《商业银行法》和各运输法属于经济法，但这些法律之中，也不乏属于商特别行为法的规范。

②《民法总则》第 108 条规定：“非法人组织除适用本章规定外，参照适用本法第三章第一节的有关规定。”“参照适用”表明所谓非法人组织与法人并无实质区别，立法对所谓非法人组织进行规定，反映了立法不欲承认该类主体但又不得不承认该类主体的现实。

上的主体，个体工商户则为商行为法上的主体。第三，商行为。《民法总则》第170条规定，“执行法人或者非法人组织工作任务的人员，就其职权范围内的事项，以法人或者非法人组织的名义实施民事法律行为，对法人或者非法人组织发生效力。法人或者非法人组织对执行其工作任务的人员职权范围的限制，不得对抗善意相对人”。该规定在商法上具有重要意义，可视为对经理权和代办权的原则规定。

《民法总则》的通过并不意味着不需要制定《商法通则》。《民法总则》中虽然含有一些商法因素，但总体上仍以反映民法理念为主，这使得《民法总则》没有也不能全面体现商法的价值与理念，甚至既有反映商法因素的规范也存在不少缺陷。例如，不宜简单规定“其他法律对民事关系有特别规定的，依照其规定”。正如前述，商法领域，有商法法律规范的，适用商法法律规范，无商法法律规范的，适用商业习惯。商业习惯包罗万象，很少有适用民法法律规范的时候。再如，商法主体部分对营利法人、独资企业和合伙企业的相关规定非常粗略，相关规范基本无法直接适用。最后，有关“执行法人或者非法人组织工作任务的人员的职权行为”的效力规定，未能区分商主体与民事主体，未能就经理权和代办权作区分规定，不但对民事主体较为严苛，而且也不利于经理人业的成长。更重要的是，法律行为部分基本没有反映商法与商业实践的要求。此种局面并不是《民法总则》的过错，而是由于立法技术无法将两种理念有别的法律规范完全融为一体。这反映了有必要在《民法总则》之外单独制定《商法通则》以单独反映商法的价值与理念。

二、中国商事立法模式之现实选择

中国有一部商法通则以统率各种商事法律固然更好。[①] 目前，我国正

---

① 理论上，本书作者并不赞同《荷兰民法典》大一统的做法。但理论有时应当服从于现实。

在编纂民法典。但是，近期制定商法通则的可能不大。民法有帝国主义之称，非常强势，商法很难改变这种局面。既然商法不能打败民法，那么商法不如加入民法。[①] 我国是一个法治观念相对淡薄的国家，有法典和没有法典对于推进法治的意义是完全不一样的。有法典，法令统一，各方也会重视一些。有鉴于此，本书认为借民法典编纂之机，将商法成熟的法律规范纳入民法典，也不失为一种选择。当然，统一要以承认双方规则的差异化为前提。

（一）商法纳入民法典之理由

私法按内容可以划分为核心私法和特别私法。核心私法包括物、债、亲属和继承等私法的核心内容；特别私法则规定核心内容以外的其他内容。[②] 仅规定核心私法内容的民法典，可称为核心型民法典；既规定核心私法内容的，也规定特别私法内容的，可称为一统型民法典。[③] 核心私法规定的是人类私域最初的私的领域。核心私法一般具有虽百代而不易的常识性。核心私法尽显意思自治，其人像是平等、无差别的人，强调技术与价值中立。核心私法弘扬人人平等的原则，但也消灭人的差别。

---

① 知识产权法界迫切希望知识产权能够进入民法典，他们认为目前是危急存亡的时刻。商法学者内部没有必要再争议。

② 梅迪库斯给特别私法下了一个定义："特别私法（Sonderprivatrechte），是指仅仅适用于特定的职业群体或者生活领域的私法。"［德］迪特尔·梅迪库斯：《德国民法总论》，邵建东译，法律出版社2000年版，第16页。但正如梅迪库斯所述，有关知识产权的法律根本就不是仅适用于特定人群。

③ 核心型民法典以法国和德国为代表。法国、德国民商分立，有专门的《商法典》，在民、商法典之外，还有众多的民、商事单行法律。一统型民法典以《瑞士民法典》《意大利民法典》《荷兰民法典》为代表。《瑞士民法典》开启了民商合一模式，法典不仅包括上述四种法律关系，还包括商事契约、公司与合作社、商业登记、商号与商业账簿、有价证券等商法（特别私法）内容。《意大利民法典》进一步将劳动法纳入到民法之中。历时47年最终完成并于1992年生效的《荷兰民法典》尽管将劳动法剥离出去，但民法典中规定了消费者、工业产权和知识产权、运送法、国际私法等特别私法。《荷兰民法典》可谓一统型民法的集大成者。

商法作为特别私法出现，在于核心私法无法体现商主体对效率和安全的追求。

我国私法因循德国法之理论，但不必受德国法内容窠臼之束缚。各国基于时代背景与本国情况，其民法典内容各有不同。各国民法典并无一成不变之内容。例如，《荷兰民法典》既规定了核心私法的内容，也规定了特别私法的内容。理论上，作为私法领域的基本法民法典应当包括私法领域的绝大部分的规范。《德国民法典》固守核心私法，固然赢得了技术中立的名声，但同时也赢得了保守的名声。正如拉德布鲁赫所言，《德国民法典》“与其说是二十世纪的序曲，不如说是十九世纪的尾声”。或如齐特尔曼所述，《德国民法典》是“一个历史现实的审慎终结，而非一个新的未来的果敢开端”。[①] 私法一统方才有利于法治中国宏图的进一步的推进。

我国私法因循德国私法之学说汇纂体系，商法的纳入并不会影响学说汇纂体系的精密性。学说汇纂体系不能容纳民法的特别领域，不是因为体系，而且因为历史。本书认为，不能根据核心私法或罗马法的内容来决定21世纪的现代民法典的内容。核心私法与罗马法时代是简单商品经济关系的反映。那时，没有股份公司，也没有票据和证券。以罗马法有什么来确定我国民法典应当有什么，犹如刻舟求剑。此外，以核心私法构成民法典，形式上可能很美，但却会导致特别私法乃至整个私法的单行立法的不断出现，最终使得私法越来越碎片化。在我国，启动民法典编纂工作的机会来之不易。因此，我们应当抓住时机将包括商法在内大部分的私法法律规范整合入民法典之中。法典化有利于消除私法规范的内部矛盾，进而方便法律的适用。在我国这样的法治观念淡薄的国家，私法大部分法律规范法典化无疑比碎片化更能推进法治的进程。

① [德] K. 茨威格特、H. 克茨:《比较法总论》，潘汉典等译，法律出版社 2003 年版，第 169 页。

（二）一统型民法典的内容与体系

我国民法典除了包括核心私法内容，还应当包括商法的绝大部分的成熟规范、知识产权法律规范、劳动法律规范和消费者法律规范。民法典的体系应当如下。

中华人民共和国民法典建议稿（总目）

第一编　总则（通则）

第一章　一般规定

第二章　人

　第一节　自然人

　第二节　法人

第三章　法律行为和代理

　第一节　法律行为

　第二节　代理

第四章　权利与义务

　第一节　权利

　第二节　义务

第五章　诉讼时效

　第一节　一般规定

　第二节　时效的中止和不完成

　第三节　时效中断

第六章　期日 期间

第二编　主　体　编

第一分编　自然人

　第一章　自然人的保护

　第二章　监护（照顾）

第三章 宣告失踪和宣告死亡

第四章 住所

第二分编 法人

第一章 一般规定

第二章 公司

第三章 合伙企业

第四章 个人独资企业

第五章 非营利法人

第三编 绝对权利

第一分编 人格商品化权

第二分编 物权

第三分编 证券

第四分编 知识产权

第五分编 侵权责任

第四编 债与合同

第一分编 债法总则

第二分编 合同总则

第三分编 民事合同

第四分编 商事合同

第五分编 消费合同

第六分编 劳动合同

第五编 商特别法

第一分编 总则（通则）

第二分编 破产法

第三分编 票据法

第四分编 证券法

第五分编 保险法

第六分编 海商法

第六编 亲属和继承

第一分编 亲属

第二分编 继承

（三）一统型民法典中的商法

1. 商法的绝大部分规范应纳入民法典

商法是私法的重要组成部分。商法的确有自己的特色。无论在理念上还是在技术上，商法与民法都有显著的区分。在理念上，商法重安全与效率，而民法重自由和伦理。在技术上，商法的规范多强制性规范，而民法的规范多任意性规范。但是，这并不意味着不可以将民法与商法规定在一起。商法具有独立性，但这种独立性既可以通过单独立法的方式保持，也可以在民法典内部保持。此外，尽管我国多数学者主张民商合一，但就立法来看，民商合一并不明显，甚至可以说民商合一徒有虚名而已。我国有大量的商事法律游离于民法体系之外。所谓的民商合一只不过是没有商法典而已。既然采纳了民商合一的体例，那么就应当将绝大部分的特别是成熟的商法规范吸收进民法典之中，如将公司法、合伙法等商人法和票据法、保险法等商行为法一并纳入民法典之中。传统观点认为，公司法等不纳入民法典的一个理由是其修改可能会比较频繁，但事实未必如此。《公司法》制定 20 多年以来，较大修改仅有两次。即使修改稍微频繁，也并不是问题。我国刑法典自问世以来已经有了 9 个修正案，平均两年一修，但也并未影响其作为法典的地位（修改时只要不任意变革法条顺序即可。如果这样，那些稳定的条款即可以稳定保持在学术传承之中。目前的法律一修订便变动修订的法律条款顺序是非常不利于学术传承的。正确的做法应当是每次修订之后，条款顺序仍应当保持原来模样）。民法典是市场经济的基本法，过度追求民法典稳定性实际上才与今天的时代不合拍。市场经济社会的变化非传统农业社会所能比拟，立法对此应当“时移，法移”。其实，传统民法典修改也是非常频繁的。以《德国民法典》为例，其已经修改了100多次，平均每年一次。①

2. 商法规范在民法典中的位置

除了第二编主体编第二分编规定公司、合伙企业和独资企业，商法规范主要体现于第四编债与合同和第五编商事特别法之中。

第四编，债与合同。该编除了规定债法总则和合同总则，还将区分民事合同、商事合同和消费、劳动合同。区分是为了区别地对待。与民事合同奉行充分的意思自治不同，商事合同更强调规范原则和外观原则。②这种区分能够消除学者对我国《合同法》民商不分的诟病。

第五编，商事特别法。第一分编，总则；第二分编，破产法；第三分编，票据法；第四分编，证券法；第五分编，保险法；第六分编，海商法。私法一统并不意味着取消民商分立的界限。③在这里，民商分立并不是指商法在体系上独立于民法典，而是指商法应当在民法典之中保持独立的体系。质言之，应当在民法典内部保持民商分立的界限。因此，应当在第五编设立一个商事特别法总则。在该总则部分应当明确商法的原则与精神，以保持商法特别法与其他私法的独立性。总则部分还应当规定那些不宜规定于各分则之中一般的商法准则，如商事代理、表见法理、交互计算等。

---

① 参见王卫国主编:《中国民法典论坛》，中国政法大学出版社2006年版，第79页。

② 消费和劳动合同则应当对弱者予以倾斜，限制强者的意思自治。

③ 1874年的德国立法委员会认为，“私法中被称为商法的那部分内容，应予以特别的处理……应在民法典之外保持其迄今为止独立的地位”，“其理由在于，商法中存在某些为商业所特有的制度和法律原则，它们相互之间存在着内在的和历史的联系，因此不能简单地根据体系方面的要求归人到民法中去”。[德]沃尔夫岗·塞勒特:《从德国商法典编纂历史德国民商法之间的关系》，载范健等主编:《中德法律继受与法典编纂》，法律出版社2000年版，第8页。

需要说明的是，我国的商行为法法律文件中有较多的行政法律规范，这些规范应当单独立法，不能纳入民法典之中。这是为了贯彻公法与私法的区分；同时，这样做也有立法例作为支撑。例如，我国台湾地区的“保险法”和“保险业法”是单独立法的，“保险法”仅规定了保险合同。

3. 商法与民法的契合

如若达到内部和谐，那么包括商法规范在内的民法典的内部体系必然要有一条内在线索将民法典的各个部分串成一个体系。核心型民法典与一统型民法的内在线索并不同。核心型民法典的内在线索即是意思自治，意思自治即是自由在私法上的表现。正如有学者指出，“唯有自由才能保障民法典规则体系内在统一与协调，使具体规则的演绎能顺利进行。……唯有‘自由’设定的是两个完全平等的成年理性人为推理前提，可以无视当事人的任何个体信息，顺畅地演绎出古典民法的基本结构与规则体系，如取得自由的资格前提（民事主体 / 权利能力制度）、自由交易的基础（物权制度）与交易规则、婚姻自由与遗嘱自由和以加害人为出发点的侵权制度等”。[①] 可见，正是自由将核心型私法的各个部分串成一个体系。

一统型民法典中的商法、消费者法、劳动合同法等有很多对意思自治的限制。这说明，将一统型民法典串成一个体系的内在线索仍是意思自治。只不过与核心型民法典仅注重意思自治的张扬不同，一统型民法典还强调对意思自治的限制。核心型民法典极尽张扬意思自治之能事，假定“一个没有国家干预、经济与文化因素对个体没有影响的社会模式，它以公法—私法的严格分野、财产神圣和契约绝对自由为前提”。但这种理念并不能满足商品经济对效率与安全的追求。[②] 在商特别私法所调整的领域，人们关注的是如何高效安全地营利。基于此，人们愿意限制核心私法中的

---

① 谢鸿飞：《民法典与特别民法关系的建构》，载《中国社会科学》2013 年第 2 期。

② 这种理念的完全践行还将最终导致社会达尔文主义的弱肉强食。现代社会已经演化成为一个强弱分明的社会。在这种社会中，法律应当通过限制强者的意思自治的能力与范围向弱者倾斜。

意思自治以促进交易效率和保障交易安全。以证券交易为例，法律将证券交易的内容、方式等多数已经详尽地固定下来。能够为当事人所意思自治的范围，仅限于交易的数量和价格。法律之所以这样做，是因为尽管总体上意思自治能够促进意思自治的效力，但如果无限制的意思自治，必然会增加谈判等交易成本。特别私法表面上限制了自由，但正所谓，自由只有为了自由的缘由才被限制。商法从根本上并不是要消灭意思自治，消灭自由，而是要实现更高层次的意思自治与自由。一统型民法典正是在这种意思自治的张扬与限制中形成一个整体。但其最根本的目的，在于更好地实现意思自治，以服务于人格的发展与财富的创造。

无论采取哪种商事立法模式，以下三点都应当得到强调：第一，商法价值理念能够得到申张，即对效率和安全的追求不能忽视；第二，商业活动的一些特殊要求，必须得到满足，统一不能漠视差异；第三，“要追踪新时期的商事活动的变化，使我们的法律不至于与现行的商业条件不相关联，成为一种不合时宜的法律”。①

三、商事立法的其他问题

（一）商法形式独立的必要性：商法价值的载体

无论采哪种模式，正如前述，都必须使商法的基本价值和基本原则能够得以体现。或许有人会辩称，商法在事实上已经独立了，诸如《公司法》《破产法》《证券法》《票据法》《保险法》等无论从形式上还是实质上都很难归属于民法。既然如此，为何还要提商法形式独立的必要性呢？本书认为，尽管我国制定了许多商事单行法，尽管这些商事单行法都不属于民法而属于商法的组成部分，但这些单行法并无内在联系，无以承载商法

---

① 叶林主编：《商法学原理与案例教程》，中国人民大学出版社2006年版，第14页。

的共同价值。有学者质疑《商法典》与《商法通则》的必要性，理由是商法缺乏共性，商法品性独特但不应当形式独立。[①] 商法形式独立是否必须以内存共性作为存在理由本身即值得商榷，商法品性独特但不应当形式独立也充满矛盾。更重要的是，商法是存在共性的。这一共性即是后文阐述的商法具有共同的价值即效率和安全，这一共性需要以法律形式予以固定。概言之，历史上，商法被民法肢解以致支离破碎，如今，商法的价值重聚，灵魂回归，使得商法有必要在形式上予以支撑。商法在形式上必须做到这一点，否则价值将无以彰显，最终可能会烟消云散。这一形式不一定必须是商法典，也可以是商法通则，还可以是具有统领性的单行法，如商业登记法等。如果采一统型的民商合一立法模式，其法律规范在民法典内部也应当主要以编、章、节的方式予以形式独立。

有学者认为商法形式上的独立不重要，重要的是商法的观念要独立。"商法观念独立化，意味着我国商法学术界不再简单地以民法的理念、原则和制度来评价商法了，商法应当有其自成体系的理念、原则和制度；商法的解释和适用亦应当独立于民法的解释和适用，商事交易优先受到商法规范的调整。"[②]"随着市场经济向全球化、科技化、复杂化方向发展，市场对商法将提出更高、更迫切的要求。在这种情势下，我们再不能凭着简陋的商事制度、用民法的基本意识甚至是传统的伦理道德观念来解决商事问题。"[③] 毋庸置疑，我们应当提倡商法的观念的独立，但我们不能因此而否定或取代商法形式独立化的努力。商法形式的独立有助于促进商法观念的独立化。

① 参见许中缘：《商法的独特品格与我国民法典编纂》（上），人民出版社2017年版，第100～101页。

② 邹海林主编：《中国商法的发展研究》，中国社会科学出版社2008年版，第10页。

③ 王小能、郭瑜：《商法独立性初探——从票据法与海商法的角度》，载《中外法学》2002年第5期。

（二）商事立法的行为法与裁判法的选择

商法为私法。私法一般应当采裁判法的立法方式。对此，有学者有精彩的论述："私法自治下，民众法律关系之形成，取决于行为人意志，因此，如果立法者对自治理念有足够的尊重，就不会指望通过法典来改变民众生活，而倾向于将其定位为裁判法，此时，负裁判之责的法官往往成为法典的目标读者。德国民法典即其著例。为了提供尽可能准确高效的裁判依据，德国民法典并未过多照顾民众的理解问题，有意舍弃了欧陆其他法典通俗性的特点，代之以精确但抽象的语言与技术，总则编之设置，亦是此等考虑的结果。"①但是，上述论述仅适用于民法。在商法方面，如何能够促进交易安全和保障交易安全则是最主要的。最能促进交易安全和保障交易安全的，无疑是直接告诉行为人如何行为。因此，商法的立法方式应当以行为法方式为主。当然，行为法本身也可以作为裁判规则。

四、本书所采的商法体系

众多的商法规范需要体系化。良好的商法体系不仅可以体现形式美，还可以起到限制公权的作用。民法如此，商法也应如此。②

有学者认为现代商法应当包括商事身份法、商事组织法、商事管理

---

① Gustav Boehmer, Einführung in das bürgerliche Recht, 2, Auf,l, J, C, B, Mohr（Paul Siebeck）Tübingen, 1965, S, 78; Zweigert/K tz, Einführung in die Rechtsvergleichung: auf dem Gebiete des Privatrechts,3, Auf,l, J, C, B, Mohr（PaulSiebeck）Tübingen, 1996, S, 143f,f. 转引自朱庆育：《法典理性与民法总则——以中国大陆民法典编纂为思考对象》，载《中外法学》2010年第4期。

② 荷兰著名法学家斯夫伽答（Peter van Schilfgaarde）教授指出："制定民法典主要的好处在于提供了一个重新思考和调整民法体系的机会，这是主要的，私法不是自然形成的，而是人们思想的一次构建。构建的目的是为权利和义务领域提供合理的、公平的方法。如果法律要满足这个目的，就必须是符合逻辑的、一致的和体系化的要求。现实生活是复杂的，有时候是混乱的。私法的作用是恢复混乱的社会秩序。" Peter van Schilfgaarde, "System, good faith and equity in the New Dutch Civil Code", *European Review of Private Law* 1: 1-10, 1997.

法、商事行为法、商事秩序法的商法体系。[①]本书认为管理法和秩序法不应当构成商法的组成部分。管理法是把商法混同于行政法，泯灭了商法的私法地位；秩序法忽视了我国已经建立了经济法这一事实。实际上，管理法和秩序法（包括反垄断法和反不正当竞争法等）体现了国家对经济的干预，应当属于经济法调整的范围。

本书以第一种模式也即理想模式展开。商法的体系应当包括三个部分。

（一）商法总则

商法总则包括商法的概念、调整对象、调整范围、商法的价值和原则等。商法总则并不等于《商法通则》，有关商人和商行为的概念和原理的规定应当归入商人法和商行为法。如果我国制定《商法通则》而不是《商法典》，商法总则的内容、商人和商行为的概念和原理都应当规定于《商法通则》中。

（二）商人法

商人法包括商人的概念、商人资格的取得、商号、商业登记、商业账簿、商事代表（经理权和代办权）、表见商人、拟制商人、公司、合伙、特殊商主体（如交易所、证券公司、商业银行等）。商人法的存在并不是要赋予商人特殊地位和利益，[②]而是因为商人具有有限责任、两权分离、拟制人格等特性需要进行登记、披露、强制规则等以维护交易安全。商人法主要是组织法，也有一些必要的行为法。如公司的股票和债券发行行为等。

---

① 参见范健主编:《商法》，高等教育出版社 2002 年版，第 13 页。

② [德] C. W. 卡纳里斯:《德国商法》，杨继译，法律出版社 2006 年版，第 3 页。

（三）商行为法

商行为法，包括普通商行为法和特殊商行为法。商行为应当分为普通商行为和特殊商行为。普通商行为，指可以规定于民法典或其他民事法律文件中的商行为，如各种商事合同；特殊商行为，指规定于各种商事法律文件中的商行为，如交互计算、商事代理、居间、信托、运输、仓储、银行、票据、保险及海商等。这种区分未必很严谨。例如，《合同法》中的融资租赁合同，从特性上而言，仅是少数的商人所从事的，更应当归属于特殊商行为法。普通商行为本应当规定于《商法典》之中。由于我国没有制定《商法典》，普通商行为已经融入民法规范之中。特殊商行为包括票据、证券、银行、保险、信托和证券等，规则与民法规范相差较多，有特殊研究之必要。

商的本质是交易。商事单行法中，《票据法》、《证券法》和《保险法》是比较纯粹的交易法。《公司法》和《破产法》则是为交易安全服务的。《公司法》中的内部治理、资本制度、责任形式等的基本功能是为了保障交易安全。商法中的交易除了包括我们所认知的商品交易和服务交易，也包括投资者的投资行为。《公司法》中的交易相对人不仅仅是债权人，其实也应当包括投资人。《公司法》有许多保护投资安全的法律规定。保护投资者，保护投资安全，实际上就是在保护交易安全。经济学上，公司的本质也被看作交易的集约，目的是节约交易成本。①《破产法》则起到了公平清偿、清理问题主体的作用，也有为交易相对人服务的目的。商法对主体的规定并不意味着国家要干预公司自治，这些规则都是中性的，都是市场内在的要求。商法并不是调整商业和商人唯一的法。即使在民商分立的国家

① 参见［美］弗兰克·伊斯特布鲁克、丹尼尔·费希尔：《公司法的经济结构》（中译本第2版），罗培新、张建伟译，北京大学出版社2014年版，第1～22页。

也是如此。无论商事关系和商人多么特殊，它都必须要受到民法基本原则的约束，必须强调自愿、公平等基本民法价值。不赞成单独说商法是市场经济的基础法，持这种观点的说法，如同说经济法是市场经济的基本法一样不合事理。

本书第三、四、五章按照此体系结构展开。每章大致可以分为三节，第一节为基本理论，第二节为建议条款及其说明，第三节为单行法（第三章除外）。第三章商法总则建议条款和第四章商人法总则、第五章商行为法总则共同构成《商法通则》。《商法通则》与商事单行法共同构成商事立法理想模式。第二章阐述的是“商事立法的重大问题”。

第二章　商事立法的重大问题

第一节　商法的性质

商品经济孕育了市民社会，而市民社会孕育了私法。商法为私法，此乃当然和必须重申之理。

商法有许多强制性规范，因此，流行的观点认为，商法是私法，但兼具公法的性质。① 公法性反映了公法对经济生活的干预。现代商事实践中，“国家的干预是通过在商法中楔入公法性规则而得以实现的”。② 不过，学者对商法公法化的程度看法不一。一种认识认为，商法公法化的程度已经

① 参见施天涛:《商法学》(第4版)，法律出版社2006年版，第10页；黄晓林:《商法总论》，齐鲁书社2004年版，第12页；[日]松波仁一郎:《日本商法论》，秦瑞玠等译，中国政法大学出版社2005年版，第9页。有学者明确把强制性规范与商法公法化相联系：商法在规范形态上“出现了较多的强制性规范，因此，商法被很多学者称为‘公法化了的私法’”。赵万一:《商法基本问题研究》，法律出版社2002年版，第31页。

② 丹尼斯·特伦语。《外国民法论文选》(第2辑)，中国人民大学法律系民法教研室(校内用书)1985年版，第2页。“商法的公法化”即是对商法在其传统私法规则体系基础上“楔入”了相当范围的公法性规范的恰当不过的解释。董安生、王文钦、王艳萍编著:《中国商法总论》，吉林人民出版社1994年版，第27页。

很深；[1]另一种认识认为，商法增加了公法规范仅使商法在表象上显示出一定的公法特征。[2]公法性是内在性质，公法特征则为外在表象，两者程度不同。[3]流行的观点未必就是正确的或合理的观点。商法公法化的论述严重干扰了商法的私法性质，并为公权进入私域提供了借口。[4]本节意在澄清流行之谬误，正本清源，以扫除商法健康发展之障碍。

一、商法私法性的价值

（一）公法私法区分的价值

公元前5世纪的罗马《十二铜表法》即有公、私法分离的的端倪。该法将行政法规和公共宗教仪式拒之门外。公元3世纪，乌尔比安（Ulpianus，约公元170—228年）第一次提出公法与私法的划分，法律“有的造福于公共利益，有的则造福于私人，公法见之于宗教事务、宗教机构和国家管理机构之中”。[5]

---

① 例如，有学者认为，“商法在其传统私法体系基础上渗入了相当范围的公法性规范，而使商法具有了公法性特征”。董安生、王文钦、王艳萍编著：《中国商法总论》，吉林人民出版社1994年版，第27页。

② 参见李康宁：《论商法部门与商法公法化》，载《天津师范大学学报》（社会科学版）2004年第2期。论者欲言又止反映了论者既想排除商法的公法性但又对商法中大量的强制性条款感到困惑的矛盾性。

③ 有学者将商法分为商事公法与商事私法。参见张国键：《商事法论》，三民书局1980年版，第20页；［德］C. W. 卡纳里斯：《德国商法》，杨继译，法律出版社2006年版，第354页。这种做法没有必要，本节后述。

④ 王保树教授认为，商法中存在公法因素，但“将之称为‘私法公法化’则在程度上有不适当之处。因为‘化’具有‘彻头彻尾、彻里彻外’的特点”。王保树：《商法总论》，清华大学出版社2007年版，第25页。本书认为，若清晰区分商法与商事法律文件，那么商法中的公法因素也不存在。

⑤ ［意］彼德罗·彭梵得：《罗马法教科书》，黄风译，中国政法大学出版社1996年版，第7页。“这种划分反映着国家与个人对立的认识，体现以法律维护个人空间的用心。”“用罗马法的话来说，是‘给每个人以稳定和永恒权利的意志’。”龙卫球：《民法总论》（第2版），法律出版社2001年版，第7、9页。

公法与私法的区分，是现代法秩序的基础。[①]第一，私法为人格发展提供了必要的空间。公法与私法的区分意在界定公权活动的范围，把公权关进公法牢笼，以避免其恣意妄为损害私人权利。私法必须排除公权干扰，否则必然有害自由。第二，由私法赋予的决策自由对私法主体而言往往更为有利。[②]西方社会的进步某种意义上是公、私法区分的结果。“私法为个人主义成长提供了制度基础，从而塑造了与东方的完全不同的西方社会结构。”[③]拉德布鲁赫（GustavRadbruch）则指出，“私法与公法不是实证法上的概念（positivrechtlicheBegriffe），而具有先验性（apriorisch），它们在逻辑上先于法律经验并且约束着法律经验之展开”。[④]

公法与私法的区分，是政治国家和市民社会区分的结果。市民社会（civil society）一语的使用肇始于亚里士多德，原指一种“自由和平等的公民在一个合法界定的法律体系之下结成的城邦（Polis）”。[⑤]中世纪时期市民社会一语系指城市文明共同体及其生活状况。[⑥]黑格尔完整提出了政治国家和市民社会区分的学说。政治国家有政治国家的法律，即公法；市民社会有市民社会的法律，即私法。二者通常互不干预。正如前述，市民

---

① 参见梁慧星:《民法总论》(第4版)，法律出版社2011年版，第33页。

② 参见［德］迪特尔·梅迪库斯:《德国民法总论》，邵建东译，法律出版社2000年版，第14页。

③ 龙卫球:《民法总论》(第2版)，法律出版社2001年版，第6页。英美法尽管没有公法和私法的区分，但在实践中实际遵循着这样的结果。例如，英美法有民事诉讼和刑事诉讼的区分。

④ GustavRadbruch, Rechtsphilosophie, 2, Auf,l, C, F, Mü llerVerlag, 2003, S, 119. 转引自朱庆育:《法典理性与民法总则——以中国大陆民法典编纂为思考对象》，载《中外法学》2010年第4期。

⑤ 何增科:《市民社会概念的历史变迁》，载《中国社会科学》1994年第5期。

⑥ 14世纪欧洲的市民社会指“业已发达到出现城市的文明政治共同体的生活状况。这些共同体有自己的法典（民法），有一定程度的礼仪和都市特征（野蛮人和前城市文化不属于市民社会）、市民合作及依据民法生活并受调整，以及‘城市生活’和‘商业艺术’的优雅情致”。［英］戴维·米勒、韦农·波格丹诺编:《布莱克维尔政治学百科全书》，邓正来译，中国政法大学出版社1992年版，第125～126页。

社会的词源于城堡，城堡是自由的象征。① 城堡对于市民的作用，一为居住，二为防御。市民法也就是私法的作用，一为调整人们的生活，二为防御政治国家的侵犯。“公私法划分的实质在于它划定了一个政治国家不能插手的市民社会领域，从而为市民社会构筑了一道防御外来侵犯的坚固屏障。”②

我国古代诸法合一，并无公、私法区分传统。清末以来短暂的区分历史也随着新中国的到来而被中止。人们认为，“法是阶级意志的表现，是阶级压迫的工具”，社会主义制度消灭了社会利益与个人利益的对抗性，继而消灭了公、私法的划分的基础。③ 改革开放之后，随着私人产权和市场经济制度的确立，公、私法区分的观念也日益深入人心。但稍显遗憾的是，具体到商法领域，人们尚未意识到公、私法区分的真正价值。

（二）商法私法性的价值

商法定性为私法，可以尽量将公权排除在商事活动之外。一方面，国家应当尽量遵从市场的自发秩序。德国最高法院曾写道：“贸易交往不仅仅对个别消费者，而且对整个民族承担着满足不断变化的生活和经济利益需要的使命，为完满达到这一目的，贸易交往应尽量少受强制性法律规范的制约，而主要按自身的规律和需要发展。”④ 另一方面，国家应当通过经济

---

① “城市基本上是自由的庇护所……他可以随便迁出，随意往来，可以自由支配他的财产，如同自由他的人身一样，可以取得、占有、让渡、交换、出卖、馈赠和遗传他的动产和不动产，而不受领主的管制。他的土地可以转让，可以租出或抵押，可以典当，一句话，容易变成现钱，以便促进商业的一切活动。”［法］布瓦松纳：《中世纪欧洲生活和劳动》，潘源来译，商务印书馆 1982 年版，第 202 ~ 203 页。

② 赵万一：《从民法与宪法关系的视角谈我国民法典制定的基本理念和制定架构》，载《中国法学》2006 年第 1 期。

③ 参见李茂管：《法学界关于公法与私法划分问题的争论》，载《求是》1995 年第 22 期。

④［德］古斯塔夫·拉德布鲁赫：《法学导论》，米健等译，中国大百科全书出版社 1997 年版，第 75 页。

法干预市场经济。人类思维具有局限性。公法规范和私法规范相互混合将导致规范的私法性或公法性不易区分，进而导致法律规范在适用上最终偏离其价值。

需要强调的是，除少数领域（如金融领域）和为维护市场秩序外，公权不应当干预私域，否则，不但会扼杀市场的创造性，而且也会给予市场累加不必要的风险。市场由无数种交易组成，每种交易有不同的规则，随着时间的推移也会有变化，公权对此很难适应。公权是必要的，但其适用的领域应当越少越好，非此，不能减少公权寻租的机会。我国刚从管制经济体制走出，当前更应当减少干预而不是加强干预。

综上，所谓私法公法化的命题，是不可取的。即使商法有公法化的现实，公权力以各种借口渗入商法，商法研究者也应当坚决抵制这种做法，还商法以私法的本来面目。同时，维护商法的私法性还是商法学自身理论建设的需要。第一，可以维护价值的统一性和专一性，只有有稳定的学科价值和目标，学科地位才能得以巩固和发展。第二，保证商法的调整方法是私法性的，一是尽量避免在商法学中引入公权的思想，二是公权进入也要保证是服务性的。当然，商法对公法性排除并不取决于学者的意志和口号。归根到底，商法的私法性还是要建立在坚实的理论论述基础上的。

二、商法私法性：以法律规范为中心的论证

商法的性质取决于其法律规范的性质。欲论证商法的私法性，必先论证商法规范的私法性。

（一）商法法律规范之构成

各国的商事法律文件中均存在着大量的强制性规范。第一，商人法和商行为法部分。以《德国商法典》为例，其第 15 条商业登记法律效果，第 23 条商号的转让，第 25、27 条商号被使用时的责任，第 29、50 条代理权

的范围，第 89b 条代理商补偿请求权事先被取消的无效性，第 126 条无限责任公司经营股东代理权范围，第 400 条行纪人介入的法律后果等规定均为强制性规范。[①] 第二，法律责任部分。我国的商事法律文件基本上都有法律责任部分。例如,《公司法》体现于第 12 章第 198 ～ 215 条;《保险法》体现于第 7 章第 158 ～ 179 条;《破产法》体现于第 11 章第 125 ～ 131 条等。这些法律责任主要为行政责任，也有一些民事责任和刑事责任的规定。国外也不乏商事法律文件中规定有行政处罚的规范。例如,《日本商法典》第 13 条规定就规定了“公司商号的不正当使用”行政禁止性规范与处罚规范。第三，各商事法律文件还多有监管规范。我国《证券法》《保险法》中存在大量的监管规范。监管规范与法律责任部分的规范均表现为强制性规范。

商事法律文件中的强制性规范比例非常高。强制性规范多含“应当”、“必须”和“不得”等词语；任意性规范多含“可以”等词语。《公司法》中含有“应当”的词语共计 177 处涉及条款近 90 条，含有“必须”的词语共计 27 处涉及条款有 20 余条，含“不得”的词语共计 86 处涉及条款 30 余条。相比之下，含有“可以”的词语总计有 86 处。这表明《公司法》中强制性规范在数量上远远多于任意性规范。如果这些强制性规范均为公法性规范，那么当然可以以上述分析结果认定公司法的性质是公法而不是私法。

的确有学者持这种观点。日本学者松波仁一郎认为，商法并非纯然的私法，诸如商业登记、商业账簿等，为公法规定。[②] 这种将强制性规范视为公法规范的主张本源于罗马法。在罗马法时期，判断法律规范性质的规则被当作格言流传:“公法不得被私人简约所变通”(Ius publicum privatorum

---

① 参见范健、王建文:《商法的价值、源流及本体》，中国人民大学出版社 2004 年版，第 134 ～ 135 页。

② 参见［日］松波仁一郎:《日本商法论》，秦瑞玠等译，中国政法大学出版社 2005 年版，第 9 页。

pactis mutari non potest)、“私人协议不变通公法”(Privatorum convention iuri publico non derogat)。大量调整私人关系的法律规范由此被说成是公法规范。[①] 商法及商事法律文件中遍布强制性规范，而且强制性规范远远多于任意性规范。如果“强制性规范等同公法规范”的主张能够成立，那么商法就不仅仅是公法化或兼具公法性的问题，而是商法就是公法，顶多兼具私法性而已。这种主张显然是持公法化观点的商法学者也无法接受的。

不可否认，商法存在大量的强制性规范，甚至主要由强制性规范构成。[②] 根据本书的界定，商法调整商事关系中强调交易效率和交易安全的一面。欲完成这一任务，商法必须借助大量的强制性规范对意思自治进行限制。但是，这并不代表商事法律文件的强制性规范均为商法规范。商事法律文件主要由商法规范构成但也不排除有一些其他部门法的规范。不可否认，商事法律文件有一些公法规范，如规定法律责任和监管措施的法律规范，但这些法律规范实则是经济法、行政法或刑法规范。例如，《票据法》属于商事法律文件，但该法第 102 条规定的刑事责任条款是刑法规范。该条有保护私权的作用。与之相似的，民法规定的人身权利和财产权利往往也需要刑法去保护，但并未有人因此主张那些保护民事权利的规范为民法规范，也没有人主张民法刑法化。[③]

这里有必要复述比较法学家勒内·达维的话以作为印证：“在许多案件中，虽然处于特定关系的当事人为私人(公司)，但国家(或社会)无视

---

① 参见[意]彼德罗·彭梵得:《罗马法教科书》，黄风译，中国政法大学出版社 1996 年版，第 10 页。

② 前面对我国《公司法》法律条文的分析可以印证这一结论。事实上，民法中强制性规范也占据重要地位。民法中的任意性规范主要存在于合同法之中，其他部分则多为强制性规范。当然，即便强制性规范在民法中占据重要地位，也不能改变意思自治在民法中的核心地位。个中原因乃是民法中的强制性多为裁判性规范，大多并不对民事主体的行为产生直接影响。

③ 当然也可以辩解说这些刑法规范并未规定于民事法律文件之中。但是从法律技术上也完全可以将商事法律文件中的公法排除。事实上，将商事法律文件中的法律责任条款专章规定便是一种不错的做法。现在需要更进一步，将这些法律责任条款完全排除在商事法律文件之外。

此种关系，从而规定了当事人必须遵循的调整这种关系的规范。……由此，便导致了混乱：因为社会对某些关系强行施加大量规范，有人竟每每认为这些关系属于公法领域。如对这种规范做进一步分析则会将其划入私法规范……那些不可或缺的规范支配这些关系的事实，并不足以使这种关系变成公法关系。”①

本书认为，商事法律文件中的规定法律责任和监管措施的法律规范并不是商法规范，不能因为这些法律规范规定于商事法律文件中便认为其是商法规范。除了规定法律责任和监管措施的法律规范，商事法律文件中的其他强制性规范主要是商法规范，其性质是私法性的。下面将对此进行进一步的分析。

（二）强制性规范的性质

1. 公法规范与私法规范的区分标准

商法作为私法，首先要解释包含于商法规范中的强制性规范的性质。许多学者之所以将商法中强制性规范视为公法规范，在于忽视了公法规范与私法规范的区分标准。② 本书认为，公法规范与私法规范有三条标准：第一，私法规范调整私人利益，公法规范调整公共利益。③ 乌尔比安指出，

① [法] 勒内·达维：《英国法与法国法：一种实质性比较》，潘华仿等译，清华大学出版社 2002 年版，第 41 ~ 42 页。

② 学者历数商法具有公法性的根本理由是商事法律文件中包含着大量的公法性规范。参见赵中孚主编：《商法总论》（第 4 版），中国人民大学出版社 2009 年版，第 24 页。

③ 王轶教授将合同法协调的各种利益区分为四种：一是合同关系当事人之间的利益冲突，即合同关系一方当事人的利益和合同关系对方当事人的利益之间所出现的冲突；二是合同关系当事人的利益与合同关系以外特定第三人利益之间的冲突；三是合同关系当事人的利益与国家利益之间所出现的利益冲突；四是合同关系当事人的利益与社会公共利益之间的冲突。作者认为强制性规范调整的是第三种和第四种利益冲突。转引自张强：《商法强制性规范研究》，法律出版社 2014 年版，第 86 页。本书将前两种利益统称为私人利益，而将后两者统称为公共利益。本书认为，该种观点在合同法上大致成立，但在公司法与票据法等其他商法上，强制性规范更多调整的是私人利益。

“公法涉及罗马帝国的政体，私法则涉及个人利益”。[①] 这是区分公法规范与私法规范的内在根据。第二，公法规范规范公权运用，私法规范规范私人自治。这个标准与德国目前的通说（主体说）不谋而合：“如果某个载体正是以公权载体的身份参与法律关系，则存在公法关系。”[②] 第三，调整手段不同。私法规范的调整手段是确认或否认行为的效果；公法规范的调整手段是对行为人施以行政或刑事责任。公法规范，必须是以公法手段即以行政处罚等手段予以调整；私活法规范，则是以无效、损害赔偿等手段否定私法主体间的法律行为、侵权行为等效果。[③]

回到罗马法判断法律条款性质的格言。根据格言判断成为公法规范的，恰恰都“出现在社会利益或一般利益与个人利益重合之时”。[④] 例如，罗马法中妇女不得放弃嫁资的规则。这在罗马法时代或许是可以接受的，但在现代法上可能有些绝对化（该规范是否涉及公共利益值得商榷。目前，各国多没有类似规定）。罗马法时代，社会关系相对简单，法律禁止的行为往往即是因为公共利益。现代社会关系，特别是商事关系非常复杂，绝大部分并不涉及公共利益。商法中的强制性规范主要是交易的内在规律的反映。当然，或有人会说，交易也涉及公共利益，那这样的说法可能太泛化了。[⑤]

---

① 学说汇纂，1，1，1，2。转引自［德］迪特尔·梅迪库斯:《德国民法总论》，邵建东译，法律出版社 2000 年版，第 11 页。

②［德］迪特尔·梅迪库斯:《德国民法总论》，邵建东译，法律出版社 2000 年版，第 11 页。

③ 例如，上述《合伙企业法》第 93 条明确规定了该法律规范的行为后果即处罚尺度；而《公司法》第 32 条则规定了其私法效果：“……未经登记或者变更登记的，不得对抗第三人。”易言之，未经登记，主体的法律行为可能达不到预期的法律效果。这里只是可能，反映了私法的特征。

④［意］彼德罗·彭梵得:《罗马法教科书》，黄风译，中国政法大学出版社 1996 年版，第 10 页。

⑤ 强制性规范分为效力规范和取缔规范。“前者着重违反行为之法律行为价值，以否认其法律效力为目的；后者着重违反行为之事实行为价值，以禁止其行为为目的。强行规定，是否为效力规定抑或为取缔规定，应探求其目的以定之。”史尚宽:《民法总论》，中国政法大学出版社 2000 年版，第 330 页。

2. 商法强制性规范的私法性

本书认为，商法中的强制法规范是私法规范而不是公法规范。在展开讨论之前，首先要明确的是，民法关于权利能力、行为能力的规定，关于法律行为要件和效力的规定，关于物权的许多规定，关于侵权的许多规定，都属于强制性规范，但这些强制性规范显然是私法规范。如果民法上的这些强制性规范不是公法规范，那么商法上的强制性规范也应当不是公法规范。根据前述公、私法规范的区分标准，进一步的分析如下：

第一，商法强制性规范调整私人利益。私人利益分为双方当事人之间的利益关系和当事人与第三人之间的利益关系。[①] 商法强制性规范一部分在于“建立起私法自治的基本制度框架”，[②] 更多的则为促进交易效率和保障交易安全之用，无论哪一种都与公共利益无关。[③] 如证券交易中集中交易规则，本身即由证券市场长期的交易习惯形成，反映证券商和证券权利人追求效率和安全的内在需求。立法不过是将长期形成的交易习惯规范化，这种反映交易市场的内在规律的立法与公共利益并没有关系。例如，《公司法》第 32 条规定即属于私法规范。尽管该条“公司应当将股东的姓名或者名称向公司登记机关登记；登记事项发生变更的，应当办理变更登记”之规定属于强制性规定，但是该条规定并未涉及公共利益，法律并非要以公权力去干预股东的转让。法律的强行规定，只不过是交易习惯的法定化，之所以选择公司登记机关这个行政机关进行，也不过是认为其登记更加权威，而此登记机关被赋予登记职责，目的也是服务而非干预。应当

---

① 参见张强：《商法强制性规范研究》，法律出版社 2014 年版，第 90 页。

② “国家也仅仅在于作为单纯财产权的界定者及市场秩序的维护者（包括对经济活动中产生的争议、做出裁决）而存在，而并不是公共利益的界定者，也不是市场参与者。”曹兴权：《认真对待商法的强制性：多维视角的诠释》，载《甘肃政法学院学报》2004 年第 5 期。

③ 与“着眼于社会公共利益或国家经济政策目标的实现”的经济法强制性规范相比，商法强制性规范着眼于商事效益与个体商事利益的维护。参见郑曙光、胡新建：《现代商法：理论基点与规范体系》，中国人民大学出版社 2013 年版，第 222 页。

认为，这样的条款也是为实现个人自治。相比之下，《合伙企业法》第93条则属于公法规范。该条规定了违法提交虚假文件或者采取其他欺骗手段，取得合伙企业登记的行政处罚措施。该规定充分体现国家以公权力直接干预合伙登记事务，干预的目的在于维护经济秩序。而经济秩序则无疑属于公共利益。

第二，商法强制性规范规范私人自治。[①] 商法中的许多强制性规范是对意思表示内容的替代，以增加交易相对人的预期。减少交易相对人的预期意味减少交易成本，从而提高交易的效率；同时，由于意思的不确定性的减少，交易安全性也得以加强。规范并不体现国家干预的色彩。即便坚持《德国商法典》中包含大量的公法上的内容的德国学者亦认为，这些"公法性条款"始终处于为私法交往服务的地位。[②] 要注意的是，国家机关参与的并不见得就是公法。即使国家机关参与了，也未必是运用了公权力。例如，国家机关购买办公用品，实际上就是一般民事主体。即使国家机关是在履行职责，似乎是在行使公权力，但如果这种公权力是服务性质的，也不算公法关系。商业登记即是如此。各国商业登记通常是由国家机关进行登记。但这种登记是服务性质的，而且这种登记也完全可以由市场机构进行。例如，荷兰将地方商会作为保管当地商事注册文件的机构。再如，证券已经成了财产的主导形式，但证券都是由市场机构登记的。商业登记等需要行政机关的参与，但这无非是看重行政机关的公信力。本书不

① 学者董钦认为，商法上的强制性规范，大多数情形下只是从另一个角度去支撑私法自治的游戏规则。"像篮球规则一样，告诉你何时由谁取得发球权，何时必须在边线发球，规则的目的在于让所有球员都能把投、跑、跳、传的体能技巧发挥到极致。"因此，商法上的强制性规范并不与私法自治绝对抵制，它们始终处于为私法制度服务的从属地位，"强制性规范的存在并不能改变商法的私法属性"。董钦:《商法的私法性质与私法公法化》，载北大法律网: http://article.chinalawinfo.com/ArticleHtml/Article_36772.shtml。

② 参见［德］海曼:《商法典评纂》，第1卷，第3页。转引自范健、王建文:《商法的价值、源流及本体》，中国人民大学出版社2004年版，第135页。

认同这是公权力的介入，因为他们的工作完全是服务性质的，也完全可以由独立的市场机构完成。

第三，商法强制性规范的调整手段是确认或否认行为的效果。私法对经济生活的介入则是间接的，即往往“民不告，官不理”，法官不能主动判定一个行为有效还是无效。一个行为无效，如果主体之间一直相安无事，那么私法和司法机关也不会主动去干预。“私法自治的精髓，即在自治，法律的主要功能不是指导或干预人们的生活，而是赋予人民完成的行为某种法的效力，则不论强制规定的性质为何，对违反者最理想的结果，似乎就是否定行为法的效力。”① 而公法规范则是令行禁止，“违法必究”，不存在所谓的中间地带。违法必究应当只适用于公法。而私法的中违法性只是法律行为、侵权行为中的构成要件之一，其法律效果视其是否符合构成要件而定。②

3. 具体规范分析

第一，应当区分处罚条款和引致处罚条款。处罚条款为公法条款并不代表引致处罚条款也是公法条款。例如,《公司法》第 91 条规定,“发起人、认股人缴纳股款或者交付抵作股款的出资后，除未按期募足股份、发起人未按期召开创立大会或者创立大会决议不设立公司的情形外，不得抽回其股本”。这是一个私法条款。公司股权投资的永久性是公司的根本特征。然而，这个条款可能引致行政处罚和刑事处罚:《公司法》第 200 条规定了公司的发起人、股东抽逃其出资的行政责任;《刑法》第 159 条规定了虚假出资和抽逃出资的刑事责任。后两条是公法条款。在这里，引致处罚条款和处罚条款的性质完全不同。如果对此还有疑义，我们不妨再做一个类比：没有人会怀疑《民法通则》第 101 条的规定“公民、法人享有名誉权，公

---

① 苏永钦:《走入新世纪的私法自治》，中国政法大学出版社 2002 年版，第 21 页。

② “商法中的强制性规范最终要靠私法途径解决，而经济法中的强制性规范则依赖行政法方式来实现。”郑曙光、胡新建:《现代商法：理论基点与规范体系》，中国人民大学出版社 2013 年版，第 222 页。

民的人格尊严受法律保护，禁止用侮辱、诽谤等方式损害公民、法人的名誉”为私法条款，但是《刑法》有关侮辱罪和诽谤罪的规定，显然又是公法条款。需要强调的是，应当尽量鼓励市场自己监管自己，减少行政处罚；对于不得已必须要制定的公法规范，应当把这些公法规范单独立法，不再把这些规范和商法糅合到一起，以维护商法的纯洁性。

第二，商事法律文件中的一些法律规范的具有双重性。例如，《公司法》第166条规定了公司的法定公积金，该条是一个强制性条款。如果单独看该条，为私法条款无疑：不按照该条规定提取并使用公积金，所引致的是私法效果，“股东会、股东大会或者董事会违反前款规定，在公司弥补亏损和提取法定公积金之前向股东分配利润的，股东必须将违反规定分配的利润退还公司”。然而该条如果结合《公司法》第203条规定，则又完整地组成了一个公法规范：即公司不依照第166条规定提取法定公积金的，将引致相应行政责任。前者规范的是市场主体的私人利益，而后者则调整的是市场整体的经济秩序。

如果构成商法的强制性规范是私法规范，那么商法自然是私法。补充说明的是，商法之所以是私法，还在于其价值是私法性的。商法的价值是效率和安全，商法的规范即以效率和安全价值为依归。商法规范起源于中世纪的地中海沿岸的商业习惯。商业贸易需要的是明晰的交易规则，其目的在于保证交易的效率和安全。交易者希望国家尽量少而不是多地干预商业。即使后来国家夺取了商事立法权，国家的立法也是固定交易规则，使交易规则更具有权威性和统一性，绝不是为了所谓的公共利益而进行干预。或有人会说，效益和安全的追求本身即是公益的追求，于是，效率和安全价值恰恰证明了商法的公法性。本书认为，效率和安全主要是具体的效率和安全，是交易双方的效率和安全。这与国家利用公权力维护的公共效率和公共安全不同。例如，国家通过刑法保护商人的私人财产不受侵犯，即是一种公共安全，国家拆除贸易壁垒，也是为了提供公共效率。当然，商法最终也会促进公共效率和公共安全，但这并不是直接的，而是通过制定符合商业规律、反映商人自身意愿的规则，引导人们从事自由的商业活动。千百年来，没有商法的时候，商人依然遵循这样的规则，那个时候，商人管这个叫商业惯例。

三、商法私法性的维护

商法理论和商事法律文件目前受到了公法和公法法律规范的污染。这对于实现商法的价值不无阻碍。为保护商法纯然的私法地位，本书认为在立法和理论上应当采取以下措施。

（一）将公法规范逐出商事立法

公法与私法都对同一对象进行调整已很普遍。有两种模式：一种是外接模式。民事立法采之。例如，公权对物权领域的干预已成必然。但是，针对物权领域的公法规范并没有直接进入物权法体系之中，而是外接于物权法之外，形成了以物权法为中心的法律群落。如我国的《土地管理法》《城市房地产管理法》即集中规定了大量公权干预规范以及法律责任专章。另一种是混合模式。商事立法采之。商事立法中，公法规范往往直接植入商事法律文件之中，并以法律责任专章对公法后果作集中规定。这样做并不十分妥当。同样属于私域，应当同等对待。本书认为，商事法律文件中的公法性规范和私法性规范要分别规定。其中，最重要的是将法律责任这一部分单独立法。要制定单独的商事处罚法，不但要规定处罚的理由和标准，还要规定行政处罚的程序。例如，可以将《公司法》分解为不含法律责任的《公司法》和《公司违法行为处罚法》。[①]

---

① 参见张强：《商法强制性规范研究》，法律出版社 2014 年版，第 127 页。

（二）将公法理论逐出商法理论

如果不能在立法中完全驱逐公法规范，那么至少要在理论上加以驱逐。要在商事法律文件中完全做到没有任何公法规范可能比较困难：一则，一些法律关系兼具公法性和私法性，那么调整这些关系的法律规范可能就难以区分开来。二则，一些公法规范可能单独规定没有价值，于是可能商事法律文件只好将其接纳。但是，理论上不能因为这些规范规定于商事法律文件中，就认为其是商法的一部分。判断一个具体的法律规范是不是商法规范的标准，不是其表面上是否规定于商事法律文件之中，而是其是否反映商法的价值和精神，运用的是商法的调整方法。

从理论上排除商法的公法性，第一，即使商事法律文件中有一些公法规范，也不宜称兼具公法性或表现出公法的特征。许多商法学者尽管坚称商法具有公法性，但事实上，一般也把商法中的法律责任部分排除到商法理论之外。例如，商法学者在编写《公司法》和《破产法》等教材时，通常并不把法律责任单独列出进行论述。第二，要认清商法的价值和调整方式的私法性。商法的本质是交易法，维护的是交易效率和交易安全的价值，这些无疑是私法性的。商法的调整方法也是私法性的。尽管运用了许多强制和外观规则，但这是为了交易效率和交易安全，其最终目的还是提升意思自治的层次，从根本上说，这些方法还是私法性的。第三，把一些具有公法性质的内容排除在商法学的研究范围之外。例如，在商业银行法中，对于商业银行的监管部门，则为公法性质，它主要体现于国家利用公权力对于微观秩序的直接保护。这些是经济法学研究的内容。当然，要从理论上完全排除公法，是非常困难的，但不能因为商法中有那么一丁点公法因素，就说商法具有公法性或已经公法化了。例如，公序良俗是民法的一项重要原则，但其反映了法律对私人空间的干预。但基本上没有人说民法具有公法性。[①]

商法学者要坚守商法的价值。目前，许多商法学者坚持商法具有公法性，甚至声称商法就是公法，这令人感到十分困惑。[②]不知这究竟是基于争夺地盘的想法还是基于公心。如果是基于争夺地盘的想法，那么商法在争夺地盘的同时，实际上也将公法因素争夺进来了。这是得不偿失的。例如，一些学者认为竞争法和垄断属于商法的研究范围。《反垄断法》完全就是公法，反映的是国家对经济生活的强烈干预，与私法没有多少关系。如果是出于公心，那么可能就有些迂腐了。商法的阵地和价值如果连商法学者都不捍卫，那么就更不能指望别人来捍卫。尽管现在商法研究很发达，但如果商法学者不注重捍卫商法的价值，当商法私法性丧失的时候，商法的阵地也会逐渐被经济法等蚕食。因此，商法学者在理论上对商法的私法性要保持完全清醒的头脑，并始终明晰商法与公法的界限。综上所述，所谓私法公法化和法律社会化等命题，是不可取的，其实质不过是国家干预市场的借口。即使商法有公法化的现实，公权力以各种借口渗入商法，商法研究者也应当坚决抵制，还商法以私法的本质。

坚持商法的私法性，其根本目的在于防卫。把商法建成一个私法城堡，时刻防卫公法和公权对商业和商事权利的侵袭。唯有突出其私的属性，才能时刻提醒着，私权不是公权的奴仆，从而减少公权的干涉。须知，经济发展始终依赖于人的自主性和自利性。[③]

---

① 徐国栋教授认为民法具有公法性［参见彭万林主编：《民法学》（第 6 版），中国政法大学出版社 2007 年版，第 21 页］，但其观点不具有代表性。

② 或许是为了刻意区别与民法的不同。但这种做法是得不偿失的。

③ 美国在与苏联的经济竞争中的胜利即是自由对强行 / 计划的胜利。人们常常诟病于人类的自利性，然而，人类的自利性恰恰是一切生物生存及组织的基本规则。

第二节　商法的界限

一、商法的调整对象

一般认为，商法的调整对象是商事关系。[①]这种社会关系是由商人所从事的营利性营业行为形成的，范围包括经济生活中的生产、交换和分配各阶段上形成的经济关系。[②]

简单地将商事关系视为商法的调整对象是值得商榷的。民法商化之后，商法的意思自治原则被民法吸引，商法不再强调意思自治而是基于效率与安全的价值追求强调对意思自治的内容及解释进行限制。这意味着，营利性商事关系要同时受到民法和商法的调整。商法无法做到单独调整商事关系，因为商法调整商事关系，一方面要借助民法的基本制度，如权利能力、法律行为等；另一方面，商法不可能将行为人的意思自治完全限制。例如，商事买卖合同中，商法一般不限制标的、标的的价格和数量，而只限制这之外的影响效率和安全的因素。有意思自治即意味着有民法的存在。

本书认为，商法的调整对象是强调交易效率和交易安全的商事关系。[③]一方面，商法的调整对象为商事关系。这种商事关系，不仅包括商事法律

---

① 参见施天涛:《商法学》(第4版)，法律出版社2010年版，第3页；王保树主编:《中国商事法》，人民法院出版社1996年版，第9～16页；赵万一主编:《商法学》，法律出版社2001年版，第15页；覃有土主编:《商法学》，中国政法大学出版社1999年版，第2页。

② 参见董安生、王文钦、王艳萍编著:《中国商法总论》，吉林人民出版社1994年版，第30、33页。

③ 有学者指出，商法“调整的是一个追求简便、快捷、顺利并充满信息的能够安全地从事商事交易活动的社会生活领域”,“商法主体是那些需要承担更多的责任并较常人更少地需要保护的主体”。范健、王建文:《商法基础理论专题研究》，高等教育出版社2005年版，第36页。

文件中法律规范所调整的商事关系，而且也包括民事与其他法律文件中的商法规范所调整的商事关系，例如《合同法》中商法规范所调整的商事关系。这些商法规范尽管不归入形式上的商法，但其要受到商法价值和原则的约束。另一方面，商法调整对象所称的商事关系，仅为商事关系中强调交易效率和交易安全的那一面。民法商化后，商事关系区分简单商事关系和复杂商事关系。简单商事关系，在意思表示内容方面强调意思自治，在商主体所为意思表示的解释方面应当遵循外观原则；复杂商事关系的意思表示内容方面由商法与民法共同调整，这些复杂商事关系其一部分内容由民法调整，继续强调意思自治，另一部分内容则由商法调整，强调交易效率和交易安全。毋庸置疑，复杂商事关系商主体所为之意思表示的解释，也依商法外观原则。民法与商法的调整目的不同，商法通常只考虑营利性，而民法除了营利性，可能还要考虑其他因素。①

一些学者还将商事监管关系作为商法的调整对象。②严格说来，商事监管关系是经济法或行政法的调整对象而不是商法的调整对象。其之所以被纳入商事法律文件，主要是因为立法的方便。这种做法不值得赞成。在我们这个私域经常受到公权侵犯的国家，立法更应该特别注重私法和公法的区分，私法轻易不要掺杂公法规范，特别是轻易不要引入公权。

二、商法与民法

私法并不只有商法。如欲进一步划定商法在私法中的边界，还需要详

① 田中耕太郎博士主张商的色彩论："在一般私法的法律事实中具有商的色彩的即是商法上的事实。""所谓商的色彩是指作为专门化营利性活动的投机买卖所演绎出的特征。集团性以及个性的丧失是其特点。"［日］近藤光男：《日本商法总则·商行为法》，梁爽译，法律出版社 2016 年版，第 4 页。

② 参见雷兴虎主编：《商法学教程》，中国政法大学出版社 1999 年版，第 4 页。

细讨论商法与民法的关系。[①]

（一）传统定位：商法为民法的特别法

商法为民法的特别法。一些立法对此有明确规定。《西班牙商法典》第2条直接规定："民法是基本法，商法是特别法，缺乏专门商法规范时适用民法。"[②]《德国商法典施行法》第2条也明确了商法与民法之间的关系："在商事案件中，仅于商法未作相反规定时，民法典的规定始可适用。"德国法的这种做法可以上溯到1794年《普鲁士邦法》。该法在其第2部分第8节中便是将整个商法作为一种相对于一般民法的特别法加以规定的。[③]

在德国，诸如此类的论述比比皆是：商法"以民法的存在为前提，本身仅仅规定了一些纯补充性规范"；[④]"《德国民法典》中的许多规定，只有根据《德国民法典》所确立的一般性原则才能理解；而《德国商法典》的作用就是对这些一般性的原则加以变更、补充或排除"；[⑤]商法的规定大多都可在民法中找到自己的影子，是"民法内容的变异体"。[⑥]例如，《票据法》对于票据的规定，可以看作是民法上的指示证券和无记名证券的特别规定；《证券法》中有关证券交易的规定也可以看作是合同法的特别规定。又如商法上对流质条款的效力予以承认，[⑦]而民法则自罗马法以来始终对于流质条款不予承认。我国学者也多认同这一观点。

---

① 讨论仅限于财产法，不涉及人身法。

② 董安生、王文钦、王艳萍编著：《中国商法总论》，吉林人民出版社1994年版，第36页。

③ 参见范健：《德国商法的历史命运》，载《南京大学法律评论》2002年秋季号。

④ [德]迪特尔·梅迪库斯：《德国民法总论》，邵建东译，法律出版社2000年版，第17页。例如，《德国商法典》第349～351条为《德国民法典》第771条到第773条的例外和排除条款。

⑤ [德]罗伯特·霍恩、海因·科茨、汉斯·G.莱塞：《德国民商法导论》，楚建译，中国大百科全书出版社1996年版，第239页。

⑥ So die plastisehe Formulierung von Capelle / eanaries, handelsreeht. Ein Studienbueh, 20.Aufl.1985, §1llc, 5.sf.

⑦ 我国台湾地区"民法物权编施行法"第14条。我国台湾地区"民法"承认商事流质条款的效力。

本书认可商法为民法的特别法，但同时认为，这一观点并不能完整反映商法与民法的关系。第一，商法中的一些法律规范的确是民法规范的特别法。但是，正如梅迪库斯所言，为什么婚姻法仅仅适用于结过婚的人，却可以规定于民法典，称作一般法，而仅适用于商人的商法就被称作特别法了呢？①类似的情况在民法典有很多。梅氏由此认为商法是民法的特别法或许仅仅是基于历史的因素。②第二，并不是所有的商法规范都是民法的补充或特别规定。例如，商业账簿制度与所有民法规范几乎没有什么关系。第三，民事法律文件中的有些规范也会受到商法价值与原则的约束。例如，《合同法》中的多式联运合同和融资租赁合同要受到商法价值和原则的支配。如果未来制定《商法通则》，用具体条款界定了商法价值和原则、商人与商行为的内涵，上述合同规范也应当看作是这些规范的特别条款。

（二）现代定位：商法的特别性与独立性

本书认为，商法与民法的关系可以表述如下：第一，商法为民法的特别法；第二，商法具有独立性。

1. 商法的特别性

商法的特别性体现为三个层次：

第一个层次，商法主要是民法中所规定的人、物和法律行为等一般制度的特别法，而不是整个民法的特别法。商法中许多制度发挥作用要借助于民法权利能力和法律行为等制度。商法的大部分精华被民法蚕食后，商法不能也没有必要重复建立与民法相同的基本制度。首先，交易中商事主体是需要权利能力和行为能力的，而这些是由民法规定的。其次，商事交

---

① 参见［德］迪特尔·梅迪库斯：《德国民法总论》，邵建东译，法律出版社2000年版，第17页。正因为商人概念的非封闭性，所以特别法并非特权法、等级法。

② 参见［德］迪特尔·梅迪库斯：《德国民法总论》，邵建东译，法律出版社2000年版，第18页。

易要适用法律行为制度。最后，商事权利的保护依然要适用民事权利的保护手段。违约，则需要借助《合同法》中的违法责任条款；侵权，则要借助侵权责任法；司法救济则要借助民事诉讼。

这些一般制度严格说来是整个私法制度的一般制度，规定于民法之中并不代表就应当为民法所独享。事实上，我国目前规定人、物和法律行为等私法一般制度的《民法总则》与《物权法》、《合同法》和《婚姻法》等的联系未必就比后者与《公司法》《票据法》《保险法》等的联系紧密多少。

第二个层次，民法上的许多价值和原则如自由、诚信等本来就源自商法，在商事交易中商法自然不能完全挣脱这些价值和原则的影响。例如，意思自治，显然适用于商业活动。没有意思自治的商业活动是难以想象的。同样，民法的公平和诚信原则也适用于商业活动。但上述原则，在商业活动需要强调效率和安全时，会受到一些抑制，但也只是抑制而不是取消。同时，部分的限制使得另一部分的自由和整体的自由得到更大的提高。

第三个层次，部分商法规范是部分民法规范的特别法。此种商法规范要优先于民法的适用。例如，《公司法》上的组织机构等规定应当优先于民法上法人制度的适用；商事合伙应当优先于民法上的合伙制度的规定；证券交易应当优先于民法上的买卖合同的规则适用，等等。但是，在我国，所谓商法规范要优先于民法的适用这一理论意义不大。原因是，我国相关单行商法法律文件的体系大多是相对完整的。例如，我国证券法律中有关证券交易方面的规定非常详细，这些规定很难在民法上找到对应的具体规定，因而也谈不上所谓的特别法优于一般法适用的问题。事实上，所谓的商法特别法优于民法一般法主要存在于合同领域。然而，在我国实现民、商事合同统一立法之后，上述法理也仅具有理论意义了。在一些颁布商法典的立法例则有所不同。这里以德国商法和日本商法作一说明（仅限于《德国商法典》第四编商行为第一章“一般规定”和《日本商法典》第二编商行为第一章“总则”的规定)。值得一提的是，商法“是特殊的，但不是例外或特权的”。[①]

无疑，商法的一些价值观念、原则规范被民法掠取之后，商法对经济关系的调整现在不得不借助民法。这在制定单独的商法典时也不例外。但是，据此否定商法作为一个独立的法律部门并不成立。一些学者认为，“作为一个独立的法律部门，应当有其统一的主体制度、法律行为制度、权利制度和法律保护等构成统一严密的有机整体。但商事规则中的商主体、商行为、商业名称、商业登记等并不能统一适用于其中的《公司法》《破产法》《保险法》《票据法》等具体的法律制度”。[②]本书认为，上述所谓标准只能算是一家之言。所谓商主体、商行为等商法规则不统一适用更不成立，因为所谓民法的一般原理也无法做到统一适用这些杂乱无章的商法规则。“不能统一适用”正是商法的独特性所在，这保证了商法规则在调整方式上的灵活性。

2. 商法的独立性

商法具有相对于民法的独立性。“商法原理虽频频渗入民法，然商法本身仍不失其独立性。”[③]商法的独立或许有历史的因素，但绝不是历史的误会。[④]商法的独立性乃是民法所采取罗马法体系和固守传统的原因。第一，罗马法法学体系太过精密，注重概念演绎和价值的统一，以至于立法很难将商事法律纳入统一的私法之中。第二，欧陆的法官因职权所在，不能根据商业要求的改变而相应改变法律，而“只能以谦逊的克制去适用传

---

① 参见肖金泉主编:《世界法律思想宝库》，中国政法大学出版社 1992 年版，第 527 页。

② 许中缘:《商法的独特品格与我国民法典编纂》(上)，人民出版社 2017 年版，第 31 页。

③ 郑玉波:《民法总则》，中国政法大学出版社 2003 年版，第 43 页。施天涛教授则言:“民法决不是凌驾于商法之上的法律，商法也不是民法的附庸，只不过(二者)在法律适用上发生一定牵连性。”施天涛:《商法学》(第 3 版)，法律出版社 2006 年版，第 47 页。

④ 参见范健、王建文:《商法的价值、源流及本体》，中国人民大学出版社 2004 年版，第 22 页。作者转述观点：商法“既是历史的产物，也多少算得上是一个历史的误会”。

统的法律”，也是商法产生的一个重要原因。也正因如此，欧洲大陆的商人法“保存至我们的时代，它并非只是历史的残余物，而是具有其他法律领域难以匹敌的更新能力和应变能力，不断生活反复充实，进而丰富了整个私法秩序。……商法总在不断扮演一般私法的开拓者和急先锋的角色”。①

商法相对于民法，既有价值上的独立，也有形式和学科上的独立。

第一，价值独立。商法没有公式化的体系，但并不意味着其没有独立的价值。商法强调效率和安全，民法强调自由和伦理。正如有学者所指出的，商法调整的是“一个追求简便、快捷、顺利、充满信任的能够安全地商事交易”的领域。②商法的价值和原则不仅体现于商事法律文件之中，也体现于民事法律文件之中。由于民法和商法共同调整交易关系，许多民事法律文件中也有不少商法规范，这些商法规范也要受到商法价值和原则的统领。

第二，形式独立。商法上的许多规范从法技术角度并不与民法兼容。例如，商法上的商人登记制度、公示制度、破产制度、保险制度，并不能为民法所吸收。商法许多规范更技术、更具有强制性，因而有必要在立法形式上保持相对的独立性，应当在一些反映商法的价值的领域单独立法。③一些交易更需要稳定而又简易的交易制度，这一点民法常常满足不了。这就给了商事立法存在的空间。

---

① [德] 古斯塔夫·拉德布鲁赫:《法学导论》，米健等译，中国大百科全书出版社 1997 年版，第 72 ~ 73 页。

② 范健:《德国商法的历史命运》，载《南京大学法律评论》2002 年秋季号。

③ 德国学者米勒弗赖恩弗尔斯指出:“在一个国家中，有无必要制定商法这一特别私法，这不仅取决于该国的法律传统和经济发达的状况，还取决于人们是否已经认识到，在经济生活中，就权利交往和稳定性之功利来说，一定的私人权利主体，以及是否一定的法律行为（商行为）相对于一般私法来说在法律技术上更进步和在法律适用上更简易、稳定和安全可靠。”[德] 米勒弗赖恩弗尔斯:《商法的独立性》，载《恺梅勒纪念文集》。转引自龙卫球:《民法总论》，中国法制出版社 2001 年版，第 26 页。

第三，学科独立。尽管不能完全脱离于民法，但商法的价值和一些规范却是无法相容于整个民法体系。这些需要理论上单独予以研究。正因如此，商法学得以独立。

目前，各国商事立法对特别性强调得较多（参见前述），而对独立性则强调得较少或者根本就没有规定。本书认为，应当在商法总则中加入强调商法独立性的条款。特别要规定商法的价值和原则，规定这些价值和原则要适用于包括民事法律中商法规范在内的所有商法规范。只有如此，才能彰显商法的独立性。商法不唯给自己争取独立性，而且给商事活动争取到了独立性。

有学者认为，商事规则独特而不独立，商法只是规则独特的民法。“这些特殊性的体现并不能说明商法独立于民法，而是在坚持商法属于民法的基础上，在民法用特定的规则明确商法的特殊。”① 本书认为，一则，既称规则独特，那么事实上至少已经承认的规则的独立性，只是规则独立的程度不同而已。二则，立法者需要相当程度地在形式上体现商法的独立。商法规范以行为规范为主体，与以裁判规范为主体的民法规范放在一起很不协调。更重要的是，放在一起容易导致混淆，进而导致适用上的混乱。一个明显的例证是，我国《合同法》中诸如行纪、运送合同等明显为商事合同，但民法学者几乎不从商法视角论述这些类型的合同。

（三）商法规范与民法规范的区分

商法与民法都是由具体的法律规范组成的。因此，区分商法与民法，应当从规范意义上进行区分。区分是为了法律规范的正确适用：商法规范重效率与安全，而民法规范注重自由与伦理。由于共同调整商事关系，因此商法规范与民法规范在一些情况下并不容易区分。

---

① 许中缘：《商法的独特品格与我国民法典编纂》（上），人民出版社 2017 年版，第 24、100 ~ 101 页。

大致下列法律规范属于商法规范：第一，限制意思自治以调整商事关系的强制性规范一般属于商法规范。例如，《票据法》第46条规定："保证人必须在汇票或者粘单上记载下列事项：（一）表明'保证'的字样；（二）保证人名称和住所；（三）被保证人的名称；（四）保证日期；（五）保证人签章。"该条将票据保证人记载的内容完全通过强制性条款规定下来，不允许行为人意思自治，是典型的商法规范。第二，虽不限制意思自治，但法律规范内容体现效率与安全的价值的任意性规范，也属于商法规范，但兼具民法规范性质。例如，《公司法》第176条规定："公司分立前的债务由分立后的公司承担连带责任。但是，公司在分立前与债权人就债务清偿达成的书面协议另有约定的除外。"第三，法律规范的对象为商法上的主体一般为商法规范。例如，《德国商法典》第362条第1款规定："如果与商人保持有业务联系的行为人，向处理他人事务的商人提出处理该事务之要约，该商人必须毫不迟疑地对要约予以回答；商人之缄默视为要约之承诺。在商人向行为人主动提出事务处理之后，如果行为人再次向商人提出处理事务要约，以上规定同样生效。"第四，一些法律规范具有中性性质，普通人适用之，为民法规范，而商法上的主体适用之，则为商法规范（兼具民法规范性质）。此以我国法律上的买卖合同规范最为典型。由于意思自治仍然存在，并不能否认此类法律规范具有民法规范的属性。这类规范是民法商化的结果。

商法规范以强制性规范居多，但也不乏任意性规范。严格地说，这些任意性是兼具民法属性的商法规范。与纯粹的民法意义上的任意性规范不同的是，商法上的任意性规范在内容上更强调效率和安全，说其兼具民法属性，是从规范自身可选择适用而言的。商法上的任意性规范不仅仅是为了裁判，也是给行为人以指导。例如，公司法上的任意性规范，"能在人们交易的讨价还价过程中"，"提供现成的填补某些空白（或制定后备条款）

的向导”。[①]

商法规范多为行为规范，民法规范多为裁判规范。商法的行为规范属性要求行为人在行为之前多了解商法规范，否则可能陷入不利或违法境地；民法的裁判规范属性使得行为人即使在行为之前并不具体了解民法规范，也一般不会陷入不利或违法境地。这与商法的主动性和民法的被动性是相适应的。[②] 当然，称商法规范为行为规范并不是要否定商法规范的裁判意义，而是要强调商法规范对行为人的指导作用。

有学者认为，民法与商法规则差异的非本质性导致商法并不能真正独立。[③] 本书认为这种观点值得商榷。许多商法规则与民法规则相比，无论从价值上还是从形式上都具有较大的差异。在价值上，正如前述，商法规则追求效率与安全，而民法更追求自愿和伦理（公平）。在形式上，很难说以强制性规范和行为规范为主导的公司法与证券法等商法规范与以裁判规范主导的民法规范没有本质的差异性。因此，认为民法与商法规则差异的非本质性不能成立，以此为据认为商法不能真正独立也不能成立。

---

① [美] 弗兰克·伊斯特布鲁克、丹尼尔·费希尔:《公司法的经济结构》(中译本第 2 版)，罗培新、张建伟译，北京大学出版社 2014 年版，第 34 页。

② 美国学者伊斯特布鲁克和费希尔在回答“既然公司是一种以合同形式存在的企业，为何还要制定公司法”的一段论述有助于理解商法规范与民法的不同:“公司法是一套现成的法律条款，它可以节省公司参与者签订合同时所要花费的成本。其中的众多条款，诸如投票规则以及形成法定人数的规定等，是几乎所有人都愿意采用的规则。公司法以及既有司法裁判，可以免费为每一家公司提供这些条款，从而使每个公司都能将精力集中用于公司特定的事项。即使他们一一考虑了他们认为有各种情事，也仍然可能有所遗漏，因为各种复杂的情况会在未来日渐显现。公司法，尤其是由法院实施的信义原则，可以填补法律的这些空白和疏漏；而填补这些空白和疏漏的法律条款，属于如果人们能事先预见这些问题并且可以不费成本地进行交易而达成的条款。在这个意义上，公司法补充了，但从未取代真实的谈判，它只是在出现第三方效应或后续条款的情况下才发挥作用。”[美] 弗兰克·伊斯特布鲁克、丹尼尔·费希尔:《公司法的经济结构》(中译本第 2 版)，罗培新、张建伟译，北京大学出版社 2014 年版，第 34 页。

③ 参见许中缘:《商法的独特品格与我国民法典编纂》(上)，人民出版社 2017 年版，第 30 页。

三、商法和经济法

（一）经济法的产生与发展

金泽良雄认为，“经济法”产生于“一战”时的德国。在“一战”期间和战后，德国制定了许多战时管制经济和战后经济复兴的法律。1919年发布的《煤炭经济法》，是以经济法命名的最早的法律。[①] 实际上，近代经济法的历史比德国经济法要早一些，可以上溯到1833年英国制定的《工厂法》以及此后法国的《全面限价法》，瑞典的《济贫法》等。即便如此，经济法产生的历史也要晚很多。经济法强调国家对经营者的干预，是国家干预经济的产物。早期的经济法主要干预微观层面，对经营中的违法行为进行规制，关注弱者，注重社会福利。经济法一般不关注平等个体之间的交易行为。可见，当商法已经很发达之后，经济法才崭露头角。经济法最初集中关注劳工保护、社会保障、反垄断等领域。

在我国，经济法借改革开放之东风，于20世纪80年代横空出世，曾经盛极一时。在最强盛时，大有并吞民法之势（那时还很少有人提及商法）。当时，民法的地位岌岌可危。[②] 但到20世纪90年代我国确立了市场经济之后，作为市场经济的原生性的法律的商法迅速崛起，“侵占”了经济法大部分的调整范围。如果说民法对经济法，随着《民法通则》的颁布，确立了自己的地位，乃是一种侥幸，那么商法的崛起则是市场经济体制确立之后的必然结果。经济学的地位从此由显而微。国外也如此，“在商法传统根深蒂固的那些国家里，新的经济法仍然在为自己谋求一席立足

---

① 参见［日］金泽良雄:《经济法学概论》，满达人译，甘肃人民出版社1985年版，第1、2页。

② 许多学者的回忆文章中论及了当时民法岌岌可危的情势。参见周大伟:《谁是佟柔》，载中国法学网:http://www.iolaw.org.cn/showNews.asp?id=15242。苏永钦教授说:“经济法在台湾原是民法的例外，是偏房，在大陆却是正室，民法很长的一段时间连个名分都没有。”苏永钦:《走入新世纪的私法自治》，中国政法大学出版社2002年版，自序。

之地，一般说来，它仍然难以有足够的力量来充实商法”。[①]尽管如此，经济法的地位仍然不可动摇。我国是世界上唯一以立法宣言确认经济法是独立法律部门的国家。[②]

目前，经济法研究者主要从事公司法、证券法、破产法、票据法、保险法等具体学科的研究，但这些学科似乎更应当属于商法的领域。经济法和商法学者对调整范围的争夺不但造成了大量的重复研究，浪费了科研资源，而且造成两个部门法之间的不断内耗，导致商法和经济法双双价值迷失，彼此都无法取得完全独立的地位，最终是两败俱伤。本书认为，经济法和商法是从不同视角对市场经济进行调整，彼此都有存在的价值。“经济法的产生，就在于立法者不再满足于从公平调停经济参与人纠纷的角度考虑和处理经济关系，而侧重于从经济的共同利益，经济生产率，即从经济方面的观察角度调整经济关系。”而“商法是基于个人主义的私法本质，为那些精于识别自己的利益并且毫无顾忌地追求自身利益的极端自私和聪明的人而设计的”。[③]“商法以个别经济主体的利益为基础，调整其间的利益关系；经济法以国民经济利益为基础，着眼于超个别经济主体利益的全体的调整。”[④]因此，经济法和商法的要务不是相争，而是找到彼此独特的理念和调整手段，确定彼此的调整范围，从而不会叠床架屋而导致浪费研究资源。经济法和商法只有相容相存，才能达到共赢。

（二）商法公法化或经济法吸收商法论

既然相互交错，那么为什么不把势同水火双方合并在一起呢？的确，

---

① [美] 丹尼斯·特伦：《商法与经济法》，载《法学译丛》1986 年第 4 期。

② 参见单飞跃：《中国经济法部门的形成：轨迹、事件与特征》，载《现代法学》2013 年第 4 期。

③ [德] 古斯塔夫·拉德布鲁赫：《法学导论》，米健等译，中国大百科全书出版社 1997 年版，第 72、77 页。

④ 张国键：《商事法论》，三民书局 1980 年版，第 30 页。

商法学者和经济法学者都有这样的想法。只不过他们试图把这些领域都划归自己这一边。

1. 商法公法化

商法学者认为，商事领域大量公权的介入反映了商法公法化（或称商法兼具公法性）。[①]20 世纪以来，私法上意思自治和经济政策上的自由放任已构成对经济安全的威胁与戕害。于是，多数国家开始在商事领域实行国家干预政策，开始向传统商法输入社会法、行政法、刑法等的公法规范。[②] 商法的理念已从传统的意思自治走到现在的“自由放任为主，国家干预为辅”。商法公法化的实质是承认作为私法的商法也可以允许国家干预。

2. 经济法吸收商法论

经济法学者则持不同的看法，他们认为，国家大量地干预生活，反映了经济法全部或部分吸收民法或商法。（1）纵横统一论。纵横统一论认为，经济法不仅调整纵向的经济管理关系，还调整横向的经济交易关系，“纵”“横”统一于国家意志。[③] 其意在将所有的经济关系置于经济法的调整之下，大幅压缩民法的调整范围，并取消商法。（2）强制性规范公法说。面对商法的强势崛起，原本坚持纵横统一论的经济法学者，不再坚持纵横统一说。但是仍然认为，调整经济的法律中大量的强制性条款是国家干预经济的体现。因此，强制性条款的大量存在已经使得商法一分为二，一部分与民法合而为一；另一部分被公法化，而“公法化的商法应当归

---

① 参见施天涛:《商法学》（第 4 版），法律出版社 2010 年版，第 10 页；董安生、王文钦、王艳萍编著:《中国商法总论》，吉林人民出版社 1994 年版，第 20 页；黄晓林:《商法总论》，齐鲁书社 2004 年版，第 12 页；赵中孚主编:《商法总论》（第 4 版），中国人民大学出版社 2009 年版，第 20 ~ 21 页；国外也有学者主张商法公法化。参见［日］松波仁一郎:《日本商法论》，秦瑞玠等译，中国政法大学出版社 2005 年版，第 9 页。

② 参见李康宁:《论商法部门与商法公法化》，载《天津师范大学学报》（社会科学版）2004 年第 2 期。

③ 参见史际春、邓峰:《经济法总论》，法律出版社 1998 年版，第 45 页。

入经济法”。[①]

3. 评述

上述理论不但反映商法和经济法对调整范围的激烈争夺，还显示双方都“欲置对方于死地而后快”。但这显然是不现实的。至少在我国，作为经济生活中国家干预和主体自治的必然反映，经济法和商法在可预见的将来都会存在。然而，商法公法化不但不能够吸纳本该属于经济法的地盘，恐怕还将使公法化后商法失去私法的自治属性。公法后的商法所充斥的无所不在的国家干预必然影响商法的私法定性。更重要的是，这样主动将公权引入私法无异于引狼入室，给公权不当干预私域提供了绝好的机会，也给经济法争夺商法的调整领域提供了口实。商法公法化某种意义上是为经济法作嫁衣裳。经济法吸收商法论与商法公法化没有本质的区别。如果说有区别也只不过是要把商法的调整范围转移给经济法。但经济法似乎也很难全部消化这些领域，它无法解释吸收后的法律规范中为何会存在一些意思自治的条款。同时，干预与自治共存于一部法律之中，必然会产生矛盾。上述理论无论对于经济法还是商法，应当说都是不幸的：它严重损害了彼此的独立地位。二者没有区分经济生活中的公域和私域，不但稀释了商法和经济法彼此的理念，而且由于公私法理念混合还可能导致法律对经济生活的不当干预。

本书认为，经济法和商法的理念应当泾渭分明，即经济法主干预，而商法主自治。如果强行把所有调整经济活动的法律都纳入经济法或商法，将会破坏经济法或商法的整体和谐，也分散了它们彼此的价值。因此，应当尽量将商法中的干预性的公法规范规定于经济法法律之中。公私分明，才能更好地调整市场经济。

① 史际春、陈岳琴:《论商法》，载《中国法学》2001 年第 4 期。

（三）经济法的理念与经济学基础

1. 经济法的理念

（1）理念的唯一性：干预

只有先确定统一的调整理念，再根据这个理念划定调整范围，才能保证这一范围内的理念的一致性。因此，确定经济法的调整范围之前，有必要先确定经济法的理念。如前所述，经济法吸收商法论主张经济法的理念是干预与自治并行。有学者对此有形象的比喻："经济法主要靠计划和合同两个功能。如果说合同是匹骏马，计划就是骑手。"[①] 对此本书并不认同。干预与自治的理论应当分属公法和私法。干预和自治混在一起只会模糊公、私法区分的价值，引起公权对私域的不当干预。公权必须为私域留下空间，这是人格自我发展和经济发展的必要条件。这一结论已在理论上和实践上被无数次证明，此处无需赘述。因此，经济法的理念应当是唯一的，即只有干预。干预的理念在技术上可以实现。如前所述，一个强制性规范可以区分为公法规范部分和私法规范部分，经济法规范只表现为体现国家干预的公法规范。至于私法规范则属于商法。例如，《公司法》第167条关于提取法定公积金的条款属于商法，因为该条款是私法性的，反映的是交易安全的需求；[②] 而《公司法》第167条与第203条的行政处罚条款所组成的公法规范则可以划归经济法。因为该条款体现了国家干预，体现了国家对经济秩序的维护。

（2）干预的目的和边界

不能认为，所有法律或法律中所有的强制性规范都是对经济生活的干

① 周大伟:《谁是佟柔》，载中国法学网：http://www.iolaw.org.cn/showNews.asp?id=15242，最后访问日期：2017年10月30日。

② 该规范也是公司法有限责任制度的构成部分之一。有限责任制度是私法制度，那么其具体体现公积金提取制度自然也应当是私法制度。当然有些私法制度需要公法去维护。这正如伤害他人身体本为侵权，但需要刑法、行政法去保护一样。

预。[①] 经济法中的干预，不是任意干预，它明确了干预的目的和边界，是指公权基于公共利益用行政处罚等公法责任为手段通过强制性法律规范进行干预。第一，经济法干预经济活动，必须是以公共利益为目的。公共利益，主要是指经济秩序。销售缺陷产品、欺诈等商业行为不但侵犯他人权利，而且侵犯经济秩序。第二，经济法在传统商法的领域内或者涉及主体塑造和商事交易的领域内，干预的主要方法是禁止，对于违反者则采取的是行政处罚等公法手段。如上所述，销售缺陷产品、欺诈等也为商法和民法的调整范围，但二者调整的角度是不同的，也可以说调整范围是不同的。例如，金融诈骗，从私法的角度，是法律行为，但其效果是无效，法律不承认其法律效力，要求返还财产，并无经济制裁；而经济法和刑法对此则要采取严厉的行政处罚和刑事处罚手段，以维护市场经济秩序。再如，对于抽逃资本的规定，如果该条款不附加行政处罚，那么其将是私法条款；如果附加上行政处罚条款，那么该条款就具有了双重属性，既有公法性，又有私法性。目前经济法律文件通常将法律责任单列一章即体现了这些条款的不同性质，但这还不够。为了避免私域被过分干预，建议将这些处罚条款另行立法，这也有利于这些行政处罚条款根据实际情况适时修订。而《公司法》等商法作为私法则更应当保持相对的稳定性。需要指出的是，经济法规范和商法规范往往混在一部法律文件之中，但这并不意味着“商法公法化”或“经济法商法化”，它们只不过是为了法律引用方便而被放在一起。比较而言，故意伤害，既由民法调整，也由刑法调整，但没有人说“民法刑法化”或者“民法公法化”。

要说明的是，商法上的强制性规范多表现为技术性规范。这些技术规范背后的理念不是管制，而是对效率和安全的追求。商法价值和规范的形

---

① 经济法律中的强制性条款，并不一定就体现经济法对经济生活的干预。因为经济法律中的技术性强制条款可能是市场主体的自我限制。典型的有证券交易所的集中交易规则，就是商业习惯的规则化。

成依赖于自治，这种自治不同于民法，民法是一种特别任意的自治，而商法则是一种规则自治。商法中对效率和安全的追求实际上是商主体自治的结果，商法规则也多是商人实践中的习惯法编撰所致。

2. 公权干预的经济学基础

无论经济法存在不存在，国家以公权干预经济的现象都必然是客观存在的。这些干预的理念体现于一些强制性的规范之中，这些强制性的规范则广泛存在于各种涉及市场经济规范的立法之中。

这些干预性条款背后有着深刻的背景。在早期的自由竞争资本主义时期，刚刚取得政权的资产阶级出于对专制的厌恶，加之深受亚当·斯密"自由放任主义"的影响，他们奉自由、平等为最高原则，在经济活动中实行"私法自治"，排斥任何国家公权力干预。但是不久，随着工业的快速发展，诸多民法不能解决的如劳工保护、不正当竞争等问题逐渐显现。为了形势的需要，英国制定了《工厂法》，此开近代国家干预经济生活之先河。随后各国都制定了一些此类法律，如法国的《全面限价法》，瑞典的《济贫法》等。不过此时立法还主要限于保护劳工等弱势群体。

当自由资本主义进入垄断资本主义以后，自由放任的经济理论即通过"看不见的手"（"市场之手"）调整经济的理论，已经不能用来解决垄断形成以后经济发展中的现实问题了。面对市场失灵，英国经济学家凯恩斯提出用间接干预的方法对经济进行宏观调控的理论。其立法实践主要有：美国在20世纪30年代颁布了《全国产业复兴法》和《农业调整法》，日本制定了《电力管理法》（1938年）、《矿业法》（1950年）等。更早在这之前，美国颁布了《反托拉斯法》。这一时期的经济法由保护弱者到全面介入经济生活，法律更加强调社会本位和社会整体利益。

明确干预的目的和手段，有利于明确经济法存在的价值。第一，经济法的存在，可以将多数直接体现国家干预性的条款收入其中，从而基本排除了商法等私法中的公法性。公法性的排除，有利于明确私域的界限，有利于将公权对私域的干预控制在一定的范围内，并抵制不当干预。第二，区分私法效果和公法效果，两者混在一起，不利于弘扬私法或公法的精神。因为人们的认识能力是有限的，如果干预是不可避免的，那么应当尽量排除通过设置效力条款以干预私法行为。第三，经济法的独立可以加强研究重点经济活动国家干预的必要性和力度，对法律规范的规范化和集约化，统一干预标准，丰富经济法的基础理念都有益处。

（四）法律调整经济生活的层次和经济法的调整范围

1. 法律对市场经济调整的层次

如果将经济法的理念确认为干预，而将民法和商法的理念确认为自治，那么便可以给法律调整经济生活清晰地划分层次。当深入探究市场经济内部的法律关系时，可以发现法律对市场经济的调整有以下几层：第一层由民法和商法调整；第二层由经济法或刑法来调整；第三层则由经济法调整。

（1）民商法的调整层次：意思自治所形成的经济关系

民商法是市场经济原生性法律。早期的资本主义奉行自由放任主义原则，主张私法自治，民商法几乎成了唯一调整市场经济的法律。由此可见，市场经济中绝大部分经济关系应该由民商法来调整。民商法对经济关系的调整是通过把经济关系转化为法律关系来完成的。民事法律关系的形成，实际是民法使社会关系秩序化的目的的实现过程。[①] 民事法律关系首先给人们复杂多样的行为提供一个合法而有效率的行为模式；其次，当人们脱离这种模式时（如违约、侵权行为的发生），民事法律关系起到纠正的作用。这主要通过无效制度、违约责任和侵权责任等否定性条款和补偿性责任来完成，其本身并不具有惩罚性。由民商法调整经济关系的模式以保护个人权利为核心，其价值理念是自治、自由和平等。

① 参见彭万林主编：《民法学》，中国政法大学出版社 1994 年版，第 68 页。

如果细分，还可以把民商法所调整的经济关系细分为民法所调整的经济和商法所调整的经济关系。民法与商法有一些不同。这些不同主要体现在，民法充分体现意思自治，一切都交由当事人，法律只起到后备条款的作用；而商法则主动参与商事主体意思自治的形成。这些法律则是基于交易效率和交易安全的考虑，而不是直接基于秩序，而且多数是由交易习惯自发形成的。质言之，“商法是将市场经济的基本内容、基本原则和基本运作方式翻译成法律语言而构成的法律规则”。①

（2）经济法调整的层次之一：微观经济秩序

当市场经济发展到一定阶段时，会发现民法并不能解决诸如不正当竞争、弱者保护以及环境保护等问题。其原因在于：民商法特别是民法主张私法自治，不允许公权力向其渗透；②而上述问题显然需要公权力来干预。这个矛盾其实正是近代经济法产生的原因：经济法的主要任务是进行微观经济管理，即通过国家公权力给人们在市场经济中的行为张一个网。这个网对合法的行为予以放行，对违法的行为则一网打尽。③但是，应注意到，此时合法与违法的标准由经济法来确定，例如将不依法排污规定为违法等。

微观经济管理模式的主要作用是维护经济秩序、保护弱者和保护生态；其采取的主要手段是直接、适度的干预；其价值理念是实质公平。

（3）经济法调整的层次之二：宏观经济调控

微观经济管理的模式对违法行为一网打尽，但是它对经济关系中合法行为所带来的问题却无可奈何。在市场经济中，人们的法律行为可能既合法又合乎自己的目的，但不一定就符合社会整体利益。随着社会生产规

---

① 赵万一:《商法》，中国人民大学出版社 2003 年版，第 5 页。

② 商法也不应当允许公权力直接渗透。如要渗透，一般应当通过法律行为之违法控制要件。但该违法强制性规定在商法上仅产生无效等私法效果，而公法的处罚效果则归属于经济法、刑法等的范畴。

③ 这张网启动模式与商法的无效启动模式不同。商法上的无效之启动，通常需要有一方告诉，自愿的法律行为虽然在实质上无效，但可能并不产生无效效果。

模的不断扩大，以前保证国民经济平稳协调发展的“市场之手”失灵，即“市场失灵”了。由经济法调整的宏观经济调控关系的模式正是为了弥补这种市场自我调节功能不足而产生的。与微观经济管理模式不同，这种模式不是要建立一个网，而是通过利益建立两个点。一个是“趋利”之点，它是充满利益和吸引力的一个点；另一个是“避害”之点，它是充满不利和排斥力的一个点。吸引力和排斥力的源泉是利益。人们可以选择利益，也可以选择不要这种利益，甚至可以选择不利益，即“趋利避害”完全是自愿的。市场中的行为复杂多样，但是“利益之点”和“不利益之点”可以通过“吸引力”和“排斥力”使其变得有序而符合社会整体利益。就像大海中的鱼儿，它们自由自在，但是当它们遇到食物时一定会争先恐后，遇到天敌则一定会尽快溜之大吉。

经济法的宏观经济调控模式主要作用是利用财政政策、货币政策以及产业政策使社会的总供给和总需求达到平衡；其采取的主要手段是间接、适度的干预；其价值理念是社会本位即社会整体利益。

需要说明的是，本书虽将法律调整经济关系划分为三层，但可能法律只是对一个行为进行调整。一个行为可能涉及不同的社会关系，法律从不同视角对这个行为进行调整。例如，证券发行行为本是私法行为，受到商法的调整，但也可能因为其中存在欺诈而受到民法中的侵权责任法调整；又由于欺诈对经济秩序的破坏性，它还可能受到经济法和刑法的调整。因此，同一行为可由不同的部门法调整。

2. 经济法的调整范围和体系

根据以上论述，大致可以划清经济法的调整范围。经济法的调整范围主要限于经济关系中的纵向经济秩序管理关系和宏观调控关系。与经济法对市场经济调整的模式相适应，现代经济法的体系可以分为两部分。

（1）微观经济管理法

微观经济管理法，主要调整微观经济管理过程中发生的经济关系。对于微观经济管理法，根据实践的需要，可以进一步划分为反垄断法、反限制竞争法、反不正当竞争法、广告法、产品质量法（仅包括产品质量管理及处罚领域）、环境保护法、自然资源保护法和劳动保护法等。[①] 上述为传统的经济法调整领域，特别是反垄断法、反限制竞争法和反不正当竞争法是经济法的核心内容。[②] 在传统商法领域，如公司法、破产法等，应当将其行政处罚部分，独立出来单独立法；也可以制定统一的《商事处罚法》，统一规制商事主体的违法行为。统一规定，有利于集约立法，统一处罚标准，并有利于学术研究。经济法的微观规制的手段主要是强制性规范与行政处罚。易言之，经济法是用行政处罚的手段以维持微观的经济秩序。经济法学应当研究运用这种手段的合理性。

（2）宏观经济调控法

宏观经济调控法，主要调整宏观经济调控过程中发生的经济关系。这些经济关系具有总体性、宏观性的特点，处于决定经济全局之地位。[③] 根据实践的需要，宏观经济调控法可以进一步划分为计划法、投资法、产业调节法、金融法、固定资产管理法、价格法等。宏观经济调控法主要采用利率、税收等间接调控方式。

需要说明的是，干预和自治不能并存于经济法或商法之中，但不意味着体现干预的法律规范和体现自治的法律规范不能并存于一部法律文件之中。我国包括《公司法》在内的许多经济法律文件中同时存在这两种规范（之所以如此，主要是便于适用）。对此，一些学者主张，对于经济法律文件，如果干预管理的法律规范是主要的，那么该经济法律就是经济法；如

① 参见杨紫烜主编:《经济法》，北京大学出版社 1999 年版，第 56 页。

② 卡纳里斯将反限制竞争法、反不正当竞争法视为德国经济法的核心内容。参见［德］C. W. 卡纳里斯:《德国商法》，杨继译，法律出版社 2006 年版，第 6 页。

③ 参见卢炯星:《论创立和完善我国宏观经济法的法律体系》，载《政法论坛》2001 年第 2 期。

果自治规范多些，则该经济法律属于民商法。[①]本书不认同这种观点。正如前述，应当将该法律文件拆分，体现干预的法律规范归属于经济法，体现自治的法律规范归属于商法。

经济法没有必要与其他部门法尤其是商法争夺地盘。经济法的体系已经很庞杂，专注于目前领域的研究，一可集中精力，二可集中经济法理念。体系越庞杂，显然价值就会越分散，最终调整目的也就难以达到。同时，这样做还可以保持商法等私法的纯洁性，避免公权力对私域的侵蚀。

（五）小结

经济法一方面干预微观层面，如对经营中的违法行为的规制；另一方面体现了国家的宏观政策。经济法不关注平等个体之间的交易行为。商法主要关注市场主体的人格塑造以及主体间的交易。按照这个标准，商法主要包括公司法、合伙企业法、破产法、证券法、票据法、保险法、海商法、商业银行法（不含监管和法律责任部分）等。这些法律中涉及国家干预特别是行政监管和处罚的部分并不是商法的组成部分。

经济法的区别与商法的区别如下：第一，调整对象上，商法调整的是私人之间的法律关系，而经济法中必然有公权力。值得注意的是，商法上的登记虽也有行政机关的出现，但此时行政机关的主要作用是服务而不是干预，商法上的登记是商事关系而不是经济法律关系；第二，调整方法上，商法不排斥意思自治，即使有强制性规范，也是符合商业规律的；而经济法奉行国家统治原则，不允许有意思自治的出现；第三，商法中有一些经济法的规范，如一些行政处罚规范。经济法包括价格法、金融法、投资法、反垄断法、公平交易法等。从性质上而言，经济法是公法，以社会为本位，着眼于超越市场主体经济利益的整体利益；而商法是私法，是权

---

① 参见杨紫烜：《关于经济法的若干理论问题》，载《社会科学战线》2012年第8期。

利本位，追求效率和安全，二者不可同日而语。[①]

经济法与商法彼此纠缠在一起，都对市场经济进行调整，但价值和理念完全不同。商法与经济只有明确彼此的理念和分工，守住各自的界限，方能避免内耗、和谐相处、共谋发展，共同为市场经济服务。最后，我们有理由相信，经济法的未来是美好的，因为市场经济有其生长的条件和空间。[②]同样，经过经济法学者不懈的努力，经济法的基础理论也终将建立起来。

第三节　商法的价值

现有理论既把商法与民法的原则混淆，又把商法的原则与价值混淆。本书认为，商法的价值是效率和安全，而商法的原则则是规范原则和外观原则。其中，规范原则体现了对意思自治原则的限制和超越，外观原则则体现了意思的外观化。价值与其原则的关系是本质与形式的联系。[③]商法的基本原则应当以商法的价值为依据。确立商法的基本原则，首先要探讨商法的价值。

---

① 一些观点认为，国家既要对市场经济进行总体管理、监督，还要同时担负组织、协调经济的职能，使商人的个体利益与社会利益协调发展。本书认为这种看法的愿望或许是良好的。但这是计划经济思维的残余，忽视了人类理性的局限性，即使国家也无足够的信息、理性和能力去组织、管理经济生活。还是要相信市场的自发秩序，用利益引导个体经营经济生活。

② 在法国，经济法一度欲吞噬商法。不过商法经受住了考验。但是，“经济法并未因此消失，也未寿终正寝。它在盼望着下一次世界危机、战争与匮乏，以图再度辉煌”。[法]克洛德·商波:《商法》，刘庆余译，商务印书馆1998年版，第50页。评论虽不无嘲讽也有欠公允，但也道出了经济法与国家干预密切联系。

③ 参见胡鸿高:《商法价值论》，载《复旦学报》2002年第5期。

一、商法价值的内涵

商法的价值，指商法所设定的，对商法上的主体具有意义的绝对超越指向。[①] 商法的价值，必然是商法上的主体所极力追求和珍惜的，并具有指向意义的。“商法价值具有根本性、初始性、理想性，它是商法制定、实施、评价、判断的依据和标准，也是商法运行的起点和归宿。”[②] 商法的价值是商法得以确立、存续和发展的理论和逻辑基础。

商法一直以来被认为没有独特的价值。[③] 或认为商法原本就是没有理论底蕴的技术性法律领域，[④] 或认为商法的一般性规则已为民法吸收。[⑤] 商法的价值和理论的确难寻，但这“并不应成为商法学者对此无所作为的托词或借口”。[⑥] 商法必然有其独特的价值，否则它肯定已经被民法全部吸收。学者没有找到商法的内在价值，那是学者理性的有限，而不是它并不存在。总之，价值问题是个困难的问题，但它不应当为法律科学所回避。

二、商法的价值：效率与安全

商法伴随商品交易的出现而出现。因此，商法的价值也应当从商品交易中去寻找。商品交易的目的是追求财富，更快更多地追求财富需要交易更有效率和更加安全，商法正是应这两个要求而产生的。在中世纪，欧洲的封建法不认可交付行为无因性原则，允许分别偿还连带债务，甚至允

---

① “法的价值是指法基于自身的客观实际而对于人所具有的精神意义以及人关于法所设定的绝对超越指向。”卓泽渊：《法的价值论》，法律出版社 2006 年版，第 49 页。

② 于娟：《商法价值指向与经济法价值向度相关度考察》，载《求索》2010 年第 2 期。

③ 参见张谷：《商法，这只寄居蟹》，载《清华法治论衡》2005 年第 2 期。正因为基本价值和一般理论的缺失，长期以来，公司法、票据法、破产法等原本属于商法的内容成为经济法争夺的对象。

④ 此为赵教授转述他人观点。参见赵旭东：《商法的困惑与思考》，载《政法论坛》2002 年第 1 期。

⑤ 参见施天涛：《商法学》（第 3 版），法律出版社 2006 年版，第 45 页。

⑥ 赵旭东：《商法的困惑与思考》，载《政法论坛》2002 年第 1 期。

许卖主可以低于市价过半为由撤销交易行为。商人于无可容忍之下创建了否认上述封建法的规则，其目的就是要建立“商人所渴望的那种从事有秩序而又经常性的贸易的安全保障的理想”的商法规则。① 德国学者沃尔夫岗·塞勒特认为，商法具有不同于民法的典型特征：“其一，商人精通和熟悉交易业务，因此对商人应提出更高的要求；其二，商事交易在更高的程度上要求灵活性、快速性、简便性和法律稳定性。”② 这些反映了商法“形散而神不散”，这个“神”即是交易效率和交易安全。

商法就是追求交易效率和交易安全的法律。易言之，商法的价值是效率和安全。③ 按经济学的观点，交易可以创造财富。④ 交易使得人们的劳动变得有价值，劳动产品在交易中实现了从产品到财富的转变。财富只能当其有用时，才能称为财富，而交易正是使劳动成为财富的工具。交易越便捷，财富也就创造得越快越多，整个社会福利也会随之增加；相反，交易效率低下，往往意味着交易成本高，人们的交易欲望低，从而抑制了交易，也抑制了财富的创造。效率与安全常常是一致的。“任何交易都不过是无数交易者所组成的买卖长链中的一环。无论在哪儿出现一次障碍，整个链条都会发生震荡。”⑤ 交易所需要的效率是有安全保证的效率，没有安全保证的效率是不可持久的。2008 年美国金融危机的爆发充分证明了这一点。安全有了保障，效率才是健康的效率。效率有时与安全是相反的，效率越高，往往风险越大，此时必须管控风险，注重效率与安全的平衡。

---

① 参见李永军：《论商法的传统与理性基础》，载《法制与社会发展》2002 年第 6 期。

② [德] 沃尔夫岗·塞勒特：《从德国商法典编纂历史看德国民商法之间的关系》，载范健等主编：《中德法律继受与法典编纂》，法律出版社 2000 年版，第 2 页。

③ 公平、秩序、自由并非商法的价值。公平是所有法律的价值，不为商法所独有；秩序则主要体现为公法的价值；自由则为意思自治的内容，是私法的根本原则。

④ 参见 [美] 保罗·海恩、彼得·勃特克、大卫·普雷契特科：《经济学的思维方式》，马昕、陈宇译，兴界图书出版公司 2008 年版，第 21 页。

⑤ [德] 古斯塔夫·拉德布鲁赫：《法学导论》，米健等译，中国大百科全书出版社 1997 年版，第 74 页。

效率，指以较少的成本实现更多的营利。商法中的标的证券化、支付证券化、合同标准化均是效率的体现。安全，指财产权益能够顺利地实现。商法中的安全是动态安全，即交易安全。不同于保护财产所有的静态安全，交易安全指能够通过交易获得财产，能够保障债权和投资实现的安全。广义上的交易安全应当包括股权等各种投资的安全。商法中的登记、簿记即是为保障交易安全。注意区分交易安全与市场安全。交易安全旨在维护私人利益，与公共利益无涉；市场安全旨在维护公共利益，与私人利益有时交叉，有时无涉。[①] 商法中的规则往往既体现效率又体现安全。如商业登记就既有安全的考虑，也有效率的考虑。[②]

对效率和安全的追求可能会限制自由。自由多数情况下会促进效率。然而，过于自由，有时会抑制效率。效率需要整齐划一。商法可以把自由留给民法，自己则追求效率和安全，从而完成对原始自由的超越，实现更高层次的自由。或许这就像德国学者德恩所说的那样："商法是一切法律中最为方式自由的，同时又是最为方式严格的法律。"[③] 商法的效率和安全最终是为了私人财产和权利能够更自由地流动。从这一点上看，商法与自由并不冲突，它是为了实现更高层次的自由。

---

① 两种安全的区分，参见张强:《商法强制性规范研究》，法律出版社 2014 年版，第 82 ~ 85 页。作者认为，交易安全意在保护信赖利益，而市场安全意在保护国家利益。"交易安全破坏，信赖利益落空，受损的是作为市场参与者的商主体，而市场安全被破坏，市场失序、动荡甚至崩盘的利益损失，是由国家来埋单。""基于交易安全价值的商法强制性规范只能导致私法上的效果，却不应该被责以公法责任，而基于市场安全价值的商法强制性规范则只能导致公法上的效果，责以公法责任，而不应当以此判定私法行为无效或者可撤销。"

② 日本商法充分体现了这一点。《日本商法典》"设置了为确保交易确实、顺畅进行的规定。由登记制度等公示制度或者表见责任来确保交易的安全性。如第 510 条及第 511 条中的规定，为使交易顺利进行，相比普通人，商人负有更生的责任和更高的信用度"。[日] 近藤光男:《日本商法总则・商行为法》，梁爽译，法律出版社 2016 年版，第 6 页。

③ 张国键:《商事法论》，三民书局 1980 年版，第 24 页。

第四节 商法的原则

商法的基本原则，指反映商法价值，对各类商事关系具有普遍指导意义，对于统一的商法规则体系具有统领作用的基本法律准则。[①] 有学者认为，商法基本原则应当具备下列三个要素：“（1）高度抽象性，即集中体现商法的宗旨和价值的一般规范；（2）普遍适用性，即能够普遍适用于各种或者主要的商事关系的一般规范；（3）效力纲领性，即对商事立法和司法实务（包括商法规范的解释）产生纲领性评价作用的一般规范。”[②] 本书认为，商法原则应当具有普遍性和价值性两个特点。所谓普遍性，即该原则贯穿于全部商法规范的始终，是“商法规范的高度抽象和概括”；所谓价值性，即反映商法的基本价值。

关于基本原则的作用，有学者认为，“有法必有原则，这或许是成文法的特点，成文法的局限性借助基本原则得以缓解或者克服”。[③] 这种表述不无道理。但是，法律基本原则的根本作用，在于对立法和司法给予统率和指导。

一、传统学说检讨和商法基本原则的确定

（一）传统学说检讨

商法的原则与民法的原则不同。经过数百年的发展，民法原则在学说和立法上比较明确和统一。一般认为，民法原则有意思自治、诚实信用、

① 参见叶林主编：《商法学原理与案例教程》，中国人民大学出版社 2006 年版，第 14 页。

② 邹海林主编：《中国商法的发展研究》，中国社会科学出版社 2008 年版，第 11 页。

③ 邹海林主编：《中国商法的发展研究》，中国社会科学出版社 2008 年版，第 10 页。

公序良俗、公平、过错责任等。其中，意思自治尤其重要，是民法的根本标志。没有意思自治，也就没有民法。

我国学者对商法原则的论述极不统一。不完全列举如下：促进交易迅捷、强化商事组织、维护交易安全和维护交易公平四原则说；①促进交易自由、维护交易公平、促进交易效率和确保交易安全四原则说；②商主体严格法定、公平交易、交易简便迅捷、鼓励交易和交易明确安全五原则说；③依法自由行使权利、意思自治、诚实信用、尊重公共利益公序良俗、合法、鼓励交易、保障交易便捷和维护交易安全八原则说；④利润最大化、诚实信用、磋商调解、互惠、简便敏捷、安全、经营自主、强化企业组织、社会责任九原则说。⑤

学者概括的这些原则存在的问题包括：第一，将民、商法的原则混淆，或者说以民法的原则替代商法的原则。例如，将意思自治或营业自由归为商法的基本原则，而实际上，营业自由的内涵可由意思自治的内涵所涵盖。保障交易公平可以归入民法上的公平原则，尽管商法上的公平取决于具体规则的公平而非具体个案的公平。商法是民法的特别法，民法的意思自治、诚实信用等原则当然也是商法的基本原则。但是，如果商法的原则与民法完全一致，那么商法也就没有存在的必要了。商法之所以能够区别于民法，必然有其不同于民法原则之原则。“商法原则不是民法原则在商法领域的具体体现，而是商事关系客观要求的集中反映，是商法基本精神的科学抽象，商法基本制度和一切规范的共同纲领。”⑥第二，一些原则

① 参见覃有土主编：《商法学》，高等教育出版社2008年版，第32～36页。

② 参见施天涛：《商法学》（第4版），法律出版社2009年版，第16～27页。

③ 参见范健主编：《商法》，高等教育出版社2007年版，第10～13页。

④ 参见赵中孚主编：《商法总论》（第4版），中国人民大学出版社2009年版，第25页。

⑤ 参见任先行、周林彬：《比较商法导论》，北京大学出版社2000年版，第82～96页。

⑥ 张秀全：《商法基本原则研究》，载《现代法学》1999年第5期。

或只是商法一个部分的原则，或没有实际意义。例如，强化商事组织原则和商主体严格法定原则只是商主体法的原则，而不是整个商法的原则；而鼓励交易原则和合法原则内容太空洞，没有实际的价值。[①]第三，学者均普遍将保障交易迅捷和维护交易安全视为商法的原则，实际上是混淆了商法的价值和原则。保障交易迅捷原则、维护交易安全应当是商法的价值所在，体现了商业的根本要求。并且效率和安全，应当主要是经济学术语，而明显非法学术语。[②]

（二）商法基本原则的确定

商法有了独立的价值，自然应当有独立的原则。除了普适性之外，商法原则还应当具备以下标准：第一，与民法的原则相区分，或者是民法原则的反动；第二，反映商法的价值，即效率和安全。以此为标准，我们应当研究商法规范的特点，从中找出一些共通的并与民法相区别的东西。我们发现，商法最多的规范是强制性规范，[③]此类规范反映了商法的规范性，即商法对行为主体、行为模式、行为内容、行为效果和责任往往都有规

---

① 顾耕耘教授指出，“研究商法基本原则时，应对以下几个具体问题加以注意：（1）不要将民法的基本原则当成商法的基本原则重复加以表述；（2）不要将商法的具体规则或制度拔高为商法的基本原则；（3）不要机械地理解商法的基本原则贯穿于商法规范的始终”。顾功耘：《商法教程》，上海人民出版社2001年版，第20～24页。转引自邹海林、张辉：《商法基础理论研究的新发展》，中国社会科学出版社2009年版，第52页。

② 价值超越了法律自身，体现了超越法律的追求。例如，自由亦非法律术语，但不妨碍成为法律的价值。法律的价值是沟通法律与外界的桥梁。

③ 商法不乏任意性规范。严格地说，这些任意性是兼具民法属性的商法规范。与纯粹的民法意义上的任意性规范不同的是，商法上的任意性规范在内容上更强调效率和安全，说其兼具民法属性，是从规范自身可选择适用而言。商法上的任意性规范不仅仅是为了裁判，也是给行为人以范导。例如，公司法上的任意性规范，“能在人们交易的讨价还价过程中”，“提供现成的填补某些空白（或制定后备条款）的向导”。[美]弗兰克·伊斯特布鲁克、丹尼尔·费希尔：《公司法的经济结构》（中译本第2版），罗培新、张建伟译，北京大学出版社2014年版，第34页。

范。这一点与民法显然不相同，典型的民法追求的是自由，不对主体及其行为进行规范。[①] 商法之所以这样做，就是要给杂乱无章的人以规范化、秩序化。只有如此，才有可能有效率和有安全，有效率才会有效益。

除了规范性，我们还会发现，商法对当事人意思的确定遵循外观主义。民法最重要的原则是意思自治，商法作为特别法，也不可能完全违背这一原则，否则，商法无法包括在私法的范围之中。因此，商法不可能按照规范原则对法律关系的所有内容作一致的规定，必然有意思自治适用的地方。但是，有意思自治适用的地方就会有意思上理解的不一致，这必然会影响到交易的效率和安全。为此，商法奉行外观主义，以外观确定商人的内心意思，这样就大大促进了交易效率保障了交易安全。

因此，商法的基本原则有两个：规范原则和外观原则。

二、规范原则

规范原则，指商法调整商事关系时多用强制性规范以限制意思自治原则的运用。规范原则遍及商法的各个角落，以实现交易主体的法定化、交易标的定型化、交易行为趋同化以及交易结果确定化。

（一）规范原则的实现工具：强制性规范[②]

强制性规范是规范原则的实施工具。需要注意的是，格式条款自身并不是规范原则的实施工具。那些介入到格式条款之中的强制性规范才是规

① "立法几乎已经自己承认它和人类在发现、发明以及大量积累财富各方面的活动无法并驾齐驱；即使在最不进步的社会中，法律亦逐渐倾向于成为一种仅仅的表层，在它下面，有一种不断在变更着的契约规定的集合，除非为了要强迫遵从少数基本原理或者为了处罚违背信用必须诉求法律外，法律绝少干预这些契约的规定。"［英］梅因：《古代法》，沈景一译，商务印书馆1996年版，第172～173页。立法者认为这样更有效率，但实际上这仅适用于简单商品经济。

② 本节不涉及公法意义上的强制性规范。

范原则的实施工具。

1. 商法强制性规范的体现

私法规范依是否可由私法主体变通适用可区分为强制性规范和任意性规范。强制性规范，指不能以当事人的意思变通适用的规范；任意性规范，指可以以当事人的意思变通适用的规范。[①]强制性规范多含“应当”、“必须”和“不得”等词语；任意性规范多含“可以”或“另有约定的除外”等词语。任意性规范体现了意思自治，主要存在于民法中的法律行为制度特别是合同法制度领域。强制性规范在民法中则存在于物权法、亲属法、继承法领域。

强制性规范在商法中非常广泛，遍布于商法总则、商人法和商行为法领域。说强制性是商法的一个主要特征也不为过。[②]商法总则中的名称、登记、账簿，公司法中关于公司设立条件、章程、公司组织的规定，破产法中关于破产财产及其分配的规定，票据法、证券法、保险法、海商法等的多数规定，“大体上都带有强行的性质，当事人均不得任意予以变更”。[③]其中，尤其以公司法和票据法最为典型。

《公司法》含“应当”、“必须”和“不得”等词语的规范非常广泛，充分反映了《公司法》对强制性规范普遍应用。例如，第6条规定“设立公司，应当依法向公司登记机关申请设立登记”；第8条规定“依照本法设立的有限责任公司，必须在公司名称中标明有限责任公司或者有限公司字样”，第80条规定“股份有限公司采取发起设立方式设立的，注册资本

---

① 参见钟瑞栋：《民法中的强制性规范》，法律出版社2009年版，第22页。作者反对这样非此即彼的区分，认为民法规范应当区分为任意性规范、授权一方当事人的规范、授权特定第三人的规范、半强制性规范和强制性规范五种。本书仍持二分法，将所谓授权一方当事人的规范、授权特定第三人的规范、半强制性规范均归入强制性规范，授权规范授予当事人以单方的形成权，但当事人不能改变授权规范本身。

② 参见曹兴权：《认真对待商法的强制性：多维视角的诠释》，载《甘肃政法学院学报》2004年第5期。

③ 张国键：《商事法概要》，三民书局1986年版，第8页。

为在公司登记机关登记的全体发起人认购的股本总额。在发起人认购的股份缴足前，不得向他人募集股份”。《公司法》还有一些不含上述词句的强制性规范。例如，《公司法》第 103 条规定：“股东出席股东大会会议，所持每一股份有一表决权。但是，公司持有的本公司股份没有表决权……”

《票据法》中的强制性规范占了绝大部分。这些强制性规范多属于技术性规范。例如《票据法》第 23 条规定：“……汇票上未记载付款日期的，为见票即付。汇票上未记载付款地的，付款人的营业场所、住所或者经常居住地为付款地。汇票上未记载出票地的，出票人的营业场所、住所或者经常居住地为出票地。”再如《德国票据法》第 1 条规定：“汇票包括下列内容：（1）票据文句中应标明汇票的字样，并使用与开立汇票同样的文字；（2）无条件支付一定金额的规定；（3）付款人的姓名；（4）到期日；（5）付款地；（6）收款人或其指定人的姓名；（7）出票日及地点；（8）出票人签名。”

即使《合同法》中也不乏强制性规范。例如，第 200 条规定：“借款的利息不得预先在本金中扣除。利息预先在本金中扣除的，应当按照实际借款数额返还借款并计算利息。”《合同法》中的强制性规范多为对商事合同的规制。

强制性规范中还有一种半强制规范，即当事人有一定的选择权，但该选择权被限制在一定的范围之内。例如，《公司法》第 24 条规定的股东人数：“有限责任公司由五十个以下股东出资设立”；《票据法》第 25 条规定：“付款日期可以按照下列形式之一记载：（一）见票即付；（二）定日付款；（三）出票后定期付款；（四）见票后定期付款……”

2. 商法强制性规范的功能

商法中的强制性规范具有以下功能：

第一，主体法定化。商人法定，是商主体法中的一个重要原则，目的在于限缩商人的种类和商人内在的趋同。这样可以减少交易相对人和投资人因为信息不对称所增加的成本；同时强制性规范也减弱了商事主体间的不平等地位，保证了交易的公平和安全。主体法定有利于塑造更有效率的商人组织。“有效率的经济组织是经济增长的关键因素；一个有效率的经济组织在发展正是西方兴起的原因所在。”①

第二，标的定型化。标的定型化指交易标的定型化，分为标的的证券化和标的的商品化。证券化的交易标的，如提单、流通证券、保单等证券，格式均是统一的，交易人一般不需要就交易标的本身进行协商。不同的交易标的定型化程度不同，如上市公司的股票，其定型化程度是最高的。而保单，投保人仍然可以进行协商。通过证券化，标的转让的程序可以大大得到简化。② 上述是证券化标的的交易定型化，此外还有商品化标的的定型化。对于有形的交易客体，“使之商品化而予以划一的规格或特定的标记”，以达到同质标的物的批量供应。③ 如对各种产品设定同一的标准。

第三，行为趋同化。有些商行为标准化较高，如票据行为的各个环节，均文义化、要式化，违反则不具有法律效力。各国商法中还在交互计算、商业租赁，商业借贷、商业承揽、商事居间等契约内容中设有大量的强行性条款，以此促进商行为的标准化。商行为趋同化包含交易形态定型化，交易形态定型化是行为趋同化的高级状态。④ 交易形态定型化指商法强行预先规定精细的交易方式和步骤，不允许交易人变更。如在集中证券

---

①［美］迪特尔·梅迪库斯：《德国民法总论》，邵建东译，法律出版社2000年版，第142页。

② 证券化的权利均为请求权。请求权特别是债权的转让需要通知债务人从而使权利转让非常烦琐。权利证券化使得权利附着于证券之上跟随证券的转让而转让。参见张保红：《证券权利研究》，武汉大学出版社2014年版，第41～47页。

③ 参见施天涛：《商法学》（第3版），法律出版社2006年版，第28页。商品化的手段有商标、质量认证标志、原产地标志等，“使交易主体易于识别商品，从而实现交易快捷”。郭晓霞：《商行为与主体制度研究》，中国人民公安大学出版社2010年版，第39页。

④ 张国键先生认为，交易定型化包括交易形态和交易客体的定型化。参见张国键：《商事法论》，三民书局1980年版，第40页。

交易中，规定了交易的时间、集中竞价的规则、成交规则、过户登记规则等。

第四，结果确定化。交易结果要迅速确定。如短期时效，“各国商法对于商事契约的违约求偿权多适用 2 年以内的短期消灭时效；对于票据请求权多适用 6 个月、4 个月甚至 60 日的短期消灭时效”；[①] 集中证券交易，一经交易，不得撤销。

3. 商法强制性规范的规范逻辑

商法强制性规范，意在行为建构。以正面建构为主，以反面建构为辅。正面建构通过命令性规范实行，告知行为主体应当做什么，行为主体基本没有选择的空间。例如，《票据法》第 46 条规定：“保证人必须在汇票或者粘单上记载下列事项：（一）表明‘保证’的字样；（二）保证人名称和住所；（三）被保证人的名称；（四）保证日期；（五）保证人签章。”反面建构通过禁止性规范实行，告知行为主体不得做什么。例如，《票据法》第 33 条规定：“背书不得附有条件。背书时附有条件的，所附条件不具有汇票上的效力。将汇票金额的一部分转让的背书或者将汇票金额分别转让给二人以上的背书无效。”正面建构的意图更为强烈。这是商法强制性规范的重要特征。相应地，民法基本没有对法律行为的正面建构。[②]

违反建构性规范的行为无效，即使这样做与意思自治理念相悖。上文背书附条件，或许更符合当事人的真实意思，或许更符合诚实信用、公序良俗原则，但规范本身就是要防止意思自治对行为建构的破坏。否定其行为效果，在于背书附条件会影响票据行为的无因性和独立性，进而使票据

---

① 董安生、王文钦、王艳萍编著：《中国商法总论》，吉林人民出版社 1994 年版，第 61 页。

② 学者对法律行为生效条件的存废有不同意见。境外立法例多从反面规定法律行为的无效、可撤销等条件。这意味着，法律行为一经成立，自然生效，除非触犯法律行为的无效、可撤销等条件。这反映了民法的被动性，与商法的主动性完全不同。不过，即使规范有效条件，影响也不大。因为实践证明，该条款基本不具有规范意义。

制度失去提高支付效率的意义，尽管该行为在建构性规范之外并非无瑕疵可言。[①] 这反映了商法与民法不同的规范逻辑：商法重效率与安全，而民法重自由与伦理。商法与公法的逻辑也不同。同样规范行为，商法通过效力评价以训导，公法通过强制惩罚以威慑。[②]

商法应当始终坚持效率和安全。为此，它可以利用强制性规范参与市场主体意思表示的形成。但这些强制性条款，其本质乃是私法性的。因为这些大量的强制性条款主要来源于交易习惯的法律化，不属于国家干预的范畴。之所以要通过立法确定，是希望诉诸立法的权威性。其目的也是提高交易效率和保障交易安全，而不是实现公共利益。商法大量的强制性条款的存在并不能改变商法的性质。

（二）规范原则的理论基础

1. 商事关系的私法调整

依本书主张，所有商事关系都由民法和商法共同调整。同样调整商事关系，民法运用任意性规范，以消极和事后介入为主；商法则运用强制性规范，以积极和事前介入为主。民法中的任意性规范多属于解决争议的裁判性规范，并不直接参与到当事人的交易之中。易言之，当事人在行为时几乎可以忽视法律的规定。只是在出现争议后，才会想到利用法律来解决争议。商法中的强制性规范则属于行为性规范，它积极介入当事人的商事

---

① “对于违反此类强制性规范的行为主张无效，并不是因为这类行为本身有多大的可责难性，而只是为了维护技术性规范的制度建构意义。”张强:《商法强制性规范研究》，法律出版社 2014 年版，第 80 页。

② 公法的强制性规范也会对私人行为产生影响，但这种影响是间接的，必须通过法律行为的违法阻却要件检视。这起到了一层过滤的作用。

活动之中，当事人必须事前给予充分的了解。[①]商事关系区分为简单商事关系和复杂的商事关系。[②]

简单商事关系，参与者追求更多的是自由，法律调整因此以民法为主，以商法为辅。民法从两个方面调整：一是事前调整，通过法律行为制度框架性规定在内容和形式方面[③]均给予充分的自由；[④]二是事后调整，通过任意性规范进行调整。这种任意性规范分为补充性的和解释性的[⑤]两种，目的均在于对不完全法律行为的内容和形式予以事后确定。民法的调整是被动性的，所用的规范也是裁判性的而非行为性的规范。商法则是运用外观原则对简单商事关系进行事后调整。[⑥]商法中的强制性规范在这里基本没有发挥的空间。

复杂的商事关系，参与者追求的是效率和安全，因此私法调整以商法为主，以民法为辅。商法既有事前调整，也有事后调整。事前通过强制性条款积极主动地介入法律行为内容的形成。事后则是外观原则的运用。由

---

① 民法中也有强制性规范。《德国民法典》第444条即为强制性规范："以协议排除或者限制买受人的瑕疵权利的，以出卖人恶意不告知瑕疵，或者其已经就物的性能承担担保为限，出卖人不得援用此种协议。"但该规范并不属于商法规范，其目的也并非是解决交易效率和交易安全，而是为了保护处于信息弱势信息一方的买受人的民事权利不受损害。

② 交易的简单与复杂应依不同情况予以理解，如股票在交易所进行交易则为复杂的商事交易，而过去发生在交易所外双方所进行的私下的一对一交易则为简单的商事交易。

③ 既包括形式自由，也包括内容自由。形式自由正是商法在冲破古代民法形式樊篱过程中形成的，但在民法第一次商化中被民法所吸收。

④《法国民法典》第1134条即是对此的生动表达："依法成立的契约，在缔约当事人间有相当于法律的效力。"《合同法》第8条规定，"依法成立的合同，对当事人具有法律约束力"。

⑤ 补充性任意性规范，指"在交易各方当事人未就相关交易事项作出自主决定时，替代当事人自主决定的任意性规范，因而也是当事人得经由特别约定排除其适用的法律规范"。解释性任意性规范，指"目的在于详细说明当事人所期待的和所表示的法律效果，以消除意思表示中不清楚或不精确内容的任意性规范，即明确意思表示内容的任意性规范"。王轶：《民法典的规范类型及其配置关系》，载《清华法学》2014年第6期。解释性任意性规范之所以仍为任意性规范，在于其可以为当事人所排除。如果当事人约定明确，它就有适用的余地。

⑥ 主要是通过"强而智"的人像假定解释法律行为的效力。

于意思自治的空间极小，民法在复杂的商事关系中的适用也极为有限，但不能说它的作用是不重要的。相反，商法往往把最重要的内容留给意思自治。以自动售货机为例，尽管交易习惯将大部分的交易内容都确定了，但还是给买受人保留选择货物品种以及最重要的买或不买的自由。

综上可见，至少复杂性的商事关系，强制性规范是需要的。强制性规范，是商法调整商事关系的基本工具之一。

2. 规范原则的正当性

一般意义上，自主决定是调节经济过程的一种高效手段。①意思自治的价值在于：一是利于当事人之间形成权利义务的预期，自主决定使得当事人能够预见法律行为的后果，维护交易关系的稳定；二是利于相关争议的迅速解决，节约交易成本。②意思自治还能最大限度地发挥当事人的主动性和创造力。③但就具体商事领域，一定的强制可以更进一步实现对效率和安全的追求。商事活动具有一些重复性的特点。既然具有重复性，就有必要通过强制性规范促进交易的效率。④强制性规范直接介入到当事人之间的意思自治之中，使得意思确定化或受限化，增加了交易相对人的预期。减少交易相对人的预期意味减少交易成本，从而提高交易的效率；同

① 梅迪库斯指出，“自主决定是调节经济过程的一种高效手段。特别是在一种竞争性经济制度中，自主决定能够将劳动和资本配置到能产生最大效益的地方去。其他调节手段，如国家调控措施，往往要复杂得多、缓慢得多、昂贵得多，因此总体上产生的效益也要低得多”。[德]道格拉斯·诺思、罗伯特·托马斯:《西方世界的兴起》，厉以平、蔡磊译，华夏出版社2009年版，第4页。

② 参见王丽萍:《对契约自由及其限制的理性思考》，载《山东大学学报》(哲学社会科学版)2006年第6期。

③ 参见张强:《商法强制性规范研究》，法律出版社2014年版，第75页。

④ “利用强制性法律规则或者为公司和债权人之间的讨价还价提供一个强制性的法律框架也许更有效率，即使这样的规则和程序能通过私人订约产生。当立法机关能够提前预测哪个规则或哪种类型的机制在处理机会主义行为的特定形式方面有效，立法机关将它明确规定下来要比每一合同双方不得不朝那个解决办法自己摸索时成本要低。”[英]保罗·戴维斯:《英国公司法精要》，樊云慧译，法律出版社2007年版，第302页。

时，由于意思的不确定性的减少，交易安全性也得以提高。要强调的是，规范原则并不是对所有意思的限制，而是对能够降低交易效率和保障交易安全的意思的限制；否则，交易的效率和安全将走向反面。

符合效率与安全价值仍不足以说明规范原则的正当性。规范原则的正当性在于，它在实现效率和安全价值时并不损害私法的其他价值。质言之，规范原则本质上并不损害自由价值。第一，规范原则只是限制了当事人不需要的自由。商法与民法不同。民法面对的是日常生活，其目的在于满足每个人的千变万化的个性需要，民法的理念是法律尽量少介入民事生活，少给民事生活规定条条框框，人们可以按照自己的意志而自由地生活，因而要强调意思自治。商法中的人则不同，他们的目的是营利，自由于他们既是财富之源，又是财富之渊。① 只要有利于营利，他们随时可以抛弃那微不足道的自由。第二，规范原则可能在局部限制了交易自由，但从整体上说，规范原则会使交易成本下降，使交易更加迅速，使交易风险降低，从而实现了更高层次的交易自由。商法只给交易者保留了少量的谈判内容，或者给交易者交易时未尽事项给予补充规则，或者给交易者提供谈判的范本。争议越少，谈判的内容越少，交易也就安全。同时，强制性条款有时就像傻瓜相机一样，降低了商事活动的操作难度，使得普通人可以普遍参与，这显然也扩大了交易自由。第三，规范原则反映了商法对商事活动的干预，但这并不是一种公权力的限制，从本质上说，它是当事人对自己的意思的自愿受限。的确“当事人的意思自由只是在国家设定的高低不同的栅栏中流动”，但并不是“国家管制的辅助工具或替代”。② 这些条款是私法性的条款，可以把它们看作意思自治本身，因为那些意思本来

---

① 有学者指出，“理性的个人追逐自身利益的强大冲动力，既是经济衰退的主要原因，也是经济增长和繁荣的主要源泉”。[冰岛] 拉恩·埃格特森：《经济行为与制度》，吴经邦等译，商务印书馆2004年版，序言。

② 苏永钦：《走入新世纪的私法自治》，中国政法大学出版社 2002 年版，第 15 ~ 16 页。

即是在“无知之幕”[①]下双方最想达成的意思。更重要的是，商法强制性规范的前身多是交易习惯。这些交易习惯的形成，本身即是众多当事人自由意志的选择。[②]

（三）规范原则与意思自治的关系

强制性规范，它“并不‘管制’人民的私法行为，而毋宁是提供一套自治的游戏规则”。[③]传统民法更强调意思自治，而商法则追求建立在效率和安全基础上的意思自治。因此，商法中的规范原则从局部限制了意思自治，但从总体上，由于交易效率的提高，提高了意思自治适用的广度和深度，从而在整体上却提高了意思自治的水平。规范原则对意思的限制也不意味着商法不追求公正。民法追求的公正，是一种抽象的形式上的公正或结果公正，而商法的公正寓于规则之中，是一种规则的公正，不像民法需要推导以明辨是非。商法详尽的规定使得法官自由心证的空间非常狭小。当然，商法是否能够通过规则实现公正取决于规则本身是否是公正的。

规范原则，并不意味商事领域自由的消失。商法仅仅对商人的创制和一些重复性的成型的交易行为规范化。至于商事领域的创新，由民法进行

---

① [美] 罗尔斯:《正义论》，何怀宏、何保钢、廖申白译，中国社会科学出版社 1988 年版，第 131 页。

② 有学者指出，“提高交易效率的技术性商法强制性规范，都不是凭空臆造的，它们是在长期的商事活动和商业交往中，经过商主体无数次的协商、博弈、试错、妥协等一系列实践活动之后，形成的惯常性做法。这种规范看似剥夺了当事人意思自治的空间，但实质上是建立在意思自治理念之上形成的‘最优化选择’”。张强:《商法强制性规范研究》，法律出版社 2014 年版，第 78 页。

③ 苏永钦:《私法自治中的国家强制》，载《中外法学》2001 年第 1 期。有学者指出，“在私法的某些领域以统一程序取代个人自治，其重要原因之一是提高交易的效率。面对交易的复杂性和整体性，人们只有在行为程序上协调一致，才能保证较高的交易效率。这时候，整体的自治取代了个人的自由。私法自治的侧重点也应当从个人转向整体。以动议的商行为程序取代商行为模式，正是这种侧重点转移的表现之一”。陈醇:《商行为程序研究》，中国法制出版社 2006 年版，第 88 页。转引自张强:《商法强制性规范研究》，法律出版社 2014 年版，第 77 页。

调整；商法本身也注重对一些商事规则创新的汲取，重视习惯的作用。商法的强制性规范，应当是符合商事规律的。

三、外观原则

外观原则，指商行为的效果以行为人行为的外观为准来认定。[①] 外观原则是商法的基石。由于应用广泛，外观原则有“外观万能”之说。[②]

（一）外观原则的体现

外观原则是解说和制定众多商法具体规则的法理基础。外观原则在商人法和商行为法中均有体现。

第一，商人法中的外观原则体现。商人法中，表见经理、表见代表、[③] 不实登记、字号借用、自称股东等均体现了外观原则。例如，如果当事人所处的法律关系属于商事法律关系，为保护交易安全和效率，股东资格应当以外观理论确定。[④] 公司章程对于法定代表人的限制不能产生对抗第三人的效力。

第二，商行为法中的外观原则体现。商事法律行为，意思表示之解释以外观为基础，法律行为效力多无效力待定、可撤销、可变更。《德国商法典》第362条以外观即缄默确立承诺的法律效果。商行为法中，票据法、

---

① 参见张国键:《商事法论》，三民书局1981年版，第45页。民法上有“外观理论（Rechtsschein theorie）”“外观主义”“外观法理”“表见法理”“权利外观责任”等多种称呼。本书称之为外观原则，意在以效率安全价值和法律行为原理为基础重塑相关理论。又之所以称其为外观原则而不称其为外观规则，是因为外观法理在商法中极为普遍又具有指导意义，非规则一语所能概括。

② 参见［日］米谷隆三:《现代日本法的解释》，钻石出版社1944年版，第41～42页。转引自郭富青:《商法外观主义与商事裁判思维》，载王保树主编:《中国商法年刊》（2013），法律出版社2013年版，第274页。

③《日本商法典》第262条，表见代理（代表）视为有效代理（代表）。

④《公司法》第32条；丁巧仁:《公司法案件判解研究》，人民法院出版社2003年版，第47页。

证券法和保险法等，外观原则的应用更为广泛。保险弃权和禁反言、票据行为的文义主义和表示主义等都体现了外观原则。[①]

外观理论不仅体现于具体规范，还可以直接作为商事裁判中的裁判准则。“法院可以根据安全和效率的要求，在无具体制度支撑的情况下，直接适用外观理论进行裁判。在日本，即有直接依据外观理论进行裁判的判例。”[②] 可见，外观原则已经和商法的价值和精神融合在一起。民法上有外观法理的，但为制度例外，仅体现于善意取得、表见代理等少数制度中。这些制度大多起源于商法，在民法商化过程中为民法所吸收。民法应用外观原则远没有商法广泛。不仅如此，商法中许多体现外观原则的规范在构成要件上也与民法有显著不同。

公示是外观，但并不等于一律具有外观原则的法律效果。公示可以使自己免责，甚至有时这种公示存在瑕疵也在所不问。例如，在法国，有关公司代表人的任命，一经公告之后，无论第三人还是股东，都不得以任何理由否认，以摆脱自己应当承担的义务（1966 年商事公司法第 8 条）。[③] 有些公示仅仅是单纯的公示，并不意味着具有外观原则的法律效果，如证券信息公示。

（二）外观原则的理论基础

1. 外观原则之发展

外观法理起源很早，英美法中很早就出现了“禁反言”（estoppel）的理论。一般认为，外观理论的奠基者是德国学者莫瑞茨·维斯派彻。1906 年，莫瑞茨·维斯派彻出版《对于民法上外部要件事实的信赖》一书，详细阐述了信赖保护这一私法上的基本法理。应当说，莫瑞茨·维斯派彻对

---

① 参见叶林、石旭雯:《外观主义的商法意义》，载《河南大学学报》（社会科学版）2008 年第 3 期。

② 刘洪华:《论有限责任公司股东资格的认定》，载《暨南学报》（哲学社会科学版）2012 年第 8 期。

③ 参见［法］伊夫·居荣:《法国商法》，罗结珍、赵海峰译，法律出版社 2004 年版，第 9 页。

外观原则理论的系统化有奠基性贡献。莫瑞茨·维斯派彻认为“行为人对于成文法规或交易观念上之一定的权利、法律关系、其他法律上视为重要要素之外部要件事实为信赖，以致为法律行为时，如其要件由于其信赖保护不受利益人之协助（zutun）而成立者，其信赖应受法律保护”。①

依传统理论，如欲得到信赖与外观法理之保护，需要符合以下要件：第一，外观具有可信赖性；第二，信赖外观无重大过失；第三，信赖者付出了代价；第四，外观可归因于不利者（或因不利者之过错，或为不利者赋予动因，或有保护信赖之特别事由）。② 外观可归因于不利者要件也称不利者与因或外观存在可归责性要件。③ 传统理论中的外观原则根据有二：一是信赖保护，二是自己责任。我信赖之外观的形成可以归因于你，道理上自然应当由你承受不利后果。这种不利后果表现为法律效果正常产生，无论外观与事实是否一致。④ 信赖与外观法理强调不利者的可归责性，虽有偏离意思自治，但于传统私法也非无理可循：与因原则似与过错归责有

---

① 喜多了佑：《外观优越の法理》，109，转引自丁南：《论民商法上的外观主义》，载《法商研究》1997年第5期。信赖保护的重要性毋庸置疑。诚如拉伦茨所言：“只有当人与人之间的信赖至少普遍能够得到维持，信赖能够作为人与人之间的关系基础的时候，人们才能和平地生活在那一个哪怕是关系很宽松的共同体中。在一个人与人之间互不信任的社会中，大家就像处于一种潜在的战争状态，这时候就无和平可言了。信赖丧失殆尽时，人们之间的交往也就受到了至深的干扰。因此，信赖原则同相互尊重原则、自决原则（其私法形式即私法自治）、自我约束的原则（在约定行为，特别是在合同中）一样，是一项正当法的原则。”［德］卡尔·拉伦茨：《德国民法通论》（上册），王晓晔等译，法律出版社2003年版，第58页。

② 该四要件根据德国学者纳恩德鲁普（Naendrup）1910年发表的《权利外观业书》一书总结而来。参见王焜：《积极的信赖保护：权利外观研究》，法律出版社2010年版，第18页。

③ 参见［德］C. W. 卡纳里斯：《德国商法》，杨继译，法律出版社2006年版，第146～151页。

④ 有学者从责任角度阐述外观法理，“权利外观责任，即所谓‘对权利表象的责任’（Haftung für einen Rechtsschein），是以可归责于自己的方式引发了权利表象的人，或者是具有消除这一表象的能力而未消除的人即外观责任人，对尽了交易上应有的注意之后仍然信赖了这一表象的人即外观信赖人所承担的责任，对于外观信赖人，有关的法律后果视为已经发生或继续存在，因而他也就处于与他所认为的情况相符的地位，而外观责任人必须容忍这种状态”。王焜：《积极的信赖保护：权利外观研究》，法律出版社2010年版，第22页。

所暗合。信赖保护法理十分注重平衡当事双方的利益。信赖保护法理至今仍是民法上善意取得和表见代理（代表）的法理根据。

当商品经济进一步货币化、证券化和电子化之后，人们对交易效率和交易安全有了进一步的追求。此时，人们发现，信赖本来是作为促进效率和安全而创造的理论，现在自身也成为交易效率和安全进一步提升的障碍。[①] 于是，一些情况下，法律连信赖也不再考虑了。例如，在票据行为的无因性理论中，法律根本没有给信赖以任何存在空间，无论是对善意的相对人，还是对恶意的相对人，法律都进行保护。这是保障商品经济活动高效、安全的必然结果。可见，信赖并不是外观理论必然的构成要件。[②] 与因原则也不再坚持。例如，在证券公开市场交易中，无论交易出于何种原因发生，都具有不可撤销性。即便是普通的商事合同领域，合同一经成立也一般不能以欺诈、错误等理由撤销。我国合同法在表见制度方面，虽仍然强调信赖要件，但从文义上已不再要求本人的可归责性。[③] 新形势下，外观原则需要寻找新的法理根据。

2. 外观原则之根据

信赖保护理论保护了相对人，并不代表原来的权利人不值得保护。最初，法律对于相对人无论善意与否都不进行保护，这反映了当时人们认为，在农业社会中，静态权利更重要。然而到了商品经济时代，人们更注重动态安全而不是静态安全。因为，财产在流动中可以获得更大的增值。信赖或者善意给保护相对人找到了一个理由，但根本原因还是交易安全的价值大于静态安全的价值。依经济学原理，交易只有在买受人对标的的价

① 证券的发展史即体现了这一点。证券本身是来提高证券化后的债权的交易效率的，但证券交易电子化后，证券实物本身却成了交易效率进一步提升的障碍。

② 参见刘洪华:《论有限责任公司股东资格的认定》，载《暨南学报》(哲学社会科学版)2012 年第 8 期。

③《合同法》第 49 条:“行为人没有代理权、超越代理权或者代理权终止后以被代理人名义订立合同，相对人有理由相信行为人有代理权的，该代理行为有效。”

值估值大于出卖人对标的的估值时才可能达成。这意味着，没有交易，就没有标的的增值，也不会有将标的（资源）配置给最需要的人。民法重自由与伦理，外观法理在与因之外尚须补之以信赖基础。待至商法，外观原则完全可以不再以信赖为基础。商法中的信赖积极作用可有可无，而消极作用可能危害交易效率和安全。说其可有可无，是因为信赖须以外观推定，信赖已然服膺于外观。既然如此，不如将信赖剔除外观原则之要件，以免不利者以相对人恶意为由兴讼而危及交易安全。商事交易与民事交易一个大的不同点是商事交易链条非常长，断其一节将危害整串链条。此外，法经济学认为，外观原则符合“不分配权利给能够阻止冲突发生的一方面当事人”的权利分配的事前效率（ex ante efficiency）政策。依报应正义观之，“冲突当事人一方无论何时可以轻易地阻止冲突的发生而未能阻止者，对抗另一方当事人获得优先的权利，未采取适当措施阻止冲突者就将背负该冲突导致的损失”。[①] 法经济学的理论可以作为法学观点的佐证，但并不能直接作为外观原则的根据。

外观原则的根据仍然是意思。外观原则旨在实现意思表示的客观化。法律行为为意思自治之工具，理应以自由意思为法律行为的效力基础，信赖或与因则为私法责任的归责基础，以之为法律行为效力的根据不合法理。意思表示有两种解释，一是意思主义，二是表示主义，前者意在探求意思人的真实意思，而后者意在意思迅捷的确定，前者重在保护意思人的意思，是静态社会的反映，而后者则重保护交易安全，是动态社会也即商业社会的反映。在快速运转的商业社会，交易人需要的是意思确定的迅速化，减少相对人的误判。而当事人的真实意思是不易确定的，“当事人的

① Menachem Mautner, “‘The Eternai Triangles of Law’: Toward a Theory of Priorities In Conflicts Involving Remote Parties”, *90 Mich. L. Rev.*, 1991.95.p.153, 103-106. 王焜:《积极的信赖保护: 权利外观研究》，法律出版社 2010 年版，第 54 ~ 55 页。

意思，在很大程度上是法官的意思”。[①] 为此，商法意思确定外观化，即有书面意思，则以书面意思，如票据文义；如无书面意思，则以交易惯例和“依客观之合理性人（a reasonable man）之认识及依通常事理（ordinary course of thing）”[②] 确定。商法一般不考察交易双方的意思表达错误、表达不自由等，越是需要考虑交易效率和交易安全时，越是如此。例如，证券法、票据法和保险法对外观的要求要高于普通的商事交易。在商业社会，意思确定的迅捷化，也有利于意思人的利益。意思人意思的外观某种意义上也是意思人的脸面，代表着意思人的诚信。意思人或许一时因为意思与外观不一致而使得自己利益受损，但从长远看，其意思确定的迅捷化和换取的诚信减少了其交易成本，因而也是符合意思人的意愿的。某种意义上，可以认为交易中的商主体将错就错，再确认以外观确定的意思符合真意。因而本书并不认同外观原则使法律行为强制有效的观点。[③] 这既不符合法律行为理论原理，也不符合事实。

外观原则并不根本违反私法的根本理念。在私法中，决定权利转移和法律关系成立的，最终取决于权利人或当事人的自由意志。外观原则看似违反了权利人或当事人的自由意志，以外观“扭曲”了自由意志，但一方面规则对所有的商主体是平等的。较之于民事生活，商业实践体现出更多的交互性；另一方面外观原则产生于交易习惯，是商主体自由选择的结果。外观原则的确立，本身即反映了商主体的自由意志。也可以认为，交易中的商主体有这样一种心理准备，他们准备随时自认可能出现的外观与真意的偏差。事实上也的确如此，商主体并不愿意去纠缠于交易中出现的那些细枝末节的错误。商主体理性人之假定也决定了错误很难出现，即使出现，商主体更关心的是交易的效率与安全。外观原则符合人类的认识规

---

① 转引自樊涛、王延川:《商法总论》，知识产权出版社 2010 年版，第 61 页。

② 林诚二:《民法理论与问题研究》，中国政法大学出版社 2000 年版，第 289 页。

③ 参见丁南:《信赖保护与法律行为的强制有效》，载《现代法学》2004 年第 1 期。

律。真意永远无法直接探求，只能通过外观去判定。认识法则告诉我们，以外观判定的意思与真意相差无几。私法如此，即使是致力于追求主观心理状态的刑法也如此。当然，二者要求的精度不同。刑法力求不出现偏差，排除合理怀疑。商法不要求高度准确，商主体通过对偏差的自认完成了真意的回归。可见，外观原则并不是罗马法形式主义的死灰复燃。罗马法基本否定意思自治的作用，而商法上的外观则以意思为基础，尽管这种意思更多地来源于客观解释。

外观表象之所以如此重要，与商业活动往往非常迅捷有关。由于审查成本过高，进行交易活动的人一般不会对其交易对手进行细致的审查，通过只凭外观表象即对相对人表示信任。[①]正如德国学者描述的那样："我在一家店铺购买一台旧打字机。那我怎样才能弄清楚，这个出卖人就是真正的所有人呢？假如不要求我具备侦探般的能力，那我就只能相信这个出卖人所带给我的印象，即他就是所有权人，因为他占有这台打印机。"[②]此种做法符合基本的人性，无论法律如何规定，人们在实践中都会这样做。剩下的是由法律在双方之间分配风险。

（三）外观原则的构成

商法上的外观原则，其内涵与民法上的外观法理在内涵上存在重大差别。构成商法上的外观原则需要但不限于以下条件：[③]第一，外观存在。外观指向意思、权利或资格。表意人的意思、权利或资格，只有通过表示与一定的交易要素相联系的外观才能为相对人了解。无论权利或资格，最终都指向表意人之意思是否为有效意思。外观自身须符合一定的条件，即此外观通常对应着特定的意思。可能存在诸多外观，此时应判断以哪种为

① 参见［法］伊夫·居荣：《法国商法》，罗结珍、赵海峰译，法律出版社2004年版，第9页。

②［德］鲍尔、施蒂尔纳：《德国物权法》（上册），张双根译，法律出版社2004年版，第64页。

③ 参见刘洪华：《论有限责任公司股东资格的认定》，载《暨南学报》（哲学社会科学版）2012年第8期。

准。第二，客观意思。即存在根据外观而推定的意思。该种可能与表意人的“真意”不同，但在所不问。事实上，所谓“真意”与外观推定的意思只是解释路径不同而已，[①] 该两种意思均可以作为法律行为之效力依据，法律只是根据所追求价值的不同而做出选择而已。[②] 外观存在与客观意思的关系是，有外观存在，即推定有客观意思；易言之，不需要单独证明客观意思存在。第三，有安全效率价值追求之必要。在法律无特别规定要适用外观原则时，必须有安全效率价值追求时才能适用外观理论。如果没有安全效率的价值追求时仍然执意适用外观原则，那么就是要刻意背离公平，这显然并不是商法的初衷。商法存在的意义即是基于安全效率，如无需作此考量，自不应滥用外观原则。例如，在确认股东资格时，如不涉及第三人，那么即使一方握有较强的外观证据时，也需要在仔细探究真实情况后，再就股东资格进行认定。

综上，商法上的外观原则与民法上的外观法理有重大不同。外观法理强调表象与真意不同，指当外观表象与真实状况不相符合时，为保护外观信赖，认定发生外观为真实状况时的法律效果。[③] 外观原则则推定外观表

---

① 正如前述，所谓真意也是要通过表象判断出来的。民法与商法有关意思判定的区别在于，民法追求更接近内心，而商法追求更接近客观。客观更符合安全与效率的价值追求。

② 美国表见代理理论的发展可作为印证。英美普通法在代理权产生的基础即本人的意思表示或本人与代理人之间的合意经历了这样一个变化，即从早期主观上理解本人的意思表示或本人与代理人之间的合意到客观上理解本人的意思表示或本人与代理人之间的合意。这一态度转向提供了一种说明表见代理正当化的依据，表见代理并未舍弃代理权产生的合意基础。只是这一“合意”是“客观主义解释方法的结果”。还有外国学者指出，“实有代理权限是被代理人向代理人表示的同意的结果，而表见代理权限则是向第三人表示的同意的结果”。 Nancy R. Furmari:“Are Traditional Agenay Principles Effective for Internet Transactions, Aiven the Lack of Personal Interaction?”, *63 Alb. L. Rev.*, 1999.p.544. 王焜:《积极的信赖保护: 权利外观研究》，法律出版社 2010 年版，第 36 页。

③ 外观原则与信赖利益赔偿责任不同。学说上认为前者是通过发生与真实状况时的法律效果以保护信赖利益，而后者则是在既定法律效果未发生时通过损害赔偿以保护信赖利益。因此，前者又称积极的信赖保护，后者又称消极的信赖保护。参见丁南:《信赖保护与法律行为的强制有效》，载《现代法学》2004 年第 1 期。本书认为，外观原则不限于保护信赖利益。

象与客观意思一致，法律效果直接以外观推定之。外观法理于民法原理是例外，而外观原则于商法原理则为原则。

（四）外观原则和意思自治的关系

表面上，外观这种形式上的事物妨碍了意思自由，但正如耶林所说，“形式乃是反复无常之行为的不共戴天之敌——亦即自由的孪生姐妹。……确定的形式乃是有关纪律和秩序的基础，据此也是有关自由本身的基础。它们是抵御外部进攻的堡垒，因为它们只会断裂，而不会弯曲；……它们所拥有的和所坚持的并不是某种纯粹外部性的东西，而是对自由的保障”。[①] 因此，外观并不是对意思自治的根本违反；相反，它在另外一个意义上扩大了意思自治。

综上，民法处处强调意思自治，尽管在商法的影响下，民法的意思自治有了客观化的趋势。而商法则强调意思自治的限制。规范原则即直接限缩了意思自治的许多内容。以证券交易法中的集中交易为例，交易当事人能够进行意思自治的内容实际上仅剩下数量和价格，至于交易的其他内容则直接由交易规则替代。外观原则则强调当事人的意思完全取决于外观，即使真意与此不同，也以外观为准。可见，商法原则是民法一般原则即意思自治的反动，这取决于民法和商法所追求的价值的不同。

---

① [美] 罗斯科·庞德:《法理学》(第 1 卷)，邓正来译，中国政法大学出版社 2004 年版，第 400 页。

第三章　商 法 总 则

第一节　商法总则的一般理论

商法总则包括商法的概念、调整对象、调整范围、法律渊源、法律适用、商法的价值和原则等。要强调的是，商法总则并不等于《商法通则》，有关商人和商行为的概念和原理的规定应当归入商人法和商行为法。如果我国制定《商法通则》而不是《商法典》，那么商法总则的内容、商人和商行为的概念和原理都应当规定于《商法通则》中。

商法总则的许多理论在本书第二章已有一些介绍。下面主要介绍商法的定义、法律渊源和法律适用等。

一、商法的定义

商法，是指为促进交易效率和保障交易安全而调整商人和商行为的法律规范的总称。在我国，多数著述将商法定义为“调整商事关系的法律规范的总称”。[①] 但是，这种表述较为模糊，无法准确表达出商法的内涵。商

① 王保树主编:《中国商事法》(新编本)，人民法院出版社 2001 年版，第 4 ~ 5 页；赵万一主编:《商法学》，法律出版社 2001 年版，第 15 页；覃有土主编:《商法学》，中国政法大学出版社 1999 年版，第 2 页。

事关系并非都由商法调整。较为明确的定义认为，商法是指“规制营利性主体的经营性行为，调整由其所生的商事关系的法律规范的总称”。[①]定义部分揭示商法的内涵，但商法并不总是规范商人的经营活动，例如票据、证券、保险业务中，当事人并不限于商人。

英美法中，商法[②]是有关商业法律的概括性称谓。商法内部各部分内容并无严格的逻辑联系，主要是给学习商业和从事商业的人开设的课程名称或教科书名称。[③]大陆法国家的经济活动是由民法和商法共同调整的。起初，商法主要关注于商人的经济活动，而民法则规范经济活动之外的社会生活以及商人之外的经济活动。在人普遍商化之后，人的经济活动与民事生活变得密不可分。民法为适应这一变化，开始商化，把一些普通的经济活动纳入到民法的调整范围之中。民法只将那些过于强调效率和安全，从体系上不容于民法的一些经济活动，留给商法去调整（如果强行把所调整经济活动的法律纳入民法，将破坏民法的整体和谐，也分散了民法的价值）。商法此时只能步步退让，形成了今天经济生活由民法和商法共同调整的局面。

二、调整对象

商法的调整对象是商人和商行为提高交易效率和保障交易安全的一面。一方面，商法包括商人法和商行为法两个部分。[④]商人法在我国主要是指公司法、合伙企业法和独资企业以及那些特殊类型的商人法（如有关

---

① 董安生、王文钦、王艳萍编著:《中国商法总论》，吉林人民出版社 1994 年版，第 23 页。

② 英美法中的商法有许多种称呼：商人法 lex mercatoria，the lawmerchant，das Kaufmannsrecht；商业法 commercial law，Droitcommercial，das Handelsrecht；商法、商务法 business law，Droit desaffaires。

③ 参见［英］戴维·M. 沃克编:《牛津法律大辞典》，邓正来等译，光明日报出版社 1998 年版，第 120 页。

④ 王保树教授直接将商法定义为“规定商人和商行为的法”。王保树:《商法总论》，清华大学出版社 2007 年版，第 3 页。

规范证券公司的法律）。商行为法包括商事合同法、票据法、证券法、保险法、海商法等。商行为不仅包含负担行为，也包括处分行为。但就物权法整体而言，商人法和商行为法的限定将那些也在一定程度上体现交易效率与交易安全的物权法基本排除在商法之外。商法是交易法，商人法也是为交易法服务的。另一方面，商人与商行为由民法与商法共同调整，商法仅调整提高交易效率和保障交易安全的一面，民法则调整强调意思自治的一面。

三、商法渊源

商法渊源是商法规范的表现形式。理论上，商法渊源应当如下：

（一）商法法律规范

商法法律规范是商法的最常见的法律渊源。

（二）商业习惯[①]

商业习惯应当纳入商法渊源：第一，最初的商法本身就是习惯法。事实上，今天的商法法律规范其实就是过去商业习惯的总结。《合同法》第61条确定了交易习惯的法源的地位，但该法仅限于合同法领域。对于其他广阔的商事领域，法律还需要进一步明确。第二，制定法的不足使得司法必须以习惯为补充。一方面，制定法很难做到面面俱到；另一方面，商主体在实践中重视效率与持续性技术革新。制定法中的不合理之处随着时代的变迁会逐渐凸显，最终导致其无法适用。[②]这些给了商业习惯适用的空

---

① 商人自治规则是指商人为了规范其内部运作而自主制定的适法性内部自治规则。主要指公司章程、行会规约等。这些规则在一定范围内具有约束力但非法律渊源。不同观点参见王保树：《商法总论》，清华大学出版社 2007 年版，第 47 页。

② 参见［日］近藤光男：《日本商法总则・商行为法》，梁爽译，法律出版社 2016 年版，第 8 页。

间。立法者的理性是有限的，没有一个立法者，有能力做到创造一部庞大的无所不包的规则群。商法更是如此。商业活动的复杂多变，商事立法永远无法跟得上商业实践不断演进的需要，司法实践此时必须以商业习惯为补充。由于商业习惯和一般交易条款类似，都是对人数众多的行为适用，具有典型化和标准化的特征。因此，商业习惯既考虑了交易效率和安全，也考虑到了平等对待的公平性因素。[①] 正因如此，《德国商法典》第 346 条规定应注意在商业往来中适用的习惯和惯例。日本学者也认为，商业习惯对于滞后于急速变化的商事现象的商事制定法有补充之功能。[②]

（三）商法法理

商法法理是商法的非正式渊源。法理，又称一般法律原则，如法律的指导思想、逻辑起点和价值倾向等。[③] 商法法理，既包括宏观方面的商法的价值与原则，也包括微观方面的某一具体制度所蕴含的原理。学理是学者对商法法理的阐释，并不是正式的法律渊源。但是，学理可以对法官的自由裁量产生影响。法官在论证其判决理由时，也常常引证相关学理。

需要说明的是，《意大利民法典》将组合规范列为法源。“组合秩序、团体的经济协定、劳动团体的契约及关于团体争议的劳动法院的判决，为组合规范。”[④]

---

① 参见［德］C. W. 卡纳里斯：《德国商法》，杨继译，法律出版社 2006 年版，第 547 页。

② 参见王保树：《商法总论》，清华大学出版社 2007 年版，第 46 页。

③ 参见范健、王建文：《商法基础理论专题研究》，高等教育出版社 2005 年版，第 87 页。

④《意大利民法典》，陈国柱译，中国人民大学出版社 2010 年版，第 1 页。

第二节 商法总则的建议条款及条款说明

一、调整对象和价值

（一）建议条款

第 × 条［调整对象和商法的价值］

商法调整商人和商行为，旨在提高交易效率和保障交易安全。

（二）条款说明[①]

商法调整商人和商行为提高交易效率和保障交易安全的一面。一方面，商法包括商人法和商行为法两个部分。另一方面，对于商人与商行为的调整，商法调整强调提高交易效率和保障交易安全的一面；民法调整强调意思自治的一面。

效率与安全是商法的价值，也是商法之所以独立于民法之所在。商法的核心任务便是通过各种手段促进交易效率和保障交易安全。关于商法的价值，更多的论述参见前文相关部分。

二、商法的基本原则

（一）建议条款

第 × 条［规范原则］

商事立法，为提高交易效率和保障交易安全，可以规定强制性规范以限制意思自治原则的运用。

① 《学说汇纂》曾言："所有的概念都是危险的，因为这种定义很少不被推翻。"但是，人们认识世界必须要借助概念分析，否则，将无从完成对纷繁的世界的认识。

商法活动中，当事人不得以意思自治为由违反前款所称的强制性规范。

第 × 条［外观原则］

商事司法，应当遵循外观原则，商行为的效果以行为人行为的外观为准来认定，但是商事法律和商事习惯另有规定的除外。

（二）条款说明

1. 关于“规范原则”条款的说明

规范原则，贯穿商事立法和司法以及商事活动的始终。在立法方面，为促进交易效率和保障交易安全，商事法律中存在着大量以强制性规范限制意思自治的条款。[①] 商事活动中，当事人不得以意思自治为由违反商法

---

①《保险法》存在大量这种条款。《保险法》第 18 条规定："保险合同应当包括下列事项：（一）保险人的名称和住所；（二）投保人、被保险人的姓名或者名称、住所，以及人身保险的受益人的姓名或者名称、住所；（三）保险标的；（四）保险责任和责任免除；（五）保险期间和保险责任开始时间；（六）保险金额；（七）保险费以及支付办法；（八）保险金赔偿或者给付办法；（九）违约责任和争议处理；（十）订立合同的年、月、日。投保人和保险人可以约定与保险有关的其他事项。受益人是指人身保险合同中由被保险人或者投保人指定的享有保险金请求权的人。投保人、被保险人可以为受益人。保险金额是指保险人承担赔偿或者给付保险金责任的最高限额。"不但规定了合同的内容，法律还对一些术语进行了定义。例如，对投保人、被保险人、受益人、保险利益、保险金额等，保险法都明确进行了定义。《海商法》在第四章用了大量的强制性规范和定义性条款参与了"海上货物运输合同"内容的确定。其中，第 51 条规定了责任除外条款："在责任期间货物发生的灭失或者损坏是由于下列原因之一造成的，承运人不负赔偿责任：（一）船长、船员、引航员或者承运人的其他受雇人在驾驶船舶或者管理船舶中的过失；（二）火灾，但是由于承运人本人的过失所造成的除外；（三）天灾，海上或者其他可航水域的危险或者意外事故；（四）战争或者武装冲突；（五）政府或者主管部门的行为、检疫限制或者司法扣押；（六）罢工、停工或者劳动受到限制；（七）在海上救助或者企图救助人命或者财产；（八）托运人、货物所有人或者他们的代理人的行为；（九）货物的自然特性或者固有缺陷；（十）货物包装不良或者标志欠缺、不清；（十一）经谨慎处理仍未发现的船舶潜在缺陷；（十二）非由于承运人或者承运人的受雇人、代理人的过失造成的其他原因。"第 42 条对一些术语进行了定义："……（一）承运人，是指本人或者委托他人以本人名义与托运人订立海上货物运输合同的人。（二）实际承运人，是指接受承运人委托，从事货物运输或者部分运输的人，包括接受转委托从事此项运输的其他人。（三）托运人，是指：1. 本人或者委托他人以本人名义或者委托他人为本人与承运人订立海上货物运输合同的人；2. 本人或者委托他人以本人名义或者委托他人为本人将货物交给与海上货物运输合同有关的承运人的人。（四）收货人，是指有权提取货物的人。（五）货物，包括活动物和由托运人提供的用于集装货物的集装箱、货盘或者类似的装运器具。"

所规定的强制性规范。例如，当事人可能会在合同中声称他们签订的合同不是某一类型的商事合同（如行纪合同）。如果约定目的是为了规避强制性规范的调整，那么该约定将不产生效力。在个别商事领域，如股份有限公司中，法无授权，不允许公司自治。[①] 关于规范原则，前文有更详细的阐述。

2. 关于“外观原则”条款的说明

外观原则体现了商法对效率和安全的追求，体现了区别于民法的对意思自治的限制。外观原则贯穿了商法始终。外观原则不仅是立法原则，也是重要的司法原则。涉及交易效率和交易安全的地方，除法律或交易习惯另有规定的外，外观原则应当优先于其他原则的适用。关于外观原则，前文有更详细的阐述。

三、商法渊源

（一）建议条款

第 × 条［商法渊源］

商法渊源，包括商法法律规范、商业习惯和商法法理。

（二）条款说明

比较法上，有直接对法律渊源进行规范的。例如，《意大利民法典》编外章第 1 条规定：“以下各项为法源：一、法律；二、规则；三、组合规

① 在万科与华润有关董事会决议效力之争中，公众与当事人仅关注了董事会决议是否达到公司章程规定的票数。事实上，万科的公司章程要求重大事项须经 2/3 以上董事的规定违背了公司法相关规定（《公司法》第 111 条第 1 款规定，“董事会会议应有过半数的董事出席方可举行。董事会作出决议，必须经全体董事的过半数通过”）。公司法关于股份公司的规定，应当理解为强制性规定，除有法律授权之外，不应当允许章程任意突破。股份公司章程与法律规定不一致时应当以法律授权为前提。无授权其实已表明了法律的态度，法律也已经对各方利益权力进行了权衡。

范；四、习惯。”[①]

1. 商法法律规范

在我国，商法法律规范的范围如下：

第一，商事法律文件中的商法法律规范。一定要区分商法与商事法律文件。商法是商法规范的总称；商事法律文件则是商法规范的载体。当然，并不排除商事法律文件中含有一些非商法法律规范。我国没有商法典，目前的商法法律规范主要存在于商事单行法律文件之中，有《公司法》《合伙企业法》《票据法》《证券法》《保险法》《海商法》《商业银行法》等。必须指出，这些商事单行法律文件也包含了一些经济法以及刑法等其他法律规范。

第二，民事法律文件中的商法法律规范。我国奉行所谓的民商合一，民事法律文件中有大量的商法法律规范。例如，《民法通则》中个体工商户、个人合伙的规定，企业法人和联营的规定，商业名称权转让的规定等属于商法法律规范。[②]《合同法》中商法法律规范更多。总则中的格式条款规定，分则中的供用电、水、气、热力合同、借款合同、融资租赁合同、建筑工程合同、运输合同、技术合同、仓储合同、行纪合同等规定也是商法法律规范。必须强调的是，尽管这些商法法律规范规定于民事法律文件之中，但是在适用时，必须要考虑到商法的价值和原则。商事合同规则并不因规定于民事法律文件之中就改变了其性质。一些商事合同规则与民事合同规则的区别是明显的。

第三，其他法律文件中的商法法律规范。其他法律文件中也存在有少量的商法法律规范。例如，《民用航空法》第八章公共运输部分的法律规范属于商法法律规范。与《海商法》不同，《民用航空法》并不属于商事

---

①《意大利民法典》，陈国柱译，中国人民大学出版社 2010 年版，第 1 页。

②《民法总则》保留了《民法通则》中的个体工商户的规定。《民法总则》通过后，《民法通则》继续有效。

法律文件。《海商法》之所以属于商事法律文件，是因为大部分的法律规范属于商法法律规范。《海商法》共计 278 条，除极少数公法条款外（例如,《海商法》第 4、5、6 条），几乎全部是私法条款。反观《民用航空法》，共计 187 条，属于商法法律规范的条款是第八章公共运输共计 38 条，即便连同第三章民用航空器权利共计也不过 61 条，还不到总条款的三分之一。

第四，国际条约和公约中的商法法律规范。这也是商法国际性的体现。不过，由于国际间的商事条约和公约具有任意性，因此，某些情况下，条约或公约中的条款要经当事人在法律行为中选用，才对他们具有法律强制力。例如,《1980 年联合国国际货物买卖合同公约》第 6 条规定，双方当事人可以减少该公约中的任何规定或改变其效力。①

第五，司法解释、行政法规、地方性法规、指导性案例中的商法法律规范。司法解释、行政法规、地方性法规中的商法规范为商法渊源自不待言。遵循先例有一个明显的优点，那就是能够保持法律适用的统一。在大陆法系国家，如何保证成文法法律适用的统一，始终是一个很难解决的问题。法院可能会定期出版一些案例选，这些案例可能会对其他案例有一定的意义。德国承认最高法院的判决有先例约束力。日本最高法院出版的案例选有一定的约束力。② 值得注意的是，我国司法中开始注意到了案例的作用。2010 年 11 月 26 日发布的《最高人民法院关于案例指导工作的规定》第 7 条明确规定，“最高人民法院发布的指导性案例，各级人民法院审判类似案例时应当参照”。③

2. 商业习惯

商业习惯是商法非常重要的渊源，包括成文的和不成文的未被国家立

---

① 参见沈四宝、王军、焦津洪编著:《国际商法》，对外经济贸易大学出版社 2002 年版，第 2 页。

② 参见叶林主编:《商法学原理与案例教程》，中国人民大学出版社 2006 年版，第 24 页。

③ 不同观点参见王保树:《商法总论》，清华大学出版社 2007 年版，第 54 页。

法正式编撰的商业规则，一般指那些“流行时间很久、众所周知的、恒定的行业行为或做法”。[①] 商业活动具有反复性，很容易形成商业习惯。[②] 商业习惯有适用地域比较广泛的，也有适用地域不广泛的。商业习惯有的约定才适用，如各种海上贸易规则 CIF、FOB 等；有的不反对即可适用；有的商业习惯，具有强制性。

国际贸易惯例属于广义上的商业惯例。国际贸易惯例，是指国际商事主体重复类似的行为而上升为对其具有拘束力的规范。贸易惯例是由习惯经过漫长时间形成的。一旦形成，这些贸易惯例便成为商事主体的“世界通用的语言”。目前影响最大的国际贸易惯例是国际商会制定的《1900 年国际贸易术语解释通则》和《商业跟单信用证统一惯例》。国际贸易惯例的拘束力是强大的。如果不承认这些惯例，那么国际间的贸易便没有了交易的基础。

3. 商法法理

商法法理既包括商法的基本原则，如规范和外观原则，也包括微观方面的某一具体制度所蕴含的原理。

（三）立法例

《1980 年联合国国际货物买卖合同公约》第 9 条规定：国际贸易惯例，“在国际贸易上已为有关特定贸易所涉同类合同的当事人所广泛知道并为他们所经常遵守”。

《意大利民法典》编外章第 1 条规定：“以下各项为法源：一、法律；二、规则；三、组合规范；四、习惯。”

《美国商法典》第 1～103 条规定：“一般法律原则应作为该法的补充。”

---

① [法] 伊夫·居荣:《法国商法》，罗结珍、赵海峰译，法律出版社 2004 年版，第 25 页。

② 参见 [日] 近藤光男:《日本商法总则·商行为法》，梁爽译，法律出版社 2016 年版，第 8 页。

《德国商法典》第 346 条规定："在商人之间，在行为和不行为的意义和效力方面，应注意在商业往来中适用的习惯和惯例。"

四、法律适用

（一）建议条款

第 × 条［法律适用］

关于商事活动，商事法律无规定的事项适用商事习惯；无商事习惯的，适用商事法理。但是商事规定属于民法特别规定的除外。

（二）条款说明

商法的适用，应当遵循商法法律规范优先、其次商业习惯、再次商法法理的顺序。[①] 商法法律规范（包括制定法和指导性案例中的商法规范）虽多为商业习惯的总结，但体现了立法者的意志，自应优先适用。商业习惯也是商法规范的组成部分。[②] 商业习惯应当由主张的当事人举证。[③] 在法国，商人通常使用商会和其他具有签发证明书资格的机关开出的证明，但最终取决于法官的自由衡量权。法国还为此在法院设立了"行业惯例处"

① 有学者将日本法源的适用顺序总结如下："商事自治法—商事条约—商事特别法—商法典—商习惯—民事特别法—民法典。"刘成杰：《日本最新商法典译注》，中国政法大学出版社 2012 年版，第 8 页。

② 德国学者认为，商业习惯的确认需要具备三个条件，普遍的即基本没有例外被遵守的事实运行，适当的时间段和有关交易领域的自愿承认。参见［德］C. W. 卡纳里斯：《德国商法》，杨继译，法律出版社 2006 年版，第 548 页。

③ 最高人民法院《关于适用〈中华人民共和国合同法〉若干问题的解释（二）》（以下简称《合同法解释（二）》）第 7 条："下列情形，不违反法律、行政法规强制性规定的，人民法院可以认定为合同法所称'交易习惯'：（一）在交易行为当地或者某一领域、某一行业通常采用并为交易对方订立合同时所知道或者应当知道的做法；（二）当事人双方经常使用的习惯做法。对于交易习惯，由提出主张的一方当事人承担举证责任。"

以登记各种行业惯例。[①] 商法法理的适用要特别慎重。作为一般原理，商法法理具有概括性的特点。法律适用上，要特别防止向一般条款逃逸。

商业习惯在例外的情况下，可能优先于商法法律规范适用。商业习惯是伴随商事交易活动的展开，自然会形成的。商业习惯是商事活动合理性精神的产物，有利于商主体经营活动的展开，具有进步意义。商事制定法相比之下较为固化，存在一些未考虑商人间合理交易习惯的死条文，有些规定因与实际发生的商主体间的交易活动不相适应而导致丧失了自身的价值。此种情况下，也可能存在商业习惯优先于商法强制性规范适用的例外情况。[②]

一般认为，商法没有规范的，适用民法。《日本商法典》第 1 条第 2 款对此予以明确规定。[③] 商业习惯优先于民法的适用，体现了日本法对商业习惯的重视。但是，本书认为，并不能简单地主张商事关系无商法规定和商业习惯的径直适用民法规范。民法作为商法的一般法，主要是从规范的关联层面而非适用层面考量的。例如，公司法没有规定，不能直接适用民法上的法人制度；证券法没有规定，也不能直接适用合同法上的规定。民法规范可以适用于商事关系主要是在商法需要共用民法的制度层面上说

---

① 参见沈达明编著:《法国商法引论》，对外经济贸易出版社 2001 年版，第 27 页。

② 附空白委托书的记名股转让案。大判昭昭和十九年（1944 年）2 月 29 日民集第 23 卷第 90 页。参见［日］近藤光男:《日本商法总则·商行为法》，梁爽译，法律出版社 2016 年版，第 12 页。

③ 日本学者一般认为，商习惯法具有“法律确信”，即社会普遍认为其具有规范性，而商习惯仅是解释意思表示时的事实或参考资料。日本学者大隅健一郎和鸿常夫认为，二者区分并无实际价值。参见刘成杰:《日本最新商法典译注》，中国政法大学出版社 2012 年版，第 7 ~ 8 页。我国王保树教授认为商事习惯法和事实上的商事习惯不同。商事习惯法虽不像制定法明文规定，但为一般公众所确信，且在许多国家由有权机关予以确认，国际上也有专门组织确认，甚至将其编纂起来。事实上的商事习惯可以用作解释商主体意思表示的依据，但不能成为一种法律规范的渊源。参见王保树:《商法总论》，清华大学出版社 2007 年版，第 47 页。本书赞同区分无价值论。《日本商法典》第 1 条原规定:“关于商事者，本法无规定者，适用商习惯法，无商习惯法，适用民法典。”现将商习惯法修订为商习惯，其立法意旨不言自明。

的。商法没有规定权利能力和行为能力制度，自然需要适用民法上相关规定。但就具体的法律关系而言，鉴于商法法理的存在，除非有法律明确规定，不宜声称商法和商习惯法未规定的，适用民法规范。[①] 实际上，商业习惯包罗万象，很少会出现没有商业习惯而适用民法规范的情况。

（三）立法例

《日本商法典》第 1 条第 2 款规定：“关于商事活动，本法无规定的事项适用商习惯；无商习惯的，适用民法规定。”

《韩国商法典》第 1 条规定：“关于商事，本法无规定时，适用商事习惯法；无商事习惯法时，适用民法。”

《民法总则》第 10 条规定：“处理民事纠纷，应当依照法律；法律没有规定的，可以适用习惯，但是不得违背公序良俗。”

---

① 除非法律明确规定某一具体民法条款的适用于商事关系。《德国商法典》第 105 条第 3 款有关无限公司部分没有规定的适用《德国民法典》上有关合伙的规定即是如此。但我国并不存在这种现象。

第四章 商 人 法

商人法，指为提高交易效率和保障交易安全而对商人的成立、组织与筹资等行为进行规范的法律规范的总称。商人法的主要使命是塑造独立的商人人格。商人人格的赋予要符合一些准入条件，如商业银行从事银行业和保险公司从事保险业都要满足一些条件。商法对商人的调整并非要尊抑其地位，[①]而是基于有限责任、共同经营所导致的责任分担，以及平衡给相对人和投资人所带来的交易和投资风险。商人作为经营者，具有信息优势，法律必须对其强加一些义务，以给处于弱势地位的消费者一些平衡。商事交易主要由商事组织参与，商事组织的大量参与导致交易活动中的权利、义务承担的间接化。为保证交易和投资安全，有必要对这些商事组织进行规范调整，如法定资本、内部治理、盈余留存和重整破产等。总之，为强调交易效率和安全，商人参与的交易，往往会适用与民法不同的规则。

商人法对人格的塑造并非要颠倒“从身份到契约”的社会发展秩序。正如有学者指出：“如果说从身份社会向契约社会的演进是商法发展的纵轴，那么身份商人到契约商人的变迁则是商法发展横轴”。[②]

---

① 商人法“研究商人，不是强调它的身份意义，而是从资格意义上把握它”。王保树：《商法总论》，清华大学出版社 2007 年版，第 3 页。

② 徐金海：《商法源流论》，中国经济出版社 2011 年版，第 43 页。

第一节 商人法的一般理论

一、商人

（一）商人概述

1. 商人的判定

商人，指依法登记的适宜从事营利性营业活动的非自然人。理论上，凡具有行为能力的人，均应当享有营业自由。但是，从事某些行业，如证券业和保险业等，需要有一定的资格，公司的设立也有要求一定的资格。商人为非自然人。与各国不同，我国商法中商人的概念并不是来自法典或法律的直接规定，而是来自分散的法律规定的集中抽象。① 我国的《个人独资企业法》、《合伙企业法》和《公司法》分别规定了独资企业、合伙企业和公司三种典型的商人类型。②

比较法上，商人有主观主义和客观主义两种判定标准。主观主义不以商行为作为参照，直接确定目标对象的商人主体资格；客观主义以商行为作为参照，商人主体资格的取得以从事商行为为条件。

德国商法采主观主义。商人的分类一度非常复杂。1998 年，德国商法上商人类型被简化为两类：第一类，当然商人，凡以商人方式从事商事经营的人无论登记与否都当然为商人。要素有二，一是经营，二是需要以商

① 参见王保树：《商法总论》，清华大学出版社 2007 年版，第 3 页。

②《民法总则》第 54 条和第 56 条规定了个体工商户。依本书界定，个体工商户为商行为法上的主体而非商人法上的主体。

人方式（意在将小规模经营者排除在外）。① 当然商人登记是义务，但不登记也不意味着不是商人。第二类，登记商人，即已经登记为商人，不管其是不是符合当然商人的条件，都认为是商人。② 法律特别强调登记是权利而不是义务，且具有可逆性，即可以自由注销商号而退出商人资格（较大规模的农林业者例外）。③ 登记商人主要适用于小规模经营者和农林业者。④ 德国商法的商人认定的简化反映了经济生活对于交易效率和交易安全的追求。⑤

法国商法采客观主义。《法国商法典》第 1 条规定："从事商活动并以其为经常性职业者，为商人。"法典在第 632、633 条对商行为的范围进行规定。凡从事法典所规定的商行为并以此为业者均为法典所称的商人。客观主义的追随者有意大利、韩国等国。《意大利民法典》第 2082 条规定，"凡以生产或交换商品、服务为目的，以组织经济活动为职业的人（经登记者）为商人"；《韩国商法典》第 4 条规定："商人，是指以自己的名义从

---

① 何谓商人方式，由司法机关具体解释。参见［德］卡斯腾·施密特：《德国商法改革法》，王彦明、涂长风译，载《法制与社会发展》1999 年第 6 期；卜元石：《德国商法的改革》，载《德国研究》1999 年第 1 期。

②《德国商法典》第 2 条。

③ 卡斯腾·施密特教授将其称为"持有返程车票的商人"。［德］卡斯腾·施密特：《德国商法改革法》，王彦明、涂长风译，载《法制与社会发展》1999 年第 6 期。

④ 立法者保留了农林业者自愿登记为商人的权利（《德国商法典》第 3 条）。"一些学者认为此次商人概念的改革并没有涉及农林企业则是美中不足。因为，历史上农林业主只有基于其意愿才能通过登记成为商人的原因早已不存在了，在德国这个人口密度很大的国家，农村人口的教育水平早已不再落后于城市居民。较大的农林企业也像其他企业一样按照现代企业管理原则经营。加之在商人概念改革后已放弃经营种类这一标准，所以把农林业主纳入新的商人概念中也无损于商法的体系。但是，立法者认为既然农林行业的代表并没有提出修改的要求，那么就应该保持原来对这两个行业的特别规定。"卜元石：《德国商法的改革》，载《德国研究》1999 年第 1 期。

⑤ 学者对改革效果给予积极评价："'法定商人'和'注册商人'各自的范围，准确地说即二者之间纠缠不清的界限使以往的法律教学和研究深受其困扰，而如今在商法改革后，它也许很快就会从人们的思考和教科书中消失。……新的立法规定很显然是成功的。"［德］卡斯腾·施密特：《德国商法改革法》，王彦明、涂长风译，载《法制与社会发展》1999 年第 6 期。

事商行为的人。”客观主义虽亦对商人进行定义，但定义是以从事商行为为前置条件。客观主义并不为商人资格设置门槛，践行了人人皆可为商的理念。历史上，客观主义即商行为主义的确立是“以法国大革命时期的自由平等思想为背景的，主要是要强调商法从‘仅适用于商人的阶级’解决为‘适用于一般市民的普通法律’”。以此为理念导致商人判定并不存在一个确定的标准。就立法论而言，以营业为基础规定商人概念的商人主义似更为恰当，[①] 许多情况下判断何为商行为较判断何为商人更为困难。

日本商法采折衷主义。日本商法以客观主义为基础兼采主观主义。《日本商法典》第4条第1款采客观主义即以商行为的概念导出商人概念，其规定：“本法中商人，指以自己名义从事商行为并以此为业者。”《日本商法典》在第501、502条商行为的范围进行了规定。“从事商行为并以此为业”，指“以获利为目的，根据一定的计划持续反复地从事同种商行为”；第4条第2款采主观主义即直接规定商人的概念并导出商行为的概念，其规定：“利用店铺及其他类似设施销售物品并以此为业者或者不以实施商行为为业的经营矿业者，亦视为商人。”[②]

本书认为，我国商法上的商人的判定标准应以营利为实质，以营业为基础，以登记为形式，以非自然人为范围。表面上，本书界定与德国商法更接近，但实则不然。德国商法上商人与商主体二者内涵是统一的。这是德国商法简单采用主观主义立法的结果。这种立法的缺陷是将从事绝对（法定）商行为的非商人排除于商主体的范围之外。作为商主体，从事绝对商行为的非商人也应当承担较高的注意义务。本书区分商人和商主体，将他们分别作为商人法上的主体和商行为法上的主体，以消除上述缺陷。

---

① 参见刘成杰:《日本最新商法典译注》，中国政法大学出版社2012年版，第15页。

② 刘成杰:《日本最新商法典译注》，中国政法大学出版社2012年版，第13～15页。

2. 商人与商主体的区分

一般认为，商人与商主体是同一概念。如此带来问题是：从事法定商行为的自然人（如使用票据的普通民众）将无法定位。如认为其为商人，由于普通民众不一定是从事营业之业，无法涵盖在商人范畴之内；如不认为其为商人，其又受商行为法调整，受商法的价值和原则约束，事实上又是商事法律关系中的主体。本书认为，该问题可以通过在概念上区分商人和商主体予以解决。商人应当是商人法上的概念，而商主体则是商行为法上的概念。商主体是从事商行为的结果，而不是从事商行为的原因。商人因从事商行为才能称为商主体。自然人也是如此，只要从事营业活动，持续性、反复性从事一项经营活动，也就事实上改变了身份，成为了商主体。商主体实质上向所有的私法主体开放。但能否成为商主体，还要看其自身的条件。商人很容易成为商主体，那是其自身的性质和实力所决定的。商人与商主体的区分使得两个概念在内涵上不会相互掣肘，彼此开阔了发展空间。

两个概念的区别进一步详述如下：第一，商主体并非都是由商人充任。从事商行为，受商行为规则约束的人，即为商主体。在有一些法定商行为中，如票据和证券行为中，投资者和普通民众也是商主体，要接受商事规则的约束。如证券投资人在股市交易要遵循不得撤销的规则。这些人从事了商行为，但显然并不是商人。第二，商人并非任何时候都是商主体。商人在不从事商行为时不应被视为商主体。商人只能说是在自己的专业领域内具有信息优势，在非专业领域内，商人也不一定具有信息优势，此时，不应当强加给其商主体的资格，让其接受商法的约束。商主体被假定为强而智，但在购买消费品时，其智不能体现。其时，应当赋予其消费者的地位。因此，商人所为之行为，并非都是商行为。第三，商人是一个静态的概念，强调的是其主体资格依商法创制的，《公司法》和《合伙企业法》等法律的目的是建构商人这个私法主体；而商主体则是动态的概念，商主体为商事法律关系中的主体，强调的是受商行为法规范的调整。私法上的人从事商行为，为商主体，不从事商行为，则不为商主体。

王保树教授认同区分商人与商主体的做法。“总结过去理论研究的经验，应该将商人单独突出出来，而不是作为与商事主体互换的概念。”商事主体应当理解为“商事法律关系的主体。换言之，凡依法参加商事法律关系者均应被称为商事主体”。“商人以外的人只要是法律不禁止，仍可以从事商行为。”①

3. 私法主体体系中的商人

在我国，私法主体被分为自然人、法人和非法人组织三类。②法律赋予自然人人格是基于人类尊严的伦理道德要求，赋予团体以法人、非法人组织人格，则是基于“一种法律技术机制，是一种模式，一种方式，借此开展各种法律关系，以达到某一集体目的”。③或许同样出于对人类尊严的考虑，法律在历史上长期不愿意承认团体的法律人格。但不管法律承认不承认，他们始终以事实存在着，④因为人类始终有联合成立团体的欲望。

法人包括营利法人和非营利法人。以取得利润并分配给出资人为目的成立的法人，为营利法人；为公益目的或者其他非营利目的成立，不向出资人、设立人或者会员分配所取得利润的法人，为非营利法人。⑤这里的

① 王保树:《商法总论》，清华大学出版社 2007 年版，第 3 ~ 4 页。王保树教授认为，“商事主体应当包括：商人、商人以外依法从事商行为者、非从事商行为但依法缔结商事法律关系者”。本书认为，“非从事商行为但依法缔结商事法律关系者”并不是商主体。

② 依《民法总则》规定，私法主体分为自然人、法人和非法人组织三类。《民法总则》选择用“非法人组织”一语不甚恰当。法人的实体基础是团体而非组织。此外，本书作者主张自然人与法人两分法。两分法更科学。针对《民法总则》立法，本书作者认为应当在理念上创设涵盖法人、非法人组织的非自然人主体概念以重回二分法。

③ Carlos Alerrto da Mota pinto:《民法总论》，林炳辉等译，澳门法律翻译办公室 1999 年版，第 100 页。转引自税兵:《法人独立责任辨析》，载《四川大学学报》(哲学社会科学版) 2005 年第 2 期。

④ 参见李永军:《民法总论》，法律出版社 2006 年版，第 282 页。

⑤《民法总则》第 76、87 条。

营利，非指法人自身营利，而是指出资人营利。法律作此区分，理由如下：第一，体现不同规制理念。营利法人更多地体现了私法强制，而非营利法人更多地体现私法自治。营利法人将利润分配给出资人，更多涉及交易、投资安全，因而强制应该多一点；非营利法人不将利润分配给出资人、设立人或者会员，一般不涉及交易、投资安全，自治应该多一点。这是区分营利法人与非营利法人的最重要的价值。[①]第二，契合民商立法实践。作为最重要的一种商人类型，各国对营利法人一般单独立法予以规范。营利法人一般指公司法人，而各国几乎都制定了单独的公司法。社团和财团的区分看似好，但就社团法人方面，忽视德国民法仅规范非营利社团（《德国民法典》对营利社团仅有一条规定且无实质内容[②]），而营利社团则由商法规范。营利法人和社团法人放在一起规范是别扭的，虽说都是社团，但结构完全不一样。营利社团与非营利社团的构造差别很大。非营利社团很简单，德国法规定的条款也不多；而营利社团就不一样了，各种营利社团本身的构造差别都很大。且一个应以强制为基础，另一个应以自治为基础；一个涉及交易安全，另一个基本不涉及交易安全。因此，最好不要放在一起。此外，营利法人和非营利法人的区分非常周延，而社团法人和财团法人未必周延。比如目前资本市场中的重要角色资管计划已被实践承认为主体，但它在社团和财团中都找不到自己的位置。还有投资基金已经是会计主体，但它很难在社团与财团中间找到位置。尽管《民法总则》在民商合一方面体现并不成功，但在营利法人和非营利法人之区分方面的积极意义还是值得肯定的。非法人组织也是一种虚拟人格，同法人并没有实质的区

---

① 有学者在评注《德国商法典》第 22 条时认为，"非营利社团和营利社团差别对待的原因在于：在前者情形，不需要设置旨在保护法律往来和债权人的保护性规定；而在后者情形，此种保护性规定是不能够放弃的"。杜景林、卢谌：《德国民法典评注》，法律出版社 2011 年版，第 11 页。

②《德国商法典》第 22 条规定："一个社团，以其目的指向经济上的营业经营为限，如不存在特别的联邦法律规定，因国家授予而取得权利能力。授予权为社团住所地所在的州享有。"

别，它反映法律不想承认此一类组织的人格，但又不得不承认的现实。非法人组织包括各类未注册为法人的营利和非营利团体。

商人是依商法创设并获得主体资格的私法主体。[①] 商人的使命就是营业，也适合营业（因为其被设计出来即是为了营业的）。商人是私法主体中适合营业的一类主体。因此，可以把私法主体分为商人和非商人。要注意区分以下术语:（1）商人和法人。商人和法人都是拟制人格。法人中的营利法人（股份有限公司、有限责任公司）是商人。非营利法人一般不是商人，因为商人人格是以分配利润给其成员为基础构造。当然，非营利法人从事营业活动，可以成为商行为法上的主体，并承担商行为法上的义务。（2）商人和非法人组织。非法人组织分为营利的非法人组织和非营利的非法人组织，前者包括独资企业和合伙企业等，是商人，后者则不是。非法人组织商人虽不比法人商人构造复杂，但一样很重要，且非法人组织商人在数量上更多。（3）商人和社团。社团中的公司是商人。社团中的商人具有营利性。所谓营利，是指社团"积极的营利并将所得利益分配于社团成员"，即非指社团自己营利，而是指社团为其成员营利。[②] 财团并不是商人。商人不必分配利润，但要可以分配利润。（4）商人和合伙。合伙企业是商人。民事合伙是契约而不是商人。在我国，商人主要包括公司、合伙企业和独资企业三种类型。

（二）商人的能力

商人的能力，指商人的法律能力。具体地说，商人的能力，是指商人享有权利、承担义务、法律行为和承担责任[③] 的资格。商人的能力，包括权利能力、行为能力和责任能力。与传统理论的论述不同，本书并不认为商人

---

① 营业资格和主体资格并不是一回事，商人与商主体也不是一回事。当然，商人是被创设的适合营业的私法主体。

② 参见梁慧星:《民法总论》（第 4 版），法律出版社 2011 年版，第 123 页。

③ 这里的责任，是指债的担保，即以自己的财产担保债务清偿。

具有所有私法主体都具有的主体能力之外的商事权利能力和商事行为能力。

商法作为民法的特别法这一论断的前提之一是商法与民法共用权利能力制度。此外，同样不能把商事权利能力理解为一种营业资格。商人失去营业资格（营业执照），并不意味着商人主体资格的消失。在我国，营业资格是在登记成为商人后获得的。但不能认为营业资格是权利能力或者是商事权利能力。营业资格是国家基于公共利益对商人控制的结果。也就是说，营业资格的意义是公法上的，是公法的要求，与私法无涉。国外营业资格往往并不取决于登记，可见营业资格并非权利能力。法律对商人经营的许可是一种管制的体现，并非是赋予权利能力或主体资格，因为它与权利能力的内涵完全不一样。权利能力的目的是赋予主体资格。即使商人没有营业资格如被吊销营业执照，也并不意味着其没有主体资格。不能因为某种主体的产生是伴随营业资格的产生便认为经营资格和主体是一回事。

1. 商人的权利能力

商人的权利能力，是指商人具有享受私法权利和负受私法义务的资格。商人的权利能力与其他私法主体的权利能力并无区别。

（1）私法上的权利能力

传统理论中，权利能力[①]是指一个人作为法律关系主体的能力，即作为权利的享有者和法律义务承担者的能力。[②]学者多直接认为权利能力即为人格。[③]为避免人格概念的含混不清，近代法以相对单纯的权利能力术语作为主体资格的指称。[④]但权利能力实际上还是享有权利和承担义务的

---

① 德国等国法上直接称“权利能力”和“行为能力”，前面并不加民事二字；德国民商分立，但商法典上也没有商事权利能力和商事行为能力的规定。

② 参见［德］卡尔·拉伦茨：《德国民法通论》（上册），王晓晔等译，法律出版社 2003 年版，第 119 ~ 120 页。

③ 参见梁慧星：《民法总论》（第 4 版），法律出版社 2011 年版，第 91 页；彭万林主编：《民法学》（第 6 版），中国政法大学出版社 2007 年版，第 61 页。

④ 参见刘召成：《部分权利能力制度的构建》，载《法学研究》2012 年第 5 期。

资格。没有权利能力既无权享有权利，也无法承担义务。权利能力的双重功能使得其左支右绌，不堪重负。关于权利能力的观念存在众多冲突也正源于此。例如，普遍认为法人的权利能力因经营范围的不同而不同。结果是，许多法人因法律限制而没有权利能力，进而又导致这些法人没有主体资格。显然这在逻辑是说不通的。

主体是享有权利和承担义务的前提，而不是相反。本书将权利能力与主体资格一分为二。理论上，主体资格应当以理性为根据。理性使人区别于工具成为目的，成为主体，其他则为物。理性使意思自治成为可能。权利能力是私法主体享有权利和承担义务的资格。权利能力区分为一般权利能力和具体权利能力。一般权利能力是概括享受权利和承担义务的资格。拥有一般权利能力，不意味着一定可以具体享受某种权利。具体权利能力，是指享受某一具体权利和承担具体义务的资格。私法主体的具体权利资格，受其性质所限制，具体资格的剥夺，必须由法律规定，并不得与宪法规定的公民基本权利资格相抵触。

（2）商人的权利能力

拉伦茨认为，“在财产法上，法人与自然人的权利能力的范围是一致的”。[①] 抽象意义上，商人的权利能力即一般权利能力与自然人的权利能力范围一致。但正如前述，拥有一般权利能力并不意味着拥有权利，拥有权利还需要视其自身的性质和法律是否有其他的具体的限制。商人的权利能力，主要体现为财产能力。

财产能力，[②] 指私法主体独立拥有财产的能力。[③] 财产能力是商人人格

---

①［德］卡尔·拉伦茨：《德国民法通论》（上册），王晓晔等译，法律出版社 2003 年版，第 182 页。

② 财产为商人的元素，而财产能力和责任（清偿）能力是商人的能力而非元素。商人的元素不同于商人的能力。有了元素，才有商人，而商人的能力则是有了主体资格才有的。商人的元素和能力，均属于广义的商人的人格范畴。

③ 财产能力实质上是权利能力的一部分，这里是为了突出商人拥有财产的资格。

的应有之意。学界对于商人是否拥有财产能力是有疑问的。一些学者不但质疑独资企业的财产能力，甚至还质疑合伙与公司的财产能力。本书认为，无论基于理论建构还是基于交易安全、投资安全的需要，商人都需要具有财产能力。第一，财产能力是理论建构的需要。既然认同商人具有人格，是私法主体，那么商人自然应当拥有财产能力。否则，商人便无法充当法律关系中权利义务的归属者。例如，在买卖合同中，如果商人没有财产能力，那么出卖人将没有财产可以出售，而买受人也将无法拥有购买来的财产的所有权，当事双方的合同主体地位都将受到质疑。第二，财产能力是交易安全的保障。商人的财产来源于股东和债权人。[①] 基于剩余索取权的理论，商人的管理权通常主要掌握在其成员（投资人、合伙人和股东）手中。如果商人没有能力拥有财产，将无法保障债权人的利益。如果公司财产与股东财产混同，股东可以随意侵占公司财产，那么债权人在公司无法清偿债务时又会被股东以有限责任挡在门外。或许可以求诸有限责任否认制度，但成功概率以及成本恐怕都是债权人难以承受的。如果合伙企业没有财产能力，其财产将与合伙人财产混同，即使有无限连带责任的保证，也未必能保证债权人的利益。一是侵占的财产有可能被合伙人挥霍，二是可能受到双重优先原则影响而与合伙人的个人债权人争夺债权的偿还。独资企业也有拥有财产能力的必要。

依我国法律，公司、合伙企业甚至独资企业都拥有财产能力。第一，公司。曾经，公司所控制的财产究竟是属于股东所有，还是属于公司所有，存在很大的争议。[②] 实际上，公司具有私法主体资格，便理所当然地对控制的财产享有所有权。反对者往往将公司对财产的所有权与股东对公司的剩余索取权（可视为终极所有权）混为一谈。目前，公司的财产能力

---

① 债权资本的成本一般低于股权资本的成本，因此，企业拥有一定的借贷资本是经营的常态。

② 1992 年《公司法》第 4 条还明确规定，“公司中的国有资产所有权属于国家”。2005 年《公司法》删除了这一规定，争议才渐渐平息。

已经由法律所明确规定，即使一人公司也不例外。[①]第二，合伙企业。通说认为合伙企业财产为共同共有。作为契约的民事合伙，其财产的确是共同共有。然而，合伙企业具有商人人格，具有权利能力，财产理所应当属于合伙企业所有。这是人格的应有之意，甚至不因合伙协议的约定而改变，因为合伙财产涉及第三人的利益。合伙共同财产说可能是受外国民法的影响。在许多国家，并不承认合伙契约的主体地位。然而，与我国合伙企业功能几乎相同的无限公司和两合公司却都具有商人资格。在无限公司中，财产已经明确成为公司的财产，而非无限股东的共同财产。[②]学者引进理论不应当只取表而不取其实。我国法律明确规定合伙企业的财产能力。合伙人的出资、以合伙企业名义取得的收益和依法取得的其他财产，均为合伙企业的财产。[③]合伙人一般情况下也不可能将合伙的财产与自己的财产混同，因为这意味着损害其他合伙人的权益。第三，独资企业。独资企业拥有财产能力存在争议。《个人独资企业法》第2条明确规定个人独资企业财产为投资人个人所有。但是，《个人独资企业法》前后规定是矛盾的。《个人独资企业法》第24条规定："个人独资企业可以依法申请贷款、取得土地使用权，并享有法律、行政法规规定的其他权利。"依此规定，独资企业拥有一定的财产能力，独资企业的财产应当属于独资企业所有。法律明确规定独资企业[④]应当依法设置会计账簿，[⑤]这也给了独资企业拥有财产独立以技术上的支撑。讨论独资企业的财产能力并不是没有意义

① 即便是一人公司，《公司法》也要求公司财产和股东财产严格的区分。一人公司的股东必须证明公司的财产是独立的，意思是独立的，否则，股东将承担无限责任。为此，公司的决议必须要有书面形式，公司也必须设置相应的账簿。一人公司的法律成本很高。

② 参见江平主编:《法人制度论》，中国政法大学出版社1993年版，第34页。

③《合伙企业法》第20条。《合伙企业法》第二章第二节的标题即为"合伙企业财产"。

④ 这里的独资企业同样是指个人独资企业。个人独资企业享有但不限于投资权、签约权、贷款权、用工权、置业权、财产权等。

⑤《个人独资企业法》第21条。

的。财产能力是财产独立的前提，也是适用是双重优先原则的基础。独资企业清算时，个人财产优先偿还个人债务，企业财产优先偿还企业债务，对于所有债权人更为公平。这样看来，《个人独资企业法》第 2 条规定个人独资企业财产属于投资人所有不妥。

商人本身只是营利工具，拥有财产能力似乎与大众经验不符。但这就是法律拟制的魅力，也只有这样的拟制，商人才更具有营利的本质。当然，商人的根本属性还是工具，商人的财产利益最终要归属于各个自然人。这一切取决于法律与理论的建构。这一切都说明商法对商人财产进行规制以保证商人财产的独立性十分有必要。

2. 商人的行为能力

（1）私法上的行为能力

行为能力，指实施法律行为的能力。[①] 行为能力制度设立的最重要的意义是作为法律行为的生效要件。行为能力取决于行为人的意思能力。梅迪库斯明确指出，行为能力是表意人“理智地形成意思的能力”。[②] 有无意思能力，以年龄和智力作为判断依据。法律排除或限制未成年人和智力障碍者实施法律行为的能力，目的是对其特别保护。

法律设立行为能力制度的初衷是通过让法律行为无效以保护意思能力不足的自然人。因此，一个人被法律限制不能从事某具体法律行为并不能说该人的行为能力受到限制。例如，一个自然人被限制不能从事金融行业，并不代表其行为能力受到限制。相应地，法人在某些行为所受到的限制也不意味着其行为能力受到限制。事实上，并不是所有大陆法系国家都承认法人有行为能力。例如，行为能力这一概念发源地的德国即没有规定法人的行为能力。原因在于行为能力对于法人是没有必要的，法人的意思

---

① 参见梁慧星：《民法总论》（第 4 版），法律出版社 2011 年版，第 67 页。

②［德］迪特尔·梅迪库斯：《德国民法总论》，邵建东译，法律出版社 2000 年版，第 409 页。

都是拟制的意思，由机关或代理人形成，不可能存在像自然人那样由于年龄和智力的原因而导致意思能力欠缺问题。德国学者的论著中没有法人行为能力的讨论。①

我国规定了法人的行为能力，但这是作为自然人权利能力和行为能力分离的这一逻辑的回应。这一逻辑也不是必须回应。德国、日本和我国台湾地区“民法典”都没有规定法人行为能力。②不过，法人无一例外都应当是完全行为能力人。因此，法人的行为能力制度实际上是无意义的。在承认法人具有行为能力的立法例，也同时承认法人行为能力有可能会受到一些限制。③讨论法人的行为能力范围不同也是文不对题的。因为，行为能力其实就是意思能力，而不是行使具体法律行为的能力。如果强行说法人的行为能力具有可受限性，那么实际上是打破了自然人行为能力与法人行为能力概念内涵的同一性。“法人的权利能力和行为能力的范围是完全一致的”的流行说法是值得商榷的。行为能力的本质是意思能力。法人的意思能力不可能与作为权利资格的权利能力范围一致。

（2）商人的行为能力

商人的行为能力，指商人实施法律能力的能力。法律排除或限制未成年人和智力障碍者实施法律行为的能力，目的是“保护意志薄弱之人”。④商法没有这样的考虑，因为参与商事关系的，意思能力被假定为强而

---

① 据称，德国法不承认法人行为能力是因为法人没有意思能力，因而其法律行为由法人机关代理，其好处在于法人可以代理法理监督或限制法人机关的行为［龙卫球:《民法总论》(第 2 版)，中国法制出版社 2001 年版，第 370 页］。但是，这种学说具有明显缺陷，如果法人没有意思能力，那么也没有能力委任代理人；如果认为法人机关为法定代理人，那么法人便没有能力通过章程限制代理权的范围。法人如果完全无意思能力，也会影响私法意思自治理念的实现。

②《瑞士民法典》第 54、55 条规定了行为能力。参见江平主编:《新编公司法教程》，法律出版社 1994 年版，第 67 页。

③ 参见龙卫球:《民法总论》(第 2 版)，中国法制出版社 2001 年版，第 373 页。

④ 王伯琦:《民法通则》，中正书局 1979 年版，第 56 页。

智。商法在创制商人这一人格时，已经考虑到了要把商人塑造成为强而智的私法主体。[①] 商法没有必要考虑商人的意思能力。商人均为完全行为能力人。

法律可能会因私法主体的资金、组织架构等因素而限制其行为，或设经营许可。这些的确会影响到私法主体的行为方式和内容，但这些限制许可往往是公法的要求；即使是商法的要求，这些经营许可和行为限制也与行为能力无关。本书不认同经营许可和行为限制反映了商人的行为能力内容的不同的这种看法。第一，行为能力是概括从事法律行为的能力，而不是具体地从事某一行为的资格。如果非要把这些经营限制引入行为能力之中，不但会混淆公法与私法的区别，也会导致行为能力制度本身功能的流失。如其彰显营业自由、平等的功能将流失殆尽。第二，行为能力本质上是一种意思能力，主要是为保护行为人而设立的。而这些限制主要是为了保护第三人而设立的，与行为能力的功能有所不同。第三，行为能力仅与法律行为有关，是一种影响法律行为效力的能力。有无行为能力，决定着一个法律行为的生效与否。而目前法律上这些经营许可和行为许可，大多出于管制的需要，并不能直接决定法律行为是否有效。例如，我国《证券法》第 219 条针对证券公司超出业务许可范围经营证券业务的，仅责令改正，并进行行政处罚，但未规定此期间的经营行为无效。根据法律规定，行为人不具有相应的行为能力以及违反法律或社会公共利益均会导致法律行为无效。营业限制应该属于“违法阻却”要件考虑的因素。如果作为不具有相应的行为能力这一要件：一是会造成更多的法律行为无效；二是会给人一种印象，商人的行为能力在抽象上并不是平等的；三是行为能力本身要考虑的是意思能力，商人则不需要检视意思因素。营业限制既有商法

---

① 作为例外，商人从事非营业活动时，可能并非强而智。即使并非强而智，商人也绝不是无意思能力人。

上的限制，也有来自公法上的限制。更重要的是，这些限制往往并不能决定法律行为的效力。

本书不赞成引入商事行为能力概念。商事行为能力与行为能力不是同一意义上的概念。商事行为能力不是为了考虑商主体的意思能力，他们想要考虑的是商主体在从事商行为时究竟有没有资格。但是，这种资格通常基于"设定目的、营业种类和公共政策"，① 往往并不能达到私法上限制法律行为效力的效果。商事行为能力能否成立的关键是其是否决定法律行为的效力。如果不能确定，设立这个概念也没有必要（至少在私法上是没有意义的）。否则，不但会增加理解上的纷扰，还会造成适用的不便和不公平。法律如果欲达到某种管理或控制的目的，可以设置禁止性规定，但是否影响法律行为的效力则需要司法检验，以确保法律行为效力的稳定性。对于管理性禁止性规定，司法不必否认法律行为的效力，而对于效力性禁止性规定，司法则需要否定法律行为的效力。

（3）小结

商人有自己的能力，但该能力应当是指权利能力和行为能力，而不是单独的商事权利能力和商事行为能力。当然，商人依据商法而创造，商人被创造出来的主要目的即是从事商业活动的。但这并不是说，商人需要有属于自己不同于民事主体的权利能力。商人不但从事商事活动，还会从事民事活动。即使从事商事活动，也还会面对民事主体。这些都要求商人与其他的非商人主体具有同样的地位。

法律限制商人经营特定业务，仅仅是一种管理的需要或市场内在的需要，并不说明商人的权利能力受到什么影响；因为法律同样也会对特定的自然人从事何种行为有所限制，但这并不意味着自然人的权利能力受到什

① 参见陈本寒主编:《商法新论》，武汉大学出版社 2009 年版，第 71 ~ 72 页。设定目的与越权有关。越权原则已经基本被各国商法废除。

么影响。权利能力应当是指私法主体享受权利和承担义务的概括能力。行为能力仅仅有年龄上的限制和最低智力的限制。概言之，对于已出生或已成立的私法主体，法律没有必要以权利能力和行为能力控制法律行为是否有效。司法只需要以法律行为是否违反强制性法律条款作为判断其效力的依据即可。至于经营范围和内部授权，有其存在的意义，或基于政府干预的需要（可进行行政处罚），或基于内部管理的需要（可于组织内部追究责任人的责任）。

3. 商人的责任能力

（1）必要性

商人的责任能力，指商人以自己的财产清偿债务的资格。① 所有的商人均有责任能力。只是有的商人能够独自承担责任，有的则不能独自承担责任。② 商人具有私法主体地位，具有财产能力并拥有自己的财产，自然应当拥有债务清偿能力，但不能要求商人必须独自承担债务清偿，更不把能否独自承担责任作为判断商人是否具有主体地位的依据。我国立法上的所谓独立承担责任指的是独自承担责任。独自承担责任能力成为私法主体资格的取得条件在逻辑上是有问题的，因为只能先有主体资格，然后才有主体的独自承担责任的能力。③

在商人，不独自承担责任是原则。原因是，商人只是投资人投资的一

---

① 一种观点认为，法人的责任能力，指法人得对法人机关的不法行为自行承担责任的能力，并认为德国法在其他问题上采拟制说，而在法人责任能力上采实在说。[龙卫球:《民法总论》(第2版)，中国法制出版社2001年版，第376页]。本书认为，上述意义上的法人责任能力的讨论意义不大，一方面，上述意义上的法人责任能力与自然人责任能力不相对应。一个是对他人行为所承担责任的能力，另一个是对自己行为所承担责任的能力。另一方面，无论法人机关的违法行为算不算法人自己的行为，法人都当然要对其机关执行职务时的行为承担责任。

② 商人均在一定程度上独立承担责任。以合伙企业为例，只有在债权人穷尽一切救济手段仍未获得债权清偿之后，方能要求合伙企业的合伙人承担无限连带责任。

③ 此外，具有独自清偿能力的非自然人私法主体独占“法人”这一称谓对于其他只能屈居于“非法人组织”称谓之下的非自然人私法主体是一种歧视。

个工具，投资人如果不替商人承担责任，就必须要有充足的理由，例如享有有限责任资格。相比之下，自然人独自承担责任是原则，只有在特殊情况下，如无行为能力人和限制行为能力人，夫妻之间，自然人才不独自承担责任。商人的责任能力事关商人成员和债权人利益。商法应当明确规定各种类型商人的责任形式，并规定避免其落空的各种措施。

（2）责任隔离

商人责任形式的规定具有责任隔离的作用。不同的责任形式将商人的责任与其成员的责任加以不同程度的隔离。通常用有限责任和补充责任隔离责任。有限责任制度将股东、有限合伙人和公司、有限合伙的责任完全隔离；补充责任将普通合伙人、独资企业的投资人与普通合伙、独资企业的责任相对隔离。合伙人对合伙债务并不是无条件地负无限连带责任。依照法律规定，只有普通合伙不能清偿到期债务的，普通合伙人才负无限连带责任。① 补充责任可以使普通合伙人的个人生活不至于经常受到合伙经营活动的干扰。同样地，投资人对独资企业的债务承担补充的无限责任。② 只有独资企业不能以自己的财产承担责任的，才由投资人以个人财产清偿之。原因是，“各国法律实际上是将独资企业的营业行为严格区别于投资者的个人行为的”。③

责任隔离是双向的。商人不对其成员的个人债务负责。否则，商人自身将极不稳定，商人的经营活动将无法保障。公司与股东的责任是双向完全隔离的。股东在有限责任之外，不再清偿公司的债务；而公司则不会替股东清偿个人债务。除滥用有限责任外，股东不对公司债务负责；而股东只能以股权清偿债务，不能以公司财产清偿债务。合伙人对合伙企业的

①《合伙企业法》第 39 条。

②《个人独资企业法》第 31 条。

③ 范健、王建文:《商法的价值、源流及本体》，中国人民大学出版社 2004 年版，第 208 页。

债务负补充责任；合伙企业对合伙人的债务也不负责任。[①]合伙人可以以其从合伙企业中分取的收益和合伙份额偿债。合伙企业为合伙人债务有面临清算还债的可能。[②]但无论如何，合伙企业本身没有清偿合伙人个人债务的义务。合伙企业清算时还要遵循双重优先原则：个人债务，个人财产优先偿还；合伙债务，合伙财产优先偿还。独资企业方面法律没有明确规定。但既然投资人对独资企业的债务仅负补充责任，那么独资企业显然也没有直接替投资人清偿债务的义务。

商人与其成员的责任隔离依据主要有两个：第一，商人与其成员的人格彼此是区分的。商人成员的人格是独立的，其没有理由让他人为自己承担责任。自己责任，是近代民法的基本原则，也是意思自治的前提条件。因此，商人原则上没有义务为他人的个人债务承担责任。第二，商人要以自己的财产作为自己的债务的担保，不能直接为其成员清偿债务。任何私法主体都应当以其全部财产作为其债务的一般担保。如果商人直接为其成员个人债务承担责任，对商人自己的债权人是不公平的。

商人成员之于商人，还有所有关系。商人本质上是其成员方便交易和管控风险的一个工具。商人成员只能在一定程度上暂时隔离与商人之间的责任。因此，除有限责任之外，商人成员最终还是要为商人债务负责。质言之，商人利用商人这个工具营利，不能对为此给他人带来的风险完全不负责任。相反地，由于商人成员对商人的所有不是对人格的拥有，而是对其财产份额的所有，[③]例如股东以其股权表示对公司的所有，合伙以其合伙份额表示对合伙的所有，因此，商人成员的债权人，可以要求以股权份额和合伙份额清偿债务，但不能要求商人直接清偿债务。在这里，商法找到

---

①《合伙企业法》第 41 条规定：“合伙人发生与合伙企业无关的债务，相关债权人不得以其债权抵销其对合伙企业的债务……”不得抵销表明合伙对合伙人的个人债务不负责任。

②《合伙企业法》第 42 条。

③ 此所有是抽象的所有，并不是物权中的所有权。因此所有，商人成员从商人经营活动中分取利润。

一个既保全商人的人格性又体现其工具性的办法，即将所有关系份额化：基于人格性，商人不对其成员债务负责，基于工具性，商人成员可以以其份额所有清偿个人债务。理论上这对商人本身并没有实质影响。最糟糕的时候，商人可能被迫因为商人成员的债务而面临清算还债，这就影响到商人本身。但无论如何，商人首先要对因为自己经营所产生的债务负责。

（3）债权担保

原则上，商人成员对商人的债务承担最终责任。投资者要对独资企业债务承担无限责任；合伙人要对普通合伙的债务承担无限连带责任；有限合伙人、股东以其认缴的出资额、股份为限对有限合伙、公司的债务承担有限责任。[①] 各类商人成员都在不同程度上为商人的债务作了担保。商人在成为营利工具的同时，不能成为其成员逃避责任的挡箭牌。

有限责任与无限责任仅有量的区别而无质的区别。前者是商人成员以定量的财产对商人的债务的担保，而后者则是以商人成员全部的财产对商人的债务的担保。个人财产有限，加上民事执行中要保障被执行人的生活需要，无限责任实则也是有限的。在一些实行个人破产的国家，无限责任与有限责任的区别更小。尽管如此，法律还是对有限责任方面规定得更为严格。以公司为例，一些国家要求股东提供法定最低限额的出资。此外，法律还要求公司对税后利润要先提取盈余公积金才能分配利润。可见，有限责任相比于无限责任，责任人所要付出的对价更高。当然，代价最高的是无限连带责任。责任人不但要承担自己要承担的责任，还要为他人承担责任。但承担无限连带责任的合伙人可以免去双重征税的负担。这是投资人选择合伙企业的最重要的原因，毕竟合伙面临清算偿债的情况还不是很多见。但是正如前述，这种优势正在消失。

---

①《合伙企业法》第 2 条和《公司法》第 3 条。

（三）商人法定原则

商人的类型和内容必须符合商法。[①] 商人法定包含以下两项内容：

1. 商人类型法定

商人类型法定，指商人类型由商法强行规定，不得设立不符合规定类型的商人。法律应当明确禁止选择法定类型之外的商人类型。实践中，由于商人成立要遵行登记原则，不符合法定类型的，登记机构将不会允许登记。商人类型法定首先要求商法对于商人类型做出合理、准确而严格的类型划分。如是，则意味着商法对商事实践中各种行之有效的经营性组织形式已经做了全面的法律概括，从而为行为人进行商事法治实践提供了充分可供选择的主体种类。易言之，行为人没有必要选择法定类型之外的商人类型。法律之所以这样做，在于维护交易安全，在于降低交易成本，在于提高交易效率。统一、协调而合理的商人制度有利于保障良好市场秩序之实现。[②] 交易相对人有权利知道，这个商人组织中，谁最终对达成的交易承担责任，是商人组织本身，还是其成员，还是那些出面交易的个人。类型法定对商人组织成员也具有很重要的意义。在股份公司和其他的一些商人组织中，所有权与经营权相互分离，并不是所有的股东都能参与公司的经营决策。法律必须规定此类组织的组织形式、机构及其权限以保证投资安全。[③]

商人按照成员承担责任的方式，主要有独资企业（无限责任）、合伙

---

① 商法法定之法应以全国人大及其常委会制定颁布的规范性文件为准。允许地方或部门诸侯割据式的立法格局存在将使商人法定原则形同虚设。参见周林彬主编：《商法与企业经营》，北京大学出版社 2010 年版，第 64 页。

② 参见董安生、王文钦、王艳萍编著：《中国商法总论》，吉林人民出版社 1994 年版，第 55 页。

③ 参见［德］古斯塔夫·拉德布鲁赫：《法学导论》，米健等译，中国大百科全书出版社 1997 年版，第 185 页。

企业和公司（有限责任）三种类型。合伙企业包括普通合伙（无限连带责任）和有限合伙（普通合伙人负无限责任，有限合伙人负有限责任），公司则包括有限责任公司和股份有限公司。上述商人类型基本满足了商业需要，行为人欲参加商业活动，可以根据自己的风险偏好，在上述形式中选择一种。商法尽管按照成员承担责任的形式划分商人类型，并对每种商人类型进行不同的规定，但他们在商法上的地位是平等的。法律必须对成员的法律责任明确规定，并对交易风险较大的商人类型施以更加严格的规定以控制风险。独资企业、合伙企业和公司是各国普遍存在的商人类型，这充分反映了这些商人类型是商业实践的总结，而非法律的强加。

目前我国依然有按照所有制划分企业类型。按照所有制把企业划分为全民所有制企业、集体所有制企业、混合所有制企业、中外合资经营企业、中外合作经营企业、外商独资企业、私营企业等几类。此外，《公司法》对国有公司也作出了单独规定。这些划分不利于改善交易安全，并必然导致区别对待。这些划分不具有商法意义，它们是国家干预经济的体现，属于经济法的调整内容。

我国商法上商人类型的设置基本合理，但也有需要改进之处。本书认为，商人类型中的有限责任公司设置不合理。有限责任公司受德国和日本法的影响，该种类型公司与股份有限公司并无本质区分，以资本是不是以股票形式体现区分两种商人类型并没有多少实质的法律意义，徒然增加公司改制的成本。建议公司类型采封闭公司和公开公司划分方法。前者具有较多的人合性，后者则为资合公司，法律应当对后者施以较多的强制性规范限制，前者，则更多地遵循公司自治原则。目前，日本公司法已经废除了有限责任公司。

2. 商人内容法定

商人内容法定，指各具体商人类型的内部治理、财产关系和责任形式，商法加以强制性规范规制，禁止行为人任意变更。如果商人内容不相同，那么商人类型法定就没有意义。

商人内容法定欲达到两个目的：第一，同一类型的商人具有大致相同的法律构造。例如，股份有限公司的资本均以股份股票表示，股东均承担有限责任，公司财产与股东财产相分离，内部治理结构均要设股东会、董事会和监事会，注册资本均要达到最低限额等。第二，行为人不得任意变更法定的商人内部元素，如欲变更，非经变更登记不生效力。对于具体元素的更改，如减少注册资本、变更商人代表人，商法也是允许的，但必须履行相应的法定程序。第三，行为人不得以法无禁止为由通过章程、协议消解商人法中的强行性规定。例如，公司在法定机构之外可以设置任意机构，[①] 但该任意机构不得架空法定机构的权力。大致相同的法律构造目的在于简化市场关系，帮助各方市场参与者降低信息搜寻成本，锁定交易风险，最终达到促进交易效率和保障交易安全的目的。例如，对于股份有限公司，如果没有内容法定，投资人将无法隔离投资人自身的财产与公司财产，无法保证自己的投资安全，更无法锁定自己的投资风险；对于交易相对人，也无从了解交易对手的内部情况，无法确定其资产状况和信誉等级，这些都将阻碍交易的进行，降低交易欲望。[②]

类型法定和内容法定需要通过准则主义和公示主义实现。关于准则主义，1919 年的《法国商业登记法》、1948 年的《英国公司法》和 1933 年修订的《瑞士债务法》均对商人成立规定了准入条件，其中某些实体法条件和程序性限制还相当严格。关于公示主义，是指商人必须就其类型和内容予以登记公示，公示的内容和效力依法律确定。在我国，登记还是商人

---

① 参见刘俊海：《现代公司法》（上），法律出版社 2015 年版，第 578 页。

② 有学者从公法意义上阐述商人法定的意义，认为商人法定体现了国家干预、控制的色彩，并认为商人法定对于工商管理、税收征收以及市场经济法制秩序的维护具有极为重要的意义。参见周林彬主编：《商法与企业经营》，北京大学出版社 2010 年版，第 63 ~ 65 页。本书认为，以所有制、企业规模等划分商人类型的确有公法上的意义，但这或正是本书所批评的，或属于经济法的范畴。

创立的必要条件。[①] 以公司为例，公司就其设立、变更和终止诸事项予以公示。[②] 商人依法登记注册的事项和文件既要设置于登记机关，也要设置于其营业场所。[③] 公示的目的是方便交易相对人和投资人及时知晓一些与交易和投资相关的必要的商人人格信息。登记公示的效力有未经登记和公示不产生效力的，如公司设立；有不得用以对抗善意第三人的；[④] 有免除公示主体法律责任的。

二、商人的人格塑造

（一）商人人格及其塑造

1. 商人人格

商人资格依商法而授予。各国商法对商人资格的取得采准则主义。[⑤]

---

① 小商贩除外。对小贩是不是商人有争议，本书主张小商贩不是商人，但可以成为商主体，这主要是基于消费者法的考虑，将其置于相对强势的地位。当然，这只是相对的。小商贩的生存利益和经营权的保障，与消费者之间应该适当平衡。消费者也应当承担相应的风险。

② 登记公示的内容各国法律不一而足。例如，美国“要求合伙企业或其他连带责任主体在商事交易中公示其合伙人姓氏及其财产责任性质，并以此作为区别合伙企业行为与个人行为的标准”。(《美国1890 年合伙法》第 4 条）董安生、王文钦、王艳萍编著:《中国商法总论》，吉林人民出版社 1994 年版，第 57 页。

③ 英国公司法规定，公司“必须存有公司章程、公司细则、全体董事名单及其地址、公司会议记录、公司账簿、历年的年度报告、资产负债表和损益表等，这些文件必须允许任何第三者自由查阅”。董安生、王文钦、王艳萍编著:《中国商法总论》，吉林人民出版社 1994 年版，第 244 页。

④《日本商法典》第 11 条、12 条规定:“应登记事项，非经登记及公告后，不得以其对抗有善意的第三人。虽于登记及公告后，第三人因正当理由而未能得知时亦同。”

⑤ 关于商人资格的取得，历史上主要有审批主义、特许主义和准则主义。英国早期的公司成立要取得国家的特许状。新中国成立后和改革开放后的很长一段时期，我国各类企业的设立均需要行政审批。2005 年《公司法》修改后，我国基本采纳了准则主义，但对于特定行业仍然适用许可主义，如我国证券交易所的设立需要国务院的批准。审批主义和特许主义于营业自由有重大影响，各国多已摒弃。当然，准则主义对营业自由也有一定的影响。

法律明确商人资格的授予条件，只有满足这些条件，营业团体[1]才可以经向登记机关申请登记而获得商人主体资格。[2]商人主体资格与自然人主体资格完全不同：商人是拟制人格；自然人则是自然人格，出生是取得自然人格的唯一条件。商法虚拟商人人格具有如下意义：

第一，提高交易效率。一方面，商法通过交易对手的集约以减少谈判成本。团体是由众多人作为一个整体构成的。交易时，如果不把团体当作一个人格，那将十分不利于交易的成交。相对人和团体一个人格谈判还是和团体中的每一个成员都谈判，其谈判成本显然是完全不同的。签名时如果每一个团体成员都签约，也将十分费时费力。商人人格导致了一个统一的与其成员以及业务执行人相分离的具有独立财产的交易当事人。[3]另一方面，商法通过两权分离提高投资的效率。实现两权分离也是法律拟制商人人格的重要原因。只有商人是独立的人格，商人事业的经营权和终极所有权才有可能分离。

第二，保障交易安全。一方面，商法塑造了强大的商人，减少了交易对手的风险。例如，商法通过内部治理、财产独立等制度使商人能够长久存在。另一方面，商法通过责任隔离阻隔了投资风险从而促进了投资。例如，公司和股东的责任是完全隔离的，股东仅就公司的债务承担有限责任。合伙企业和独资企业也能实现一定程度的隔离。责任隔离隔离了众多的投资风险，因此，以商人的名义筹集资本就具有了非商人筹集资本所不

---

① 本书中的商人既指营业团体人格，也指营业团体自身。理论上，团体与团体人格并非一致，应当先有团体，然后才有团体人格，并且并非所有团体均能获得团体人格。但商法上的营业团体（独资企业、合伙企业和公司）与其商人人格多是同时产生。以公司为例，所谓公司设立之时，也就是公司人格获得之时。商法上基本不存在无商人人格之团体（设立中公司有争议）。本书中的商人设立与商人人格取得具有同一意义。

② 此处的商人资格是成为商人这个私法主体的资格，与商事权利能力没有关系。

③ 参见［德］格茨·怀克、克里斯蒂娜·温德比西勒：《德国公司法》，殷盛译，法律出版社 2010 年版，第 430 页。

具备的优势。这一点在公司表现得尤为明显。责任隔离使得公司财产不会受到成员以及业务执行人的债务人的扣押，因此很适合作为信贷的基础。[①]

2. 商人人格的塑造

商人人格授予的过程，即是商法塑造商人人格的过程。商法对商人人格的塑造并不完全否定意思自治的作用。当然，这些意思自治是在法律授权的情况下。意思自治决定了商人人格的个性，而法律意志则决定了商人人格的共性。商人人格塑造的目标如下：

第一，实现人格标准化。商人设立的准则主义可以使各种类型的商人相对标准化。标准化是为了便于交易对手识别。例如，如果知道交易对手是有限责任公司，那么大致就可以知道该类型商人承担的是有限责任，公司的治理结构由股东会、董事会和监事会组成等。标准化并非将所有的商人同质化。法律所规定的设立准则并不是千篇一律的，法律根据市场要求和参与人自身特点设计准则。也就是说，商法提供的不是一种套餐，而是多种套餐，尽管套餐数量还是有限的。从责任形式来看，商法提供了无限责任的独资企业、有限责任的有限合伙和公司，还有无限连带责任的普通合伙。每种套餐的内容是基本一致的。不过，各种套餐中有些细节可以由创设人自己选择，商法没有规定的地方创设人还可以自由设定。但套餐的存在，使各种类型的商人基本标准化。

第二，实现人格透明化。人格透明化的方法除了人格标准化，公示则是另一种办法。人格标准化使商人的共性透明化，而公示则使商人个性透明化。通过登记等公示方法，利害相关人便可以方便地了解到各个商人的注册资本、代表人、主要投资人等信息；通过信息披露，可以了解到商人内部更进一步的信息。这可以使投资人、交易相对人作出更为理性的商业

① 参见［德］格茨·怀克、克里斯蒂娜·温德比西勒：《德国公司法》，殷盛译，法律出版社2010年版，第430页。

选择。人格透明化也体现了商法的基本规则之一，即外观原则。

第三，实现人格稳定化。为了使商人不至于存在时间过短或者防止不适格主体进入市场，法律要设置一个门槛。这个门槛不仅仅是指资金实力，还有内部治理等。法律通过这个门槛，以图塑造一个强而智的交易人格。市场交易的连续性同样期待人格的稳定。一个商人的生命突然中止，可能会对市场造成重大影响。雷曼兄弟一个公司的破产直接引发美国金融危机即是一个强有力的印证。市场已经变成一个重叠交织的立体网，每个主体都是这个立体网上的一个联结点，一个联结点同时与数个乃至成千上万个联结点联结，一个联结点的消失会影响到其他所有的联结点，如果一个个联结点不断地断掉，将会导致整个网破掉。现代市场网络表面看上去是精美绝伦，但实际上又是那么脆弱。法人制度的出现，其本意就是使这些交易主体超越个人的生命和专断，实现人格永续化和稳定化。

法律参与商人的人格塑造主要是市场和主体自身的要求。早期的有限责任形式商人柯曼达就是商业实践的产物。法律参与进来使得人格塑造更为权威稳定，增强了商人的信誉。商人中多数是拟制人，他们的信誉建立在投资人和法律之上。起初，商人多为个体经营者，信誉基于投资人自身，然则当商人越来越以组织化的形式出现后，投资人与商人的人格发生了分离，个人诚信不再可以依赖，商人则更应当把其诚信建立在依据法律意志构造的各种人格元素之上。商人为什么值得信赖？是因为其财产和理性。有什么理由相信商人的财产不会受到他人侵犯以及商人有理性呢？这取决于：商人的内部治理使得商人只能是一个理性的人，商人其他制度也使得商人的财产是安全的。

理论上，人人皆有营业自由是自然权利，即商人资格的取得应当排除法律的干预。但是，正如前所述，即使商法不对营业自由进行限制，市场本身也会对营业自由有所限制。例如，早期的交易所都会把交易资格限制于会员。[①] 现代商人越来越拟人化，越来越复杂化，法律如不对其人格塑造会导致商人群体良莠不齐，则不可避免地会引起市场混乱，这样反而损害了商人的营业自由。从这个意义上说，法律对商人人格的塑造反而提高了营业自由。至于人人皆有不受限制的营业自由这一理念，可能只能由小商贩承担。小商贩不需要任何资格条件，也不需要进行商业登记。

早期商法很少参与商人人格的塑造。早期的商人主要以商个人和商合伙为主。这类商人的经营风险由投资人承担，加之商人的经营活动区域化，交易主要在熟人之间产生，法律没有对商人进行规范的必要。自从有限责任以及企业的所有权和经营权分离之后，投资人的道德风险和经营者的代理风险日益突出，法律必须对此做出应对。投资人必须在享受有限责任的好处时付出相应的对价，经营者也必须勤勉经营，并对企业负忠实义务。要言之，有限责任和两权分离是近现代商法对商人做出规范并参与商人人格塑造的基本原因。法律既要对有限责任和两权分离自身进行规定，也要通过进一步的塑造以抑制有限责任和两权分离的弊端。

（二）商人人格元素的塑造

如同自然人以躯体和意思等为人格元素，商人也有自己的人格元素。商人的人格主要由名称、意思及意思治理机制和财产及财产独立机制三方面元素构成。人格元素的缺少有可能影响到商人的主体地位。例如，信托虽然可以实现商人的目标，但由于缺乏相应的意思治理机制，因而在法理

① 这些资格限制现在看有些是不合理的，并且可能被判定为行业垄断。现代交易所由会员制向公司制的发展也反映了打破这一垄断的现实。

上很难说是商人。[1] 除了人格元素，商人还有财产能力和责任能力。能力可以视为广义的人格范畴，但与元素还是有所区别。元素属于“人之本有”，而能力则属于“人之所有”。只有具备了前者，有了人格，才可能有后者。本部分介绍商人人格元素的塑造，下部分介绍商人的财产能力和责任能力。

1. 名称

商业名称，指商人营业时用以表彰自己的符号。[2] 商业名称在我国又称商号或字号。在英美法中，“Business Name”“Commercial Name”“Trade Name”均指商业名称。商人都应该有自己的名称，商业名称是商人具有主体资格的标志。

商业名称有如下功能：第一，区别功能。一是与其成员相区别。商人具有名称是具有人格的标志。没有名称，商人便没有办法与其成员相区别，人格便会发生混同。二是与其他商人相区别。商人很多，如果没有名称，就没有彼此区别。命名是区分的重要工具之一。与商标相比，商业名称区别的是主体，而商标区别的则是商品。第二，象征功能。商业名称即代表商人，可以用来签名，以此应诉和起诉。[3] 同一性是象征功能的基础。第三，公示功能。依我国法律，商业名称由行政区划、字号、行业和组织

---

① 王延川博士认为，抽象层面而言，企业需要人格以支持；技术层面而言，企业需要满足两个条件：一是企业独立的财产权；二是企业内部的管理权力的分化。参见王延川：《现代商法的形成：交易模型与价值结构》，法律出版社 2015 年版，第 78 页。在这里，所谓“独立的财产权”和“内部的管理权力的分化”可以视为企业的两个人格元素。

② 日本判例认为，“商号是法律上用于特定的营业中表示特定的商人的名称，具有在社会上表示营业的同一性，作为商人信用的机能”。近藤光男认为商业名称还具有表示营业活动的机能。参见［日］近藤光男：《日本商法总则・商行为法》，梁爽译，法律出版社 2016 年版，第 38 页。

③《德国商法典》第 17 条规定：“商人的商号是指商人进行其营业经营和进行签名的名称。商人可以以其商号起诉和应诉。”

形式依次组成。[①] 有些国家要求商号中必须有投资人的名字。[②] 这些信息都起到了一定的公示作用。[③]

商业名称的重要功能昭示商法对其规制的必要性。[④] 第一，商人需要法律排除他人对商业名称的不正当使用。商业名称体现、维持商人的信用和名声。第二，商业名称具有财产性质，法律需要商业名称的转让、继承等作为规定。第三，需要法律明确商业名称的法律地位和登记效力。商业名称即代表商人。相对人多数情况下是通过商号与商人交易的。如果法律不对商业名称的法律地位和登记效力进行规定，将会产生许多争议。例如，商业名称借与他人使用的，或明知他人使用商业名称而不表示异议，商号所有人需要承担什么责任就需要法律明确规定。[⑤] 商业名称还存在滥用的可能。

商法对商业名称的塑造欲达到以下目的：第一，规范化。商业名称的构成由法律规定，商人起名不得违反法律规范。例如，合伙企业名称中不得加入有限责任的字样。第二，唯一化。即商人只能有一个名称。自然人除了有正式名字，可以有多个名字，还可以有字、有号，并且可以同时使用。之所以不同，商业名称唯一化在于保障交易安全，而自然人名称多样化则体现自然人的个性发展需要。第三，物名化。商业名称为商事组织所有，其名称中往往体现其营业性质。例如，“狗不理包子店”，“王麻子剪

---

①《企业名称登记管理实施办法》第 9 条。

② 商号自身具有一定的公示作用，这种公示不因是否登记而存在。参见［德］卡斯滕·施密特:《德国商法改革法》，王彦明、涂长风译，载《法制与社会发展》1999 年第 6 期。

③《瑞士债务法》第 944 条第 1 款规定:“商号，除应包括法律规定的必要内容外，可包含具体描述个人信息或表明商事组织性质的文字，亦可包含创意性质的文字，但其名称所反映的内容须真实，不致误解，且不得违反公共利益。”

④ 参见［日］近藤光男:《日本商法总则·商行为法》，梁爽译，法律出版社 2016 年版，第 39 页。

⑤ 为此，《日本商法典》第 23 条明确规定:“许诺他人使用自己的姓、姓名或商号经营者，对于误认为其为营业主而进行交易者，就交易所产生的债务与该他人承担连带赔偿责任。”

刀铺”等。之所以如此，在于公示以减少搜索成本。

商号的历史悠久。[①]目前，一般将中世纪时期，意大利和地中海沿岸的商业组织作为现代商业名称的起源。[②]早期各国对商业名称并无强制性规定。但由于商业名称的重要功能，目前多数国家法律对商人都做了强制性规定。最早的商业名称立法可以追溯到1794年的《普鲁士普通法》和1807年的《法国商法典》。此两部法律均规定了商号具有排他的权利。1897年《德国商法典》第三章共有20个条款对商业名称进行了详细的规定。此后，各国立法纷纷效仿。由于国际贸易日渐活跃，为了加强商号的国际保护，1883年的《保护工业产权巴黎公约》第1条第1款，将企业名称作为一种工业产权进行保护。目前，我国规范商业名称的法律规范主要是国家工商行政管理局1991年制订的《企业名称登记管理实施办法》（2004年修订）。还有一些规定散见于《民法总则》[③]《商标法》《反不正当竞争法》等法律法规中。商业名称是商人人格元素之一，应当以立法的形式统一规定商业名称。应当尽快制订《商业名称法》，或在《商法通则》中规定商业名称的内容。

2. 财产及财产独立机制

（1）财产

财产是商人人格的构成元素。一方面，具有一定的财产是一些商人取得人格的先决条件。例如，商业银行有最低注册资本的要求。另一方面，财产状况不良是导致商人人格削弱乃至消亡的重要因素。我国法律即以不能清偿到期债务作为企业破产的原因。比较法上，德国法不允许无财产的资合公司继续存在，理由是这对登记机关是一个不必要的负担且同时会危

① 商业名称与商业招牌并不同。商业招牌一般指挂在商人营业场所前的作为标志的牌子。招牌中往往含有商业名称，但往往还会和其他的图案一起组合。商业招牌起着广告作用，通常比较醒目。

② 参见范健:《德国商号法律制度评析》，载《法律科学》1994年第1期。

③《民法总则》第58、110条。

及交易安全（由此可虚构出不存在的信用能力）。[①] 商人的财产有两大来源：一是权益投资，由投资人/合伙人/股东初始投入或企业留存收益形成；二是债权投资，由负债形成。下面着重阐述由投资人/合伙人/股东初始投入形成的商人财产。

在我国，法律虽没有规定独资企业、合伙企业设立时的最低出资限额，但要求独资企业须有投资人申报的出资，[②] 合伙企业须有合伙人认缴或者实际缴付的出资。[③] 传统公司法对公司最低注册资本有严格要求。现代公司法，各国对最低注册资本要求不一。有要求公司成立时必须有最低注册资本的，如德国，也有对最低注册资本没有任何的要求的，如英美。我国 2005 年《公司法》第 26 条第 2 款规定："有限责任公司注册资本的最低限额为人民币三万元。法律、行政法规对有限责任公司注册资本的最低限额有较高规定的，从其规定。"最低法定资本制是有限责任的对价。早期公司法理论认为，股东如若获得有限责任，必须付出一定的财产，或虽不提供资本，但要在公司不能清偿到期债务后，对公司债务承担定量的清偿责任。英国的保证责任公司即是要求股东承担定量的有限责任。这样的要求是公平的。最低注册资本制度也是早期公司与合伙企业和独资企业的重要区别：独资企业和合伙企业都没有规定一个最低出资的下限。独资企业和合伙企业成员可以任意出资，但一经出资，便形成企业的财产。

2013 年《公司法》取消了普通公司的注册资本的最低限额。理由是，最低资本制度阻碍投资，并且对债权保障的意义不大。的确，股东初始投入形成的财产是有限的，这有限的财产不足以保障债权安全。初期初始投入形成的财产在经营过程中其量也是变化的。即使初期有投入很多，但公

---

① 参见［德］格茨·怀克、克里斯蒂娜·温德比西勒：《德国公司法》，殷盛译，法律出版社 2010 年版，第 459 页。

②《个人独资企业》第 8 条。

③《合伙企业法》第 14 条。

司不能清偿到期债务往往就发生在经营失败之时，股东初始投入形成的财产应当也所剩无几。还有一个理由认为，公司债权人，可以分为两种：一种是自愿的债权人（voluntary creditor），即合同之债中的债权人；另一种是非自愿的债权人（involuntary creditor），即侵权之债的债权人。[①] 如果相对人在没有调查清楚交易对手的情况就贸然交易，自身也存在不谨慎之处。法律不必保护这种注意力不集中的自愿的债权人。[②] 公司债务清偿的保证在于严格的财产隔离制度和透明制度，无此，要求股东投资再多的财产也没有作用。

本书认为，从慎重投资的角度上说，完全取消注册资本并不合适。尽管注册资本对于初创者是一种负担，但如果因为不慎重投资对创业者和社会恐怕会形成更大的负担。因此，法定资本制应当降低而不是完全取消。德国的做法值得借鉴。德国对有限责任公司的最低注册资本额仅要求25000 欧元。如此之低的注册资本，其目的主要是提醒投资者慎重投资而不是为了保护债权人。取消注册资本似乎成了一种趋势，但其效果还有待观察。我国抛弃普通公司的法定资本制的做法有一些矫枉过正。以保证责任的形式代替最低注册资本制度或许更为可行。[③]

（2）财产独立机制

法律对商人财产的规制主要体现在保持商人财产独立性之上。[④] 所有

---

① 参见王利明:《公司有限责任制度的若干问题》，载《政法论坛》1994 年第 2 期。

② 将因长期借贷而形成的债权人亦列入非受保护债权范围是不公平的。因为借贷之初，或许债务人财务状况是良好的。但经历了一段时间发展，其财产状况恶化是债权人是无法预见的。

③ 我国公司法上的认缴资本制与英国法上的保证责任公司不同。保证责任公司的股东保证在公司经营失败后，保证定量清偿一定数量的债务。认缴资本制并没定量，理论上，公司的注册资本可以为零。

④ 学界将财产独立的特性专属于公司是值得商榷的。至少从制度层面可以说合伙企业的财产是完全独立于合伙人的。这种独立性甚至比公司更强。不能将合伙人为合伙企业债务承担补充的连带责任作为其财产不独立的标志。众所周知，在商事领域中，承担连带责任的情况极为普遍。依法为他人承担连带责任甚至无限责任都不应是财产不独立的依据。财产是意志的延伸。商人的财产独立与否主要看其能否形成独立的意思，独立的意思取决于意思形成与执行机制是否健全。

商人的财产都是独立的财产，这些财产都或多或少与商人成员保持一定的分离。当然，公司在这方面更加明显。[①] 本书认为，无论基于交易安全还是基于投资安全的需要，商人都需要良好的财产独立机制，以使其财产与他人财产相互隔离。第一，财产独立机制是交易安全的保障。商人的财产来源于股东和债权人。[②] 基于剩余索取权的理论，商人的管理权通常主要掌握在其成员（独资企业投资人、合伙人和股东）手中。如果商人没有独立的财产，将无法保障债权人的利益。如果公司财产与股东财产混同，股东可以随意侵占公司财产，那么债权人在公司无法清偿债务时又会被股东以有限责任挡在门外。或许可以求诸有限责任否认，但成功概率以及成本恐怕都是债权人难以承受的。如果合伙财产与合伙人财产混同，尽管有无限连带责任的保证，也未必能保证债权人的利益。一是侵占的财产有可能被合伙人挥霍，二是可能受到双重优先原则影响而与合伙人的个人的债权人争夺债权的偿还。独资企业同样需要考虑双重优先原则问题。第二，财产独立机制是投资安全的保障。对于非独资商人，投资安全也是现实的需要。在合伙企业，如果部分合伙人侵占合伙的财产，显然也将损害其他合伙人的利益。在公司，由于一些股东并不参与公司经营，防止公司财产被侵占变得更为迫切。这一切都取决于公司或合伙拥有良好的财产独立机制。财产独立机制将商人与财产相互独立，对利害关系各方都是公平的。不公平的规则对有利方也未必是好事。规则对一方一时有利，并不会永远有利。因为不利方会选择“用脚投票”从而不利于有利方。因此，法律规则制定不偏不倚才最符合各方的利益。商法一般通过以下制度实现商人的财产独立。

---

① 参见王延川:《现代商法的形成：交易模型与价值结构》，法律出版社 2015 年版，第 46 页；范健、王建文:《商法的价值、源流及本体》，中国人民大学出版社 2004 年版，第 208 页。

② 债权资本的成本一般低于股权资本的成本，因此，企业拥有一定的借贷资本是经营的常态。

①强制设置商业账簿

商业账簿反映了商人所有财产状况和增减的信息，账簿设置是商人与成员财产相互独立的技术基础。[①] 我国法律规定公司、合伙企业乃至独资企业都有设置账簿的义务。个人独资企业应当依法设置会计账簿，进行会计核算。[②] 公司和合伙企业则进一步被要求建立企业财务、会计制度。[③] 建立企业财务、会计制度意味着不仅仅设置会计账簿，而且还包括编制财务会计报告。其中，公司应当在每一会计年度终了时编制财务会计报告，并依法经会计师事务所审计。[④] 有限责任公司应当依照公司章程规定的期限将财务会计报告送交各股东。股份有限公司的财务会计报告应当在召开股东大会年会的规定日期前置备于本公司，供股东查阅；公开发行股票的股份有限公司必须公告其财务会计报告。[⑤] 这些都使商人的财产独立制度并不能虚设。

商业账簿是商人拥有某项财产的初步证据。如果没有商业账簿，无法想象如何证明自己拥有某项财产，尤其是像现金这类的流动资产。商业账簿制度还能阻止公司违规分配利润。由于注册资本非经法定程序不得变更，也就保证了公司在盈利分配后，公司资产总额不能低于注册资本。[⑥] 所有者权益项下的资本公积和盈余公积也起到这样的作用。资本公积和盈余公积不得用于利润分配。盈余公积可以用于弥补亏损。例如，假定某资

---

① 近藤光男指出，“尤其是在像股份有限公司这样的仅由有限责任股东组成的公司里，只有公司财产是唯一的担保，为保护债权人的利益而对制作账簿进行法律规制变得不可或缺。并且，拥有众多期待不参与直接经营的收益分配的股东，对于这样的公司来说，也有必要为保护股东的利益而对制作账本进行法律规制”。[日] 近藤光男:《日本商法总则・商行为法》，梁爽译，法律出版社 2016 年版，第 52 页。

②《个人独资企业法》第 21 条。

③《公司法》第 163 条;《合伙企业法》第 36 条。

④《公司法》第 164 条。

⑤《公司法》第 165 条。

⑥ 注册资本在会计账目中必须记载于所有者权益栏目之下。

产负债表日，公司资产计有100万元，负债50万元，所有者权益共有50万元。所有者权益又由注册资本30万元、资本公积10万元、盈余公积5万元和未分配利润5万元组成。此时，公司最多能分配5万元的利润。公司不得通过降低注册资本和盈余公积的方式分配利润。注册资本和公积金制度为公司筑起了一道避免财产流失的堤坝。

②实行双重优先原则

双重优先原则，指商人债务应由商人偿还，个人债务应由个人偿还。双重优先原则不仅体现于公司，也体现于合伙企业。《合伙企业法》第41条规定："合伙人发生与合伙企业无关的债务，相关债权人不得以其债权抵销其对合伙企业的债务；也不得代位行使合伙人在合伙企业中的权利。"《合伙企业法》第42条第1款规定："合伙人的自有财产不足清偿其与合伙企业无关的债务的，该合伙人可以以其从合伙企业中分取的收益用于清偿；债权人也可以依法请求人民法院强制执行该合伙人在合伙企业中的财产份额用于清偿。"在这里，法律是以财产份额替代现实财产的方式保证了合伙企业的财产独立性。双重优先原则还应当适用于个人独资企业。会计账簿的设置，使个人独资企业的财产在技术上可以独立于投资人。在这种情况下，区分投资人的个人债务与独资企业的债务而以各自的不同财产予以偿还对于相关各个债权人更为公平。因此，我国法律简单地规定个人独资企业的财产属于投资者所有的做法是值得商榷的。①

③严禁侵占商人财产

合伙企业。依我国法律，合伙企业财产已经实现了同合伙人的财产的区分。第一，法律明确规定合伙企业的财产范围。合伙人的出资、以合伙企业名义取得的收益和依法取得的其他财产，均为合伙企业的财产。②明

①《个人独资企业》第2条。

②《合伙企业法》第20条。《合伙企业法》第二章第二节的标题即为"合伙企业财产"。

确范围，是为了定分止争。第二，法律规定合伙人除法律另有规定外，清算前不得请求分割合伙财产，否则，合伙企业不得以此对抗善意第三人。[①]据此，作为债权人善意第三人可以直接要求以转移的财产进行偿还，而不必求诸合伙人的补充责任。第三，法律规定合伙人的债权人不得以债权抵销合伙债务，合伙人的债权人不得代位行使合伙人的在合伙企业的权利。[②]第四，法律明确规定合伙财产转让或财产份额出质须经全体合伙一致同意。这使得合伙人的个人意思不得独自加诸合伙财产之上。如果个别合伙人侵占合伙财产的，根据法理，合伙企业显然也是可以要求其归还的。这些规定将个人财产与合伙财产区分开来。合伙的财产的独立性非常强，其独立性甚至并不低于公司。实践中，合伙可以将许多财产登记在自己的名下这一实践也支持这一理论。[③]此外，合伙人的连带责任既是对债权人的保证，也起到了让合伙人共同监督合伙财产不被滥用的作用。

公司。除有限责任否认制度外，公司法还通过以下两项措施将股东财产与公司财产相互隔离。

第一，禁止违规担保借款。公司法禁止违规为股东担保和禁止违规向股东贷款。依我国法律，公司为公司股东或者实际控制人提供担保的，必须经股东会决议。拟被担保的股东或者拟被担保的实际控制人支配的股东，不得参加会议表决。会议表决由出席会议的其他股东所持表决权的过半数通过。[④]担保在我国一度是大股东转移公司资源的重要手段。举轻以明重。既然担保需要如此程序，那么借款同样需要如此程序。此外，各种带有利益输送性质的关联交易也不得进行。否则，股东的有限责任资格可

① 《合伙企业法》第 21 条："合伙人在合伙企业清算前，不得请求分割合伙企业的财产；……合伙人在合伙企业清算前私自转移或者处分合伙企业财产的，合伙企业不得以此对抗善意第三人。"

② 《合伙企业法》第 41 条。

③ 有些国家如德国不允许物权登记在合伙名下。但这在我国应当是没有问题的。

④ 《公司法》第 16 条。

能被否认。

第二，禁止返还权益投资。公司法对此有严格要求。公司的财产来源于股东或债权人。因此，从法律角度说公司的财产不属于股东。即使说公司的净资产属于股东所有法律上也是讲不通的。因为，此时所谓股东的财产与所谓债权人的财产是混在一起的，根本分不清彼此。依据法理，财产混同的情况下，所有人也丧失所有权。一般地，公司法通过以下规则保证权益投资不得返还：

其一，禁止返还资本。除法律规定的外，股东对公司的出资永远不得向股东返还。比较法上，《德国股份法》第 57 条对此有明确规定："（1）投资不得偿还给股东。在允许购买自己的股票的情况下支付的购买价金不被视为是对投资的偿还。（2）对股东既不得允诺，也不得给付利息。（3）在公司解散之前只准许将结算盈余分配给股东"；《瑞士债务法》第 675 条第 1 款规定："（股份有限公司）不得为股本支付利息。"我国《公司法》没有明确规定公司不得收购本公司股份。但根据《公司法》第 142 条只允许在特定情况收购本公司股份以及禁止接受本公司的股票作为质押权的标的的规定可以反向推出上述结论。出资不得返还主要是为了保护公司的债权人。

法律对减少注册资本规定了严格的条件以及规定注册资本和资本公积不得弥补亏损和分配利润也是为了保证权益投资不得返还原则的实施。除了不得回购股份，法律还采取以下措施防止股东变相抽回资本：其一，不得违规减资。公司法对减少注册资本规定了严格的条件和程序。减少注册资本，债权人有权要求公司清偿债务或者提供相应的担保。① 其二，注册

①《公司法》第 177 条。

资本和资本公积不得弥补亏损和分配利润。[①]资本公积主要来源是公司以超过股票票面金额的发行价格发行股份所得的溢价款[②]以及按规定列入资本公积的其他收入。资本公积主要来源股东的出资，如果允许用资本公积弥补亏损，无异相当于公司将出资返还给股东。举轻以明重。既然资本公积不得用于弥补亏损，那么注册资本显然更不得用于弥补亏损。

其二，盈余须先积累。公司分配当年税后利润时，应当提取利润的一定比例列入公司法定公积金。公司法定公积金累计额达到公司注册资本法定比例的，可以不再提取。公司的法定公积金不足以弥补以前年度亏损的，在提取法定公积金之前，应当先用当年利润弥补亏损。[③]比较法上,《瑞士债务法》第 671 条第 1 款规定，“(股份有限)公司应提取年度盈余的百分之五，充作普通储备金，直至其总额达到公司实际股本的百分之二十”，第 674 条第 1 款和第 798 条第 2 款规定，“仅在依法律和章程规定提取储备金后，始得决定股息的分配”；我国台湾地区“公司法”第 112 条规定，“(有限)公司于弥补亏损完纳一切税捐后，分派盈余时，应先提出百分之十为法定盈余公积。但法定盈余公积已达资本总额时，不在此限”，第 237 条规定，“(股份有限)公司于完纳一切税捐后，分派盈余时，应先提出百

---

① 《公司法》第 168 条规定公司的公积金可以用于“扩大公司生产经营”。这一规定在会计上是无法操作的。资本公积和盈余公积在会计上属于所有者权益项目，理论上只能在所有者权益项目范围内变动。

② 在股份公司，股东对于公司权利是通过股份多少体现的。在我国，股份面值通常为 1 元。所有股份的面值总额即是公司的注册资本。原始股东通常是按面值购入股份。但其他股东购入股份是不可能按面值购入，只有可能高于面值购入股份。之所以如此，在于前后购入的股份尽管价值不同，但其包含的权利却是一样的。公司在经营一段时期，每股股份所代表的价值显然不同于公司初创时的价值。高于股票面值的股份溢价计入资本公积中去。在我国，注册资本是划分股份的基础。例如，如果公司注册资本确定为 100 万元，那么其股份总额即是 100 万股。注册资本的存在为股权的实现例如分配股利、投票、股份转让等都提供了方便。

③ 根据《公司法》第 166 条规定，公司提取公积金的比例为 10%，法定公积金累计额达到公司注册资本 50% 的，可以不再提取。

分之十为法定盈余公积。但法定盈余公积，已达资本总额时，不在此限”。

其三，利润才可分配。可以用作分配的，只能是公司的利润，资本及资本公积不能用作分配。此利润必须是公司弥补亏损和提取公积金后所余税后利润。违反规定，在公司弥补亏损和提取法定公积金之前向股东分配利润的，股东必须将违反规定分配的利润退还公司。[①] 比较法上，《瑞士债务法》第 675 条第 2 款和第 798 条第 1 款规定，“股息仅得结算盈余和以支付股息为目的而设立的储备金中支付”；[②] 我国台湾地区“公司法”第 232 条规定，“公司非弥补亏损及依本法规定，提出法定盈余公积后，不得分派股息及红利。公司无盈余时，不得分派股息及红利”，[③] 第 233 条规定，“公司违反前条规定分派股息及红利时，公司之债权人，得请求退还，并得请求赔偿因此所受之损害”。为避免非利润用作分配，公司被严令遵循相关财务会计制度。[④]

所有商人组织中，公司与其成员的财产分离得最为彻底，对于抽回出资还规定了一系列的行政和刑事法律后果。[⑤] 要说明的是，自然人财产权与非自然人财产权最终还是有区别的。无论法律如何拟制，商人始终是一个营利的工具。易言之，商人的财产的终极所有权还是归其成员的。这也

---

①《公司法》第 166 条。

② 以支付股息为目的而设立的储备金是从过往盈余中提取积累而成。《瑞士债务法》未区分资本公积和盈余公积，统一称之为储备金。“普通储备金，在其超过公司股本的半数前，仅得用于弥补公司损失、支持公司困难时期的财务、预防失业或减轻失业所产生的后果。”（第 671 条第 3 款）除普通储备金外，公司章程可以规定从年度盈余提出一定额度设立其他储备金，但须载明其设立目的和用途（第 672 条第 2 款）。

③ 不过该条也给出无盈余分配的例外，“但法定盈余公积已超过资本总额百分之五十时，或于有盈余之年度所提存之盈余公积，有超过该盈余百分之二十数额者，公司为维持股票之价格，得以其超过部分派充股息及红利”。

④ 我国台湾地区“公司法”第 232 条第 3 款规定，“公司负责人违反第一项或前项规定分派股息及红利时，各处一年以下有期徒刑、拘役或科或并科新台币六万元以下罚金”。

⑤《公司法》第 200 条。此前《刑法》还规定了抽逃资本罪。

是商人经营中的利润和最终清算财产分配给成员的原因。

3. 意思及意思治理机制

（1）内涵

商人为拟制人格，本没有自己的意思。不过，既然人格可以拟制，那么意思当然也可以拟制。拟制商人的意思的意义是：一方面，使意思自治成为可能。如果商人没有意思能力，完全受制于他人，那么意思自治是可疑的，所实行的法律行为往往是可撤销的或者相对无效的。另一方面，意思能力也是有限责任假设条件之一。以公司为例，如果没有意思能力，当其不能偿还债务，要面临着有限责任资格被否认的境地。

商人没有天生的思维能力，它的意思是由其意思治理机制产生并执行的。这个机制由组织机构和相应的程序组成。商人的意思治理机制同样是商人的元素。如果商人的意思相当于自然人的意思，那么商人的意思治理机制就相当于自然人产生、表达意思的物质基础。法律不需要规制自然人的意思形成机制，因为这套机制纯粹是一种生理活动。但商人的意思治理机制不单是其成员意思自治的范围，它需要法律给予强力支撑。法律之所以介入：一是代理成本。代理问题是所有权和经营权分离的结果。解决这一问题只能依靠制度，制约经营者，并力图将经营者与投资者的利益趋同化。二是道德风险。有限责任很容易成为欺诈的工具。为防止滥用有限责任，公司需要有合理的并能够发挥作用的内部治理。如果没有这样的内部治理，控制公司的股东很有可能被判定滥用有限责任，最终公司的债务要由股东承担连带责任。三是人格稳定。良好的内部治理，可以避免商事组织被个别人操纵，并使商事组织更加理性，有利于人格的稳定发展（企业运营，原则上应当依靠法治而不是人治。一个企业，如果有能人，或许是很重要的，许多著名企业，无不留下一些创业者的痕迹。但如果过于相信能人，那么能人就有可能滥用自己的权力。况且能人也不可能永远正确，能人终有老时，能人去后，或会人去政息。企业运营内部治理才是根本）。

法律的介入可以为商人治理形成一个基本框架，有利于减少谈判成本。

商人的意思治理机制，是指商人为意思表达和执行所设置的一套组织机构和实施程序。商人的意思实际上是通过法律将该组织的利害相关人的意思妥协集合而成。不同利害相关人其在商人意思中所占的比重是不同的。独资企业和一人公司的意思实际上完全是由投资人做出的。对于一人公司，尽管投资人在代表公司做出意思，可能要受到法律的制约，但基本还是反映了股东自己的意思。合伙的意思则是法律允许下的，全体合伙人的共同意志。公司的意思形成比较复杂。其一部分意思形成于股东会，另一部分意思形成于董事会。董事会中有职工董事和独立董事，国外债权人也可能派出自己的董事。意思形成之后，通常由经理执行。参与商人治理的主要是权益投资者。商人的意思与权益投资者的意思独立程度是不同的。独资企业是最弱的，合伙企业其次，而公司则是最强的。对于一个大型的公司来说，普通投资者可能对于公司治理不起任何作用，此时公司的意思完全脱离了股东的影响。如果这些权益投资者均能以善良诚信的原则行事，商法似乎没有多大必要参与商事组织的内部治理。然而，法律不是针对善，而是针对恶制定的。如果商法没有参与商事组织的内部治理，那么权益投资极有可能自身为彼此利益而不择手段斗争，而且还可能损害债权人等第三方的利益。

意思治理机制在公司法的理论和实践中被称为公司治理。公司治理是一个经济学上常用的概念，公司法上主要用组织结构这个词。但事实上，组织结构并不能完全代替治理这个概念的内涵。公司治理不仅包括组织结构这个硬件，还包括规章制度所构建的实施程序。软件某种程度上更为重要，更能体现一个公司的治理水平。

（2）独资企业与合伙企业的意思治理机制

独资企业的意思是由投资人做出的。商业账簿记录着财产状况和经营信息，一定程度上能区分投资人的意思和独立企业的意思。这种区分意义有限。独资企业与投资人的人格一部分是重叠的，相互意思并不十分独立，其相互财产也不严格分离。与信托不同，由于独资企业的责任最终由投资人承担，除了会在双重优先原则的适用上产生一些困扰，这种人格上的部分重叠并不会产生很大问题。正因如此，各国对独资企业规制极少。①我国法律仅对独资企业聘用经营管理人员作出规定。②多数独资企业规模小，业务量少，企业事务可能均由投资人一人承担。少数较大的独资企业，投资人一人可能管不过来，为此，投资人可能要将许多事务交与他人管理，此时就必然会产生代理问题。为此，投资人可能会设计较为复杂的治理结构。例如，在财务方面，他就可能必须将出纳和会计分开，否则，代理风险将不可避免。但是，投资人对受托人或者被聘用的人员职权的限制，不得对抗善意第三人。

法律参与了合伙企业的意思治理机制的设计。包括三个部分：第一，决策。决策方式分为共同决定和多数决两种方式。共同决定又分为法定共同决定和约定共同决定。其中，法定共同决定包括改名、处分重要财产、提供担保和外聘高管等。③如果法律或合伙协议没有约定共同决定的事项，可以实行多数决。表决程序是有约定依约定，无约定一人一票多数决。合伙许多重要事项都要全体合伙人一致同意。这种做法反映了合伙的人合性。④第

---

① 独资企业在各国立法上对应的都极少。各国将其与投资人视为一体，一般称之为小商人，视为自然人从事商业经营的不同身份。我国将个体经营升格为企业并要求其设置账簿，有加重其义务的嫌疑。

②《个人独资企业法》第 19 条规定："个人独资企业投资人可以自行管理企业事务，也可以委托或者聘用其他具有民事行为能力的人负责企业的事务管理。投资人委托或者聘用他人管理个人独资企业事务，应当与受托人或者被聘用的人签订书面合同，明确委托的具体内容和授予的权利范围。受托人或者被聘用的人员应当履行诚信、勤勉义务，按照与投资人签订的合同负责个人独资企业的事务管理。投资人对受托人或者被聘用的人员职权的限制，不得对抗善意第三人。"

③《合伙企业法》第 25、31 条。

④ 合伙企业的人合性体现还有：合伙份额被强制执行时，其他合伙人有优先受让的权利；合伙人个人负有债务，其债权人不得代位行使该合伙人在合伙企业中的权利。《合伙企业法》第 41、42 条。商事组织有以人为基础组成，亦有以财产为基础组织，前者称为人合，后者称为资合。

二，执行。合伙企业既可以议行合一，也可以由一名或数名合伙人执行合伙事务，还可以外聘经营人员。执行合伙人，对外代表合伙企业。但是，合伙对合伙人执行合伙事务以及对外代表合伙企业权利的限制，不得对抗善意第三人。[①] 如此做法，可以充分发挥个别合伙人和外聘人员的经营能力。第三，监督。合伙人有权监督执行事务的合伙人，有权查阅账簿，检查其执行合伙企业事务的情况。执行人，应当依照约定向其他合伙人报告事务执行情况以及合伙企业的经营状况和财务状况。合伙人可以对执行人的事务提出异议。提出异议时，应暂停该项事务的执行，如有争议，则交由全体合伙人共同决定。不按照合伙协议或者共同决定执行事务的，其他合伙人可以决定撤销该委托。[②]

独资企业与合伙企业的意思治理机制简明高效，且投资者享有企业的绝对控制权，运营成本较低。相比之下，公司的治理成本较高。公司通常聘用经营者经营，投资者不但不享有自己出资和公司财产的绝对控制权，还要设立监督机构以监督经营者。[③] 各种意思治理机制并无高下之分。

（3）公司治理

公司治理，指公司为意思的形成、运行所设置的一套组织机构和实施程序。公司为拟制人格，必须通过所设置的机关来表达意思和实施行为。与合伙不同，由于公司股东仅负有限责任和实行两权分离，为避免公司被大股东或管理人操纵，以损害相对人和中小股东的利益，公司治理必须合理设计，以达到把公司塑造成为理性行事的合格的经济人的目的。一定意义上，公司的有限责任是以完善的公司治理为前提的。

典型的公司治理有英美模式和德国模式。英美采单层结构，仅设股东

---

①《合伙企业法》第 37 条。

②《合伙企业法》第 27 ~ 29 条。

③ 据测算，在风险投资领域，采用公司的形式，管理成本按相关会计制度计算可达 5%，合伙企业的管理成本则为 1% ~ 1.5%。参见周林彬主编:《商法与企业经营》，北京大学出版社 2010 年版，第 73 页。

会及由股东会选任的董事会。董事会下设各种委员会。董事会通常聘任经理负责日常经营。德国模式在股东会和董事会之外还设监事会。德国的监事会负责选任和解任董事，持续监督公司运营，并对重大事项有同意权。①我国大陆的公司治理与日本和我国台湾地区类似，采股东会下平行设置董事会和监事会。董事会负责经营，监事会负责监督。公司治理机构还应该包含经理和法定代表人。公司治理应当体现分权制衡原则。分权制衡可以防止专制和腐败，可以保证公司本身和经营上的稳定性以避免集权企业的“人存政举，人亡政息”。分权制衡还使公司的经营决策更具理性，尽管这样效率可能要低一些。

股东会是公司董事的选任机关。股东会由全体股东组成。股东会只是以会议的形式存在，并不是公司的常设机构。股东会的存在理由是，股东不能直接干预公司的事务，股东只能通过股东会选举董事来发挥对公司的影响力。股东会的表决方式一般是资本多数决（majority voting rule），即按出资比例或股份数额表决。依我国法律规定，有限责任公司可以不按出资比例进行表决。②我国法律将股东会定义为权力机关。③此种定性是值得商榷的。股东会特别是股东众多的股东会，其职权应当限于选任董事和修订章程。④股东会并不经常开会，且股东通常脱离一线经营，因此赋予股东会经营决策权并不恰当。国外无论英美还是德日等国，股东会均无经营

① 参见刘俊海:《现代公司法》(上)，法律出版社 2015 年版，第 580 页。

②《公司法》第 43 条。

③ 依据《公司法》第 37 条和第 99 条，股东会的职权如下：一是选择并解任管理者的权力；二是批准重大变更的权力，例如就修改章程、增减资本、发行债券，以及公司合并、分立、解散、清算或者变更公司形式等重大事项作出决议；三是审议批准权，审议批准董事会、监事的报告和其他报告；此外，我国的股东会还有权决定公司的经营方针和投资计划。

④ 股东会不能和西方的议会相提并论。股东会是由全体股东参加，而西方的议会则是代议制的产物。代议制的精髓是间接民主，即由选民选举议员或官员治理国家。将国家事务诉诸直接民主（全民公决）并非是恰当的选择。英国脱离欧盟的全民公决所引发种种不利后果即可印证这一点。同理，公司特别是股东众多的公司，应当将公司事务交由董事会而非由股东会亲自处理。

决策权。[①]

董事会是公司意思的形成机关。[②]董事会由董事组成。董事以其性质应当由自然人担任董事。公司为虚拟人格，其机构中人员理应为自然人，否则难以形成意思。限制董事为自然人也可以避免商人股东对公司的过度干预。如果董事为商人，那么由于商人自身对责任并不敏感，往往不利于公司法对董事种种义务的限制。董事不得被无故解任。董事应当向公司而非单个股东负忠实和勤勉义务（董事的义务与股东的义务不同，除控股股东之外，股东可以任意行使投票权，而董事则负有忠实义务，其行使权力应当说明理由。这意味着，董事不得听从个别股东的指示行使职权）。董事由股东会选出，选举董事时可以采取累积投票制的方式。董事会行使权力同样是以“会”的形式行使。因此，董事单个对公司没有任何权力，董事必须以董事会作为一个整体的方式进行决议。[③]董事会的职权主要是形成经营决策、选任解任经理和监督公司运营。[④]

经理为董事会附属机构，负责公司运营。我国有限责任公司可以不设经理。[⑤]如设，经理由董事会决定聘任或者解聘，并对董事会负责。经理的职权由法律确定，公司章程对经理职权另有规定的，从其规定，董事会也可授予经理其他职权。经理的职权范围法定在其他国家是很少见的。我国实际上是把传统公司法上的董事会的职权一分为二，决策权授予董事

① 参见周友苏:《上市公司法律规制论》，商务印书馆 2006 年版，第 39 页。 我国股东会的权力非常大，为典型的“股东会中心主义”，这或许是我国大多数公司“一股独大”的反映。

② 董事会通常被认为是公司的执行机关。实际上，董事会主要的任务不是执行，而是形成公司的意思。股东会职权受法律限制，且很少开会，代表公司形成的意思机关主要是董事会。正如前述，这是符合代议制精神的。

③ 参见施天涛:《商法学》(第 3 版)，法律出版社 2006 年版，第 224 页。

④《公司法》第 46、122 条。

⑤《公司法》第 49 条。

会，执行权授予经理。[①] 国外的经理基本上是附属于董事会，我国公司经理具有相对独立性。

法定代表人是能够对外代表公司的自然人。[②] 国际上普遍采用的共同代表和单独代表结合的代表人制度。具体地说，积极代表方面，除章程另有规定外，由所有董事和经理共同代表公司；消极代表方面，可由一个董事或经理代表公司，即他人向公司做出意思表示的，向一个董事或经理做出即可。[③] 我国法定代表人由一人担任。法定代表人本应是公司的口耳，仅能对外代表公司表达公司的意思和听取他人的意思，并无实际权力。但实际情况却并非如此。我国的法定代表人往往对内掌握经营权，对外掌握代表权，并将董事会和监事会置于其附庸的地位。

监事会是公司的监督机构。监事会由股东监事和职工监事组成，其中职工监事不得低于一定比例。[④] 董事、高管不得兼任监事。德国[⑤] 的监事会

---

① 参见刘宗胜、张永志:《公司法比较研究》，中国人民公安大学出版社 2004 年版，第 154 页。

② 法定代表人最早规定于 1982 年《民事诉讼法（试行）》。法定代表人这一称呼容易引起歧义。实际上，代表人并不是法定的，而是由商人自己选定的，只是其职权具有法定性。

③《德国股份法》第 78 条（节选）:"(1) 董事会在法院内外代表公司。(2) 如果董事会由若干成员组成，那么，如果章程没有其他规定，全体董事会成员只有权集体代表公司。如果要向公司呈交一项意愿声明，那么向一名董事会成员呈交即可。(3) 章程可以规定，董事会成员可被授权单独或者与一名代理人共同代表公司。如果有章程的授权，监事会也可以作出相同的决定。(4) 被授权作为集体代表的董事会成员也可以授权他们中的单个人从事某些业务或某种业务。如果某一单个的董事会成员被授权与一名代理人共同代表公司，那么上述规定也原则适用。" 第 82 条第 1 款:"董事会的代表权不得被限制。"

④《公司法》第 51 条和第 117 条。德国、法国的公司法也有类似的规定。这样规定是为了平衡股东和职工的利益。

⑤ 德国的监事会制度起源于 1861 年《商法典》的大股东会。1871 年，《德国股份法》推出了监事会制度。监事会由股东代表和职工代表组成，其中职工代表不得少于一半。德国的监事会是世界上权力最大的监事会。其主要权力有：第一，人事任免权，董事长和董事由监事会任免。第二，业务批准权，公司的经营决策由董事会决定，但董事会做出经营决策时，要经监事会同意。第三，业务监督权，监事会有权要求董事会随时报告业务的执行情况。第四，财务执行权，董事会应当向监事会报告财务报表，监事会有权检查公司账目。参见尹涛、夏亚非:《德、日公司监事会制度比较》，载《特区经济》2006 年第 6 期。

有董事会成员任免权和业务拘束权，后者是董事会决定的有些业务只能在取得监事会同意下才能进行。①监事会仅存在于大陆法系国家，英美法系是不设监事会的。英美公司的监督机构设于公司董事会之中。相比德国，我国公司监事会权力较小，其职权是检查公司财务和对董事、高管进行监督。我国公司的监事会实际是摆设，并没有真正起到监督作用。

公司治理不仅包括上述治理机关及其权力，还包括上述机关的运作方式。公司的各个机关、员工、股东等行为都必须遵守公司章程和其他公司的制度。②各个机关的行为都要按预定程序，不得随意变更。例如，关于股东会的提案就应该事先准备，不得在股东会上搞突然袭击。公司治理是法律规定最为详尽的一种治理形式。公司法明确了公司内部的组织机构，并对内部组织的运作程序作出了详细的规定。公司章程也对公司做出个性的规定。这些规定都保证了公司的意思形成不是任意的。理论上说，公司相比其他商事组织，其意思是最为理性的，一些任性的作为在付诸实施之前可能已经被阻止。

（三）商人人格塑造的技术

商法塑造商人人格的法律技术，有准则主义、强制主义和公示主义三种。

1. 准则主义

准则主义是在商法创设商人时使用的法律技术。准则主义，指法律

---

① 参见刘宗胜、张永志:《公司法比较研究》，中国人民公安大学出版社 2004 年版，第 159 页。

② 广义的公司治理还包括竞业禁止。竞业禁止，又称竞业回避，指对与特定营业具有特定关系的特定人员所为的竞争性特定行为的禁止。竞业禁止有法律规定的，有合同约定的。合同约定的主要针对普通员工。《公司法》第 148 条规定：董事、高管不得“未经股东会或者股东会同意，利用职务便利为自己或者他人谋取属于公司的商业机会，自营或者为他人经营与所任职公司同类的业务”。《合伙企业法》第 32 条规定:“合伙人不得自营或者同他人合作经营与本合伙企业相竞争的业务。除合伙协议另有约定或者经全体合伙人一致同意外，合伙人不得同本合伙企业进行交易。合伙人不得从事损害本合伙企业利益的活动。”

明确设定各类商人主体资格的取得条件，只要满足条件的，即可以向登记机关申请登记，登记完成时，商人即可成立并取得主体资格。理论上，商人设立需要有以下步骤：第一，创设人就创立商人达成协议。商人，不同于自然人，其不是始于出生，而是始于人的创制。因此，商人必须有创设人。就营业商人而言，创设人即是投资人。第二，选择商人类型。一般地，可以选择公司、合伙企业或独资企业。每种商人类型，投资人所享有的权利和承担的义务均不相同。第三，满足创设商人的准则条件。例如，创设公司，在我国必须遵守《公司法》第 23、76 条和其他条款所规定的条件。第四，向登记机关申请登记。只要满足法定的条件，登记机关必须进行登记。登记完成后，商人即告成立。

设立准则是法律塑造商人人格的开始。创设人满足设立准则的过程即是商人孕育的过程。设立准则通常由以下元素构成：第一，创设人；第二，协议或章程；第三，出资；第四，名称；第五，组织机构；第六，住所。法律把这些元素进行了不同的组合，形成了各种不同的套餐，以供创设人选择。这些套餐主要有独资企业、合伙企业和公司企业。每种套餐有着不同责任形式，有着不同的权利和义务设定。创设人可以根据自己的实际情况从中选择一套。设立准则还有强制归类的作用。在我国，商人的设立准则主要有独资企业、合伙和公司三种形式，无论商人自身称自己为什么，但在法律上一般都要归入上述三类。

如前所述，商法参与商人人格的塑造以实现商人人格标准化、透明化和稳定化为目标。在商人设立方面，商法实现这些目标并不是授权政府一一干预具体商人的设立和运作。商法参与商人人格塑造以规范为主，即商法通过一些准则引导创设人创设符合商法规定的商人人格。商人是通过设立规则为各种类型商人人格的塑造提供一个模子，而具体商人人格的建构则由创设人自己去做。这种对商人人格的规则塑造相对是公平的，只要达到规定的条件，商人即可设立。但是，公平的实现需要规则本身是公平的。目前我国有些行业必须要国有或国有控股的做法则是一种规则歧视，如铁路、电力行业等。

2. 强制主义

商法另一种商人人格塑造技术是强制主义。准则主义主要解决商人进入门槛的问题，而强制主义则解决的是类型选定之后，商法对商人人格更细致的构造。商法直接参与各种商人的人格塑造，详细规定它们的注册资本、内部治理、股东资格、从业人员资格等。商法还对一些行业商人施行核准制。这种以金融业最为典型。金融业事关金融和经济安全，政府有必要对金融机构的准入进行一定的干预。商业银行、证券交易所[①]、证券公司、期货公司、保险公司等[②]必须经过有关机构的批准或核准才能设立，这样做也符合国际惯例。英国《2000年金融服务与市场法》第19条明确规定："任何人不得在英国从事或企图从事被监管的金融行为，除非他是授权人士或豁免人士。被监管的金融行为主要是指以金融为业的行为。"法律之所以如此规定，主要是基于金融安全以及反欺诈的需要。然而，其他行业设置许多门槛就是没有必要的了。例如，烟草、电信和石油等行业。这些门槛多是基于行政垄断而不是经济发展。市场经济的本质是自由的，国家应当尽量减少对经济的干预。

监管部门对商人进行适当的监管也是必要的。要注意管制和监管的区分，管制主要是直接干预和事前监管，而监管则主要是间接干预和事后监管。不过，监管规则是属于经济法而不是商法的研究范围。

3. 公示主义

商法还有一种对商人人格塑造技术是公示主义。公示主义，指创设商人时，应当依照商法的规定，就商人重要的人格元素进行公示。商人的创

①《期货交易管理条例》(2012年修订)第6条。

②《期货交易管理条例》(2012年修订)第15条。

设人可能滥用有限责任，创设人也可能基于商人组织这个组织进行欺诈。随着电子商务和其他新型交易形式的出现，现代市场经济越来越在陌生人之间进行交易，交易形式和内容也越来越复杂，即使交易相对人是商人，也难免不知晓交易对手的具体信息。商法有必要通过让商人公示一些必要的信息以解决相对人或投资人信息不对称的问题，从而提高交易效率和保障交易安全。公示可以使自己免责，甚至有时这种公示存在瑕疵也在所不问。例如，在法国，有关公司代表人的任命，一经公告之后，无论第三人还是股东，都不得以任何理由否认，以摆脱自己应当承担的义务（1966 年商事《公司法》第 8 条）。[①] 公示往往成为外观的基础，但公示并不意味着一定具有外观的法律效果，有些公示仅仅是单纯的公示，例如证券信息公示。因此，公示也未必就具有公信的效果。[②] 商法规定的公示形式如下。

（1）登记

依我国法律，登记是商人设立的必要条件。强制商人登记是必要。第一，登记有利于确认具体商人的财产范围和责任承担形式。商人财产范围无法确定，就使得商人的财产和其成员的财产处于含混状态，使商事关系处于极端不稳定状态。因此，现代商法逐渐建立了商人登记制度，成立特定类型的商人必须履行符合其设立条件的商业登记程序。甚至以往采商人任意设立的国家，也开始改弦更张，采用登记制度。[③] 第二，对于自然人，个人人格信息是隐私，没有公开的义务；对于商人，公示却是原则。这进一步显示商人的工具化的特征。商人不过是投资人营利的一个工具，商人

---

① 参见［法］伊夫·居荣:《法国商法》，罗结珍、赵海峰译，法律出版社 2004 年版，第 9 页。

② 此外，信息公示不仅在商人法有应用，在商行为法中也有应用。例如，证券、票据、保单的要式性就是公示法律技术的运用。格式条款也有公示的意味。

③ 例如，1867 年《法国公司法》建立了以商业登记为要件的准则主义制度，通过准则主义以矫正以前公司任意设立的立场；1919 年《法国商业登记法》又进一步将登记设立条件规则推广到所有的营利性营业主体。参见董安生、王文钦、王艳萍编著:《中国商法总论》，吉林人民出版社 1994 年版，第 56 页。

一切法律构造，都是为了商人可以更好地营利。具体到信息公开，哪些信息公开，哪些信息不公开，也主要取决于是否有利于节约交易成本来考虑。第三，商人也需要公示以表示自己的存在感。商人基于交易的需要，需要将自己广而告之。只有更多的人了解你，你才有可能进行更多的交易。登记除了设立登记，还有变更登记和注销登记。这些登记都将商人自身的一些信息广而告之，以减少交易障碍。

商业登记包括主体登记与营业登记。主体登记是商人资格获得的形式要件。“营业登记在初始登记阶段是对申请人营业资格的确认。历史上，中世纪商业登记的目的是为确认商人身份和公开其经营信息。后随着商人特权身份的逐步取消，凡自然人都享有自由经商的权利，商人身份不再依赖商业登记取得，商业登记只是对自然人营业资格的一种确认，作用主要在于向公众公示其经营信息。因此，对自然人商人的登记仅仅是一种营业登记。”① 严格意义上，营业登记并不属于商法上的制度。

登记技术在商人法中运用相当普遍。根据《公司法》，② 公司的创设、变更、合并、分立、增资、减资、清算、解散等，不登记不产生相应的法律效力；公司的名称、住所、注册资本、实收资本、经营范围、法定代表人姓名等也要求登记，否则也会产生相应的法律效果。《合伙企业法》和《个人独资企业法》也有类似的要求。③ 不过，登记要允许查询，否则便没有意义。④

① 李建伟:《从小商贩的合法化途径看我国商个人体系的建构》，载《中国政法大学学报》2009年第6期。

②《公司法》第6、7、12、13、14、22、26、29、32、59、80、83、92、136、139、158、179、185、188、192等条。

③《合伙企业法》第18条和《个人独资企业法》第10条。

④《公司法》第6条第3款:“公众可以向公司登记机关申请查询公司登记事项，公司登记机关应当提供查询服务。”

（2）簿记

簿记是商人的法定义务。簿记是指商人将自己资产状况和营业信息记录并报告的行为。簿记有两种形式：一种形式，也是最常见的形式是商业账簿。商业账簿具有很多功能，在商人人格塑造方面也具有特别重要的意义。如前所述，商人的人格元素之一是财产，而商人确认财产最重要的方式是通过商业账簿将财产簿记下来。这种簿记并不如物权登记簿记那样具有直接权利归属的效果，但可以作为财产享有的证明。并不是所有的财产都是可以像物权那样进行登记，此时商业账簿就具有重要的意义。另一种是财产目录。财产目录，在德国法是对所有商人的义务。《德国商法典》第 241 条规定："在编制财产目录时，也可以采用公认的数理统计方法根据样本确定现存财产的种类、数量和价值。程序必须符合通常簿记的原则。以此种方式编制的财产目录必须与采用实物清点的方法编制的财产目录具有同样的说明力。"

三、商人人格的消灭

商人人格的消灭标志着商人生命的终结。作为重要的权利关系的连接点，商人一旦进入死亡通道，其人格与行为即受到许多限制。解散、清算和破产即是处理与商人人格消灭相关事宜的制度。

（一）解散

解散，指能够导致商人人格消灭原因的事实。[①] 已经成立的商人，因发生法律、协议或章程规定的事由而解散。

1. 解散形式

商人解散有三种方式。第一，自愿解散。主要包括以下几种：（1）协

① 参见［日］前田庸：《公司法入门》（第 12 版），王作全译，北京大学出版社 2012 年版，第 590 页。

议或章程规定营业期限届满或者规定的其他解散事由出现；[①]（2）决定或决议解散；[②]（3）合并分立。第二，法定解散。于合伙企业，一种为合伙人已不具备法定人数满30天，另一种为合伙协议约定的合伙目的已经实现或者无法实现；[③]于独资企业，为投资人死亡或者被宣告死亡，无继承人或者继承人决定放弃继承。[④]第三，强制解散，指依法被有关部门吊销营业执照、责令关闭或者被撤销。[⑤]本书认为，强制解散即责令关闭或者被撤销是不合适的。商人是否存在应当完全取决于其股东的意愿，公权力如若干预，也应当依照司法程序。政府掌握公司的生杀大权是对营业自由的干预。第四，司法解散。公司经营管理发生严重困难，继续存续会使股东利益受到重大损失，通过其他途径不能解决的，适格股东可以请求法院解散公司。[⑥]司法解散应当遵循穷尽一切救济原则。

2. 解散程序

商人解散应当遵循一定的法定程序。以公司为例，解散时需经股东会特别决议通过，[⑦]并需要将解散决议通知或公告。第一，通知。应当通知每一个商人成员。《日本商法典》第407条规定："公司解散时，除破产情形外，董事应从速向股东通知其事。"第二，公告。公司如若发行无记名股票的，应当将解散事宜公告。《日本商法典》第407条对此做了规定。破产因有法院宣告，故无通知、公告之必要。[⑧]

---

①《合伙企业法》第85条;《公司法》第180条。

②《个人独资企业法》第26条;《合伙企业法》第85条;《公司法》第180条。

③《合伙企业法》第85条。

④《个人独资企业法》第26条。

⑤《个人独资企业法》第26条;《合伙企业法》第85条;《公司法》第180条。

⑥ 依据《公司法》第182条规定，适格股东是指持有公司全部股东表决权10%以上的股东。

⑦《公司法》第43、103条。

⑧ 参见张国键:《商事法论》，三民书局1980年版，第324页。

（二）清算

商人清算，指商人解散时，清理债权债务和分配剩余财产的程序。除因分立合并解散不需清算之外，因其他原因解散的，必须要经过清算程序。商人清算事关投资者与债权人利益，必须遵循法定的程序。

1. 清算人①

清算人，指在清算程序中具体执行清算事务并承担清算责任的人。②除股份有限公司外，清算人由全部或部分投资人或法院指定的人担任。③股份有限公司的清算组则由董事或者股东大会确定的人员组成。④清算人拥有清理财产、了结业务、清理债权债务、分配剩余财产、代表参加诉讼等职权。⑤

公司清算人的清算责任。依我国法律规定，公司清算人应当忠于职守，依法履行清算义务。清算人不得利用职权收受贿赂或者其他非法收入，不得侵占公司财产。清算人因故意或者重大过失给公司或者债权人造成损失的，应当承担赔偿责任。⑥

2. 清算程序

清算程序开始的效力。第一，清算期间，商人不得开展与清算目的无关的经营活动。第二，清偿债务前，商人及其投资人不得转移、隐匿财产。⑦在申报债权期间，公司清算人不得对债权人进行清偿。⑧

---

①《个人独资企业法》和《合伙企业法》称清算人，《公司法》称清算组，本书统一称清算人。

② 参见陈本寒主编:《商法新论》，武汉大学出版社 2009 年版，第 282 页。

③《个人独资企业法》第 27 条;《合伙企业法》第 86 条;《公司法》第 183 条。

④《公司法》第 183 条。

⑤《合伙企业法》第 87 条;《公司法》第 184 条。

⑥《公司法》第 189 条。本书认为，该条规定的责任为共同侵权责任，所有清算人共同负连带责任。

⑦《个人独资企业法》第 30 条;《合伙企业法》第 88 条;《公司法》第 186 条。

⑧《个人独资企业法》第 27 条;《合伙企业法》第 88 条;《公司法》第 185 条。

通知公告程序。清算人应当在规定时间内书面通知债权人，无法通知的，应当予以公告。债权人应当在接到通知之日起规定时间内，未接到通知的应当在公告之日起规定时间内，向清算人申报其债权。[①]

债务清偿顺序。依法律规定，第一顺序为职工债务，包括所欠职工工资和社会保险费用；第二顺序为所欠税款；第三顺序为普通债务。[②]债务清偿后仍有剩余的，应当将财产分配给投资人。

解散后未清偿责任。第一，个人独资企业。个人独资企业财产不足以清偿债务的，投资人应当以其个人的其他财产予以清偿。[③]个人独资企业解散后，原投资人对个人独资企业存续期间的债务仍应承担偿还责任，但债权人在5年内未向债务人提出偿债请求的，该责任消灭。[④]第二，合伙企业不能清偿到期债务的，债权人可以依法向法院提出破产清算申请，也可以要求普通合伙人清偿。合伙企业依法被宣告破产的，普通合伙人对合伙企业债务仍应承担无限连带责任。[⑤]清算组在清理公司财产、编制资产负债表和财产清单后，发现公司财产不足清偿债务的，应当依法向法院申请宣告破产。公司经法院裁定宣告破产后，清算组应当将清算事务移交给人民法院。[⑥]

3. 注销登记

清算结束后，清算人应当编制清算报告，清算报告经批准或确认后，到登记机关办理注销登记。至此，商人人格消灭。[⑦]

---

①《公司法》第185条。

②《个人独资企业法》第29条；《合伙企业法》第89条；《公司法》第186条。

③《个人独资企业法》第31条。

④《个人独资企业法》第28条。

⑤《合伙企业法》第92条。

⑥《公司法》第187条。

⑦《个人独资企业法》第32条；《合伙企业法》第90条；《公司法》第188条。

（三）破产

传统法上，破产意味着必然倒闭清算。“破产”（bankrupt）一词源于意大利语“banca rotta”，意思为砸烂板凳。商人在市场有自己的板凳，砸烂板凳意味着支付不能，经营失败。① 现代破产具有多种含义。第一，破产是一种支付不能的状态。第二，破产意味着自身的消灭。破产清算程序完结之后，破产人的生命也随之完结，丧失了作为私法主体的资格。第三，破产是一种公平偿还程序，具有法律强制性。第四，广义的破产还包括和解和重整程序。根据我国《企业破产法》的内容，可以定义破产如下：破产，指债务人支付不能时，债权人或债务人可以适用和解、重整或清算程序。②

破产制度具有重要意义：第一，债权保护。破产制度强制债务人以其最大的偿债能力，即以其全部资产清偿债务，从而最大限度地满足债权人的经济利益。当然，这种保护程序是十分有限的。在我国，和解程序中普通债权平均清偿比例为30.48%，重整程序的普通债权平均清偿比例为28.78%，破产清算程序中的普通债权平均清偿比例仅为14.01%。③ 第二，公平受偿。既然破产财产远远不能偿还所有债权，那么债权受偿的公平性便显得十分重要。这也是为了避免债权人为受偿而展开竞争。第三，淘汰作用。在市场中，市场主体是交易即债权债务的联结点。如果一个联结点出现问题，就有可能影响到其他的联结点，以至于最终影响到整个市场网络。为了避免更坏结果的出现，有必要在市场主体出现支付不能时及时将其清除出去。此外，破产制度还有集中受偿的作用。如果众多的债权人纷

---

① 参见覃有土主编：《商法学》，中国政法大学出版社1999年版，第185页。

② 参见覃有土主编：《商法学》，高等教育出版社2008年版，第521页。

③ 参见中债资信评估有限责任公司：《基于国内破产企业的债务清偿情况研究（专题报告）（2013年第14期）》，载中国经济网：http://finance1.ce.cn/rolling/201404/09/t20140409_2627094.shtml，最后访问日期：2017年10月30日。

纷对支付不能的债务人提起民事诉讼，法院将难以应付。破产制度的作用在于其可以将同一个债务人的所有债务合并到一起解决，这对于债务人、债权人和法院都是一种最佳的选择。

第二节 商人法总则的建议条款及条款说明

一、商人的定义

（一）建议条款

第 × 条［商人的定义］

商人，指依法登记的适宜从事营利性营业活动的非自然人。

（二）条款说明

1. 商人的内涵

1904 年《钦定大清商律》第 1 条规定："凡经营商务、贸易、买卖、贩运货物者，均为商人。"自从南京国民政府确定不再制定《商法典》之后，商人即在我国商事立法史上未曾出现。商人的概念缺失不但是商法意识缺失的反映，[①] 也给立法与实践带来一些困难。为了对一些商法上的规范和民法上的规范进行区分，我国台湾地区"民法典"不得已使用了商号一语，以商号指代商人。例如，我国台湾地区"民法典"第 562 条规定："经理人或代办商，非得其商号之允许，不得为自己或第三人经营与其所办理

① 依我国法律，登记是公司、合伙、个人独资企业成立的条件。不登记要被依法取缔，根本就不可能存在。因此，我国商人法意义上的商人是存在的。但在商行为方面，我国法律并没有确立商人从事商行为时要适用商法规范，并遵循商法价值和原则。这主要是民商合一的影响，立法者不愿意规定统一的商人和商主体的概念。

之同类事业，亦不得为同类事业公司无限责任之股东。”商人这一概念应当回归。

商人的定义是判定私法主体是否为商人的标准。商人要遵守商人法的义务。商人的义务包括依法登记、注册名称、设立账簿等。本建议稿所规定的商人的概念有四个规定性。

第一，营利性。法谚有云：“商人不白做任何事情。”[①] 应当尊重商人的营利心。亚当·斯密认为，个人追求利润的活动在满足交易双方需要的同时，可以间接促进社会的繁荣。[②] 民事主体也有营利性，但营利并不是民事主体的全部追求，民事活动即便涉及财产利益，也可能出于其他目的；相反，商人的全部追求即在营利。商人的营利性不仅指商人自身营利，还指商人为其成员营利，即将利润分配给其成员。商人将利润分配给其成员是商人人格塑造的最重要基础。

第二，适宜营业。营业是商人概念的核心。营业一般具有独立性、连续性、反复性、公开性和同一性的特征。营业，“乃指继续为同种类之商事行为，至于偶然所为之营利行为，不得称为营业”。[③] 营业在商法中主要起到参照作用。不仅判断商人需要参照营业（营业之人，即是商人），而且判断商行为、商事关系、商法调整对象也要参照营业。[④] 例如，营业行为均可以认定为商行为，尽管并不是所有的商行为都是营业行为。

---

① [德] C. W. 卡纳里斯：《德国商法》，杨继译，法律出版社 2006 年版，第 631 页。《管子·禁藏》说：“夫凡人之情，见利莫能弗就，见害莫能勿避。其商人通贾，倍道兼行，夜以继日，千里而不远者，利在前也。渔人入海，海深万仞，就彼逆流，乘危百里，宿夜不出者，利在水也。故利之所在，虽千仞之山，无所不上；深渊之下，无所不入焉。”我国古代学者虽发现了人类的自利之心，但并未将其与人类社会进步联系起来。

② 参见樊涛、王延川：《商法总论》，知识产权出版社 2010 年版，第 63 页。

③ 刘清波：《商事法》，商务印书馆 1995 年版，第 14 页。

④ 营业，另有营业财产之意。营业财产，“即供进行营业活动之用的有组织的一切财产以及在营业活动中形成的各种有价值的事实关系的总体”。在这一意义上，营业与企业区别不大。谢怀栻：《外国民商法精要》，法律出版社 2002 年版，第 237 页。

第三，登记取得。商人主体资格的取得以登记为条件。原因在于，商人从事营业活动事关第三人的利益，商人必须以登记的方式将自己的营业信息公示出去。这样既可以节约搜索成本，又可以提高商人的诚信。商人登记的目的完全应当是私法性的，而管理性的登记则不是商法研究的范围。另外，政府基于管理的需要是否有登记的正当性，也值得怀疑。除了税务登记，其他登记不应当用于管理的目的。在我国，商人资格以登记为必要条件。商人成立以登记为条件可以省去商人身份判断上的烦恼。比较法上，瑞士对从事贸易、加工制造或其他营业活动的人，要求在其主营业所的所在地，将共营业登记于商事营业簿。①

第四，非自然人。商人法上的商人与通常所理解的商人内涵并不相同。这里所称的商人是商品经济发展到一定阶段的产物，其承载财产和责任隔离的功能。财产和责任隔离有利于控制投资风险，但同时也很有可能使得商人自身成为欺诈的工具。有鉴于此，各国纷纷制定有关规范商人设立及其内部治理的法律。此类法律即为商人法。商人法是塑造商人人格的法律，它是在公司和有限合伙出现之后才出现的。商人法体现了对作为商业工具的企业进行规范的法律，因而其规范对象理应仅针对非自然人。至于所谓的自然商人，其自身并没有可规范之处，因而没有必要作为商人法的主体。

比较法上，许多国家仅将非自然人的商事组织列入商人法的调整范围。例如，《瑞士债务法》第三分编商人法部分直接以“商事组织与合作社”为标题，规定了普通合伙、有限合伙、股份有限公司、股份有限合伙和有限责任公司 5 类商事组织。② 这是因为商人法是塑造商人的法律。自然人作为生物人，不需要商人法的塑造，其从事商行为，可以成为商主

①《瑞士债务法》第 934 条。

② 参见戴永盛译:《瑞士债务法》，中国政法大学出版社 2016 年版，目录第 3 ~ 4 页。

体，但并不是商人。

既然商人法的主体只能是非自然人，那么以下几种人并不是商人：其一，只为满足自己个人需要的独立活动的劳动者不是商人，如满足生活需要的小商贩；其二，医生、律师、会计师等自由职业者不是商人，原因是这些人不能将营利作为职业目的；① 其三，经办人不是商人。

2. 商人与企业

本建议稿没有用“企业”术语替代“商人”这一术语。“企业”一语源于日语，其对应的英文是“enterprise”和“firm”。② 会计学上，企业指一个独立核算的经济单位。15、16 世纪的管理和会计人员是企业实体的创造者，他们通过复式记账发现了企业。复式记账使一个经济单位独立核算成为可能，这样企业就出现了。法国学者特鲁士在 20 世纪 30 年代给企业下了定义：“企业是将经济活动中的人文和物质因素集中并协调在内部的经济单位。”③ 企业在社会中占据重要的地位。但是，法律研究与立法很长一段时间并不关注企业。德国学者多数认为，企业只是法律上的权利客体；企业主才是法律上的权利主体。④ 德国法律在使用企业一词上非常谨慎。⑤ 企业的处境引起了一些学者的不满。为此学者进一步呼吁：“人类的某个团

① 在日本，“因业务上的特殊性及个性化特征，律师、医生等个体意义上的职业者，无论其主观意图如何，均应否定其营利性目的，即不认为其以从事商行为为业”。[日] 大隅健一郎:《商法总则》，有斐阁 1978 年版，第 91 ~ 92 页。转引自刘成杰:《日本最新商法典译注》，中国政法大学出版社 2012 年版，第 15 页。

② “enterprise” 指 “事业”，“firm” 指 “(合伙) 商号、商行、公司、事务所”。二者语义甚远，但国内一并译为 “企业”。参见叶林:《企业的商法意义及 “企业进入商法” 的新趋势》，载《中国法学》2012 年第 4 期。

③ [法] 克洛德 · 商波:《商法》，刘庆余译，商务印书馆 1998 年版，第 30、39 ~ 40 页。

④ 参见范健:《德国商法：传统框架与新规则》，法律出版社 2003 年版，第 64、123 页。

⑤ 参见 [德] C. W. 卡纳里斯:《德国商法》，杨继译，法律出版社 2006 年版，第 11 ~ 26 页。德国经济法中，《限制竞争法》和《能源法》对企业的能力和作用作了规定。参见范健:《德国商法：传统框架与新规则》，法律出版社 2003 年版，第 64、124 页。

体要想发挥这样一种作用，就需要把它看成是法的主体，而不能是法的客体。如果企业不拥有法律主体的尊严，是不能充分发挥这一作用的。"①这一状况目前得到了改善。法国在1984年和1985年的两项法律中，承认了企业的法律地位。②奥地利更是废旧立新，制定了《奥地利企业法典》，不再强调商人在商法中的基础地位，转而引入了“企业”的概念，构建了以“企业”作为基本术语的新型商法体系。③

企业这一术语在我国的命运迥然不同。我国法上的“企业”一语虽然词源上渊源于日语，但其内涵却来源于苏联的法学理论。在苏联，企业是法律主体，具有法人资格。④我国长期以来深受苏联法学的影响，自始认为企业具有法律主体地位。早在1979年，我国最高立法机关即制定并颁布了表明企业法律主体地位的《中外合资经营企业法》。企业在我国走了一条完全与西方国家不同的道路。企业在立法上一开始就被以法律主体来塑造，⑤扮演着类似于西方国家公司的角色。⑥不过在术语上，企业在我国尚不能取代公司，这是因为我国立法将公司类型限定为有限责任公司和股份有限公司。企业在我国是公司、合伙企业和独资企业的上位概念。我国法律学者也有主张企业这一术语具有法律客体的含义。⑦

---

①［法］克洛德·商波：《商法》，刘庆余译，商务印书馆1998年版，第28～29页。

② 参见［法］克洛德·商波：《商法》，刘庆余译，商务印书馆1998年版，第42页。

③ 此外，《澳门商法典》将“企业”定为法典的基本概念。澳门政府“法令”：第40/99/M号［M］（1999年8月3日）。转自赵秉志总编：《澳门商法典》，中国人民大学出版社1999年版，第2页。但“企业”仅具有客体意义，真正具有主体意义的是“企业主”。公司企业，以公司为企业主，非公司企业，以经营者为企业主。该法典意义上的非公司企业，主要为独资企业。

④ 参见范健、王建文：《商法的价值、源流及本体》，法律出版社2011年版，第176页。

⑤ 例如，《合伙企业法》与西方的无限责任公司和两合公司立法的内容相差无几。

⑥ 我国1949年以来在术语上重企业而轻公司。或许认为公司与私有制相关。这种情况一直到1990年代才大为改观。

⑦ 王利明、梁慧星、史际春等持该种观点。参见叶林：《企业的商法意义及“企业进入商法”的新趋势》，载《中国法学》2012年第4期；史际春：《财产权观念应跟上“修宪”步伐》，载《检察日报》2004年6月10日。

学界有在术语上以企业取代商人的主张。[①] 企业在现代商业活动中占据主导地位，商人法一定程度上即是企业法。[②] 近代，“在竞争机制作用下，人被整合进企业之中，企业成为市场关系的主角”。[③] 本书主张，商事立法整体上仍应统一在商人这一核心概念之下。企业这一术语在商事立法中不宜单独使用，只宜在“合伙企业”和“个人独资企业”等下位术语中出现。理由是：第一，沿用商人概念有利于学术传承。我国学者近年来围绕商人和商行为展开研究，取得了丰硕的成果。如果完全以企业取代商人概念，既会影响到未来商法的基本构造，也会影响到现有学术成果的传承。[④] 第二，商人概念更为精确。商人仅有主体的含义，企业概念具有客体这一含义，内涵相对模糊。诚然，商人法的规范对象主要是企业，但将商人的内涵限定为非自然人即可以满足要求。[⑤] 第三，商人概念蕴含着商法的理念与精神。我国立法中存在不少以企业命名的法律，如《乡镇企业法》《全民所有制工业企业法》等，多与所有制、规模还有产业政策等联系在一起。[⑥] 以企业替代商人这一概念，容易使人联想到国家对于市场经济过多的干预，进而不利于商法精神的传播。

---

① 参见范健、王建文:《商法基础理论专题研究》，高等教育出版社 2005 年版，第 159 页。日本主流学说主张以企业这一术语取代商人的地位。参见［日］近藤光男:《日本商法总则·商行为法》，梁爽译，法律出版社 2016 年版，第 4 页。

② 有学者认为，“企业才是现代商法中的核心主体和调整对象。由此，商法的主要任务应是调整各类企业在一定社会中的特定经营活动”。范健、王建文:《商法的价值、源流及本体》，中国人民大学出版社 2004 年版，第 9 页。事实上，企业（商人）只是商法的一个重心，商法调整的另一个重心则是商行为，二者不可偏废。商行为的主体不仅有企业（商人），还有众多的自然人。

③ 童列春:《商法基础理论体系研究》，法律出版社 2014 年版，第 45 页。

④ 参见叶林:《企业的商法意义及“企业进入商法”的新趋势》，载《中国法学》2012 年第 4 期。

⑤ 在国外，商人并不局限于企业。美国证券法上的个体交易商也为商人，也要承担商人法上的义务。本书将商人界定为非自然人是因为我国并不存在个体的证券交易商这类的商人。个体工商户和小商贩多为生存性创业，不宜给他们附加商人法上的义务。

⑥ 仅有《合伙企业法》和《个人独资企业法》基本属于商事立法。

综上所述，本书认为应当保留商人的概念，但商人的内涵应当与商人法规范对象意义上的企业的内涵保持一致。保留商人的概念也有利于《商法通则》的制定，通则立法应统一在商人这一术语之下，如果以企业代表商人并称之为《企业法通则》显然将会引起歧义。法律术语往往经历了无数次学术和司法实践的锤炼，贸然引入一个非法律且于生活中已约定俗成影响巨大的语言，是十分危险的。

（三）比较法例

《钦定大清商律》第 1 条规定："凡经营商务、贸易、买卖、贩运货物者，均为商人。"

《德国商法典》第 1 条规定："本法所称的商人是指经营商事营利事业的人。商事营利事业指任何营利事业经营，但企业依照性质或者规模不需要以商人方式所设置的营业经营的，不在此限。"

《德国商法典》第 2 条规定："一个营利事业性企业，以其营利事业经营尚不能够依第 1 条第 2 款构成商事营利事业为限，在该企业的商号已经被登记于商事登记簿时，视为本法典所称的商事营利事业。企业经营者有权利依照关于商人商号登记所适用的规定促成登记，但不负有此种义务。已经进行登记的，以未具备第 1 条第 2 款的要件为限，也可以依企业经营者的申请而注销商号。"

《瑞士债务法》第 934 条规定："以商事营业的方式，从事贸易、加工制造或其他营业活动的人，应在其主营业所的所在地，将其营业登记于商事营业簿。非必须登记的营业，如有商号，其营业人有权在主营业主营业所的所在地，将共营业登记于商事营业簿。"

《法国商法典》第 1 条规定："从事商活动并以其作为经常性职业者，为商人。"

《法国商法典》第 2 条规定："未成年人，即使已解除监护的，不得为商人。”

《日本商法典》第4条规定：“本法中商人，指以自己名义从事商行为并以此为业者。利用店铺及其他类似设施销售物品并以此为业者或者不以实施商行为为业的经营矿业者，亦视为商人。”

《日本商法典》第5条规定：“未成年人进行前条之营业时，必须办理登记。”

《韩国商法典》第4条规定：“商人，是指以自己名义从事商行为的人。”

二、经营范围①

（一）建议条款

第 × 条［经营范围］

商人的经营范围不受限制，但法律另有规定的除外。

商人超越自愿设置并依法登记的经营范围所为法律行为无效。但是，商人的先前行为表明其并不以之无效的除外。

（二）条款说明

传统理论认为经营范围与商人能力相互关联。因此有必要在此加以探讨。

1. 经营范围的各种学说

法律或者投资者对商人的控制可以通过经营范围来完成。经营范围，指规定在公司章程或者合伙协议并依法登记的法人或商事组织的从事经营

① 在日本称为目的范围。目的范围应当来自《日本民法典》第43条：“法人依照法令的规定，在章程或捐助行为规则规定的目的范围内，享有权利，承担义务。”该规定明确提到了目的范围对权利能力的限制。但是，此显然不符合法律发展世界趋势。《德国民法典》对权利能力的规定在第21、22、23条，没有提到目的范围对法人能力的限制。

活动的业务范围。概言之，经营范围指法律或商人自己对经营领域的设定。经营范围在日本法上属于目的范围的范畴，目的范围是针对所有法人而言的，经营范围针对的则是营利法人；在英美公司法上则称为“目的条款”（purpose provisions）。

经营范围有两个来源：第一，法律设定，法律基于特殊理由对一些特定行业给予高准入许可。如金融业。在欧洲，传统手工业者必须经培训合格，才能从事事业。[①] 法律对一些特别群体，如妇女、未成年人、外国人等会有一些限制。例如，《个人独资企业法》第 16 条禁止公务员成为投资人；《合伙企业法》第 14 条禁止限制行为能力人成为普通合伙人。第二，自我限制，法人自己在公司章程或在工商登记中限定自己的经营范围。主要基于风险控制，内部控制。根据《合同法》第 50 条规定，该限制不能对抗善意第三人；依最高人民法院《关于适用〈中华人民共和国合同法〉若干问题的解释（一）》（以下简称《合同法解释（一）》）第 10 条，该限制对第三人无效。[②]

传统理论认为，经营范围与确定法律行为是否有效有关。越权规则（doctrine of ultra vires）形成于英国，始于 1875 年贵族院的一个判例，此后风行英美法一个世纪。大陆法一开始就没有严格的越权无效的规定。由于其不符合现代贸易的发展，1969 年，美国律师协会制定的《标准公司法》率先废除了这一原则。此后，其他英美法国家也纷纷跟进，直到 1989 年，英国于《公司法》修改中彻底废除了越权原则。依该法规定，公司章程大纲于公司经营范围的任何限制均不足以影响公司交易行为的有效性。[③] 英美法的学说对大陆法也产生了影响。法国法也认定交易相对人不得以超越

① 参见［法］伊夫·居荣：《法国商法》，罗结珍、赵海峰译，法律出版社 2004 年版，第 39 页。

② 有学者认为该限制放弃了恶意考量，比《合同法》第 50 条规定更为严格。参见龙卫球：《民法总论》（第 2 版），中国法制出版社 2001 年版，第 374 ~ 375 页。

③ 参见赵中孚主编：《商法总论》（第 4 版），中国人民大学出版社 2009 年版，第 20 ~ 21 页。

经营范围为据主张行为无效。[①]

2. 经营范围的立法规定

立法上，超越经营范围行为的效力，要在分清许可经营范围和一般经营范围的基础上，分别处理。具体而言，在《商法通则》中应规定如下："商人的经营范围不受限制，但法律另有规定的除外。商人超越自愿设置并依法登记的经营范围所为法律行为无效。但是，商人的先前行为表明其并不以之无效的除外。"

第一，先规定一个一般原则，即"商人的经营范围不受限制"。"但法律另有规定的除外"是为给许可经营范围和一般经营范围留下空间。许可经营范围的效力通过违法阻却解决。现行法即通过《合同法》第 52 条第 5 项规定和《民法总则》第 153 条规定解决。[②]

第二，第二款规定的是一般经营范围。为保护投资者利益并发挥商业登记的作用，特规定"商人超越自愿设置并依法登记的经营范围所为法律行为无效"。在电子化时代，商业登记完全可以通过实现登记与查询的电子化，因而在交易之前对经营范围进行查询对交易相对人来说并非什么困难之事。当然，如果商人的行为表明其并不受经营范围的限制，那么自然也不得主张超越经营范围无效。

这样规定的理由是，经营范围应当能够起到平衡相对人和投资者利益的作用。经营范围不能完全成为追究相关人员的责任依据。[③] 从广义上说，

---

① 参见［法］伊夫・居荣：《法国商法》，罗结珍、赵海峰译，法律出版社 2004 年版，第 200 页。

② 需要注意的，强制性规范，可以分为管理性和效力性规范。违反管理性规范者，只引发行政责任或刑事责任，而无关合同效力；违反效力性规范，则影响合同的效力。我国司法机关也接受了这种观点。《合同法解释（二）》第 14 条："合同法第五十二条第（五）项规定的'强制性规定'，是指效力性强制性规定。"无论是否导致合同无效，法律限制的只是行为范围或内容，而与民事能力无关。

③ 有学者认为，单纯的内部责任说不足以保护投资者的利益。该学者据此认为上述司法解释应当采代表权限制说。参见王利明主编：《民法学》，中国人民大学出版社 2004 年版，第 110 页。本书认为，从字面意义上看不出代表权限制说。

交易安全包括了投资者的投资安全。随着所有权与经营权的分离，投资者往往处于比相对人更不利的地位：债权人可以谨慎选择交易对象，还可以受表见法理的保护；而投资者与经营者则往往只能不离不弃（即使可以转卖股份，但下手的投资者面临的境遇是一样的）。在两权分离的情况下，投资安全同样重要。为保护投资者的利益和热情，应当适当平衡投资者和相对人的利益。

（三）立法例

《合同法》第 50 条规定："法人或者其他组织的法定代表人、负责人超越权限订立的合同，除相对人知道或者应当知道其超越权限的以外，该代表行为有效。"

《合同法解释（一）》第 10 条规定："当事人超越经营范围订立合同，人民法院不因此认定合同无效。但违反国家限制经营、特许经营以及法律、行政法规禁止经营规定的除外。"

《民法通则》第 49 条规定："企业法人有下列情形之一的，除法人承担责任外，对法定代表人可以给予行政处分、罚款，构成犯罪的，依法追究刑事责任：（一）超出登记机关核准登记的经营范围从事非法经营的……"

《民法总则》第 153 条第 1 款规定："违反法律、行政法规的强制性规定的民事法律行为无效，但是该强制性规定不导致该民事法律行为无效的除外。"

《民法总则》第 62 条："法定代表人因执行职务造成他人损害的，由法人承担民事责任。法人承担民事责任后，依照法律或者法人章程的规定，可以向有过错的法定代表人追偿。"

《德国商法典》第 7 条规定："公法上有排除经营营利事业的权利或使此种权利取决于一定条件的规定的，本法典关于商人的规定的适用不因此而受妨碍。"

三、商人法基本原则

（一）建议条款

第 × 条［商人法定原则］

商人的类型和内容必须符合商法。

（二）条款说明

商人法定包含以下两项内容：第一，商人类型法定。商人类型法定，指商人类型由商法强行规定，不得设立不符合规定类型的商人。统一、协调而合理的商人制度有利于保障良好的市场秩序之实现。[①] 交易相对人有权利知道，这个商人组织中，谁最终对达成的交易承担责任，是作为商人组织本身，还是其成员，还是那些出面交易的个人。类型法定对商人组织成员也具有很重要的意义。第二，商人内容法定。商人内容法定，指各具体商人类型的内部治理、财产关系和责任形式，商法加以强制性规范规制，禁止行为人任意变更。如果商人内容不相同，那么商人类型法定就没有意义。商人内容法定欲达到两个目的：其一，同一类型的商人具有大致相同的法律构造。其二，行为人不得任意变更法定的商人内部元素，如欲变更，非经变更登记不生效力。对于具体元素的更改，如减少注册资本、变更商人代表人，商法也是允许的，但必须履行相应法定程序。其三，行为人不得以法无禁止为由通过章程、协议消解商人法中的强行性规定。大致相同的法律构造目的在于简化市场关系，帮助各方市场参与者降低信息搜寻成本，锁定交易风险，最终达到提高交易效率和保障交易安全的目的。

商人按照成员承担责任的方式，主要有独资企业（无限责任）、合伙

---

① 参见董安生、王文钦、王艳萍编著:《中国商法总论》，吉林人民出版社 1994 年版，第 55 页。

企业和公司（有限责任）三种类型。商法法定之法应以全国人大及其常委会制定颁布的规范性文件为准。如允许地方或部门诸侯割据式的立法格局存在，将使商人法定原则形同虚设。①

类型法定和内容法定主要通过准则主义实现。1919年的《法国商业登记法》、1948年的《英国公司法》和1933年修订的《瑞士债务法》均对商人成立规定了准入条件，其中某些实体法条件和程序性限制还相当严格。

四、商人的代表

（一）建议条款

第×条［经理定义］

经理，指商人委任以经营企业和对外代表商人的人，该委任可以按商业习惯以任何职务名称称之。

经理权只能以明示的意思表示授予。

第×条［经理权］

经理有权代表商人实施一切与其营业相关的诉讼上的和诉讼外的行为。

经理可以选任或解聘其他雇员。

对经理代理权的限制，不得对抗善意第三人。

第×条［经理权的登记］

商人选任经理时，必须进行登记。经理代表权消灭时，亦同。

第×条［竞业禁止］

未经商人准许，经理不得实施以下行为：

（1）自营业；

① 参见周林彬主编：《商法与企业经营》，北京大学出版社2010年版，第64页。

（2）为自己或他人进行与该商人的营业相同或类似的交易；

（3）成为其他商人的雇员。

第 × 条［代办权］

被商人冠以营业所营业店长、主管之类名称的雇员，视为其有权实施与该营业所相关的一切与其营业相关的诉讼上的和诉讼外的行为。但相对人基于恶意时，不在此限。

第 × 条［店员］

以出售物品、提供服务等为目的的店铺的雇员，视为其有权对该店铺中的物品实施出售、提供服务等行为。但相对人基于恶意时，不在此限。

第 × 条［法定代表］

商人应当委任法定代表。

法定代表在诉讼内和诉讼外代表商人。

法定代表为多人的，向他人做出意思表示，应当共同做出；他人向商人做出意思表示的，向一个法定代表做出即可。

法定代表的代表权不得被限制。

其他法律对法定代表另有规定的，依其他规定。

（二）条款说明

在展开具体条款的说明之前，这里要对代表和代理进行界定。一般认为，代表为商人机关所为并视商人自己的行为，而代理则为代理人经本人授权并以本人名义所为行为。事实上，代表与人法有关，而代理则基于契约。代表权的范围一般基于法律授权，而代理权的范围则基于本人授权。本建议稿认为，经理和代办的对外行为的性质为代表，如同法定代表人的对外行为的性质。代表行为直接被认为是商人的行为。这里是理论上的区分，但从实践角度看，代表与代理的最终效果区别并不大。

1. 关于“经理定义”的条款

经理，[①] 指接受商人委托，为其管理事务及对外代表商人的人。[②] 经理，为德国旧商法所创设，德国法系国家均有相关规定。经理由营业主选任。经理只能是自然人。[③] 立法例上多有对经理（manager）定义的。例如，我国台湾地区“民法典”第553条规定：“称经理人者，谓由商号之授权，为其管理事务及签名之人。”《澳门商法典》第64条规定：“经理系指商业企业主委任以经营企业之人，该委任得按商业习惯以任何职务名称为之。”定义条款规定了经理有两项权力：一是经营企业，二是对外代表商人。我国内地《公司法》对公司经理的对外代表权力，并未进行规定，为公司经营带来诸多不便。我国《个人独资企业法》和《合伙法》也未对此作出规定，同时存在类似的问题。“该委任可以按商业习惯以任何职务名称称之”源自前述我国澳门立法例。之所以如此规定，在于杜绝商人对商法条款的规避。需要注意的是，经理只能是自然人。

需要说明的是，我国经理制度存在较大的问题。具体言之，即经理制度不明确，不统一。只有《公司法》明确规定了经理制度，而《个人独资企业法》和《合伙企业法》仅规定了类似经理制度的制度。《个人独资企业法》第19条规定，个人独资企业投资人可以委托或者聘用其他具有民事行为能力的人负责企业的事务管理，并特别规定“投资人对受托人或者被聘用的人员职权的限制，不得对抗善意第三人”。这里的接受委托或者聘用管理企业事务的人员，相当于经理。《合伙企业法》第37条规定：“合伙企业对合伙人执行合伙事务以及对外代表合伙企业权利的限制，不得对

---

① 职业经理人起源于美国。“1841年10月5日，美国马萨诸塞州的铁路上，发生了一起两列客车迎头相撞的事故。社会公众对此反响强烈，认为铁路企业的业主没有能力管理好这种现代企业。在州议会的推动下，企业管理制度进行了改革，企业选择有管理能力的人来担任管理者，世界上第一个经理人就这样诞生了。”何晓行：《公司经理法律制度研究》，载《天府新论》2009年第3期。

② 参见叶林主编：《商法学原理与案例教程》，中国人民大学出版社2006年版，第83页。

③ 此为通说。参见［德］C. W. 卡纳里斯：《德国商法》，杨继译，法律出版社2006年版，第368页。

抗善意第三人。”执行合伙事务是一种劳务，合伙企业应当支付给合伙人相应报酬。即使不支付报酬，执行事务合伙人利润分配时也会有所体现。因此，执行事务合伙人相当于经理。此外，《合伙企业法》第31条明确规定，经合伙全体一致同意，可以聘任合伙人以外的人担任合伙企业的经营管理人员。该经营管理人员对内依授权对企业实施经营管理，应当是享有一定程度上的经理人的权力。不过，《合伙企业法》并没有明确授予该经营管理人员的对外代表权。依意思自治原则，合伙企业自然可以授予对外代表权，但是能否对抗第三人存在疑问。

为适应商业实践的需要，应当完善我国的经理制度。第一，统一规定独资企业、合伙企业和公司的经理人制度。建议制定《商法通则》或制定单行法，明确经理人的地位和权限。这样可以促进商业交易的可预期性，使相对人知道自己所面对的经理的大概职权，避免产生一些不必要的纠纷。第二，应当规定公司必须设立经理，合伙企业和独资企业可以设经理，但一旦设经理，其经理的权限就具有概括性和对外不受限制性。第三，应当明确对外代表权范围法定，对经理权范围的限制不得对抗第三人。2005年修订前的《公司法》中的经理权的一部分的确是法定的，但是，修订后的《公司法》在规定经理职权后，明确规定，“公司章程对经理职权另有规定的，从其规定”。不过这里的经理权仅限于对内职权。因此，在法律规定经理的对外职权后，应当明确对经理的代理权的限制不具有对抗第三人的效力。关于第三点，正是下一条建议条款需要规定的。

2. 关于“经理权”的条款

经理享有经理权。经理权，指经理代表商人实施的，对内处理行政事务和对外代表与经营相关的事务的权力。本条是对经理权的权力内容的一般规定。一方面，需要赋予经理对内经营的权限。对内经营的权力类似行政权，执行时需要富有效率。另一方面，需要赋予经理对外经营的权限。作为公司的运营者，经理不可能不与外界联系，若无对外代表权将非常不方便。之所以规定“对经理代理权的限制，不得对抗善意第三人”，乃是基于交易安全以及平衡商人利益的考量。交易安全固然重要，但商人利益也不应被轻易忽视。所谓善意第三人的规定，实际上也意味着代表具有双重属性，代表权限内的代表，为商人本人的行为，代表权限以外的行为，则为经理的代理行为。究竟属于无权代表还是表见代理，则需要具体问题具体分析。需要指出的是，经理权由业主授予，[①]但经理权的权限范围却具有法定性，也正是如此，经理权制度才具有保护交易安全的作用。

需要指出的是，我国《公司法》尽管规定了经理人制度，但并没有规定经理的对外代表权。《公司法》仅规定了经理的对内管理权（《公司法》第49条规定的经理权限的第1～7项都是法定的对内的行政权，第8项则是来自公司章程和董事会的授权）。此与各国的经理权大相径庭。经理权之所以要由法律规定，原因主要在于经理的对外代表权。我国否认经理的对外代表权不符合正常的商业原理。企业的日常经营管理由经理掌握，然而经理却不具有对外代表权，这十分不方便企业经营。《公司法》第13条规定了法定代表人可以由董事长、执行董事或者经理担任，但对于不担任法定代表人的经理来说，上述问题仍未解决。

诚然，法律虽未规定经理的对外代表权，并不妨碍商人将代理权授予经理，否则商业活动将变得非常不方便，但是，以民法上代理制度处理经理权并不可取。商法是从人法的角度试图将经理与商人区分，带有较强烈的主体色彩；而民法则以契约关系取代经理的身份关系。二者隐含着不同的价值取向：“前者对经理地位的安排更多地侧重于强制性规范，以满足经理的权力保障；而后者将经理置于契约当事人地位，侧重于任意规范，赋

① 《德国商法典》第49条规定：“经理权只能由营业的所有人或其法定代理人，并且只能以明示的意思表示授予。”有学者明确指出，经理权源于商人的直接授权，而并非法律规定。参见覃有土主编：《商法学》，高等教育出版社2008年版，第51页。

予经理以契约上的权利。”① 易言之，只有在商法对经理的对外代表权有明确规定时，才能较好地解决交易安全并提高交易效率。单纯借用民法代理可能会带来一些法律纠纷，以至于产生一些不必要的麻烦。

经理权在现代企业治理中占有越来越重要的地位。人们甚至认为，各国企业治理的潮流，已经从股东会中心主义，经董事会中心主义，发展到经理中心主义。作为专家经营的体现，经理中心主义体现了公司治理过程中，对效率的追求、对权力的分配和制衡。② 本建议稿有关经理权的规定正是要跟上经理中心主义这一潮流。

3. 关于“经理权的登记”的条款

经理权是重要的登记事项，其授予以及解除必须要经过登记，否则登记义务人不能产生对抗第三人的效力，信赖此登记的第三人所为行为也将产生效力。

4. 关于“竞业禁止”的条款

经理为企业的高级管理人员，掌握企业大量的商业秘密以及客户等资源，如果允许其从事与企业相互竞争的业务，那将对企业甚为不利。从法理上说，这样做也违反忠实义务。经理受人之托，应当忠人之事。竞业禁止的范围包括自营业、为自己或他人进行与该商人的营业相同或类似的交易和成为其他商人的雇员。

5. 关于“代办权”的条款

代办权通常授予高级职员。代办权是一种与经理权有别的商法上的代表权制度。德国立法材料显示该条款的意义“在于对代办全权范围合法的推断”，所以“每个第三人可以依据通常状况审查此处代理全权的范围并且只有在自己知悉或者应当知悉时，才承担特别限制的后果”。目的是在

---

① 王保树、钱玉林：《经理法律地位之比较研究》，载《法学评论》2002 年第 2 期。

② 参见何晓行：《公司经理法律制度研究》，载《天府新论》2009 年第 3 期。

于保护对“通常状况”的信赖。[①] 代办权的范围可以包括所有的与授权书所指定的业务相关的交易及与这些交易相关的附属性的事务。法律假定代办权包括上述范围，如果本人授权小于上述典型范围，本人必须证明相对人知道这种限制。[②] 代办权不需要登记。代办在签名时应当表明自己不是经理。

长期以来，我国法律没有规定代办权制度。《民法总则》的相关规定似乎改变了这一局面。该法第 170 条规定：“执行法人或者非法人组织工作任务的人员，就其职权范围内的事项，以法人或者非法人组织的名义实施民事法律行为，对法人或者非法人组织发生效力。法人或者非法人组织对执行其工作任务的人员职权范围的限制，不得对抗善意相对人。”这一规定既包括传统商法中的经理权，也包括传统商法中的代办权。积极方面说，这一规定弥补了我国法律没有明确规定经理权和代办权的空缺。但是，缺陷也是明显的，一方面，这一规定没能区分经理权和代办权，使得比较难以界定所谓执行工作人员的代理权范围；另一方面，这一规定也适用于社会团体等非营利性主体。非营利性主体所从事的活动大多不涉及交易效率和交易安全，没有必要让其像商人等营利性主体一样承担过重的义务。[③]

6. 关于“店员”的条款

对于商店，店员享有部分事务的代办权。为保护善意相对人的利益，凡在商店中与顾客交往的商店受雇人，均被视为拥有代表权，除非相对人具有主观恶意。消费者购书时并不要求其确认店员是否是雇员，是否具有

---

① 《商法典立法纪念文集》，第 24 页。转引自［德］C. W. 卡纳里斯：《德国商法》，杨继译，法律出版社 2006 年版，第 384 页。

② 《德国商法典》第 54 条第 3 款。

③ 这说明制定《商法通则》的必要性。《商法通则》可以单独对商人等营利性主体的经理权和代办权进行针对性的规定。

代表权。消费者只要合理相信销售员具有代表权即可。这里体现了外观原则，也是商店经营最基础的法律原理。如果没有这一原理，商店的经营将不可能进行。德国商法上的代办商制度表明其对于交易安全的重视。①

7. 关于“法定代表”的条款

本条规定商人应当委任法定代表，规定法定代表的权限，即在诉讼内和诉讼外代表商人。本条规定了共同代表和单一代表相结合的代表体制，即“法定代表为多人的，向他人做出意思表示，应当共同做出；他人向商人做出意思表示的，向一个法定代表做出即可”。为保障交易安全，法定代表的代表权不得被限制。

在我国，法定代表体现为法定代表人。法定代表人是能够对外代表公司的自然人。法定代表人最早规定于1982年《民事诉讼法（试行）》。法定代表人这一称呼容易引起歧义。实际上，代表人并不是法定的，而是由商人自己选定的，只是其职权具有法定性。在我国，法定代表人只能为一人。实践中，法定代表人一人很难应付巨量的商人对外代表业务。②本书认为，有必要废除我国的单一法定代表人制度，③改采国际上普遍采用的共同代表和单独代表相结合的代表人制度。具体地说，积极代表方面，除

① 1998年《德国商法典》修订后，未登记的小规模经营者不再视为商人，也不再适用《德国商法典》第56条的规定。立法者认为借助于表见代理的规定也可以获得与第56条相同的法律效果。但批评者认为，“如果第56条规定是多余的，干脆就将其删除。而相反如果这一规定是必要的、有益的，那么就没有理由使其应用范围取决于不为交易对方当事人所知的情形，即小规模经营是否已在商事簿登记”。[德]卡斯腾·施密特:《德国商法改革法》，王彦明、涂长风译，载《法制与社会发展》1999年第6期。

② 这种情况导致我国商业实践中印章文化的发达。参见杨继:《中国股份公司法定代表人制度的存废》，载《现代法学》2004年第6期。

③ 2005年立法机关否定了废除法定代表人制度的建议:“结合我国的实际情况，考虑到我国公司实践中，一人为法定代表人已成为习惯，目前在交易诚信机制尚未建立的情况下，不宜立即改变这一制度。”全国人民代表大会常务委员会法制工作委员会:《中华人民共和国公司法释义》，法律出版社2013年版，第36页。

章程另有规定外，由所有董事和经理共同代表公司；消极代表方面，可由一个董事或经理代表公司，即他人向公司做出意思表示的，向一个董事或经理做出即可。[①] 我国法定代表人由一人担任。法定代表人本应是公司的口耳，仅能对外代表公司表达公司的意思和听取他人的意思，并无实际权力。但实际情况却并非如此。

实践中，公司的法定代表人权力非常集中，不仅对外代表权集中于一人，而且对内行政权也往往集中于一人。这实际上将经理的权力架空。我国法律并未授予公司法定代表人的内部行政权力，内部行政权力依法则由经理享有。[②] 因此，实践中的做法实际上不符合法律规定，进而不符合商人法定原则。本书认为，可以考虑允许公司股东诉请法院剥夺法定代表人过度膨胀的对内行政权，以保持公司内部治理结构的平衡。

（三）立法例

1. 关于“经理定义”的立法例

《澳门商法典》第 64 条规定：“经理系指商业企业主委任以经营企业之人，该委任得按商业习惯以任何职务名称为之。”

我国台湾地区“民法典”第 553 条规定：“称经理人者，谓由商号之授权，为其管理事务及签名之人。前项经理权之授与，得以明示或默示为之。经理权得限于管理商号事务之一部或商号之一分号或数分号。”

---

①《德国股份法》第 78 条（节选）：“（1）董事会在法院内外代表公司。（2）如果董事会由若干成员组成，那么，如果章程没有其他规定，全体董事会成员只有权集体代表公司。如果要向公司呈交一项意愿声明，那么向一名董事会成员呈交即可。（3）章程可以规定，董事会成员可被授权单独或者与一名代理人共同代表公司。如果有章程的授权，监事会也可以作出相同的决定。（4）被授权作为集体代表的董事会成员也可以授权他们中的单个人从事某些业务或某种业务。如果某一单个的董事会成员被授权与一名代理人共同代表公司，那么上述规定也原则适用。”第 82 条第 1 款：“董事会的代表权不得被限制。”

②《公司法》第 49、68、113 条。

《韩国商法典》第14条规定："总公司或分公司的营业主任及带有类似称谓的使用人，视为具有与经理相同的权限。但是，诉讼中的行为，除外。"

2. 关于"经理权"的立法例

《德国商法典》第49条第1款规定："经理权授权实施由进行营业经营所产生的诉讼上的和诉讼外的一切种类的行为和法律行为。"

《德国商法典》第48条规定："经理权只能由营业的所有人或其法定代理人，并且只能以明示的意思表示授与。"

《德国商法典》第50条规定："对经理权的范围进行限制的，限制对第三人无效。"

《日本商法典》第20条规定："在营业所，商人可以选任经理进行营业。"

《日本商法典》第21条规定："经理有权代替商人实施一切与其营业相关的裁判上或裁判外行为。经理可以选任或解聘其他雇员。对经理代理权的限制，不能对抗善意第三人。"

《韩国商法典》第11条规定："经理可以代替业主进行与营业相关的诉讼中或者诉讼之外的一切行为。经理可以选任或解任其他员工或者使用人。不得以对经理的代理权的限制来对抗善意的第三人。"

我国台湾地区"民法典"第554条规定："经理人对于第三人之关系，就商号或其分号，或其事务之一部，视为其有为管理上之一切必要行为之权。经理人，除有书面之授权外，对于不动产，不得买卖，或设定负担。前项关于不动产买卖之限制，于以买卖不动产为营业之商号经理人，不适用之。"

我国台湾地区"民法典"第555条规定："经理人，就所任之事务，视为有代理商号为原告或被告或其他一切诉讼上行为之权。"

我国台湾地区"民法典"第556条规定："商号得授权于数经理人。但经理人中有二人之签名者，对于商号，即生效力。”

我国台湾地区“民法典”第557条规定：“经理权之限制，除第五百五十三条第三项、第五百五十四条第二项及第五百五十六条所规定外，不得以之对抗善意第三人。”

我国台湾地区“民法典”第564条规定：“经理权或代办权，不因商号所有人之死亡、破产或丧失行为能力而消灭。”

《民法总则》第170条规定：“执行法人或者非法人组织工作任务的人员，就其职权范围内的事项，以法人或者非法人组织的名义实施民事法律行为，对法人或者非法人组织发生效力。法人或者非法人组织对执行其工作任务的人员职权范围的限制，不得对抗善意相对人。”

《个人独资企业法》第19条规定：“个人独资企业投资人可以自行管理企业事务，也可以委托或者聘用其他具有民事行为能力的人负责企业的事务管理。投资人委托或者聘用他人管理个人独资企业事务，应当与受托人或者被聘用的人签订书面合同，明确委托的具体内容和授予的权利范围。受托人或者被聘用的人员应当履行诚信、勤勉义务，按照与投资人签订的合同负责个人独资企业的事务管理。投资人对受托人或者被聘用的人员职权的限制，不得对抗善意第三人。”

《合伙企业法》第37条规定：“合伙企业对合伙人执行合伙事务以及对外代表合伙企业权利的限制，不得对抗善意第三人。”

3. 关于“经理权的登记”的立法例

《日本商法典》第22条规定：“商人选任经理时，必须进行登记。经理代理权消灭时，亦同。”

《韩国商法典》第13条规定：“关于经理的选任及其代理权的消灭，商人应在经理工作的总公司或者分公司所在地进行登记。”

4. 关于“竞业禁止”的立法例

《日本商法典》第23条规定：“未经商人准许，经理不得实施以下行为:（1）自营业;（2）为自己或他人进行与该商人的营业属于同一部类的交易;（3）成为其他商人、公司或外国的雇员;（4）成为公司的董事、执行官或执行业务的社员。经理违反前款规定实施第（2）项所规定之行为时，经理本人或第三人因该行为所得利益的金额推定为商人所遭受损失的金额。”

我国台湾地区“民法典”第562条规定:“经理人或代办商，非得其商号之允许，不得为自己或第三人经营与其所办理之同类事业，亦不得为同类事业公司无限责任之股东。”

我国台湾地区“民法典”第563条规定:“经理人或代办商，有违反前条规定之行为时，其商号得请求因其行为所得之利益，作为损害赔偿。前项请求权，自商号知有违反行为时起，经过二个月或自行为时起，经过一年不行使而消灭。”

5. 关于“代办权”的立法例

《德国商法典》第54条第1款和第3款规定:“某人不经授与经理权而有权经营营业或有权实施属于营业的一定种类的行为，或有权实施属于营业的个别行为的，代理权（代办权）扩及于由经营此种营业或实施此种行为通常所产生的一切行为和法律行为。对代办权进行其他限制的，只有在第三人明知或应知此种限制时，第三人才需承受此种限制的效力。”

《日本商法典》第24条规定:“被商人冠以营业所营业主管之类名称的雇员，视为其有权实施与该营业所相关的一切与其营业相关的裁判上或裁判外行为。但对方基于恶意时，不在此限。”

我国台湾地区“民法典”第558条规定:“称代办商者，谓非经理人而受商号之委托，于一定处所或一定区域内，以该商号之名义，办理其事务之全部或一部之人。代办商对于第三人之关系，就其所代办之事务，视为其有为一切必要行为之权。代办商，除有书面之授权外，不得负担票据上之义务，或为消费借贷，或为诉讼。”

我国台湾地区“民法典”第 559 条规定：“代办商，就其代办之事务，应随时报告其处所或区域之商业状况于其商号，并应将其所为之交易，实时报告之。”

我国台湾地区“民法典”第 560 条规定：“代办商得依契约所定，请求报酬或请求偿还其费用。无约定者依习惯；无约定亦无习惯者，依其代办事务之重要程度及多寡，定其报酬。”

我国台湾地区“民法典”第 561 条规定：“代办权未定期限者，当事人之任何一方得随时终止契约。但应于三个月前通知他方。当事人之一方，因非可归责于自己之事由，致不得不终止契约者，得不先期通知而终止之。”

6. 关于“店员”的立法例

《德国商法典》第 56 条明确规定：“在店铺或公共仓库受雇的人，视为有权进行在此种店铺或仓库通常所发生的出卖和受领。”

《日本商法典》第 25 条规定：“被委任处理与商人营业相关的某类或者特定事项的雇员，有权实施与该事项相关的一切裁判外行为。对前款雇员代理权的限制，不能对抗善意第三人。”

《日本商法典》第 26 条规定：“以出售物品等（指出售、出租等与此类似的行为，本条中下同）为目的之店铺的雇员，视为其有权对该店铺中的物品实施出售等行为。但对方基于恶意时，不在此限。”

《韩国商法典》第 16 条规定：“视为售货店铺的使用人具有与此销售有关的一切权限。”

7. 关于“法定代表”的立法例

1982 年《民事诉讼法（试行）》第 44 条第 2 款规定：“企业事业单位、机关、团体可以作为民事诉讼的当事人，由这些单位的主要负责人作为法定代表人。”

《德国股份法》第 78 条（节选）规定：“（1）董事会在法院内外代表公

司。（2）如果董事会由若干成员组成，那么，如果章程没有其他规定，全体董事会成员只有权集体代表公司。如果要向公司呈交一项意愿声明，那么向一名董事会成员呈交即可。（3）章程可以规定，董事会成员可被授权单独或者与一名代理人共同代表公司。如果有章程的授权，监事会也可以作出相同的决定。（4）被授权作为集体代表的董事会成员也可以授权他们中的单个人从事某些业务或某种业务。如果某一单个的董事会成员被授权与一名代理人共同代表公司，那么上述规定也原则适用。”

《德国股份法》第 82 条第 1 款规定：“董事会的代表权不得被限制。”

五、商业名称

（一）建议条款

第 × 条［名称选用］

商人可以自由选用商业名称，但法律另有规定的除外。

第 × 条［构成部分］

商业名称应当包括注册地、商号、行业性质和组织形式四个部分。

商人不得在其商业名称中加入与其商人类型不相符合的内容。

第 × 条［名称登记］

商人应当登记其商业名称。商人变更商业名称也应当登记。

第 × 条［名称保护］

商人将其商业名称登记于商事登记簿后，同一地域内的其他商人，不得使用同一商业名称。

未经授权，不法使用他人商业名称，侵害他人专属使用权的，权利人可以诉请停止使用，对于有过错的不法使用人，可以诉请损害赔偿。

第 × 条［许可出借］

商人将商业名称许可或出借与他人使用的，应当与使用人承担连带责任。

第 × 条［转让］

商人可以转让商业名称，但是，转让后必须进行公告。转让人对转让后一年内他人对被转让人提起的侵权之诉承担连带责任。

（二）条款说明

1. 关于“名称选用”条款的说明

商业名称代表商人，关系市场交易秩序，必须保证商业名称与其所代表的商人具有同一性。商业名称还应当客观反映商人的责任方式、经营范围、人员构成等情况。为此，各国立法在商业名称的选用上均遵循一定的原则。[①] 名称选用的标准要防止商业名称混同，还要避免引起他人误解。商业名称选用有两种立法例。

第一，商业名称真实主义。要求商业名称必须与其经营者的名称一致。法国、瑞士及拉美许多国家采用此种立法主义。1807 年的《法国商法典》将无限公司命名为合名公司，规定所有股东的名字必须出现在公司名称中。[②] 法国 1966 年《商业公司法》第 25 条规定，合伙企业的商业名称要包括各合伙的姓名。瑞士法要求独资企业名称必须含有企业主的姓，合伙企业名称中至少有一名合伙人的姓。[③] 真实原则的优点不言而喻：商号与业主姓名一致有利于增强商人的信誉，并在责任承担方面具有一定的公示意义。

商业名称真实主义原本不允许转让或继承商业名称。然而，该名称往往凝聚着商誉，且如果因实业转让而变更名称往往对相对人也不方便，故真实主义往往伴随着另一原则，即“商号连续原则”。即在营业转让或继承后，允许新业主或继承人继续沿用原来的商业名称。德国 1998 年之前

① 参见黄晓林：《商法总论》，齐鲁书社 2004 年版，第 191 页。

② 参见彭万林主编：《民法学》（第 6 版），中国政法大学出版社 2007 年版，第 77 页。

③《瑞士债务法》第 945 条第 1 款、第 947 条。

即是如此。简言之，开始命名和登记时，商号必须真实，且其内容则由法律规定。[①] 但针对股东众多的股份有限公司等其他商人，“商号真实”原则显然无法遵守。

第二，商业名称自由主义。不要求商业名称中必须包含经营者的姓名。自由主义主要施行于英美法国家，还有日本、韩国和我国台湾地区等。[②]瑞士法于股份有限公司、有限责任公司和合作社的名称采自由主义。[③]德国1998年后改采自由主义。究其原因，在于商号真实原则导致商人不能选用富有表现力和宣传作用的商号，从而降低了德国商人的国际竞争力。修订后的商号制度要求则有三点：一是要表明法律责任形式；二是商号不得有误导性说明和表述；三是要能与同一地点或区域已登记商号相区别。[④] 德国学者给予该次改革以积极评价。[⑤]

我国应当采自由主义。自由主义更符合我国的商业传统。我国并无将业主姓名加入商业名称的商业传统。此外，真实主义应用时的确面临一些困难。真实主义只能适用业主较少的商人。我国《合伙企业法》规定合伙人为50人以下，如果将这么多合伙人都列于商业名称之中，不大可能。两种主义实际上区别不大。即使在自由主义立法例下，也要求商人登记业主于登记簿之中，并且还必须将业主登记于营业执照等表明身份的证件之中。

---

① 参见［德］罗伯特·霍恩、海因·科茨、汉斯·G.莱塞:《德国民商法导论》，楚建译，中国大百科全书出版社1996年版，第241页。瑞士法则有不同。参见《瑞士债务法》第948条第1款。

② 例如，我国台湾地区“商业登记法”第27条规定:“商业之名称，得以其负责人姓名或其他名称充之。以合伙人之姓或姓名为商业名称者，该合伙人退伙，如仍用其姓或姓名为商业名称时，须得其同意。”即可以选择也可以不选择。

③《瑞士债务法》第950条。

④ 参见熊进光:《德国商号制度及其改革》，载《河北法学》2002年第1期。

⑤ 学者称立法者令人信服地清除了存在于以往法律条文当中的、几乎令人窒息的污浊之气（指一些不合时宜的术语）。参见［德］卡斯腾·施密特:《德国商法改革法》，王彦明、涂长风译，载《法制与社会发展》1999年第6期。

2. 关于“构成部分”条款的说明

商业名称应当包括注册地、商号、行业性质和组织形式四个部分。《企业名称登记管理规定》第7条。商号是商业名称的区别要素，而其他部分则具有公示的意义。上述四个部分是有先后顺序的，不得颠倒顺序。例如，“广州白云制药有限责任公司”这个名称中，广州是注册地，白云是商号，制药表明企业的行业性质，企业的组织形式则是有限责任公司。法律对每个部分都有具体的要求。

第一，注册地。注册地或营业地表现为行政区划。将注册地置于商业名称之中，有可能构成商人跨区经营的羁绊，①是否有必要，是有疑问的。当然，商业名称冠上地名，也未必是坏事，只是商人跨区经营后，可能会给第三人以误导。此时，相对人应当注意的是商人名称中的行政区划，并不代表其产品的原产地。

第二，商号。商号是商业名称的核心部分，也是申请人可以进行较多自由设定的地方。不过依我国法律，商号的选用还是有许多禁止性：其一，商号不得对公众造成欺骗和误解。其二，商号不得侵犯其他自然人或组织的姓名权和名称权。例如，不得与政府机关、社团等其他机构相冲突。其三，不得有悖社会风俗。关于不得有损于国家、社会公共利益的规定则缺乏可操作性。不得使用汉语拼音字母、数字的规定似乎不恰当。商人起名自然是考虑让人易记，正常情况下，商人不会起拼音的字号。这一点应当遵循自由原则。

第三，行业性质。《企业名称登记管理规定》要求企业名称中标明企业“经营对象、经营范围或所处行业或经营的特点”。这一规定反映过去计划经济时期政府对企业经营范围严格控制的要求。这一强制性要求限制了企业的经营范围，其必要性是可质疑的。除非为一些特殊行业，例如银

① 参见樊涛、王延川:《商法总论》，知识产权出版社2010年版，第149页。

行、证券公司等，应当标明行业性质外，其他不必强制要求标明行业性质。实践中，这种做法经常导致“名不副实”的情况的存在。当然，商人基于宣传广告的需要，可以自行加入行业属性的因素，但不必进行强制性要求。

第四，组织形式。我国商人的组织形式主要有三种，即独资、合伙和公司。商业名称中应当包括独资、合伙和公司的字样。独资企业不得使用“有限”、“有限责任”或者“公司”字样，如果使用，将受到处罚。①法律这样规定，无疑是必要的，国外也有这样的立法例。例如，《德国商法典》第 19 条，分别规定了独资商人、无限公司或两合公司商号的表示。

其他规定。在商业名称中使用“总”字的，必须要有 3 个以上分支机构；不能独立承担责任的分支机构，要在名称中冠上其所属商人的名称，并缀以“分公司”“分厂”“分店”等字样。联营企业要标明“联营”“联合”的字样。

3. 关于“名称登记”条款的说明

商业名称是商人人格的重要组成部分。商人主体资格需要登记，因此，商业名称在商人设立时也应该一并登记。商业名称的变更和废止也需要登记。商人在营业过程中，商业名称中的任何一点变更都应当及时办理变更登记，否则不得对抗善意第三人。商人终止经营后，应当及时进行废止登记。商业名称与营业存在依存关系，如果营业终止一段时期，商业名称将自动废止。②强制登记的要求有其合理性，毕竟商业名称非自然人之姓名，关涉交易安全和交易秩序，有必要进行强制注册。

我国有关商业名称登记的制度极不完善。商业名称法是以管理法的形式，根本没有规定登记的效力。③下述登记的效力是依外国法及法理推定

① 《个人独资企业法》第 11、34 条。

② 《日本商法典》第 30、31 条。我国没有废止登记。

③ 商业名称登记分为创设、变更、转让、废止、撤销和继承登记六种。我国商业登记程序因商人种类不同而不同，充满了等级制和行政管理色彩。参见《企业法人登记管理条例》第 5 条，《公司登记管理条例》第 6、7、8 条。

之。第一，排他效力。商业名称登记后，商人就可以在一定范围内排除他人使用相同或类似的商业名称。判断近似的标准应当采客观标准，即以商业名称是否造成他人误解为标准。排他性是有一定范围的，应当是同一范围，同一地域；否则，不产生排他性。第二，救济效力。登记可以使商人获得商业名称的专用权，如果他用，商人可以要求损害赔偿。①我国可以依《民法总则》和《侵权责任法》提起侵权诉讼。

4. 关于“名称保护”条款的说明

商业名称是商人的人格元素。一般情况下，商业名称应为独占并专用。商业名称具有专用性，即排除他人使用。②不过商业名称有使用范围限制，超出范围不能排除他人使用。商业名称具有依存性，依存于主体和营业。主体不存在，商业名称权自然不存在。营业不继续，商业名称也可能废止。侵犯商人对商业名称的独占和专用的，商人可以请求停止侵害，造成损失的，还可以请求损害赔偿。③

5. 关于“许可出借”条款的说明

长期经营的商业名称凝聚了商人的信誉。④在市场经济中，信誉就是财富。国际上也普遍将商业名称视为财产。例如，《保护工业产权巴黎公约》第 1 条将商号涵盖于工业产权范围之内。各国一般允许商人出借和转让商业名称。⑤原本作为人格元素的名称，此时也可以成为客体，突出了反映了商人人格拟制化的特点。

商业名称的许可出借，指允许他人使用自己的商号从事营业活动的行为。明知他人使用自己的商号而不提出异议并加以制止的，应当视为出

①《德国商法典》第 37 条第 2 款。

②《瑞士债务法》第 946 条第 1 款。第 951 条将上述规定准用于其他企业。

③《瑞士债务法》第 956 条第 2 款。

④ 当然，也可以凝聚一些负面的声誉。例如，三鹿被并购后，其品牌一钱不值。

⑤《民法通则》第 99 条法律允许商人转让自己的名称。《民法总则》对此未作规定。

借。一些国家允许出借商号（如前述日本），我国则不允许。但是，实践中商号出借的情况比比皆是，只不过以另外一种经营形式的名义。例如，实践中广泛存在的联营、挂靠经营、专营店、专卖店、连锁店、柜台租赁、特约经销、特约维修等，无不是使用他人的商号。[①]立法应当顺应实践来规范商业名称的出借行为。应当规定，出借人应当与使用人承担连带责任。

6. 关于“转让”条款的说明

商业名称的转让，指转让自己商业名称给他人从事营业活动的行为。各国对商业名称权转让通常都有一些限制。其原因在于商业名称代表着一定的商誉，如果不加限制地转让，将会损害交易安全。商业名称权的转让有两种立法模式：一是不得单独转让。《德国商法典》第 23 条首创这一模式。瑞士和日本采取的也是这一模式。[②]此种立法模式的法理基础在于，商号是商人人格的一部分，不是财产，因此不得单独转让，但可以与商人自身一起整体转让。二是可以单独转让。法国法采取这一模式。此种是将商业名称当作一种财产，即一种可以自由转让的营业资产。两种模式各有利弊。

这里采单独转让，但是，转让后必须进行公告，以保护相对人的利益。此外，为保护一些不知情的相对人利益，建议条款特别规定转让人对转让后一年内商人的相对人的侵权之诉承担连带责任。

（三）立法例

1. 关于“名称选用”条款的立法例

《瑞士债务法》第 950 条规定：“股份有限公司、有限责任公司和合作社，得在不违反商号命名一般规定的前提下，自由决定其名称。”

① 参见樊涛、王延川：《商法总论》，知识产权出版社 2010 年版，第 156 页。

②《瑞士债务法》第 953 条，《日本商法典》第 24 条。

《韩国商法典》第 18 条规定："商人可以自由以其姓名或者其他名称决定其商号。"

2. 关于"构成部分"条款的立法例

《德国商法典》第 19 条规定："对于独资商人，表明其为'登记商人'的字样或一般可以理解的该字样的缩写，特别是'e.K.'、'e.Kfm.'或'e.Kfr.'；对于无限公司，表明其为'无限公司'的字样或一般可以理解的该字样的缩写；对于两合公司，表明其为'两合公司'的字样或一般可以理解的该字样的缩写。"

《瑞士债务法》第 945 条第 1 款规定："单独一人经营的企业，其名称中须含有企业主的姓，其名可加入或不加入；"第 947 条规定："普通合伙的名称，不包含所有合伙人的姓时，应至少含一名合伙人的姓，并附加表明其为普通合伙的后缀。普通合伙的名称，不因新合伙人的入伙而变更。有限合伙或股份有限合伙的名称，应至少包含一名无限责任合伙人的姓，并附加表明其合伙性质的后缀。不负无限责任的合伙人，其名不得在普通合伙、有限合伙和股份有限合伙的名称中出现。"

《瑞士债务法》第 948 条第 1 款规定："其姓作为普通合伙、有限合伙或股份有限合伙名称组成部分的合伙人退出合伙时，不论其本人或其继承人是否同意将其姓作为商号的组成部分，均须将其姓从商号中除去。"

我国台湾地区"商业登记法"第 27 条规定："商业之名称，得以其负责人姓名或其他名称充之。以合伙人之姓或姓名为商业名称者，该合伙人退伙，如仍用其姓或姓名为商业名称时，须得其同意。"

《合伙企业法》第 15 条规定："合伙企业名称中应当标明'普通合伙'字样。"

《合伙企业法》第 56 条规定："特殊的普通合伙企业名称中应当标明'特殊普通合伙'字样。"

《合伙企业法》第 62 条规定："有限合伙企业名称中应当标明'有限合

伙’字样。”

《公司法》第 8 条规定：“依照本法设立的有限责任公司，必须在公司名称中标明有限责任公司或者有限公司字样。依照本法设立的股份有限公司，必须在公司名称中标明股份有限公司或者股份公司字样。”

《个人独资企业法》第 11 条规定：“个人独资企业的名称应当与其责任形式及从事的营业相符合。”

3. 关于“名称登记”条款的立法例

《公司法》第 32 条规定：“公司应当将股东的姓名或者名称及其出资额向公司登记机关登记；登记事项发生变更的，应当办理变更登记。未经登记或者变更登记的，不得对抗第三人。”

《企业法人登记管理条例》第 9 条规定：“企业法人登记注册的主要事项：企业法人名称、住所、经营场所、法定代表人、经济性质、经营范围、经营方式、注册资金、从业人数、经营期限、分支机构。”

《企业法人登记管理条例》第 17 条规定：“企业法人改变名称、住所、经营场所、法定代表人、经济性质、经营范围、经营方式、注册资金、经营期限，以及增设或者撤销分支机构，应当申请办理变更登记。”

4. 关于“名称保护”条款的立法例

《瑞士债务法》第 946 条第 1 款规定：“独资企业的名称登记于商事登记簿后，同一地域内的其他企业主，虽其姓和名与已有的商号中的姓和名相同，亦不得将其姓或名用作企业的名称。”第 951 条将上述规定准用于其他企业。

《瑞士债务法》第 956 条第 2 款规定：“他人未经授权，不法使用其商号，侵害其专属使用权时，权利人得诉请停止使用，对于有过错的不法使用人，得诉请损害赔偿。”

《企业法人登记管理条例》第 10 条第 1 款规定：“企业法人只准使用一个名称。企业法人申请登记注册的名称由登记主管机关核定，经核准登记注册后在规定的范围内享有专用权。”

5. 关于“许可出借”条款的立法例

《韩国商法典》第 24 条规定：“允许他人使用自己的姓名或者商号进行营业的人，对足以误认自己为业主而进行交易的第三者，应与该他人共同承担连带赔偿责任。”

6. 关于“转让”条款的立法例

《德国商法典》第 23 条规定：“商号不得与使用此商号的营业分离而让与。”

《瑞士债务法》第 953 条规定：“营业的承受人应遵守关于商号的命名和使用的规定。经原营业主或其继承人明示或默示同意，承受人得继续使用原商号，但应当标明其承受关系和新营业主。”

《韩国商法典》第 25 条规定：“商号，只有在废止营业时，或者和营业一并进行时，方可转让。商号的转让，未经登记不得对抗第三人。”

《企业名称登记管理规定》第 23 条规定：“企业名称可随企业或本企业的一部分一并转让。企业名称只能转让给一户企业。……企业名称转让后，转让方不得继续使用已转让的企业名称。”

六、商业登记

（一）建议条款

第 × 条［一般规定］

本法所规定的必要登记事项，经当事人的申请，依商业登记法律、法规规定登记于商业登记簿。

第 × 条［必要登记事项］

商人应当依法登记其名称、住所、经营场所、法定代表、经理、经营范围、分支机构。

独资企业应当依法登记其投资人。

合伙企业应当登记其普通合伙人和有限合伙人。

有限责任公司应当登记注册资本、股东的姓名或者名称。

股份有限公司应当登记注册资本、发起人的姓名或者名称。[①]

上述事项发生变动的，应当依法进行变更登记。

第 × 条［登记效力］

已经对某事项进行登记的，第三人必须承受登记事项的效力。对于在登记后15日之内实施的法律行为，第三人证明其既不明知也不应知该事实为限，不适用此种规定。

商人不得以未经登记的应登记事项对抗第三人，但此事项为第三人所知的除外。

对应登记的事实已经进行不正确登记的，第三人可以对登记人援用已经登记的事实，但第三人明知不正确的，不在此限。

（二）条款说明

1. 一般理论

（1）定义和功能

商业登记，指依照商法的要求，登记机关经当事人申请或依职权将法定登记事项登记于登记簿的行为。

商业登记具有创设商人和信息公示两大功能。信息公示可以减少交易相对人的信息搜索成本，使得交易相对人更为明智地选择交易对象。买者自慎或买者当心是以买者了解相关信息为前提的。信息公示同样可以提高商人的信誉和知名度，可以进而起到保护商人自身利益的效果。[②] 例如，

①《公司登记管理条例》第9条。

② 参见［日］莲进良宪、森淳二郎:《商法总则·商行为法》(第4版)，法律文化社2006年版，第111页。转引自刘成杰:《日本最新商法典译注》，中国政法大学出版社2012年版，第20～21页。

如果商人的法定代表人不进行登记，那么将无法避免有人恶意冒充商人的法定代表人以损害商人的利益；相反，只要进行了登记，无论相对人是否真正知道该登记事实，商人都可以以登记对抗相对人。有学者对此进行了较为详尽的阐述："现代商事交易中，商人能力及雇员代理权的有无、代理权的范围等事项常常会左右交易的效力，商人将此类事项通知一个个交易相对方显然不切实际，而交易相对方每次交易均要独自调查此类事项也必定困难重重，所以，若将交易上重要事项通过一定的程序进行公示，显然会有力地促进交易的便捷性、灵活性及安全性，这是商业登记制度存在的意义，同时也是商业登记制度的关键。因此，现代商业中的商业登记制度，主要是通过将商人相关的特定事项进行公示，以满足具有大量性、反复性特征之商业活动的实际情况以及商事营业中灵活性、安全性的要求。其实，在某种意义上，该制度的目的'仍是要保护一般公众及维持商人信用'。"①

商业登记并不违反信息自治原则。只有非商人才享有信息自治权，商人作为营利工具，信息是否公开取决于是否符合效率与安全价值。即便对于自然人，如果从事商业经营，那么在其商人身份的一面也要放弃信息自治原则。

（2）性质

商业登记的性质涉及商法登记法的定位。本书认为，无论依申请为之的商业登记还是依职权为之的商业登记，均为私法行为。

第一，商业登记是一种私法行为。商业登记制度最初是为满足商人自身的需要而产生，是商人与非商人进行区别而在商人组织内产生的自发性制度，并不是受公权力的干预而产生的。②从功能上说，商业登记的功能

---

① [日]近藤光男:《日本商法总则·商行为法》，梁爽译，法律出版社 2016 年版，第 28 页。商业登记兼具监督管理的功能，但这是公法上的功能，不在本书讨论的范围。

② 参见樊涛、王延川:《商法总论》，知识产权出版社 2010 年版，第 179 页。

主要在于信息公示和创设主体这两方面，其功能显然具有私法性。我国强加在商业登记上的监督管理职能，是不正常的，不能以不正常的制度设置反证商业登记公法性的合法性。从国外来看，商业登记虽然多设置于公权机关，但这多建立在过去政府过度干预经济的基础上。另外，尽管由公权机关掌握登记权力，但此权力主要是为了服务商人的，并非有多少公共管理职能。从发展趋势来看，登记机关的市场化也不是没有可能。只要法律设置得当，将登记交与市场自治，市场也未必做得不比政府好。事实上，国外已经有一些纯粹的监管组织是这样做了。例如，英国的金融监管局性质就比较难以确定，对其究竟是行政机关还是自律机构，颇有争议。① 本书认为，商业登记不同于税务登记，税务登记则完全是公法性的登记。

第二，依申请为之的商业登记是准法律行为。商业登记不是行政法上的依申请的行政许可行为。尤其采取准则主义之后，登记机关只能严格依照法律规则进行登记，没有自己的行政自由裁量权。即使实行审批主义的国家，其审批和登记也是分开的。审批是许可行为，而登记则不一样。商业登记也不是要式法律行为。一部分商业登记只是法律行为的构成部分，如设立行为中的登记行为；另一部分的商业登记如董事变更的登记，与法律行为并没有关系。本书认为，商业登记的真正本质是准法律行为。所谓准法律行为，指存在意思表示，但法律效果完全由法律规定的行为。商业登记有向登记机关申请登记的意思表示（并非下文所称的设立行为的意思表示）。至于申请可以达到什么效果，完全不取决于申请人，而取决于法律规定。应区分商业登记自身的意思表示和以商业登记作为构成部分的法律行为的意思表示。设立行为由设立行为的意思表示和商业登记等具体构成部分组成。所谓商业登记本质为准法律行为，指商业登记自身而言，与商业登记作为其他法律行为构成部分无关。

① 说其是自律组织也不是没有道理，因为其全部经费来源于市场收费。

第三，依职权为之的商业登记为私法上的职权行为。商业登记以依申请登记为主，依职权为之的商业登记非常少见。在我国，相关商事组织领取营业执照满一定期限未开展经营活动或者停止经营活动满一定期限的，视同歇业，登记机关应当径行办理注销登记。[①] 比较法上，也有依职权为之的商业登记的规定。例如，《瑞士债务法》第938a条第1款规定："商事组织停止营业且无可变价的财产时，商事登记官在三次催告债权人申报债权无结果后，得将公司从商事登记簿中涂销。"登记机关的该项职权，无疑是一种权力，但该项为私法上的权力。私法虽以权利为中心，但也不排除权力的存在。此项权力以服务于私人利益而非公共利益而存在。事实上，拥有该项权力的登记机关并无自由行使的余地。作为私法上的职权行为，依职权为之的商业登记为可归属于私法上的事实行为。

（3）现行立法存在的问题

我国目前的商业登记制度存在以下问题：第一，没有统一的《商业登记法》。我国商业登记法律法规散见于《公司法》、《合伙企业法》和《个人独资企业法》等法律和国务院制定的行政法规，以及工商行政部门制定的规章制度里。第二，层级参差不齐。有法律，有行政法规，还有部门规章。商业登记主要为私法性质，关系到商人基本的权利义务，由政府部门的行政法规和部门规章规定不太恰当。第三，公法色彩浓厚。商业登记法规主要由政府部门制定，这些部门仅着眼于管治，而较少顾虑商业登记的真正功能，以至于商业登记的基本功能如公示功能都没有规定。这是令人十分遗憾的。建议我国制定统一的商业登记法，其性质应该为私法，而应该尽量却除其公法性质。

我国商业登记法规《公司登记管理条例》和《企业法人登记管理条例》对登记效力根本没有规定。在其他法律中散见一些登记效力的规定，

---

①《企业法人登记管理条例》第22条。

如《公司法》第 32 条第 3 款。尽管规定相对人可以查阅复制，但实践中，一段时间只有在诉讼中当事人的律师持立案通知书方可查阅。既然查阅都不可得，理论上推出公示效力也没有可能。因此，即使有类似《公司法》第 32 条的规定，但实际上没有任何用处。这些都充分暴露出我国的商业登记制度根本不是服务于市场主体，而是正如其名，是政府管理所用之法。

2. 具体条款说明

（1）关于“一般规定”的条款

该条强调商业登记要具备以下条件：第一，经当事人申请。商业登记通常是依申请行为，非经申请，登记机关不得直接登记。这充分反映了商业登记的私法性质。第二，要登记的事项为必要登记事项。非必要登记事项，登记并不能产生商业登记的效力。关于必要登记事项，请看下一条规定。第三，要登记在登记簿上。登记簿是商业登记的展现形式，非登记在登记簿上，不得产生登记效力。目前的登记簿要采取电子方式。登记簿应当准予任何人予以查询。第四，要依登记法律、法规进行登记。商业登记具备程序法的特征，要严格依程序进行商业登记。

（2）关于“必要登记事项”的条款

登记事项，即哪些事项要登记，是由法律规定的。但是，法律规定要平衡商人与第三人之间的关系。一方面，登记事项涉及商人的经营信息，商人公示过多，可能对其不利；另一方面，如果公示过少，则可能影响交易安全。对登记事项的确定应坚持这样的立法宗旨，即“在不损害自身利益的前提下，应将可能给交易对方带来影响的交易上的重要事项作为登记事项”，主要指“责任关系事项”。①

德国的必要登记事项主要包括商号、住所及住所的变更、分支机构的

① 刘成杰：《日本最新商法典译注》，中国政法大学出版社 2012 年版，第 21 页。

开设、商号及其所有人的变更、特别商事代理权的授予和撤销、[①]公司组建有关登记等。[②]根据《企业法人登记管理条例》和《公司登记管理条例》第9条规定，我国必要登记事项包括：名称、住所、经营场所、法定代表人、经济性质、经营范围、经营方式、注册资金、从业人数、经营期限、分支机构、营业期限、有限责任公司股东或者股份有限公司发起人的姓名或者名称。其中经济性质、经营方式和营业期限登记属于过去计划管理体制之遗迹，不符合国际惯例，应当无此必要。

本建议稿认为，必要登记事项应当包括以下事项。第一，名称。名称是商人身份的，没有名称无以显示其独立身份。另外，名称涉及交易安全，不允许商人不经登记任意改变使用自己的名称，也不允许使用多个名称。第二，住所。登记的住所具有唯一性，因为其在法律上具有许多重要意义，它可以确定商人的诉讼管辖地、法律文书等文件的送达地，有时还被推定为商业合同的履行地。住所应当与登记机构属于同一地区（我国的中央企业除外，但这是区别对待的结果）。我国一般以主要办事机构为商人的住所。第三，法定代表和经理。法定代表包括目前法律法规所规定的法定代表人和主要负责人。经理也为法定代表。这些都是可以对外全权代表商人的，因此必须登记。第四，商人企业主要投资人的信息。这些投资人或多或少要承担相应的责任，例如，股东可能要因有限责任被否认而承担责任，而合伙人则要对合伙债务承担无限连带责任。第五，经营范围。最初，登记经营范围是政府控制商人经营的重要手段，随着经济自由日益受重视，现代国家一般不对经营范围进行要求。美国的登记申请者一般将自己的经营范围登记为可以经营任何法律允许事项。不过，经营范围在一定范围内还是有其意义的。市场中总有个别行业是需要特许经营的，此时

---

① 上述登记事项散见于《德国商法典》第29、13c 、13、31 条和第53条第1、3款。

②《股份公司法》第36条，《有限责任公司法》第7条。

经营范围登记便有了用武之地。不过，这并不代表登记具有特许的功能，真正实施特许的是行政机关或一些商会组织。如果由登记机关来做这些监督管理的事，似乎超越了登记机关设立的初衷。另外，为了限制经营者，平衡投资者与交易相对人的利益，也可以规定经营范围登记起到限制商人企业中法定代表人及其他代表人对外代表权限的功能，即相对人在知道代表人超越此经营范围而依然与之交易的，视为无权代表。第六，分支机构。为保障交易安全，商人应当清晰地登记其在各地所设置的分支机构。

部分商人应当登记的事项：第一，注册资本。有限责任公司和股份有限公司应当登记注册资本登记。注册资本不等于实际资产，不能直接用来还债。但是，登记注册资本仍然具有重要意义：其一，注册资本表明股东应当向债权人所负的担保责任。我国废除最低注册资本制之后，[①] 该担保责任是股东自愿承担的定量的担保责任。这一担保责任未经法定程序不得收回。例如，公司未经法定程序不得减少注册资本，任意减少注册资本相当于抽回资本。其二，注册资本不完全等同于股本或实收资本等会计科目。注册资本首先是商法上的意义，即有公示的作用。注册资本一经登记，当公司不能偿还债务时，股东即有义务证明自己已将其认缴的注册资本缴付公司，否则即应当承担责任。第二，独资企业应当依法登记其投资人；合伙企业应当登记其普通合伙人和有限合伙人；有限责任公司应当登记其股东的姓名或者名称；股份有限公司应当登记其发起人的姓名或者名称。这些内容都事关交易安全，应当予以明确规定。

值得说明的是，很多国家并没有关于经营期限的登记。我国目前法律法规要求经营期限之规定并无必要。至于合伙企业，可能有经营期限约定的必要，但此为合伙协议之内容。公司章程也可以有经营期限的规定。经

---

① 完全采取英美法上的一元公司的情况可能不符合我国的实际情况。毕竟在我国市场经济体制并不完善，商业诚信极端缺乏的环境中，强调公司主要投资人个人信用还是有必要的。

营期限可随合伙协议和公司章程的公示而公示。

前述事项发生变动的，应当依法进行变更登记。此乃当然之理，否则登记将随着事项的任意变更而变得没有意义。

（3）关于“登记效力”的条款

一般地，公信效力为第三人视角，其利益在第三人；对抗效力为登记人视角，其利益在登记人。在德国，公信效力和对抗效力被规定在《德国商法典》第 15 条，该条被认为是整个商法典中最为重要同时也是最为复杂的条款之一。[①] 在日本，公信效力和对抗效力被规定在《日本商法典》第 9 条，为商业登记一章的核心条款。

建议稿分为三款，第一款规定的是公信效力，第二款规定的是消极对抗效力，第三款规定的是积极对抗效力。

其一，积极对抗效力。积极对抗效力，指应登已登事项视为存在，登记人可以以此应登已登事项对抗第三人。为此，建议稿作如下规定：“已经对某事项进行登记的，第三人必须承受登记事项的效力。对于在登记后 15 日之内实施的法律行为，第三人证明其既不明知也不应知该事实为限，不适用此种规定。”该款第二句缓和了积极对抗效力。那些刚刚进行的登记对第三人产生绝对对抗效力则对第三人并不公平。该款主要源于《德国商法典》第 15 条第 2 款规定。

其二，消极对抗效力。消极对抗效力，指应登未登事项推定不存在，应登记人不得以此应登未登事项对抗善意第三人。为此，建议稿作如下规定：“商人不得以未经登记的应登记事项对抗第三人，但此事项为第三人所知的除外。”例如，商人更换法定代表人，如未进行登记，于应登记人，不得主张该法定代表人更换对第三人具有效力。消极对抗效力与公信效力有些类似。但是，公信效力是由第三人主张，而消极对抗效力则由登记人

① 参见［德］C. W. 卡纳里斯:《德国商法》，杨继译，法律出版社 2006 年版，第 80 页。

主张。该款主要渊源于《德国商法典》第 15 条第 1 款规定。

其三，公信效力。公信效力，指善意第三人信赖登记内容所为的行为，应当认定有效。为此，建议稿作如下规定："对应登记的事实已经进行不正确登记的，第三人可以对登记人援用已经登记的事实，但第三人明知不正确的，不在此限。""所有在商业登记簿中登记的事项都推定具有合法性和准确性。如果官方的公告宣布某一事项已在商业登记簿中进行了登记，那么信赖这一公告的第三人将受到保护，即使官方的公告或有关的登记事项虚假不实，只要有关的商人对此既无责任也不知情，也就够了。"① 该款渊源于《德国商法典》第 15 条第 3 款。

（三）立法例

1. 关于"一般规定"的立法例

《日本商法典》第 8 条规定："本编所规定之应登记事项，通过当事人的申请，依商业登记法（昭和 38 年法律第 125 号）规定登记于商业登记簿。"

《日本商法典》第 10 条规定："依本编规定，登记之事项发生变更或该事项已消失时，当事人应立即办理变更登记或注销登记。"

《民法总则》第 64 条规定："法人存续期间登记事项发生变化的，应当依法向登记机关申请变更登记。"

《民法总则》第 66 条规定："登记机关应当依法及时公示法人登记的有关信息。"

2. 关于"必要登记事项"的立法例

《公司法》第 32 条规定："公司应当将股东的姓名或者名称及其出资额向公司登记机关登记；登记事项发生变更的，应当办理变更登记。未经登

① ［德］罗伯特·霍恩、海因·科茨、汉斯·G. 莱塞：《德国民商法导论》，楚建译，中国大百科全书出版社 1996 年版，第 246 页。

记或者变更登记的，不得对抗第三人。”

《企业法人登记管理条例》第 9 条规定：“企业法人登记注册的主要事项：企业法人名称、住所、经营场所、法定代表人、经济性质、经营范围、经营方式、注册资金、从业人数、经营期限、分支机构。”

《企业法人登记管理条例》第 17 条规定：“企业法人改变名称、住所、经营场所、法定代表人、经济性质、经营范围、经营方式、注册资金、经营期限，以及增设或者撤销分支机构，应当申请办理变更登记。”

3. 关于“登记效力”的立法例

《瑞士债务法》第 933 条第 1 款规定：“商事登记发生对第三人的效力后，任何人不得以不知该登记为理由，而为抗辩”。

《瑞士债务法》第 933 条第 2 款规定：“依规定应为登记的事项而未登记于商事登记簿者，不得以之对抗第三人，但能证明该第三人明知其事项者，不在此限。”[①]

《意大利民法典》第 2193 条规定：“对于法律规定必须进行登记的企业行为，自完成登记之时起，第三人不得再以不知晓登记为由提出异议。”

《德国商法典》第 15 条第 1 款规定：“在应登入商业登记簿的事实尚未登记和公告期间，在其事务上应对此种事实进行登记的人，不得以此种事实对抗第三人，但此种事实为第三人所知的，不在此限。”

《德国商法典》第 15 条第 2 款规定：“已经对此种事实进行登记和公告的，第三人必须承受事实的效力。对于在公告后 15 日之内实施的法律行为，以此第三人证明其既不明知也不应知此种事实为限，不适用此种规定。”

《德国商法典》第 15 条第 3 款规定：“对应登记的事实已经进行不正确

---

① 例如，商人更换法定代表人，如未进行登记，于应登记人，不得主张该法定代表人更换对第三人具有效力。

公告的，第三人可以对在其事务上应对此种事实进行登记的人援用已经公告的事实，但第三人明知不正确的，不在此限。”

《日本商法典》第9条规定：“本编所规定之应登记事项，未经登记不能对抗善意第三人。即使已做登记，当第三人因正当事由而未能知悉登记事项时，登记同样不具对抗效力。故意或过失登记不实事项者，不能以此事项乃不实为由对抗善意第三人。”

我国台湾地区“商业登记法”第20条规定：“商业设立登记后，有应登记事项而未登记，或已登记事项有变更而未为变更之登记者，不得以其事项对抗善意第三人。于分支机构所在地有应登记事项而未登记，或已登记事项有变更而未为变更之登记者，前项规定，仅就该分支机构适用之。”

我国台湾地区“公司法”第12条规定：“公司设立登记后，有应登记之事项而不登记，或已登记之事项有变更而不为变更之登记者，不得以其事项对抗第三人。”

《民法总则》第65条规定：“法人的实际情况与登记的事项不一致的，不得对抗善意相对人。”

七、商业簿记

（一）建议条款

第×条［簿记义务］

商人负有义务制作账簿，并根据规定的簿记原则，在账簿上明确记载其商事活动和财产状况。

第×条［会计要素］

会计要素包括资产、负债、所有者权益、收入、费用和利润六大类型。

资产是指企业过去的交易或者事项形成的、由企业拥有或者控制的、预期会给企业带来经济利益的资源。

负债是指企业过去的交易或者事项形成的，预期会导致经济利益流出企业的现时义务。

所有者权益是指企业资产扣除负债后由所有者享有的剩余权益。

收入是指企业在日常活动中形成的、会导致所有者权益增加的、与所有者投入资本无关的经济利益的总流入。

利润是指企业在一定会计期间的经营成果。利润包括营业利润（收入减去费用后的净额）和直接计入当期利润的利得和损失等。

商人应当按照规定的会计计量属性进行计量，确定相关金额。

第 × 条［会计报表］

商人应当依法编制资产负债表和利润表。

经营规模较小的独资企业可以不编制前款所列报表，仅须在每个会计年度向登记机关报告资产负债清单。

资产负债表，是反映会计主体某一特定日期的财务状况的会计报表。

利润表，是用以反映会计主体在一段会计期间经营成果的会计报表。

第 × 条［簿记原则］

商业簿记应当遵循正常簿记和真实完整原则，使具有鉴定能力的第三人能够在适当的时间内了解经济业务和企业的状况。关于簿记的具体规则，由法律、行政法规另行规定。

第 × 条［账簿保存期限］

商业账簿的保存期限为 10 年。

（二）条款说明

1. 一般理论

（1）定义与功能

商业账簿，是指商人依法定规则设置的表示资产状况和反映营业信息的商业簿册。设置商业账簿是商人的法律义务，且商业账簿是按照法定或公认的会计准则制定的，不允许任意设置。我国对商人设置商业账簿的义务分散于《个人独资企业法》、《合伙企业法》和《公司法》之中。

商业簿记的主要功能是信息公示。公示内容：第一，表示财产状况。商人是以账簿作为自己拥有或占有某项财产的凭据，尽管这种拥有可能是会计意义上的，但基本可以作为商人法律上拥有某项资产的凭据。商业账簿可以完整地表示商人财产的来龙去脉，如果没有商业账簿，商人的财产独立将是一句空话。第二，反映营业信息。商人的营业活动基本上都可以由商业账簿来反映，它可以记录并监控商人商业活动的方方面面，记录商人营业的得失，为经营决策、利润分配提供依据。依德国法律，“簿记必须使具有鉴定能力的第三人能够在适当的时间内了解经济业务和企业的状况。对经济业务必须能够在其发生和处理上进行追踪”。①

（2）产生与意义

据考证，古代埃及的“散页账簿记”是最早的商业账簿。也有人认为，欧洲 10 世纪的海商贸易才是商业账簿的最早起源。② 彼时，往返于地中海的商船开始对自己所从事的商业活动进行文字记载，对货物进行记账，并有一些商船设专人作“书记”。这是商业簿记制度的最初形态。③ 可见，设立商业账簿最初是商人的自愿行为。商人需要核算经营成果，需要以此作为商业决策的依据。随着有限责任公司和股份公司的出现，设置商业账簿对于交易安全和投资安全有了意义。商业账簿的产生也有征税的需要。不过，商业会计和税务会计的基本原理虽基本相同，但也存在重大差别。只要明白两者的目的就可以理解了。商业账簿的目的是审慎经营，监督经营者，避免经营者夸大利润；而税务会计的目的是征税，自然利润越

①《德国商法典》第 238 条第 1 款。

② 参见任先行、周林彬：《比较商法导论》，北京大学出版社 2000 年版，第 259 页。

③ 参见范健：《德国商法：传统框架与新规则》，法律出版社 2003 年版，第 264 页。

多，征税越多。

商业账簿是商业实践自身的需要。即使没有强制立法，实践中多数商人也会设置商业账簿。强制立法则是增加了商业账簿的权威性和统一性，对于节约交易成本则显然是有益处的。商业账簿仅是大陆法系对于商人的要求，于英美法系早期立法，法律一般并不对商人设置账簿作强制性要求。当然，如果商人不设商业账簿，于破产时对自身是极其不利的，因此，商人营业时不可能不设商业账簿的。[①] 这种自由往往仅是小商人的自由，对于公众公司来说，即使没有破产之虞，基于投资人的要求，也是不可能不设商业账簿的。这反映了商业账簿是商业实践的需要。

商业簿记有如下意义：第一，对商人自身的意义。一是实现商人人格独立的工具。例如公司，法律要求其必须设置账簿，以保持其财产独立；二是商人的经营决策的依据；三是商人治理、内部控制的重要组成部分；四是可以彰显商人的信誉。[②] 第二，对投资者的意义。商业簿记是两权分离的重要基础。商业账簿是投资人进行投资决策、了解所投资企业财产状况和经营信息、行使投资人权利的重要依据。第三，对交易相对人的意义。相对人相信商人有独立的经营资产能够履约的基本依据之一就是商人应该有一个商业账簿以确保商人的资产不会被随意挪用。在商人破产时，商业账簿也是确定破产财产的重要依据。商业账簿可能不能代替法律上的占有和拥有的功能，但如果没有商业账簿，商人的拥有和占有一项财产将是很难被证明的。

（3）商业账簿法的性质

商业账簿法的性质存在争议。我国学者通常将商业账簿法归入商法范围，并作为商法兼具公法性的论据。理由是，商业账簿不是民商主体的自

① 参见赵中孚主编:《商法总论》(第 4 版)，中国人民大学出版社 2009 年版，第 203 页。

② 参见樊涛、王延川:《商法总论》，知识产权出版社 2010 年版，第 161 页。

身需要，并非反映平等主体之间的自愿法律关系。[①]在德国，存在一些共识：它和通过记录自我管理有关，而且服务于债权人保护和公共利益。据此，卡纳里斯认为商业账簿法尽管也是有关商人的特别法，但它是公法。理由是，第一，商业账簿法尽管服务于债权人，但其对债务人的保护采取的是制度保护而不是个体保护。个别债权人的具体利益得不到保护，被保护的是支付和信用交易，债权人得到的保护似乎只不过是制度保护所投射的利益。[②]第二，商业账簿法保护的是普遍利益或者说是公共利益，它不规制私法主体之间的其他关系。第三，商业账簿法有一些制裁条款，这些条款体现了国家主权的特征。[③]

本书认为，商业账簿法属于私法。第一，商业账簿法并不完全是制度保护法。企业不设商业账簿或设置的商业账簿混乱，债权人可以作为滥用有限责任的依据从而直接向责任人主张权利。公司法中大量的条款也是提供制度性保护的条款，例如有关公司治理的规定，但并不能否认其私法性。第二，商业账簿并不是因为公共利益而产生。设立商业账簿起初是商人的自愿行为。商人需要核算经营成果，需要以此作为商业决策的依据。目前所谓的公共利益还主要局限于商事交易范围，体现的是对交易效率和交易安全的追求。第三，商业账簿法中的制裁性条款，当然属于公法性条款，但这不过为了立法简便而将这些条款规定在商业账簿法之中。正如前述，公司法、票据法中也存在大量的制裁性条款，但也不能以此否认公司法、票据法的私法性。

商业簿记是做到财产独立至为重要的法律工具。一定意义上，商业

---

① 参见王明锁：《论商事账簿及其法律关系的性质》，载《法学杂志》2011 年第 3 期。作者仅仅看到了国家强制立法的一面，没有看到商业账簿对商人、投资者和相对人的重要意义。不能只要看到强制性规范即认为是公法规范。

② 参见［德］C. W. 卡纳里斯：《德国商法》，杨继译，法律出版社 2006 年版，第 353 页。

③ 参见［德］C. W. 卡纳里斯：《德国商法》，杨继译，法律出版社 2006 年版，第 2、350 ~ 353 页。

簿记起到了物权登记簿的作用。对于动产和其他财产权利，往往以商业簿记作为权利占有或拥有的标志。没有簿记，对于商人来说是很难区分各种财产的具体归属的。并不是所有的权利都能像在物权登记簿上那样进行登记。另外，两权分离造成的代理风险，也使设置商业账簿成为股份公司商业实践之必需：如果没有商业账簿，将无法保证投资者的信心。立法者有义务平衡投资者、经营者和相对人的利益，从而有义务让商人财产做到独立，继而商业簿记便成为商人人格构筑的重要工具。

（4）立法体例

以商法是否具体记载商业账簿的具体记载方法为内容，商事账簿立法内容，一种是规范主义，即对账簿内容的记载方法和账簿种类，有详细规定，例如法国商法和1999年德国新商法。随着时间的推移，商业账簿法在商法中的地位越来越重要。法国早在《法国商事敕令》中就有商业账簿的规定。1807年《法国商法典》则有一编“商人会计”共计10条。1983年后则增加到了27条。1998年德国商法改革之前，《德国商法典》中的商业账簿没有独立成编，混杂于第一编总则之中，且条文较少。1998年之后，商业账簿法地位十分重要，其不但在商法典中独立成编，篇幅也占到整个商法典的1/3。我国最早的商事立法《钦定大清商律》也采此种立法例。《钦定大清商律》中的总则部分共有9条，其中有4条涉及商业账簿立法。另一种是非规范主义，法律仅规定商人有备置商业账簿的义务，但不规定商业账簿的具体记载方法。此为德国旧商法所采主义。德国新商法已经改变为规范主义。本书认为，应当采规范主义。会计是一种语言，主要为营业所用，没有必要如一般性的语言一样需要保留其多样性。语言的不统一必然带来交易成本的增加。

商业账簿法的立法体例。第一种是将商业账簿规定于商法典中；第二种是制定专门的商业会计法，例如我国台湾地区；第三种是将商业账簿法规定于《公司法》或《证券法》之中，前者多为英联邦国家，而后者则以美国为代表。

有学者反对将商业账簿立法纳入商法之中，支持目前统一会计法立法模式。其依据是商业账簿法与其他主体的账簿法没有区别，制定统一的会计法即可。[①] 此种做法极为不妥。一则商业账簿法与公法上的政府机关的账簿法有重大差别，不可同日而语，不能统一规定。二则我国现行会计法充满了众多管制性，并不符合商业账簿法的真实本意。必须认识到，商业账簿法与会计管理法的区别。商业账簿法是基于商业实践的需要，主要体现为一些商业习惯的法律规则化，而会计管理法则体现国家对各个行业的会计行为的监督管理，它是基于公共利益或国家利益的需要。我国目前将会计核算的基本规则和会计行为的监督笼统规定于一部《会计法》之中，笔者认为不太科学，也不利于商法学科避免公权力的侵蚀。三则我国目前立法将财务会计制度交由财政部门制定，笔者认为也不妥当。一个政府的财政部门为何可以主持制定商人所用的商业账簿法？部门立法导致行政管制不说，体现部门利益则是无可避免。

鉴于制定商法典的可能性不大，现实的做法可能采我国台湾地区例，制定专门的商业账簿法。如果以后制定《商法通则》，则可以将商业账簿的一些基本规定纳入《商法通则》。《商法通则》作为基本法，不应当频繁改动。商业账簿法则可以满足不断修订的需要。至于纳入《公司法》，则显得较为狭窄。商业账簿尽管只强制公司适用，但对一般企业无疑也有指导意义，因此，制定商业账簿法较为适宜。同时，严格区分私法意义上的商业账簿行为和公法上的会计监督行为，尽量减少公法的规定，相信市场自律。

应当铭记商业账簿于商法的意义。“商法之所以有今天，多亏了会计

---

① 参见王明锁:《论商事账簿及其法律关系的性质——兼论〈商事通则〉的不可行》，载《法学杂志》2011 年第 3 期。

学。”“企业的会计代表机构确定了把企业看作是独立核算实体的主要因素。一切，包括商法在内，无来自企业与企业主的分开，因为由此引出了明确财产存在和法人资格的识别。”会计学（复式簿记）“作为社会变迁的因素，促成了商法的出现，其应用范围之广，可与电、蒸汽和现代冶金术相媲美”。①

2. 具体条款的说明

（1）关于“簿记义务”的规定

关于“簿记义务”的规定，实际上是规定商业账簿法的规范对象。这里规定所有商人均有簿记义务。尽管这对于普通合伙企业和独资企业似乎有些严苛，设置账簿无疑会增加其经营成本，但设置商业账簿也不是没有好处的。对于普通合伙人或独资企业投资人的好处即是可以享受补充责任的待遇。如不设账簿，企业无法证明自己的财产与投资人分离，投资人应当直接向债权人承担责任。由于实践中个体工商户不需要设置账簿，② 近来年，地方政府基于增收的需要，强制将个体工商户转为独资企业的做法是受到批评的。③

我国现行立法中，《公司法》和《合伙企业法》要求公司和合伙企业建立财务、会计制度，④《个人独资企业法》要求独资企业设置账簿。⑤ 需要指出的是，《公司法》也有一些不合理的规定。例如，《公司法》第 164 条

① [法] 克洛德·商波：《商法》，刘庆余译，商务印书馆 1998 年版，第 40 页。

② 依 1986 年《财政部关于个体工商户账簿管理的规定》（已废止）第 1 条规定，“凡从事工业，商业、服务业、建筑安装业、交通运输业以及其他行业的城乡个体工商业户，都必须按照税务机关的规定建立、使用和保管账簿、凭证，并接受税务机关的监督检查”。但实践中，要求个体工商户设立账簿的规定基本无法操作。

③ 媒体报道：《广东江门个体户被强制转为企业专家称应尊重市场》，载中国广播网：http://china.cnr.cn/yaowen/201305/t20130519_512617305.shtml，最后访问日期：2017 年 10 月 30 日。

④《公司法》第 163、171 条。《合伙企业法》第 36 条。

⑤《个人独资企业法》第 21 条。

要所有公司财务会计报告均需要经会计师事务所审计的规定。本书认为，仅有上市公司才有必要审计财务会计报告，一般公司则没有必要。因为审计费是一笔不菲的费用。同时，如果没有强有力的社会监督，那么，审计的可靠性也缺乏保证。

商人在账簿上明确记载其商事活动和财产状况时，应当遵循规定的簿记原则。

（2）关于“会计要素”的规定

企业经营活动非常复杂。利用会计语言对企业经营活动进行计量、管理和监督是商业账簿的主要功能。会计是准确描述企业经济活动的语言。不过，会计这种语言也有局限性，其只能对可以货币计量的经济活动进行描述。这些经济活动被具体类型化即被称为会计要素（如果说会计是一门语言，那么会计要素则是单词）。会计要素有其特定的内在规定性。这种规定性使其与类似的法律概念相关性很大。会计要素按照其性质分为资产、负债、所有者权益、收入、费用和利润六大类型。其中，资产、负债和所有者权益要素侧重于反映企业的财务状况，收入、费用和利润要素侧重于反映企业的经营成果。会计要素的界定和分类可以使财务会计系统更加科学严密，为投资者等财务报告使用者提供更加有用的信息。①

第一，资产。资产是指企业过去的交易或者事项形成的、由企业拥有或者控制的、预期会给企业带来经济利益的资源。企业拥有的资产并不等于企业拥有的财产。资产与法律上财产的概念不能等同。资产的特征如下：其一，为企业拥有或控制的资源。如果企业控制了这些经济资源，也符合会计上对资产的定义。例如，在法律上，融资租赁财产的所有权属于租出方。但在会计上，如果融资租赁合同规定的租赁期长到接近于该融资租赁

① 下面各会计要素的定义及其特征是根据财政部颁布的《企业会计准则——基本准则》（1992 年财政部制定，2006 年修订）和《企业会计基本准则指南》编写。

物的使用寿命，那么此时该资产实际上为租赁方所控制，此时应当将其作为资产予以确认。其二，预期会给企业带来经济利益。能否带来经济利益是资产的本质特征。不能带来经济利益的财产，不能确认为资产。例如，如果固定资产因为技术进步而不再具有利用价值，那么该固定资产整体上就不能再视为企业的资产，仅有固定资产的预计处理残值可以确认为企业资产。其三，是由企业过去的交易或者事项形成的。预期在未来发生的交易与事项不形成资产。据此，企业所拥有的信贷额度不能被确认为资产。经济利益能否流入或能够流入多少具有不确定性。因此，资产的确认只要求与资源有关的经济利益很可能流入企业即可。此外，资源的成本或者价值能够可靠地计量。要说明的是，可计量性是所有会计要素确认的重要前提。

第二，负债。负债是指企业过去的交易或者事项形成的，预期会导致经济利益流出企业的现时义务。负债的特征如下：其一，是企业承担的现时义务。未来发生的交易或者事项形成的义务，不属于现时义务。义务可以是法定义务，也可以是根据企业多年来的公开的承诺、习惯做法或者公开宣布的政策而导致企业将要承担的责任。其二，预期会导致经济利益流出企业。例如，偿还负债或导致现金或实物流出等。其三，是由企业过去的交易或者事项形成。企业将在未来发生的签订的合同、承诺等交易或事项，不形成负债。同样地，确认负债也仅与义务有关的经济利益很可能流出企业。履行义务所需流出的经济利益带有不确定性，尤其是与推定义务相关的经济利益通常需要依赖于大量的估计。因此，负债的确认应当与经济利益流出的不确定性程度的判断结合起来。

第三，所有者权益。所有者权益是指企业资产扣除负债后由所有者享有的剩余权益。所有者权益是所有者对企业资产的剩余索取权。相应地，债权则是公司的固定索取权。资产等于所有者权益加上负债。所有者权益既包括所有者投入的经济资源，也包括企业自身积累的经济资源。所有者投入的经济资源或者形成实收资本，或者构成资本公积。资本公积通常是由资本溢价形成的。一个非原始投资者购入已经存在的公司的股权时，其所付出的对价并不会全部计入企业资本，这个溢价应当计入资本公积。资本反映的是股东权力比例关系。后来者当然要比原始股东付出较多的溢价才能购买公司股份。所有者权益的确认和计量主要取决于资产等其他会计要素的确认和计量。通常，企业收入增加时，资产会增加，所有者权益相应也会增加；企业发生费用时，负债会增加，所有者权益相应地会减少。因此，企业日常经营的好坏和资产负债的质量直接决定着企业所有者权益的增减变化和资本的保值增值。所有者权益即是企业的净资产，是资产总额中扣除债权人权益后的净额。通常，债权人享有的对企业资产的固定索取权要优先于所有者对企业资产的剩余索取权。但所有者掌握企业的控制权。这反映了风险与权力应当相适应。

第四，收入。收入是指企业在日常活动中形成的、会导致所有者权益增加的、与所有者投入资本无关的经济利益的总流入。收入的特征如下：其一，收入是企业在日常活动中形成的。非日常活动所形成的经济利益的流入不能确认为收入。比如，处置固定资产或无形资产所形成的净利益应当确认为利得而不是收入。其二，收入会导致所有者权益的增加。企业借入款项，尽管流入了经济利益，但并不导致所有者权益的增加。因此，不应将其确认为收入，而应当确认为一项负债。其三，收入是与所有者投入资本无关的经济利益的总流入。所有者投入资本的增加不应当确认为收入，应当将其直接确认为所有者权益。收入应当符合以下条件：一是与收入相关的经济利益很可能流入企业；二是经济利益流入企业的结果会导致资产的增加或者负债的减少；三是经济利益的流入额能够可靠计量。

第五，费用。费用是指企业在日常活动中发生的、会导致所有者权益减少的、与向所有者分配利润无关的经济利益的总流出。费用的特征如下：其一，费用是企业在日常活动中形成的。销售成本和管理费用等可以计入费用。但企业非日常活动所形成的经济利益的流出，例如存货灭失，不能确认为费用，而应当计入损失。其二，费用会导致所有者权益的减少。其三，费用是与向所有者分配利润无关的经济利益的总流出。向投资者分配利润，是所有者权益的直接抵减项目，不应确认为费用。费用的确认应当符合以下条件：一是与费用相关的经济利益应当很可能流出企业；二是经济利益流出企业的结果会导致资产的减少或者负债的增加；三是经济利益的流出额能够可靠计量。

第六，利润。利润是指企业在一定会计期间的经营成果。利润是评价企业管理层业绩的最重要指标，也是投资者进行投资决策时的重要参考因素。利润包括营业利润（收入减去费用后的净额）和直接计入当期利润的利得和损失等。为更加全面地反映企业的经营业绩，企业应当严格区分收入和利得、费用和损失之间的区别。利润反映收入减去费用和利得减去损失后的净额。利润的确认取决于收入和费用以及利得和损失的确认。

（3）关于“会计报表”的规定

会计报表，是指依账簿记录定期编制的、概括反映会计主体特定时点和一段时期财务状况、经营成果以及现金流量等的书面报表。商业账簿分为会计凭证、会计账簿和会计报表。唯有会计报表是对外公开的。因此，会计报表是外界了解商人经营状况的一个窗口，是交易相对人、投资人等做出交易或投资决策的重要参考资料，因此十分重要。

各国都发现，要求公开公司披露信息并公布会计报表，是一种使投资者、债权人和资本市场的一般公众对公司及其经营管理进行监督的十分有效的方法。[①] 此外，经营者自身基于经营管理的需要，也需要总体了解企业的资产状况、经营成果和现金流量。为了保证真实性，各国法律还要

① 参见［德］罗伯特·霍恩、海因·科茨、汉斯·G. 莱塞：《德国民商法导论》，楚建译，中国大百科全书出版社 1996 年版，第 293 页。

求公开公司的会计报表必须经注册会计师审计。在德国，股份有限责任公司的会计报表还必须提交登记法院商业登记处进行登记（参见《德国股份法》第177条）。

第一，资产负债表。资产负债表（balance sheet，statement of financial position）是反映会计主体某一特定日期的财务状况的会计报表。年报一般反映公历每年12月31日时的财务状况。资产负债表表现了企业或公司资产、负债与股东权益的对比关系，能够确切反映公司的营运状况。资产负债表编制原理是"资产＝负债＋所有者权益"这一平衡公式。资产负债表的功能除用于企业内部管理外，也可让投资者和交易相对人以最短的时间了解企业经营状况。资产负债表是企业经营活动的静态体现。就报表基本构成而言，资产负债表主要包含了报表左边算式的资产部分，与右边算式的负债与股东权益部分。左边部分应当等于右边部分，即资产总额＝负债总额＋股东权益总额。左边资产部分反映企业目前控制的资源，而右边部分则反映了这些资源的来源：或来源于负债，或来源于所有者投资。

第二，利润表。利润表（income statement），又称损益表，是用以反映会计主体在一段会计期间经营成果的会计报表。该期间通常是每年的1月1日到12月31日。与资产负债表不同，利润表是一张动态报表。利润表可以反映企业的收入的实现情况、费用耗费情况以及企业生产经营活动的成果。因此，利润表是经营者进行经营决策，投资者进行投资决策和交易者进行交易决策的重要依据。其作用如下：其一，利润表可以作为经营成果的分配依据。其二，利润表能综合反映生产经营过程，是经营者进行经营管理的重要工具和进行经营决策的重要依据。经营成果自身即可以作为考核相关人员工作业绩的依据。通过将收入、成本费用、利润进行分析，可以为进一步的经营决策提供依据。其三，利润表可用来分析企业的投资价值。利润表可以看出一个企业的获利能力，并预测企业未来的现金流量。这些都为投资决策提供依据。利润表的编制应当遵循以下步骤：第一步，以营业收入为基础，减去营业成本、营业税金及附加、销售费用、管理费用、财务费用及其他损失收益等得出营业利润（或亏损）；第二步，以营业利润为基础，加减营业外收入和支出后，计算出利润（亏损）总额；第三步，以利润总额为基础，减去所得税费用后得出税后净利润。已公开交易的企业还应当在利润表中列示每股收益信息。

（4）关于“簿记原则”的规定

簿记原则用以保证会计信息质量，大致可以分为正常簿记原则和真实完整原则。

第一，正常簿记原则。① 在德国，该原则体现为清晰性、明确性、② 完整性、③ 一致性、持续性 ④ 和谨慎性要求。⑤ 正常簿记原则的基本要求在我国的会计准则中也有所反映。⑥ 例如，谨慎性原则是指在有不确定因素的情况下作出判断时，保持必要的谨慎，不抬高资产或收益，也不压低负债或费用。⑦ 对于可能发生的损失和费用，应当加以合理估计。谨慎性还包括只有收入和费用在其实现时才能确认，可预见的风险和损失要在其实现前确认等。

第二，真实完整原则。真实完整是指会计核算应当以实际发生的交易或者事项为依据进行会计确认、计量和报告，如实反映符合确认和计量要求的各项会计要素及其他相关信息，做到会计信息真实可靠、内容完整。⑧ 相比正常簿记原则，真实完整原则更为根本。不真实或有遗漏的会计信息

---

① 参见［德］C. W. 卡纳里斯:《德国商法》，杨继译，法律出版社 2006 年版，第 360 页。该原则体现于《德国商法典》第 238、243、246 条。

② 清晰性和明确性要求参见《德国商法典》第 238 条第 1 款第 2 句、第 238 条第 1 款第 3 句、第 243 条第 2 款。

③ 完整性要求参见《德国商法典》第 246 条。

④ 一致性和持续性是对资产负债表的要求，参见《德国商法典》第 252 条第 1 款第 1 项和第 6 项。

⑤ 谨慎性要求参见《德国商法典》第 252 条第 1 款第 4 项。

⑥ 除下面所提到谨慎性原则，《企业会计准则——基本准则》还提到了相关性和及时性等原则。

⑦《企业会计准则——基本准则》第 18 条。

⑧《企业会计准则——基本准则》第 12 条。

不但无意义，还有可能误导相关使用者。《德国商法典》第 264 条第 2 款要求资合公司的年度决算要符合真实性原则。但该原则仅适用于资合公司。这就存在一个巨大的法律漏洞。[①]

这里所规定的簿记原则仅是簿记的基本规则，具体规则还需要由法律、行政法规具体规定。需要指出的是，目前由财政部制定相关规则并不是十分恰当。

（5）关于“账簿保存期限”的立法例

商业账簿对各方当事人具有重要的意义，因而应当保存一定的期限。在我国，早期《钦定大清商律》时期，就对账簿保存期限进行了规定。各国对于商业账簿的保存均有要求，但保存时间的长短不一。例如，西班牙要求保存 5 年，法国、德国、日本、意大利等国要求至少保存 10 年，荷兰则规定为 30 年。我国未做统一的规定，但普通商业账簿至少要保存 10 年。[②]

（三）立法例

1. 关于“簿记义务”的立法例

《钦定大清商律》第 6 条规定，“商人贸易，无论大小，必须立有流水账簿，凡银钱货物出入以及日用等项均宜逐日登记”。

《钦定大清商律》第 7 条规定，“商人每年须将本年货物产业器具等盘查一次，并造册备存”。

《钦定大清商律》第 9 条规定，“无论是商人、公司，还是店铺，都必须遵守上述第 6、7、8 条的规定”。

《德国商法典》第 238 条规定，“商人负有义务制作账簿，并根据规定

---

① 参见［德］C. W. 卡纳里斯:《德国商法》，杨继译，法律出版社 2006 年版，第 364 页。《德国商法典》第 264 条第 2 款规定:“资合公司的年度决算应在符合通常簿记原则的情况下，反映该资合公司符合真实情况的财产、财务和收益状况。”

② 参见赵中孚主编:《商法总论》(第 4 版)，中国人民大学出版社 2009 年版，第 205 页。

的簿记原则，在账簿上明确记载其商事活动和财产状况”。[①]

《瑞士债务法》第957a条第1款规定，“下列各条关于会计和财务报告义务的规定，适用于：1. 上一营业年度的营业额在五十万法郎以上的独资企业和合伙；2. 法人”。

《瑞士债务法》第957a条第2款规定：“下列组织，仅须就其收支和财产状况，编制账册：1. 上一营业年度的营业额在五十万法郎以下的独资企业和合伙；2. 无须登记于商事登记簿的社团和财团；3. 依民法典第83b条第2款规定无须设立审计人的财团。”

《法国商法典》第8条（1983年4月30日第83-353号法律）规定：“任何具有商人身份的自然人或法人，其均应对影响其企业财产的活动进行会计登记；这些活动按时间顺序进行登记。上述自然人或法人应至少每年一次通过制作财产清单，对企业财产的资产与负债的存在和价值进行核对。上述自然人或法人，应到会计年度终了时，根据会计和财产清单，建立年度账目。年度账目包括资产负债表，损益账目和一个附件；三者构成不可分离的整体。”

《公司法》第164条第1款规定：“公司应当在每一会计年度终了时编制财务会计报告，并依法经会计师事务所审计。”

《公司法》第163条规定：“公司应当依照法律、行政法规和国务院财政部门的规定建立本公司的财务、会计制度。”

《公司法》第171条第1款规定：“公司除法定的会计账簿外，不得另立会计账簿。”

《合伙企业法》第36条规定：“合伙企业应当依照法律、行政法规的规

---

① 德国法上，广义的商业簿记包括制作商业账簿、编造财产清册和提交年度决算；狭义的商业簿记仅指制作商业账簿。范健著：《德国商法：传统框架与新规则》，法律出版社2003年版，第264页。本节如无特别说明，商业簿记，指制作商业账簿和提交会计报表及其相关的行为。商业簿记是商业账簿法规范的内容。

定建立企业财务、会计制度。”

《个人独资企业法》第 21 条规定：“个人独资企业应当依法设置会计账簿，进行会计核算。”

2. 关于“会计要素”的立法例

《企业会计准则——基本准则》[①] 第 20 条第 1 款规定：“资产是指企业过去的交易或者事项形成的、由企业拥有或者控制的、预期会给企业带来经济利益的资源。”

《企业会计准则——基本准则》第 23 条第 1 款规定：“负债是指企业过去的交易或者事项形成的、预期会导致经济利益流出企业的现时义务。”

《企业会计准则——基本准则》第 26 条第 1 款规定：“所有者权益是指企业资产扣除负债后由所有者享有的剩余权益。”

《企业会计准则——基本准则》第 30 条规定：“收入是指企业在日常活动中形成的、会导致所有者权益增加的、与所有者投入资本无关的经济利益的总流入。”

《企业会计准则——基本准则》第 33 条规定：“费用是指企业在日常活动中发生的、会导致所有者权益减少的、与向所有者分配利润无关的经济利益的总流出。”

《企业会计准则——基本准则》第 37 条规定：“利润是指企业在一定会计期间的经营成果。利润包括收入减去费用后的净额、直接计入当期利润的利得和损失等。”

3. 关于“会计报表”的立法例

《德国商法典》第 240 条第 1、2 款规定：“……任何商人均应在其营业开始时，将其土地、债权和债务、现金的数额以及其他财产作成目录，并注明各项财产和债务的价值。（2）自此以后，商人应为每个营业年度的结

①《企业会计准则——基本准则》由财政部 1992 年制定，2006 年修订，2014 年修改。

束编制此种财产目录。营业年度的期间不得超过 12 个月。财产目录应在符合通常营业的时间内编制。”

《德国商法典》第 242 条规定：“商人应在其营业的开始和每个营业年度的结束，编制表现其财产和债务关系的决算。商人应为每个营业年度的结束编制该营业年度的费用和收入的对照表（损益表）。资产负债表和损益表（利润表）共同构成年度决算。”[①]

4. 关于“簿记原则”的立法例

《德国商法典》第 238 条第 3 款规定：“簿记必须使具有鉴定能力的第三人能够在适当的时间内了解经济业务和企业的状况。对经济业务必须能够在其发生和处理上进行追踪。”

5. 关于“账簿保存期限”的立法例

《钦定大清商律》第 8 条规定：“凡商业账簿及关于营业之信书，要保存 10 年，若于 10 年内有丧失，要呈报商部。”

第三节　商人单行法

商法根据成员承担责任形式的不同，主要规定了独资企业、合伙企业和公司企业三种商人类型。我国立法机关对这三种商人类型分别制定了相应的法律。

---

① 关于编制要求，《德国商法典》第 246 条要求年度结算应当完整包括财产、债务、递延项目、费用和收入；资产方的项目不得与负债方的项目结算，费用不得与收入结算，土地权利不得与土地负担结算。第 247 条规定资产负债表“应单独列示固定资产和流动资产、自有资本、债务以及递延项目”。第 248 条规定了禁止在资产负债表上列示的项目：“设立企业和筹措自有资本的费用，不得作为资产项目列入资产负债表。对于固定资产中非以有偿方式取得的无形财产，不得设置资产项目。订立保险合同的费用不得作为资产列示。”第 249 条以下项目对准备金、递延项目、财产和债务的估价原则等作出了规定。

本节所讨论的单行法大致分为三个部分，第一部分讨论一般理论，第二部分讨论单行法的主要内容，第三部分讨论现行法的修订建议。

一、独资企业法

（一）一般理论

独资企业（sole proprietorshin 或 individual business），[①] 指依法设立，由一个自然人投资，投资人以其个人财产对企业债务承担无限责任的商人。[②] 我国学界和立法机关一直试图寻找欧美国家的独资企业立法例以便予以借鉴。"然而无论在正式的法律文件，还是在浩瀚的法学著术中，都难得见到关于独资企业的系统论述。"造成这种局面的原因是："独资企业投资主体单一、内部组织机构和内部关系简单、企业主与企业关系紧密所决定的。在立法者看来，独资企业的大多数义务，都不过是企业主个人的义务，法律除了要求企业主遵循适用于所有商人的一般商业规范外，没有必要再为独资企业另立一套专门的规范。"[③] 但是，我国还是在个体工商户之外，制定了专门的"独资企业法"。这反映了我国立法机关欲通过立法加强独资企业商人法义务的立法期望。

本书认为，个体经营者（个体工商户）不是商人。[④] 个体工商户，指依法登记的从事商业经营的自然人。[⑤] 个体工商户，个人经营，个人承担

① 如无特别说明，本书的独资企业均指个人独资企业。

②《个人独资企业法》第 2 条。

③ 赵旭东:《独资企业立法研究》，载《政法论坛》1995 年第 1 期。

④ 与国外的小商人相似而不相同。不同在于小商人不需要登记；相同在于商法在商号、商业账簿、经理人等方面都不作要求。德国旧《商法典》第 4 条，《日本商法典》第 7 条。

⑤《民法总则》第 54 条、《民法通则》第 26 条和《个体工商户管理条例》第 2 条。《个体工商户管理条例》由国务院 2011 年 4 月 16 日颁布，2014 年 2 月 19 日修订。

责任；家庭经营，家庭承担责任。[①] 个体经营者与其投资人人格是统一的。个体经营者多为生存性营业，不宜对其附加过多商法上的义务。虽不宜直接认定为商人，但个体经营者从事商行为时，仍然应当适用商法规则并遵循商法的价值和原则。易言之，个体经营者不是商人，但可以成为商主体。个体经营者要承担的可能唯一的商法上义务便是《消费者权益保护法》上的经营者的义务。个体工商户显示出顽强的生命力。截至 2015 年 4 月底，全国实有企业 1927.6 万户，而全国个体工商户实则有 5139.8 万户，远高于各类企业的总和。[②] 但是数量上的优势并不能反映个体工商户艰难的生存状况。国家应该大幅减免个体工商户的各种税费。

本书同样不认为小商贩为商人。小商贩，指未经过工商登记，无固定经营场所，利用公共空间从事小规模经营的商业经营者。[③] 小商贩最主要的特点是无照经营。如果认为经营权必须经过政府许可，那么小商贩当然处于违法经营的境地。[④] 我国政府一直认为经营权要经过国家许可，并由

① 《民法总则》第 56 条。

② 参见国家工商行政管理总局：《2015 年 4 月全国市场主体发展报告》，载国家工商行政管理总局网：http://www.saic.gov.cn/zwgk/tjzl/zhtj/xxzx/201505/P020150520619283729167.pdf，最后访问日期：2017 年 10 月 30 日。

③ 参见李建伟：《从小商贩的合法化途径看我国商个人体系的建构》，载《中国政法大学学报》2009 年第 6 期。小商贩民间有很多称呼，如走鬼、摊商、小贩、游商、货郎、小商小贩、无证商贩、自由商贩、流动商贩、游商浮贩等。

④ 2016 年 4 月，内蒙古自治区巴彦淖尔市临河区人民法院以被告人王力军未办理粮食经营许可证和工商营业执照而进行粮食收购活动，违反《粮食流通管理条例》相关规定为由，依据《刑法》第 225 条第（四）项规定，以非法经营罪判处被告人有期徒刑一年，缓刑二年，并处罚金人民币 2 万元。判决生效后，引发舆论高度关注。2016 年 12 月 16 日，最高人民法院作出（2016）最高法刑监 6 号再审决定书，指令由巴彦淖尔市中级人民法院对该市临河区人民法院一审判决生效的被告人王力军非法经营一案进行再审。2017 年 2 月 17 日，法院经再审改判王力军无罪。《内蒙古农民收购玉米被判非法经营罪案将再审》，载《人民法院报》2016 年 12 月 31 日；《王力军收购玉米被判非法经营罪一案再审改判无罪》，载新华网：http://news.xinhuanet.com/legal/2017-02/17/c_1120484291.htm，最后访问日期：2017 年 10 月 30 日。上述事件无论从法理还是政策角度都不应当发生。早在 2003 年，《中共中央国务院关于促进农民增加收入若干政策的意见》（2003 年 12 月 31 日，2004 年中央 1 号文件）即明确规定："对合法经营的农村流动性小商小贩，除国家另有规定外，免于工商登记和收取有关税费。"

国家颁发执照才能获得。[①] 本书认为，营业自由，经营权乃自然权利，天赋所有，垄断许可殊为不妥。公司、合伙企业之所以要由政府颁发执照，是市场的内在要求和经营者自己选择的结果。参与市场的主体希望公示自己的情况，布诚信于四方，进行登记并由政府进行颁发执照乃是不错的选择。切不能将市场的选择变成政府的权力。因此，小商贩不应当被附加登记的义务。

小商贩是不是商人在各国是很有争议的。在德国旧《商法典》第1～2条所列举的9种绝对商行为中并没有小商贩所从事的职业。然而，就其本身特点来看，那些具备营业特点的小商贩本质上是符合商人特征的。因此，德国旧《商法典》第4条将这一类小商贩称为小商人，但免除其商法对待完全商人的义务，如登记、商号、账簿设置义务等。新《商法典》则干脆删除了第4条，就此取消了小商人这一称呼。当然，这类个体经营者可以自愿登记为商人，否则不以商人对待。新旧商法这样做，都是从减免小商贩的登记义务，繁荣市场交易出发的。但是小商贩在交易中的地位却发生了变化，原来是商事主体，现在却是民事主体。在德国民商分立的情况下，价值理念有了变化。原来司法面对小商人，遵循的是商法的效率优先的理念，而现在可能要遵从自由优先的理念。需要指出的是，由于德国民法典引入经营者和消费者的概念，个体经营者身份的转变，并不影响其为经营者的地位。在我国，此类交易均适用《合同法》，身份变化于交易本身并没有实质影响。

本书认为，小商贩不应当视为商人，但其从事商行为时，应以商主体对待。相对于消费者，小商贩的注意义务要高，且作为经营者应受消费者

---

① 国务院2002年颁布的《无证无照经营查处办法》第2条规定，“任何单位和个人不得违反法律、法规的规定从事无照经营”。此类地方性法规、规章甚至一般政府文件甚多，此处不再一一列举。参见李建伟:《从小商贩的合法化途径看我国商个人体系的建构》，载《中国政法大学学报》2009年第6期。

权益保护法的规制。小商贩负有向消费者披露商品信息、不得欺诈、保障消费者的人身安全等义务。小商贩这一行业，解决了大量就业问题，缓解了社会矛盾，同时是正式商业的补充，能够满足消费者的需求。政府理当鼓励才是，没有理由对其取缔。[①]

（二）主要内容

法律的一些强制性规定保证了独资企业人格的大致统一性。独资企业具有以下特征：第一，投资人必须为一个自然人。由非自然人设立的国有独资企业和一人公司、全资子公司等并不是独资企业，适用其他法律调整；[②]第二，有合法的名称。名称使独资企业与其投资人区分开来；第三，有固定的生产经营场所和必要的生产经营条件；第四，投资人以其个人财产对企业债务承担补充的无限责任。[③]责任的补充性说明法律将独资企业与投资人区别对待。法律还规定独资企业应当有必要的从业人员和申报的出资。但这一要求不具有强制性。独资企业是自然人经营活动的企业形式。国外并无独资企业的专门立法例。[④]

法律规定了独资企业的义务。第一，要求独资企业设置商业账簿。设置商业账簿对独资企业是一个负担。但是，由于我国的自然人可以选择个体工商户的经营方式，立法对独资企业的这一要求可以接受。第二，独资企业被解散前要进行清算。广义上的清算，包括清理待解散商人所有未了

---

① 地方政府仇视小商贩是没有任何道理的。所谓市容市貌的理由更是上不了台面。或许面子工程和小商贩所创造的价值难以计入国民生产总值是被歧视的重要原因。

② 我国的独资企业曾经非常复杂。设立主体有国家、企业法人、机关法人、事业单位法人，还有村集体，城市街道等。目前，市场中没有改制的国有独资企业、集体所有制独资企业，仍然适用《全民所有制工业企业法》、《城镇集体所有制企业条例》和《乡村集体所有制企业条例》等法律法规。这些不符合市场经济规律的市场主体终将被淘汰，目前要做的是不要再新设这些商人类型。

③《个人独资企业法》第 31 条。

④ 参见甘培忠:《我国独资企业立法的几个问题》，载《中外法学》1999 年第 5 期。

结的事务；而狭义的清算仅指资产清算。独资企业的清算财产依次偿还职工债权、税款和其他债务。这体现了双重优先原则中的企业债务，企业财产应当偿还的原理。独资企业终止后，原投资人对独资企业存续期间的债务仍应承担偿还责任，但债权人在5年内未向债务人提出偿债请求的，该责任消灭。[①]

独资企业在经营上最有灵活性，并可以保持营业上的秘密。各国独资企业的数量占了企业总数的绝大多数。[②]独资企业在我国却没有得到应有的发展，并没有如预想逐步取代个体工商户。个中原因，除路径依赖外，独资企业相对较高的法律政策成本也是重要的原因。例如，设置账簿要聘请会计人员，这对于规模较小的独资企业是一笔不菲的费用。个人创业本来是对社会有益的事情，政府本应该尽力为商人提供方便服务。独资企业要承担较高的税费，不利于创业和增加就业。

（三）现行法的修订

在我国，多数独资企业与个体工商户并无差别，同样表现为个体经营个体负责的特征。这种情况下，立法者要求独资企业设立商业账簿即是一个较高的法律义务。设立账簿要请专门的会计人员，对于那些经营规模不大的个体经营的独资企业，这将是一个极高的法律成本。当然，如果能够让投资人自由在个体工商户和独资企业之间自由选择，那么现行法的做法也可以接受。鉴于设立账簿是企业的基本要求，因此，本书主张《个人独资企业法》应当增加规定，允许个人独资企业自由转换为个体工商户。

---

①《个人独资企业法》第28条。

② 参见谢怀栻:《外国民商法精要》，法律出版社2002年版，第230页。

二、合伙企业法

（一）一般理论

合伙企业，指两个以上的人基于法律和合伙协议共同出资、共同经营、共享收益、共担风险，合伙人对合伙营业期间所生产的债务承担无限连带责任或有限责任的商人。团体性使得合伙企业与其成员合伙人真正做到了人格上的独立。合伙企业与民事合伙不同。民事合伙通常不具有团体性，法律性质是契约。① 相比之下，独资企业的成员只有一人，意思与财产很难区分。合伙企业具有字号，可以以自己名义拥有财产、签约和充当法律关系和诉讼当事人。法律赋予合伙企业以人格是对商业实践的肯认。合伙企业的人格可以方便交易。如果不赋予其主体资格，签约时让每个合伙人都签字不但费时费力，也不容易达成协议。因此，无论法律规定与否，商业实践都会在事实上承认合伙企业的市场主体地位。只不过法律不承认，会出现纠纷，不利于交易安全。因此，法律有必要因应实践，节约交易成本，保障交易安全。这也是法律存在的必要性所在。

合伙企业在理论上属于商事合伙。与之对应的民事合伙纯粹是一种契约关系，并无主体资格。民事合伙具有古老的历史。“合伙也许是人类群体最古老的表现形式。” ② 公元前 18 世纪的《汉谟拉比法典》第 99 条即明确规定：“设若某人按方式将银子交给他人，则以后不论盈亏，他们应在神前平均分摊。”③ 我国在2000多年前为人所熟知的管鲍之交也属于民事合伙。民事合伙因临时目的而起，目的达到一般即会解除。民事合伙极不稳定。

① 各国一般承认商合伙的主体资格。例如，《法国民法典》第 1842 条规定：“隐名合伙以外的合伙，自登记之日起具有法人资格。”

② 转引自王利明等：《民法新论》（上），中国政法大学出版社 1997 年版，第 307 页。

③ 参见刘凯湘：《民法总论》，北京大学出版社 2011 年版，第 233 页。

《德国民法典》第 727 条规定，“(1) 合伙因合伙人之一死亡而解散，但合伙合同另有其他规定的除外”；第 728 条规定：“(1) 合伙因对合伙财产开始破产程序而解散。”民事合伙采共同决定原则。《德国民法典》第 709 条规定：“合伙业务应由全体合伙人共同执行，每项事务需经全体合伙人同意。”与团体相比，合伙只有一个不拘形式的协议。

商事合伙起源于海上贸易。在中世纪，海上冒险的人便与一些商人组成有限合伙，即柯曼达 (Commenda)。柯曼达不但是今天有限合伙的雏形，而且现代公司也起源于此。商事合伙体现出更多的团体性。团体的本质是其成员的退出通常并不导致团体的解散。古罗马法学家曾解释说，团体就像“舰船的船长和船员的更换，不影响舰船的独立存在；军团成员的更换，也不影响军团的独立存在”。[①] 有谓合伙即为团体。“合伙者，可谓为脱离个人后，其独立存在性极薄弱之团体；社团者，乃具有团体独立目的及有机单一性之独立存在性极强的团体。”[②] 凯尔森是这样定义社团的：“由法律当作是一个统一体的个人集团，即当作一个具有与那些组成集团的个人的权利和义务有所不同的权利和义务的人 (body)。”[③] 依此定义，《合伙企业法》所规定的合伙企业符合团体的定义，一则合伙人的权利和义务显然也不同于合伙的权利和义务；二则合伙企业允许入伙和退伙。因此，合伙企业应当具有私法主体地位。在一些国家，商事合伙的地位由无限公司和两合公司取代。德国在商法规定了无限公司，并在民法典债编中规定了民事合伙。由于把民事合伙视为一种契约，自然不可能赋予其主体资格。无限公司与普通合伙并无本质区别。普通合伙人承担无限连带责任，尽管不同于无限公司股东承担无限责任，但区别只在于股东或合伙人的内部关系，至于外部关系，则没有区别。一

① 江平主编：《法人制度论》，中国政法大学出版社 1993 年版，第 7 页。

② 刘得宽：《民法诸问题与新展望》，中国政法大学出版社 2002 年版，第 516 页。

③ [奥] 凯尔森：《法与国家的一般理论》，沈宗灵译，中国大百科全书出版社 1996 年版，第 109 页。

些德国著名学者甚至直接把无限公司称为商事合伙，把两合公司称为有限合伙。[①]我国也有学者认为，无限公司就是合伙，只不过其家族色彩已经淡化。[②]

合伙企业可以实现以下经济功能：第一，合伙集多人之财，使经营主体的实力更强，抗御风险也更强；第二，合伙集多人之智，使经营主体更为理性和智慧；第三，合伙集众人之责，使经营主体具有更高的信誉。但是，合伙也有其致命的缺点，那就是合伙为人之集合，可以集众人之智，也可以集众人之私，合伙无有效的内部治理结构，使企业的内部争议无法有效解决，最终酿成自身僵局。

（二）合伙企业法的主要内容

1. 普通合伙

普通合伙是所有合伙人均负有无限连带责任的合伙企业。商法对普通合伙的规制主要如下：第一，责任形式：共担风险，合伙人对合伙债务承担补充的无限连带责任；第二，经营形式：共同经营，没有法定的组织机构；第三，分配形式：共享收益，未约定由各合伙人平均分配和分担。不得约定将全部利润分配给部分合伙人或者由部分合伙人承担全部亏损。[③]此外，经合伙人一致同意，可以接纳新合伙人。但入伙后，新合伙人对合伙以前产生的债务也要承担连带责任。基于法定或约定的理由，合伙人可以退伙。经合伙人一致同意，也可以退伙（团体性表现）。退伙后，退伙

① 参见［德］罗伯特·霍恩、海因·科茨、汉斯·G.莱塞：《德国民商法导论》，楚建译，中国大百科全书出版社1996年版，第263页。

② 参见彭万林主编：《民法学》（第6版），中国政法大学出版社2007年版，第77页。

③《合伙企业法》第33条。这种保护性规定是没有意义的。应当由每个合伙人分取一个最低比例，剩余的才按照其他方式分配。《德国商法典》第121条："对于年度利益，每名股东首先取得数额为其出资额4％的应有部分。年度利益不足进行此种分配的，应有部分依相应的较低比例确定。"

人依旧要对退伙前所产生的合伙债务承担无限连带责任。

普通合伙的债务承担，有三个层次：第一，普通合伙首先以其全部财产承担合伙债务。第二，普通合伙不足承担的，由合伙人负补充责任。必须要注意，只有普通合伙发生不能清偿到期债务的事实，才能要求合伙人承担债务。如何才算不能清偿到期债务，这需要司法实践给出一个判断标准。第三，合伙人的补充责任是连带责任。[①] 连带责任既是对债权人的保证，也起到了让合伙人共同监督合伙财产不被滥用的作用。

普通合伙甚至是一种比公司还要对投资人严苛的商事组织。合伙人不但要保证合伙财产独立于自己的财产，还要向第三人承担无限连带责任。传统法上，普通合伙相对于公司的优势之一是没有最低资本要求。事实上，无论有没有这个要求，投资人进行创业都需要投入资产（合伙人投入的资产同样不得任意抽回）。如今公司的最低资本要求越来越低甚至取消，普通合伙已经没有了这方面的优势。优势之二是普通合伙不用双重征税，各国对普通合伙仅征个人所得税，而不征企业所得税。这一点曾经是投资人选择普通合伙的最重要的原因。不过在美国，这种优势也正在消失，一种小型公司的征税也不需要双重征税。

2. 有限合伙

有限合伙实质上是公司和普通合伙的复合体。有限合伙的合伙人分为两部分：一种是普通合伙人，应当承担无限连带责任；另一种是有限合伙人，承担有限责任。有限合伙的经营权归普通合伙人，法律不允许有限合伙人参与企业经营。理由是，权利应当与责任相匹配，如果由有限合伙人经营企业，那么有限合伙人则是责任有限而权利无限，很容易产生道德风险。这一点有限合伙式私募基金表现得最为突出。有限合伙是一种非常重要的企业形式。它把智力与资本完美地结合在一起，有能力的没有钱的

① 《合伙企业法》第 39 条规定："合伙企业不能清偿到期债务的，合伙人承担无限连带责任。"

可以借助他人的资本经营，而没有能力或没有时间但有资产的人可以将资产交与他人经营，有限责任在这里有效阻止了风险的蔓延，是创业投资的催化剂。同时，需要指出的是，创业投资并不是没有能力以公司的形式出现，而是如果以公司出现，将无法实现有限合伙约束经营者的功能。创业投资要求经营者负担与其权力相应的风险，这就是无限责任。有限合伙的优点也是其缺点。“有限合伙吸引人的地方在于，它可以使人们成为只负有限责任的合伙人，尽管也正是由于这个原因，有限合伙的信用度要普遍低于普通商事合伙。”[①]

合伙企业基于约定或法定的理由解散的，应当进行清算。清算的目的在于分配合伙企业的财产。合伙财产应当先清偿合伙债务，清偿顺序依次为支付清算费用和职工工资、社会保险费用、法定补偿金以及缴纳所欠税款、清偿债务（此债务不包括合伙人个人债务），如有剩余，再可分配给合伙人。[②]这里体现了双重优先原则中的合伙债务，合伙财产优先偿还。合伙企业不能清偿到期债务，债权人可以要求普通合伙人清偿的规定，则体现了双重优先原则中的个人债务，个人财产优先偿还精神。[③]合伙企业清算后应当依法申请注销，注销后，合伙企业的主体资格终止。

（三）现行法的修订

合伙企业的债务并不因合伙企业的债务终止而终止，而是由普通合伙人继续承担无限连带责任。这对于合伙人或许是一个巨大的负担，阻碍其东山再起的机会。因此，我国应当尽快建立起个人破产制度。同时，也应

① [德]罗伯特·霍恩、海因·科茨、汉斯·G.莱塞:《德国民商法导论》，楚建译，中国大百科全书出版社1996年版，第274页。

②《合伙企业法》第89条。

③《合伙企业法》第92条。

当引入德国法上的债务时效制度。[①]

三、公司法

（一）一般理论

1. 意义和功能

公司，指依法设立，其股东以认缴的出资或认购的股份为限对其承担责任的商人。公司在法律上最大的特征是股东的有限责任和两权分离。有限责任带来道德风险，两权分离带来代理风险。公司法必须在制度设计上平衡投资者和债权人、投资者（所有者）和管理者之间的利益。公司法具有强制性，契约自由特别是在公众公司中受到了极大的限制，即只有在明文许可的情况下，公司章程才能作出与法律不同的规定。[②] 即使法律没有规范或没有最终的规范事项，公众公司的章程若进行规定，也需要与公众公司的本质一致，且不得违反其他强制性规范的规定。[③]

公司的经济功能如下：第一，资源聚集。公司能够将大量的人、才、物资源要素集聚在一起为生产生活服务。以资本筹集为例，股份公司彻底解决了大规模融资的问题。伯纳德·施瓦茨指出，“正是公司制度使人们能够聚集起来对这个（美洲）大陆进行经济征服所需要的财富和智慧”。[④] 第二，风险隔离。借助于有限责任，投资人（公司股东）可以将投资风险限定在特定范围之内。“有限责任使股东受益于封顶的下方风险，而其却

---

①《德国商法典》第 159 条：“由公司债务产生的对股东的请求权，在公司解散后，经 5 年时效消灭，对公司的请求权受较短消灭时效限制的除外。”

② 我国股份有限公司的法律规定中并无相应规范。应当借鉴《德国股份法》第 23 条第 5 款的规定：“只有在明确允许的情况下，章程才可与本法的规定相背离。”

③ 参见［德］罗伯特·霍恩、海因·科茨、汉斯·G. 莱塞：《德国民商法导论》，楚建译，中国大百科全书出版社 1996 年版，第 441 页。

④［美］伯纳德·施瓦茨：《美国法律史》，王军译，中国政法大学出版社 1989 年版，第 67 页。

有机会获得不封顶的上方收益。”[①] 第三，专家经营。公司可以实现所有权与经营权分离，这使得专家经营成为了可能，这样能够充分利用资本和智力这两种资源。资本能够为专家所运营，也能够提高资本的运营效率。尽管并不是公司最早实现了专家经营，但两权分离、专家业经营以公司最为典型。第四，人格永续。乌尔比安说：“团体独立的性质，虽然由于它的成员组成全部改换，也不影响其独立存在。”[②] 公司作为团体人格，同样如此。“股东如泰晤士河的河水川流不息，而公司一如泰晤士河永恒存在。”[③] 公司摆脱了自然人受生命周期的限制。如果经营得当，公司本身可以永久存续下去，避免人亡政息。

公司特别是股份公司，是一个伟大的制度发明。法国学者商波视股份公司为“现代资本主义的卓越工具”。“由于股份公司具有无可比拟的企业经济集中能力和法律组织能力，在这方面它超过了其他任何形式的企业结构。”[④]

2. 公司法的宗旨

公司法应当坚持以下宗旨：第一，保护投资者的利益。投资是经济发展的基础，保护投资者的利益才能保护投资。公司法有许多措施来保护投资者的利益，一是通过实现资本的自由流通和安全流通使投资者可以较为容易地转移自己的投资风险。资本的自由安全流通也是资源配置和促进公司治理的重要途径。二是通过公司治理，使得公司利益尽量少地受到代理者的侵犯。公司法的中心问题是代理问题，如何解决代理风险，始终是公司法面临的课题。公司法不仅要保护股权投资者，也要保护债权投资者。第二，保障交易安全。我国的公司采取的都是有限责任形式，股东对其投

① [美] 保罗·戴维斯、[英] 莎拉·沃辛顿:《现代公司法原理》(第9版)，罗培新、赵渊、胡改蓉、张天颖译，法律出版社2016年版，第205页。

② 江平主编:《法人制度论》，中国政法大学出版社1993年版，第7页。

③ 周林彬主编:《商法与企业经营》，北京大学出版社2010年版，第72页。

④ [法] 克洛德·商波:《商法》，刘庆余译，商务印书馆1998年版，第12页。

资所产生债务仅负有限责任。这对交易相对人来说实际上是不平等的。在交易中，公司盈利，股东则可以分得利润，而亏损则可能不负经营风险，最终由交易相对人承担风险。公司法为此采取的措施是公示制度、资本维持制度、盈余留存等制度。通过公示制度，解决了交易相对人对公司信息的缺乏。各类不同的公司虽然都叫公司，但鱼龙混杂，公示制度是辨别“鱼”还是“龙”的重要手段。公司尽管仅是法律拟制物，但其是所有利益相关方共同利益之所在。换句话说，公司的维持和壮大才符合利益相关方的共同利益。同时，这也是经济发展的需要，公司的壮大本身即是经济发展的反映。

（二）基本内容

1. 公司设立

结合我国法律，公司设立的条件如下：第一，股东。一般为两人以上，例外可以为一人。由于实行两权分离，公司法多未对股东的行为能力作出限制。第二，资本。最低注册资本是有限责任的对价，也可以起到谨慎投资的作用。目前，法律仅要求有认缴的出资额即可，普通公司对注册资本不再有最低限制。第三，章程。公司章程是依法制定的，记载有关公司组织及其行动的基本规则的书面法律文件。章程既是股东集体意志的体现，也是法律意志的体现，章程中有许多条款本身即是法律要求的必备条款。[①] 第四，机关。公司一般要有股东会、董事会和监事会等完善的组织结构。第五，名称。公司名称中要注明有限责任。我国法律将公司分为股份有限公司和有限责任公司是不合适的。

2. 股权转让

股权是股东对公司的概括请求权。从性质上说，股权类似于债权，但

---

① 英美法认为合伙是合同设立的，而公司则是国家设立的。这当然不是说公司真的是由国家设立，而是说公司章程体现了法律的意志。参见江平主编:《新编公司法教程》，法律出版社 1994 年版，第 32 页。

又不是债权，原因是，股权转让比债权方便。债权转让一般要经过通知债务人或经债务人（双务债情况下）同意。股权作为对公司的请求权，证券化为股票之后其转让则通常不需要公司的同意（有限责任公司除外）。股权能够自由转让是公司的主要特征之一，对于促进融资和方便投资意义重大。在我国，法律规定有限责任公司的出资转让要经过股东的过半数同意。

3. 股东与债权人

股东和债权人都是公司资本的提供者。区别在于债权人是固定索取者，无论经营状况如何，公司都应当向债权人承担债权清偿责任；股东则是剩余索取者，只有公司有盈余，股东才可以分取利润，只有公司清算，股东才可以拿回出资。显然，股东的风险更大。风险更大，权力也应该更大，这是股东拥有公司治理权力的法理根据。但是，如果公司失败以致破产，债权人承担的风险与股东是一样的，基本上都拿不回自己的原初的财产。对债权人更不公平的是，债权人是在没有享有公司治理权力的情况承担上述风险的。为了平衡债权人利益，公司法特别做出了保障债权的特殊规定。例如，公司分立是公司的自由，但由于涉及债权人利益，分立时必须通知债权人并公告，分立后的公司还要承继原有的债务。再如，公司减资时，要得到债权人的同意，否则，要先清偿债务或者提供相应的担保才能减资。[①]

法律对公司的盈余分配进行了强制性规定。合伙人承担的是无限连带责任，合伙人从合伙中分配多少财产没有多大必要进行规定，反正合伙人最终要承担补充责任。公司则不同，公司不能把所有盈余进行分配，原因是股东承担的是有限责任。既然承担的是有限责任，那么公司的财产就要与股东的财产隔离，股东只能拿走盈余中应得的一部分，而不能拿走其不该得的部分。公司盈利后，在交完相关税收和借贷利息后，要先提取一部分法定公积金（我国《公司法》规定的是 10%），经股东会决议，还可以

① 《公司法》第 175、176、177 条。

进一步提取任意公积金。如果公司的盈余公积金过多，可以不再提取。我国规定的是达到注册资本的 50% 可以不再提取。盈余公积只能用于弥补亏损，而不能用于利润分配。

公司解散要进行清算。如果公司财产不足以清偿公司债务的，应当申请破产。公司成立应当始于设立登记，终止应当终于注销登记。

（三）现行法的修订建议

第一，应当借鉴美国的做法，将公司分为公开公司（public company）和封闭公司（close corporation）。为了保护投资者和债权人，法律应当着重公开公司的监管，而对于封闭公司，则尽量让其自治。此外，我国法律还规定了住所作为公司设立的条件。住所法定是为了方便司法管辖和商业经营。

第二，应当对我国公司治理制度予以完善。我国公司治理架构可概括为“一体两翼”，以股东会为主体，以董事会和监事会为两翼，股东会或股东大会为权力机构，董事会和监事会为执行和监察机构，并向股东会或股东大会负责。这个体制与国际上的多数体制并不相同，基本上是对大股东主体地位等现实的肯认，① 非但不能起到保护弱小、扶危济困的作用，反而对大股东集权、内部人控制在客观上起到了“助纣为虐”的作用。一言以蔽之，我国公司立法是为强者立法。② 法律绝不是简单的对现实的反映，更不应为不公平而背书。因此，必须对我国公司治理结构进行大刀阔斧的

① 《证券法》第 50 条关于股份有限公司申请股票上市的条件第 3 项规定，“公司股本总额超过人民币四亿元的，公开发行股份的比例为百分之十以上”，该比例太低，实质上为股权集中大开方便之门。

② 这违背了法律应为弱者立法的法理，因为强者自己可以保护自己。我国 1993 年《公司法》主要立法目的就是促进国有企业改制。由于担心改制可能造成国有资产流失，立法者便不遗余力地扩大股东会的权力，以防止国有资产流失。但现实情况是，由于国有产权虚置，非但未能起到制止国有资产流失的作用，反而侵害了其他利害相关者的利益。

改革，从而构建一个既能保障各利益相关者共同利益又能让经营者尽职尽责工作的公司治理结构。

公司应当在各机构之间进行分权制衡，即股东会选任董事，董事会形成决策，经理执行决策，而监事会则监督决策的形成和执行。董事会应当成为公司经营决策的中心，可以聘任经理和其他高管。树立董事会中心主义可以遏制大股东对公司的操纵。我国董事会仅享有法律或者章程授予的职权，此种做法显然与世界潮流不符。① 应当提高经理的地位。经理当然应享有代表权，经理负责公司的日常经营，由其代表公司，既符合常理，又能提高效率。应当提高监事会的地位，赋予监事会撤销董事和经理的权力。没有罢免权的监事会只能是“没有牙齿的老虎”。董事的选举和罢免分别由股东会和监事会行使，更能体现分权制衡原则。②

第三，应当恢复注册资本的最低限制。我国法律完全取消注册资本的最低限制有一些矫枉过正。2013 年法律修订前的有限责任公司 3 万元的最低注册资本限额已经很低，已经不能构成创业障碍。真正构成障碍的是股份有限公司最低 500 万元的注册资本限制，但完全取消也不合适。恢复注册资本的最低限制可以让投资者慎重投资，以避免不必要的投资损失。

---

① 早在 1937 年，《德国股份法》就规定，股东大会权力限于法律章程规定的范围；而法国做得更彻底，其《商事公司法》第 89 条规定：“董事会拥有在任何情况下以公司名义进行活动的最广泛权力；董事会在公司宗旨的范围内行使这些权力，法律明确赋予股东会议的除外。”周友苏：《上市公司法律规制论》，商务印书馆 2006 年版，第 28 ~ 29 页。

② 德国的监事会制度值得参考。在德国，监事由在股东和职工中选出。在大公司中，职工监事占到了一半。德国的监事会可以决定董事的任免，董事的重大经营决策也要得到监事会的同意。为了避免监事专权，法律规定“监事会不得以任何方式插手公司业务的实际管理，即使其号称得到了授权时亦是如此；但是，可以规定董事会在采取某些特定的行动之前，必须事先得到监事会同意”（参见《德国股份法》第 111 条第 4 款）。[德] 罗伯特·霍恩、海因·科茨、汉斯·G. 莱塞：《德国民商法导论》，楚建译，中国大百科全书出版社 1996 年版，第 287 页。上述规定体现了职业参与、互相配合、互相制约的精神。

四、破产法

（一）一般理论

1. 破产法的本质与意义

如果说公司法和合伙企业法是市场主体的出生和运行法，那么破产法就是市场主体的再生和死亡法。一个健全完善的市场经济法律体系，应当具备这样一个市场退出法律机制。市场主体是债权债务的联结点，如果对一个债务累累的企业不宣告其死亡，那么对于与其有关系的市场主体将有非常严重的影响，而这种影响可能进一步波及整个市场。为此，应当像摘除癌细胞一样将这些将死企业摘除，以避免其进一步的扩散。破产法是商人法的一部分。

不过，破产法最初的存在意义则是为了公平受偿。建立良好的债务清偿秩序是经济流转、市场信用和金融安全的保障。[①] 与一般债权清偿先来先到不同，破产清算采取的是所有的无担保财产一律按比例清偿。现代破产法加入了和解和重整程序，更主要也是为了债务能够更好地清偿，以至于更好地满足债权人的利益。破产法的基本原理和主要内容是，当债务人不能够清偿到期债务时，启动和解、重整或者清算程序，以处理债权债务关系的破产法律规范。破产法也是商行为法的一部分。

2. 破产法的内容和性质

破产法律规范分为实体规范和程序规范。实体规范，包括破产原因，破产财产的范围，以及破产财产的分配等；程序规范，包括破产申请和受理、管理人、债权人会议、债权人委员会、债权申报、破产宣告、和解、重整、破产清算、破产程序的中止和终结等。

---

① 参见覃有土主编:《商法学》，中国政法大学出版社 1999 年版，第 185 页。

破产法是从商业习惯中产生而来的，不能简单地将破产法认定为民事诉讼法的特别法。民事诉讼程序之于破产制度，更多的是一种保障程序。破产制度无论是实体部分还是程序部分，更多的是私法性质的。例如，有关别除权、抵销权等实体的规定，完全是民法相关制度的特别规定；而和解、重整、债权人会议、管理人等制度的设置，也主要是私法性质，体现了债权人的意思自治。例如，法院对和解协议认可的前提条件是该协议经债权人会议的通过。①

（二）基本内容

1. 破产实体法

传统法上，破产意味着必然倒闭清算。破产（bankrupt）一词源于意大利语“banca rotta”，意思为砸烂板凳。商人在市场有自己的板凳，砸烂板凳意味着支付不能，经营失败。②现代破产具有多种含义。第一，破产是一种支付不能的状态；第二，破产意味着自身的消灭，破产清算程序完结之后，破产人的生命也随之完结，丧失了作为私法主体的资格；第三，破产是一种公平偿还程序，具有法律强制性；第四，广义的破产还包括和解和重整程序。根据我国《企业破产法》的内容，可以定义破产如下：破产，指债务人支付不能时，债权人或债务可以适用和解、重整或清算程序。③

破产制度具有重要意义：第一，债权保护。破产制度强制债务人以其最大的偿债能力，即以其全部资产清偿债务，从而最大限度地满足债权人济利益。当然，这种保护程序是十分有限的。在我国，和解程序中普通债权的平均清偿比例为30.48%，重整程序中普通债权的平均清偿比例为

---

①《企业破产法》第98、99条。

② 参见覃有土主编:《商法学》，中国政法大学出版社1999年版，第185页。

③ 参见覃有土主编:《商法学》，高等教育出版社2008年版，第521页。

28.78%，破产清算程序中普通债权的平均清偿比例仅为 14.01%。[①] 第二，公平受偿。既然破产财产远远不能偿还所有债权，那么债权受偿的公平性便显得十分重要，这也是为了避免债权人为受偿而展开竞争。第三，淘汰作用。在市场中，市场主体是交易即债权债务的联结点。如果一个联结点出现问题，就有可能影响其他的联结点，以至于最终影响整个市场网络。为了避免更坏结果的出现，有必要在市场主体出现支付不能时及时将其清除出去。此外，破产制度还有集中受偿的作用。如果众多的债权人纷纷对支付不能的债务人提起民事诉讼，法院将难以应付。破产制度的作用在于其可以将同一个债务人的所有债务合并到一起解决，这对于债务人、债权人和法院都是一种最佳的选择。

（1）破产原因

破产原因，是指债务人在何种条件下可以申请破产或被申请者申请破产，法院据而启动破产程序的法律事实。破产原因还是破产程序启动、变更、终结的依据，也是对债务人进行债务清算和破产预防的法律事实。不同的债务人的破产原因是不同的：一般法人，为支付不能；清算中的法人，为债务超过。我国法律规定的破产原因则兼具上述原因：一要企业法人不能清偿到期债务，二要资产不足以清偿全部债务或明显缺乏清偿能力。[②]

（2）破产能力

破产能力又叫破产资格，即破产制度可以适用哪些人。破产能力是法院宣告债务人破产的必要条件之一。我国目前采有限破产主义，只有企业

---

① 参见中债资信评估有限责任公司:《基于国内破产企业的债务清偿情况研究（专题报告）》（2013 年第 14 期），载中国经济网：http://finance1.ce.cn/rolling/201404/09/t20140409_2627094.shtml，最后访问日期：2017 年 10 月 30 日。

②《企业破产法》第 2 条。因某些原因，“资产不足以清偿全部债务”被采纳。这一规定犹如“第 22 条军规”一样本身是不可执行的。债务人究竟有多少资产只有经过清算才能知道。但显然只有启动破产程序后才有可能启动清算程序。规定“明显缺乏清偿能力”在于消解“资产不足以清偿全部债务”之规定。但“明显缺乏清偿能力”也给法官任意解释破产原因提供了空间。

法人才能适用破产制度。银行等金融机构自身并没有申请破产的资格，该资格由国务院金融监督管理机构拥有。[①]

（3）破产债权

破产债权，是指通过破产清算程序才能获得清偿的债权。其法律特征如下：第一，成立于破产宣告之前；第二，为可强制执行之债权。如果债权已过诉讼时效，则不为破产债权；第三，必须依破产程序进行申报、确认和清偿。破产债权并非民法上债权的简单移植，它融入了一些特殊的因素。民法债权之实现，不受债务人财产状况的限制，债务人只有将债务完全履行之后，债务才能消灭，否则将承担不履行、不适当履行等违约责任；破产债权通常不可能全部实现，尽管如此，破产程序结束，债权债务关系也随之消灭。[②]

破产债权原则上为破产宣告之前成立的无财产担保债权，或者虽有财产担保但债权人放弃优先受偿权的债权。其他破产债权如下：第一，票据出票人被宣告破产，付款人或承兑人不知事实而向持票人付款或承兑而产生的债权；第二，清算组解除合同所产生的债权；第三，受托人在债务人破产后，为债务人利益处理委托事务而产生的债权；第四，债务人发行债券所形成的债权；第五，保证人的预先追偿权；第六，债务人作为保证人而产生的债权；第七，破产宣告前的损害赔偿责任。[③]总之，法院受理破产申请时的对债务人的债权均属于破产债权。

下列各项并不属于破产债权：第一，行政、司法罚款、罚金等；第二，破产受理后未支付的各种滞纳金；第三，债权人参加破产程序的费用；第四，开办单位对债务人未收取的管理费、承包费等；第五，超过诉讼时

---

①《企业破产法》第 134 条。

② 参见顾培东主编:《破产法教程》，法律出版社 1995 年版，第 173 页。

③《企业破产法》第 50 ~ 55 条。

效的债权。[①]

（4）债务人财产

债务人财产，是指破产申请受理时属于债务人的全部财产，以及破产申请受理后至破产程序终结前债务人取得的财产。[②] 已作为担保物的财产属于债务人财产。债务财产人在破产宣告后转为破产财产。

①撤销和无效

撤销权，又称否认权，是指管理人对债务人在破产受理前的法定期间内所进行的有违公平受偿的行为向法院申请撤销的权利。[③] 撤销权，其实质是要对一定期间内的不当行为和个别清偿进行撤销，使之恢复正常。个别清偿如被撤销，追回的财产计入破产财产；个别清偿债权，则计入破产债权。撤销权最早来源于罗马法上的“废罢诉权”制度，为“债权人对于债务人所为的有害债权之行为，得请求撤销的权利也”。[④] 在我国，对一些债务人来说，“破产已不是一种威胁，而是一种诱惑”。[⑤] 在英国，将“制定撤销不公平的损害债权人整体利益的转移与交易的规则”看作最重要的目标。[⑥] 美国学者麦克拉兰（Maclanchlan）认为，撤销权是破产法对商法的最重要的贡献，此不仅是其促进破产公平清偿，而且也减少了对债权人从智力竞争中利益的刺激，促进了其合理的商业活动。[⑦]

无效与撤销不同，无效为当然无效，而撤销则需要管理人主动提出。涉及债务人财产的下列行为无效：其一，为逃避债务而隐匿、转移财产的；

---

① 参见覃有土主编：《商法概论》，武汉大学出版社 2010 年版，第 243 页。

②《企业破产法》第 107 条：“……法院受理破产申请时对债务人享有的债权称为破产债权”。

③ 参见王欣新：《破产法》（第 2 版），中国人民大学出版社 2007 年版，第 19 页。

④ 史尚宽：《债法总论》，荣泰印书馆 1986 年版，第 456 页。

⑤ 世界银行：《中国国有企业的破产研究：改革破产制度的必要性和途径》，中国财政经济出版社 2001 年版，第 1 页。

⑥ 参见沈达明、郑淑君：《比较破产法初论》，对外贸易教育出版社 1993 年版，第 129 页。

⑦ 参见石静遐：《跨国破产的法律问题研究》，武汉大学出版社 1999 年版，第 268 页。

其二，虚构债务或者承认不真实的债务的。[①]

②收回和取回

收回，是指破产受理之后，管理人对债务人的财产的收回。应当收回的财产如下：第一，债务人的出资人尚未履行的出资；第二，债务人的董事、监事和高管获取的非正常收入和侵占的企业财产。

取回，是指法院受理破产后，权利人通过管理人对债务人占有的权利人的财产的收回。[②]取回包括两种情况：一是一般取回，仅限于取回原物。法院受理破产申请后，债务人占有的不属于债务人的财产，该财产的权利人可以通过管理人取回。如果原物已被出卖或灭失，权利人只能以直接损失额作为破产债权要求清偿（可构成代位权利的除外）。二是特别取回，法院受理破产申请时，出卖人已将买卖标的物向作为买受人的债务人发运，债务人尚未收到且未付清全部价款的，出卖人可以取回在运途中的标的物。但是，管理人可以支付全部价款，请求出卖人交付标的物。[③]

③抵销

抵销，是指破产债权人在破产宣告时，对破产人也负有债务的，可以向管理人主张的相互抵销。与民法上的抵销有所不同：第一，不论债权债务种类是否相同；第二，不论债权是否到期；第三，不论是否附条件或附期限。

禁止预谋抵销：a. 债务人的债务人在破产申请受理后取得他人对债务人的债权的。b. 债权人已知债务人有不能清偿到期债务或者破产申请的事实，对债务人负担债务的；但是，债权人因为法律规定或者有破产申请1年前所发生的原因而负担债务的除外。c. 债务人的债务人已知债务人有不能清偿到期债务或者破产申请的事实，对债务人取得债权的；但是，

①《企业破产法》第33条。上述行为还可以导致刑事责任。

②《企业破产法》第38条。

③《企业破产法》第39条。

债务人的债务人因为法律规定或者有破产申请 1 年前所发生的原因而取得债权的除外。[①] 此外，股东不得将其破产债权与其欠付的注册资本金相抵销。

④别除

别除，是指基于担保物权及特别优先权产生的，其优先受偿权的行使不受破产清算与和解程序的限制。作为例外，重整程序中的别除权受到限制。由于受到担保物性质的影响，有担保物的债权的清偿率也并非是 100%。数据显示，有财产担保债权的平均清偿比例为 53.26%。[②] 别除权只适用于对债务人的特定财产享有的担保权，包括抵押权、质权、定金和留置权。特别优先权、典权、让与担保所有权、共有债权和中途停运（止付）权也应当属于别除权的基础。[③] 保证并不属于别除范围，但债务人作为保证人的，被保证债权可以作为破产债权参加破产财产分配。担保物仍属于破产财产，有财产担保的债权仍属于破产债权。因此，有财产担保的债权人仍应当申报债权。法院受理破产申请前 1 年内，债务人对原来没有财产担保的债务事后提供财产担保的，管理人有权请求法院予以撤销。[④]

（5）破产费用和共益债务

破产费用包括：①破产案件的诉讼费用；②管理、变价和分配债务人财产的费用；③管理人执行职务的费用、报酬和聘用工作人员的费用。[⑤] 共益债务包括：①因管理人或债务人请求对方当事人履行双方均未履行完毕的合同所产生的债务；②债务人财产受无因管理所产生的债务；③因债

---

①《企业破产法》第 40 条。

② 参见中债资信评估有限责任公司:《基于国内破产企业的债务清偿情况研究（专题报告）》（2013 年第 14 期），载中国经济网：http://finance1.ce.cn/rolling/201404/09/t20140409_2627094.shtml，最后访问日期：2017 年 10 月 30 日。

③ 参见覃有土主编:《商法学》，高等教育出版社 2008 年版，第 552 页。

④《企业破产法》第 31 条。

⑤《企业破产法》第 41 条。

务人不当得利所产生的债务；④为债务人继续营业而应支付的劳动报酬和社会保险费用以及由此产生的其他债务；⑤管理人或相关人员执行职务致人损害所产生的债务；⑥债务人财产致人损害所产生的债务。[①]

破产费用和共益债务随时清偿。债务人财产不足以清偿所有破产费用和共益债务的，先行清偿破产费用；债务人财产不足以清偿所有破产费用或共益债务的，按照比例清偿；债务人财产不足以清偿破产费用的，管理人应当提请法院终结破产程序。[②]在债权人或债务人提出破产清算申请时，即发现破产人财产不足以支付破产费用、无财产可供分配的，法院在确认其属实之后，应当受理破产案件，并作出破产宣告，同时作出终结破产程序的裁定。[③]这样可使当事人的债务关系得以合法终结，使债务人企业依法退出市场。

（6）破产免责

破产免责，是指在破产程序终结后，依照破产法的规定，对于债务人未能依破产程序偿还的债务，在法定范围内免除其继续清偿的责任。[④]历史上，债务人要以人身担保债务。罗马《十二铜表法》即规定，如果债务人不能偿还债务，其可能被债权人处死或出卖。

破产免责属于破产救济政策之一。其作用在于鼓励其继续积极参与经济活动，为个人和社会创造财富。[⑤]如果破产人陷入永久的债务危机之中，其自然没有动力继续创造财富。目前各国基本上都施行破产免责。1999年德国新《支付不能法》也改变了过去破产不免责主义，把免责作为《支付不能法》的重要目标之一。该法第1条规定："支付不能程序的宗旨是采取

---

①《企业破产法》第42条。

②《企业破产法》第43条。

③《企业破产法》第43条。

④ 参见王欣新：《破产法》，中国人民大学出版社2002年版，第236页。

⑤ 参见王欣新：《破产法》（第2版），中国人民大学出版社2007年版，第421页。

变价债务财产并分配所获价金的方式，或采取在支付不能方案中主要为维持企业的目的而另行作出规定的方式，使一个债务人的各个债权人共同受清偿，向正当债务人提供免除剩余债务的机会。”

破产免责并不是毫无原则的。第一，并不是所有的破产人都可以享受免责。在美国，一些债务人是不能免责的。例如，故意隐藏、延误、欺诈债权人或管理破产财产的官员，转让、转移、毁坏、隐藏或授权转让、转移、毁坏破产的；已经有过一次免责，且前次破产中清偿无担保债务比例不足 70% 的，不予免责。第二，并不是所有债务都能被免除。例如，英国立法规定，因欺诈违反依托义务而产生的债务；刑事罚金；过失侵权或人身损害产生的损害赔偿等债务不能免除。[①] 只有诚实的破产人才能免责；否则，不但不能免责，破产人还可能要承担包括刑事责任在内的法律责任。

2. 破产程序法

破产程序，是处理破产活动的商事程序。理论上，其性质有如下学说：第一，执行程序说。该说认为破产程序其最终目的与普通诉讼并无差异，债权申报相当于起诉，而为债权人利益对债务人所有财产的扣押、管理、分配等，与强制执行性质相同。此为德国通说。[②] 第二，非讼程序说。该说认为破产程序中债务人申请扣押自身财产在诉讼程序中并不存在，清算程序也非简单的强制执行程序。石川明认为，破产有清算和执行两种因素，但该执行具有非论性质。因此，破产程序应当为非讼程序。[③] 此也为我国台湾地区通说。第三，特殊程序说。该说认为破产程序多有准用民事诉讼法的，但破产程序主要依破产法运行，且具有破产法所特有的制度。

① 参见王欣新:《破产法》(第 2 版)，中国人民大学出版社 2007 年版，第 422 页。

② 参见刘清波:《破产法新论》(修订版)，京华书局 1984 年版，第 4 页。

③ 参见 [日] 石川明:《日本破产法》，何勤华、周桂华译，中国法制出版社 2000 年版，第 19 页。

该说为我国大陆通说。[①]

本书认为，破产程序为商事程序。该程序与普通的诉讼程序并不相同。破产程序更多地体现了一种商业习惯。商法尽管主要为实体法，但由于注重效率，其内容也不乏程序法。

（1）破产申请和破产受理

破产申请，是指申请人向法院请求裁定债务人适用破产程序的行为。破产申请是启动破产程序的前提，法院不能主动适用破产程序。债务人、债权人以及依法负有清算责任的人在不同的条件下有权申请破产。尽管债务人、债权人及对企业负有清算责任的人均有权向法院提出破产申请，但实践中，绝大部分破产案件都是由债务人提出。通过对某法院受理的破产案件调查显示，该院受理的 10 件破产案件中，有 9 件都是由债务人或债务人的破产清算组向法院提出破产申请，而由债权人提出破产申请的只有 1 件。这也是当前法院审理破产案件的普遍情况。[②]

破产受理，是指法院对破产申请判别而予以接受，进而开始破产程序的司法行为。破产受理是破产程序开始的标志。法国、德国为代表的大陆法国家，通常采破产宣告开始主义；英美法则采破产受理开始主义。后者应当优于前者。破产受理与破产宣告之间必定有一个期间，司法早介入，更有利于保护债权人的利益。破产受理的效力如下：第一，债务人财产自动冻结的效果，即个别清偿无效。第二，管理人接管破产企业。[③]第三，其他效力：①对未履行完毕的合同有权决定解除或者继续履行；②有关债务人财产的保全措施应当解除，执行程序应当中止；③已经开始而尚未终结的有关债务人的民事诉讼或者仲裁应当中止，在管理人接管债务人的财

① 参见叶林主编：《商法学原理与案例教程》，中国人民大学出版社 2006 年版，第 279 页。

② 参见杨巍：《新破产法实施后破产案件审理的调查报告》，载中国清算网：http://www.chinaqingsuan.com/news/detail/3565/page/1，最后访问日期：2017 年 10 月 30 日。

③《企业破产法》第 17 条。

产后，该诉讼或者仲裁继续进行；④有关债务人的民事诉讼，只能向受理破产申请的法院提起。[①]

（2）管理人

管理人，是指由法院指定，代表并独立于债权人和债务人的，管理破产企业的机构。管理人具有独立性、专业性、全程性和有责性的特征。管理人由法院在管理人名册中指定，向法院报告工作，并接受债权人会议和债权人委员会的监督。[②]管理人不得无正当理由辞去职务，管理人辞去职务应当经法院许可。管理人职责[③]如下：第一，接管目标企业。第二，代表债务人参加诉讼、仲裁程序。第三，提议召开临时债权人会议。管理人的报酬属于破产费用，由法院确定，债权人会议有异议的可向法院提出。

过去管理人的职权由政府任命的清算组来承担，这就造成了破产受理以后到破产宣告之间，债务人的财产无人管理的空白状态。这非常不利于债权人的权利保护。管理人制度有利于改变这一状况。

（3）债权人会议

债权人会议，是指由债权人组成的以代表债权人整体利益和意思的机关。债权人会议由全体债权人组成。债权人会议不具有诉讼能力。但债权人会议的存在，能够在破产程序中部分实现债权人的意思自治。债权人会议第一次由法院召集。此后，法院、债权人委员会、一定比例的债权人、管理人均可以召集债权人会议。无论债权性质、有无担保、额度大小，均可以参加债权人会议。但不同性质的债权人，其表决权是不同的。债权人会议的职权：一是核查债权；二是监督管理人；三是决定继续或停止债务人的营业；四是通过有关和解、重整和破产的方案。[④]

---

①《企业破产法》第 18、19、20、21 条。

②《企业破产法》第 23、24 条。

③《企业破产法》第 25 条。

④《企业破产法》第 61 条。

（4）债权申报与确认

债权应当在规定期间内申报并经债权人会议核查和法院确认。债权申报期限，自法院发布受理破产申请公告之日起计算，30日到3个月。[①]在法院确定的债权申报期限内，债权人未申报债权的，可以在破产财产最后分配前补充申报；但是，此前已进行的分配，不再对其补充分配。为审查和确认补充申报债权的费用，由补充申报人承担。职工债权不必申报，由管理人调查后列出清单并予以公示。《企业破产法》对连带债权、保证人的债权、未到期的债权、附条件的债权、附期限的债权等也作出了规定。[②]管理人应当依法编制债权表，并提交第一次债权人会议核查。债权表由法院裁定确认，其确认具有与生效判决同等的法律效力。管理人、债务人、债权人对债权表记载的债权有异议的，可以向受理破产申请的法院提起诉讼。[③]

（5）和解和重整

和解，是指支付不能的债务人与债权人之间，就债务的延期、减免或分期偿还等达成协议，以避免破产清算为目的的行为。和解并非我国法律所独有。美国《破产法典》第13章即规定了“有固定收入的自然人的债务的调整”制度。

重整，是指支付不能的债务人的财产不立即进行清算，而是在法院的主持下由双方达成协议，制订重整计划，规定在一定的期限内，债务人按一定的方式全部或部分地清偿债务，同时债务人可以继续经营其业务的制度。重整程序是一种再建型的债务清偿程序。其理论根据可以概括为营运价值论、利益与共论和社会政策论。[④]重整制度平衡了债权人与债务人之间的利益关系，给债务人企业一个自我拯救、重新开始的机会。

---

①《企业破产法》第45、56条。

②《企业破产法》第50～55条。

③《企业破产法》第57、58条。

④ 参见覃有土主编:《商法学》，中国政法大学出版社1999年版，第260～262页。

（6）破产宣告与清算

破产宣告，是指法院根据申请或依职权，在确认债务人无法消除破产原因时宣告债务人破产，并进入破产清算的裁定。[①] 破产宣告意味着债务人的死亡进入不可逆程序。债务人财产也变成了破产财产。破产宣告是破产清算的前提。破产受理后，无人提出和解和重整；或和解和重整失败，可以作为宣告破产的原因。

破产财产的清偿顺序：第一，破产费用和共益债务。第二，职工债权。破产人所欠职工的工资和医疗、伤残补助、抚恤费用，所欠的应当划入职工个人账户的基本养老保险、基本医疗保险费用，以及法律、行政法规规定应当支付给职工的补偿金。第三，社保费用[②] 和税款。第四，普通破产债权。[③]

（7）破产程序的终结

破产程序因下列原因而终结：第一，因破产财产分配完毕或无财产可供分配而终结；第二，因和解、重整程序完成而终结。前一种终结使债务人的主体资格消灭，而后一种，债务人的主体资格则继续存在。

（三）现行法的修订建议

《企业破产法》第 2 条规定：“企业法人不能清偿到期债务，并且资产不足以清偿全部债务或者明显缺乏清偿能力的，依照本法规定清理债务。企业法人有前款规定情形，或者有明显丧失清偿能力可能的，可以依照本法规定进行重整。”该条应当修订为：“企业法人不能清偿到期债务，依照本法规定清理债务。企业法人有前款规定情形，可以依照本法规定进行重整。”所谓“依照本法规定清理债务。企业法人有前款规定情形，或者有明显丧失清偿能力可能的”是不必要的，且是重复的。

---

① 参见程淑娟:《商法》，武汉大学出版社 2011 年版，第 145 页。

② 仅包括社会统筹部分。

③《企业破产法》第 113 条。

第五章　商行为法

交易在商法上表现为商行为。商行为是发生在“那些精于识别自己的利益并且毫无顾忌地追求自身利益的极端自私和聪明的”[①]商主体之间。商法必须满足商主体的逐利心。商主体的利益的满足同时也是交易的社会功能的实现。财富的创造、实现和转移正是通过交易，通过每一个交易人的交易增值实现的。因此，商行为法是营利之法。此也决定了商行为法的众多特征。一者，商行为法要讲求效率。商行为要尽量标准化、要式化、技术化，尽量减少谈判的内容和交易条款的模糊性。二者，商行为法要特别讲求安全。“任何交易都不过是无数交易者所组成的买卖长链中的一环。不论在哪儿出现一次障碍，整个链条都会发生震荡。”[②]三者，强调对规则的信守。商行为奉行严格责任，制裁不守规则者。[③]

---

① [德] 古斯塔夫·拉德布鲁赫:《法学导论》，米健等译，中国大百科全书出版社 1997 年版，第 72 页。

② [德] 古斯塔夫·拉德布鲁赫:《法学导论》，米健等译，中国大百科全书出版社 1997 年版，第 74 页。

③ 现代的物质文明和精神文明孕育于商业交易之中。现代财富是交易实现并创造的，没有交易，劳动创造价值将成为空谈。同样的，社会生活进一步商化，现代各种文明无不以交易为底色。交易文明从各个方面塑造社会生活。现代生活的节奏越来越快，现代人的关系越来越诚信，但又越来越冷漠。交易文明冲破了世故的藩篱，但也侵蚀传统生活的宁静和温情。而这一切或多或多与商法作为交易规则之法或多或少有关。

第一节 商行为法的一般理论

一、商行为的内涵

（一）商行为定义

商行为，指营利性营业行为[①]和法律规定为商行为的行为。这一定义有以下规定性。

第一，商行为由商主体实施。为商行为的，均可以称为商主体。商行为的主体非常广泛。一部分商行为是商人所为，另一部分的商行为则非为商人所为。例如，由非营利法人和自然人所为的营业行为；由非商人的普通投资者所为的证券投资行为。在商主体这一层面上，无论是商人还是非商人，双方都是平等的，都平等地适用商法。商人为商人法之构成元素，而商主体则为商行为法构成元素。

第二，商行为目的是营利。这里的营利并非指将营利分配给投资者，而是指商主体在营业活动或法定商行为中直接获利。营利性以是否具备营利目的来判定，无论行为最终是否营利。营利的主观性表明了商行为具有期待性和风险性。期待性是指营利性仅是商主体的主观追求；风险性是指营利目的与营利实现之间具有或然性。[②]营利性是商行为的特征，但并不意味着其他行为就不具有营利性。例如，许多自然人投资房产的行为就具有营利性，但并非是商行为。

第三，商行为或为营业行为，或为法定商行为。商行为可以区分为营

---

① 参见董安生、王文钦、王艳萍编著:《中国商法总论》，吉林人民出版社 1994 年版，第 125 页。

② 参见郑曙光、胡新建:《现代商法：理论基点与规范体系》，中国人民大学出版社 2013 年版，第 154 页。

业商行为和法定商行为。营业，反复为同种类之商事行为，如果偶然所为之商事行为，则不得称为营业。[①]营业一般具有独立性、连续性、反复性、公开性和同一性的特征。以买卖为例，普通人买卖活动，非为商行为；商主体买卖活动则为营业行为。营业商行为应从广义理解，不仅营业行为为营业商行为，那些与营业相关的行为也为营业商行为。[②]

法定商行为范围需要商法规定。在我国，单行商法法律文件如《证券法》《票据法》《保险法》《海商法》所规定的证券行为、票据行为和保险行为即为法律规定的商行为。在有《商法典》的国家，法定商行为通常规定于《商法典》之中。[③]

商行为法充分地贯彻了效率与安全价值并体现规范和外观原则。对于复杂的交易，商行为法表现出技术性。证券、保险、银行等交易类型极端技术化。复杂的交易只有程序化才能保证交易的效率和安全。[④]对于简单交易，商行为法表现出简便性。历史上，正是商法冲破了罗马法形式主义的羁绊。此外，在时效方面，商行为法多采用短期时效主义。这一切都是为了实现效率和安全的价值追求。

（二）商行为判定

商行为的判定，有主观主义、客观主义和折衷主义之分。第一，主观主义，以商人身份作为判断商行为的前提条件，即商行为系商人所为之行为。主观主义以德国商法为代表。《德国商法典》第 343 条规定："商行为是指属于经营商人的营业的一切行为。"严格地说，德国并不是完全采

① 参见刘清波:《商事法》，台湾商务印书馆 1995 年版，第 14 页。

② 日本、韩国商法区分营业性商行为和附属性商行为（《日本商法典》第 502、503 条，《韩国商法典》第 46、47 条）。本书认为两种行为没有必要区分。

③《日本商法典》第 501 条。

④ 参见陈醇:《商行为程序研究》，中国法制出版社 2006 年版，第 30 页。

主观主义。《汇票本票法》和《支票法》也属于商法的范围，但票据行为显然不能依主观主义判定。第二，客观主义，商行为依行为的特性进行判断。客观主义以法国商法为代表。[①]然《法国商法典》并未给出商行为的定义。该法典颁布时共有 648 条，只到第 632、633 条时，才对主要的商行为进行了列举。第 632 条是陈旧而令人失望的。[②] “要成为商人，应当完成‘商事行为’。”[③]法国商法上的商人（商主体）依附于商行为而存在。意大利商法对商行为也采客观主义。1942 年《意大利民法典》第 2082 条规定：商行为是指企业主“以生产、交换，或者提供服务为目的的、从事有组织的职业经济活动”。[④] 客观主义陷入逻辑上的循环论证。[⑤] 第三，日本商法试图以折衷主义来解决这个问题。《日本商法典》第 501 条采客观主义，列举了绝对商行为，任何主体实施这些行为均为商行为；第 502 条采客观主义，列举了营业性商行为，凡从事该条所列举的行为被作为营业实施时为商行为；第 503 条采主观主义，规定了附属商行为：“1. 商人为其营业所进行的行为为商行为。2. 商人的行为，推定为其营业所实施的行为。”

在我国，法定商行为多单独立法，而营业商行为特别是商事合同则统一规定于民事法律文件之中，不存在像法、德、日、韩等国的法律适用

① 客观主义基于两个目的：第一，废除商人特权阶层；第二，实践营业自由理念。参见王延川：《现代商法的形成：交易模型与价值结构》，法律出版社 2015 年版，第 46 页。

② 参见沈达明编著：《法国商法引论》，对外经济贸易出版社 2001 年版，第 27 页。

③ 作者继续论述道：“因为，这一规则是由《商法典》第 1 条做出的规定。我们期待从法典的第 2 条即可以看到有关‘商事行为’的定义，然而，实际上一直到最后，也就是一直到法典的第 632 条及随后条款，才能看到有关的规定，而且这些规定还不是什么定义，只是对一些主要商事行为进行列举。”[法] 伊夫・居荣：《法国商法》，罗结珍、赵海峰译，法律出版社 2004 年版，第 45 页。

④ 民法典中有商行为的规定，也反映了《意大利民法典》仅具有形式意义。

⑤ 商波评述道，“其法律混乱远不止于此，尤为甚者，人们发现其推理竟采取循环论证方式：什么是商人？商人就是从事商业行为的人。如何判断什么是商业行为？根据商人所从事的行为。这种不完善的、形式上的推理，要比先有鸡还是先有蛋的争论更具有形而上学的投机性，不会得出条理清楚的法律推理”。[法] 克洛德・商波：《商法》，刘庆余译，商务印书馆 1998 年版，第 17 页。

选择问题。但商行为的判定依旧具有重要意义。因为这事关商法价值和原则的适用。商行为或商人的界定，对于法律精细调整具体的法律行为具有一定的意义。《德国商法典》第 346 条有关商业习惯和惯例的规定和第 362 条有关商人对要约缄默的规定，即建立在商行为或商人内涵的界定基础上。本书认为，商行为的判定应当主要以营业为标准，并辅之以法定标准。可以称之为新客观主义。具体标准如下：第一，营业行为为商行为，即营业商行为。学理上和法律上可以对营业内涵进行探讨。但是否是营业，一般是事实自明，无需多少专业判断。唯与民事行为模糊之处，可由法官自由判断之。第二，法律规定为商行为的非营业行为为商行为，即法定商行为。例如，票据行为、保险行为等，所有人为之，均为商行为。此外，法律应当规定，商人所为行为，推定为商行为，商人证明不是商行为的除外。例如，商人可以证明为员工购买的福利用品的行为不是商行为，而是消费行为。如此，商人可以受到《消费者权益保护法》的保护。对商行为的主体适用商法是对其适用更为严格的要求和标准而非赋予其特权。“即使在商人特别法意义上理解商法，它也很少导致商人的特权，而恰恰相反，一般会导致对他们适用更为严格的要求和标准。”①

二、商行为的性质

商行为的性质争议很大。一种观点认为，商行为包含事实行为和法律行为；②另一种观点认为，商行为是民事法律行为的延伸，即商事法律行为，其独特之处仅在于商法律行为的营利性。③本书认为，商行为既有法

---

①［德］C. W. 卡纳里斯：《德国商法》，杨继译，法律出版社 2006 年版，第 3 页。

② 参见董安生、王文钦、王艳萍编著：《中国商法总论》，吉林人民出版社 1994 年版，第 126 页。

③ 参见赵中孚主编：《商法总论》（第 4 版），中国人民大学出版社 2009 年版，第 147 页；徐学鹿：《商法概论》，中国商业出版社 1986 年版，第 135 ~ 137 页；苏惠祥主编：《中国商法概论》（修订版），吉林人民出版社 1996 年版，第 74 页。

律行为，也有准法律行为。

（一）商事法律行为

商法本质是交易法，与交易有关的商行为大多属于法律行为。在公司法等商人法中，有关公司设立、运作等行为大多数也是法律行为。商事法律行为反映了商法的私法性质。与一般法律行为相比，商事法律行为的目的在于逐利。商事法律行为遵循商法的价值与原则。正因如此，商法律行为具有一些特殊性。

1. 行为主体："强而智"

相比一般法律行为的行为主体，商事法律行为的行为主体被假定为"强而智"。一方面，在商法实践中，一般不会考虑商事主体的具体地位和智力上的差别，商法把他们假定为一个精明的人，一个可以独立自主的人。商事主体，是"以个人主义的典型商人为形象，根据商人纯粹追逐利润和自私自利的特性而刻画"，[①]"所有附着于他人的性格均被剥去，纯粹地作为营利主义的斗士决定输赢"。[②]传统民法上的人像是纯朴的，是"弱而愚"的。另一方面，商法对第三人的关注优先于对行为能力欠缺者的保护。"商法对交易之关注远胜于对人之关注。若认可民法之能力制度重在保护能力欠缺者之利益与自由，则商法对能力制度之处理，完全可谓之对交易之保护。于是，当逢及对第三人保护与对无能力人保护冲突时，民法规则优先选择后者而商法规则优先选择前者。"[③]之所以如此，是因为商事法律行为主体是强者，可以自己保护自己。

---

① [德]古斯塔夫·拉德布鲁赫:《法学导论》，米健等译，中国大百科全书出版社 1997 年版，第 72 页。

② 梁慧星主编:《为权利而斗争》，中国法制出版社 2000 年版，第 351 页。

③ 李绍章:《能力制度之商法处理特性》，载北大法律信息网：http://article.chinalawinfo.com/article_print.asp?articleid=46612，最后访问日期：2017 年 10 月 30 日。

2. 意思表示：法律参与

商法直接参与法律行为人的意思表示的形成。一方面，商法会主动规定意思表示的形式和内容。例如，在证券交易中，商法会对证券交易的时间、地点、程序和交易内容（例如每手含多少证券）详加规定。真正交易者能决定的，仅是交易的数量和价格。商法这样规定极大地提高了交易的效率和安全。商法律行为法律制度具有程序法的特点。相应地，民法在法律方面，充分尊重行为人意思自治，很少主动规定意思表示的形式和内容，而较多地规定完备性规则或纠纷解决规则。另一方面，商法会禁止行为人做什么。例如，商法会设定一些行业准入门槛，像规定何人可以从事金融业，何人可以从事证券业等。平等在商法中主要指交易地位的平等，而不是交易资格的平等。商法中的禁止性规定可以分为效力规定和取缔规定。效力规定直接影响法律行为的效力；取缔规定尽管不影响法律行为的效力，但由于会受到相应处罚，通常也会影响行为人的意思内容。民法基本不存在法律行为的禁止性规定，而是通过转介条款将公法中的禁止性条款引入以控制法律行为的内容。概言之，商法具有主动性，而民法则具有被动性。

商法主要是通过对表示内容中常素进行规定的方式参与意思表示的形成。如前所述，表示内容分为要素、偶素和常素。其中，要素、偶素由当事人自由约定，常素则由法律规定。一般法律行为中也会有常素的存在，但该常素主要规定完备性规则或纠纷解决规则。商事法律行为中的常素则往往直接规定交易中的一定条件并不允许变更以替代行为人之间的意思自治。

尽管同为法律行为制度，商法上的法律行为制度比起民法上的法律行为制度要规范得多，这反映了规范原则对商行为法的影响。商法中的法律行为与民法中的法律行为相比，自治的条件约束更多，目的是将当事人的意思自治限制在一定的范围，或遵守一定的程序。商法显然给商人和市场设置了更多的条条框框，但是，这些条条框框对提高交易效率和保障交易安全显然有帮助。比如，在民法眼中，人们在行走只不要妨碍他人，可以不走道路，可以不按交通规则走；而商法则是交通规则，它规定了人们在哪儿走，如何走。两种走路，更有效率的显然是后者，而且后者也更安全。民法中的法律行为的目的是方便生活，而商法中的法律行为制度才是冷冰冰的营利工具。

3. 解释基础：强调外观

商法上的意思表示解释采外观原则。[①]交易的意思通常以外观表象推定，而不考察商主体交易人的真实意思。此以票据行为最为典型。票据行为，以文义解释为准，而不考察行为人的真实意思以及意思是否是本人所表示。《德国商法典》第362条商人对要约的缄默的规定也体现了外观原则。该条规定："由商人的营业经营产生为他人处理事务，并且关于处理此种事务的要约从某人到达该商人，而该商人与此人有交易关系的，该商人有义务不迟延地予以答复；其缄默视为对该要约的承诺。关于处理事务的要约从某人到达商人，并且该商人已向此人请求处理此种事务的，适用相同规定。"该条完全体现了商法对于效率和安全价值的追求。由于意思表示解释采外观原则，因此，在商事法律行为领域，很难存在可撤销、效力待定等法律行为。[②]

商法上的法律行为中的意思表示元素构成发生了很大变化。如前所

① "民法上，强调意思主义，保护主体的是实质性的权利，其意思表示符合内心真意；而商法则强调外观主义，保护主体权利的外观，即对外的信赖利益。"钱玉林：《商法的价值、功能及其定位——兼与史际春、陈岳琴商榷》，载《中国法学》2001年第5期。

② 参见樊涛、王延川：《商法总论》，知识产权出版社2010年版，第212页。《法国民法典》该法第1112条规定，"凡足以使有理智的人产生恐惧，使之担心人身或财产面临重大而紧迫之危害的言行，均构成胁迫。关于此问题，应当考虑有关的人的年龄、性别及条件"。《意大利民法典》第1435条规定，"胁迫应当具有使一个明智的人感到不安并担心其人身或财产受到不法行为严重威胁的性质。胁迫涉及年龄、性别和个人的状况"。据此，有学者认为胁迫规则似乎仅仅限于自然人，而不适用于法人。参见董安生、张保华：《缺失的合同效力规则——论关联交易对传统民法的挑战》，载《法学家》2007年第3期。本书认为，商行为在特殊情况下也可能存在可撤销、可变更等情况。一者，商行为存在单方商行为，此时，显然不可能不允许非商主体一方撤销；二者，发生重大违背意思自由的情况下，不宜以商人是强者，完全不保护意思不自由者。不过，我国最高人民法院《关于贯彻执行〈中华人民共和国民法通则〉若干问题的意见（试行）》第69条"以给法人的荣誉、名誉、财产等造成损害为要挟，迫使对方作出违背真实的意思表示的，可以认定为胁迫行为"的规定显然不当扩大了胁迫的内涵。

述，意思表示由内部元素（行为意思、表示意思、效果意思）和外部元素（形式、内容）组成。一般法律行为，除了表示意思，其他诸要素具备方能生效。商事法律行为的要求则没有如此严格。一些情况下，意思表示缺乏效果意思也不会造成商事法律行为不生效。"在传统的民事行为中，基于私法自治理念，对他人有约束力的行为需要授权。"在商事活动中，基于外观即可推定行为人已经获得授权。例如，《德国商法典》第 49 条第 1 款关于经理权使经理在法庭内外实施所有与商事业务经营管理有关的行为的规定。[①] 另一些情况下，意思表示的形式可以以缄默的方式做出。还有一些情况下，法律甚至不强调意思表示的行为意思。证券集中交易中，无意识的键盘操作也不会导致影响交易生效。这些均是外观原则运用的体现。[②]

商法律行为更注重外观，与主体的专业性差异有关。与民事主体相比，商事主体具有较强的专业性，因而更具有后果的承受预见性。"在制度的构建中不能构建与普通的民事主体相同的规则，否则会降低商事主体的专业性。"因此，针对格式条款制定者的不利解释规则，只应当限定在商事主体范围内。"如果扩展到所有的民事主体，势必导致对一般自然人苛责过重。"[③]

4. 法律适用：重视习惯

商法律行为法律制度尊重交易习惯。《德国商法典》第 346 条规定，"在商人之间，在行为和不行为的意义和效力方面，应注意在商业往来中适用的习惯和惯例"。这与商法本身即是在对传统商业习惯的吸纳中发展起来的有关。值得一提的是，商业习惯还影响着立法规定。上述商人对要约的

---

① 参见许中缘:《商法的独特品格与我国民法典编纂》(上)，人民出版社 2017 年版，第 28 页。

② 有学者以抽象原则（无因性）解释商法中的现象。"在票据制度中，无因性成为票据流通各个环节中的常态要求，成为制度设计的基础。如果脱离了无因性理论，我们无法理解票据流通。在证券发行和交易、货物远程交易关系之中，离开了无因性规则就无法构建相关法律制度和理论体系。"童列春:《商法基础理论体系研究》，法律出版社 2014 年版，第 25 页。本书认为，抽象原则在商事领域中更有说服力，但并不意味着在民事领域中无法适用抽象原则。

③ 许中缘:《商法的独特品格与我国民法典编纂》(上)，人民出版社 2017 年版，第 27 页。

缄默视为承诺的规定即来源于商业习惯。[①] 其理由“首先在于商人交易的特殊稳定性需要；其次在于人们基本上可以预期商人知悉商事惯例，所以对他们适用较高的信赖构成标准”。[②] 意思表示解释也要遵循商业习惯。存在商业习惯时，商业习惯一般要优先于外观原则的应用，但是法律明确规定的除外。例如，票据的文义主义属强制性法律规范，即不得为商业习惯所替代。

上述种种无不反映了商事法律行为对效率和安全的追求。为贯彻效率与安全的价值，商法还有一系列的规定。商法强化了商事法律行为的有效性。例如，公司设立协议常不因瑕疵而被撤销。再如，票据行为具有无因性，不因其原因行为无效而无效，每个票据行为是独立的，也不因其他票据行为无效而无效。票据行为的抗辩也会自动切断，以确保根据行为的有效。商法还采取权利证券化的手段消除民事中的法律行为中的种种交易障碍。

作为法律行为中的一种类型，商法律行为当然也应当适用立法机关刚刚通过的《民法总则》。《民法总则》于第六章分四节用了 28 个条款对法律行为制度作了较为系统的规定。囿于立法技术与立法者的局限，《民法总则》第六章规范的法律行为是以民事生活中的法律行为为基准，未能对商事生活中的法律行为的特殊需求予以充分照应。因此，《民法总则》第六章规范商法律行为时应当区别各具体条款予以斟酌适用。具体地说：第一，第一节“一般规定”和第四节“民事法律行为的附条件和附期限”可以统一适用于商法律行为。这些一般规定为法律行为的一般规则，共用于各具体类型的法律行为。第二，第二节“意思表示”除第 142 条之外，若存在特别的商事法律规定和特别的商业习惯，应当优先适用商事法律和商

① 《商法典立法纪念材料》第 97 页。转引自［德］C. W. 卡纳里斯：《德国商法》，杨继译，法律出版社 2006 年版，第 568 页。

② ［德］C. W. 卡纳里斯：《德国商法》，杨继译，法律出版社 2006 年版，第 568 页。

业习惯。至于第 142 条[①] 有关法律行为解释的规定，则不应简单适用于商法律行为意思表示的解释。商法律行为意思表示的解释，应当区别具体情况，遵循外观原则以提高交易效率和保障交易安全（外观原则不排斥商业习惯的运用）。第三，第三节“民事法律行为的效力”更应区别具体条款予以适用。例如，第 143 条[②] 基本无适用余地。该条要求法律行为有效以“意思表示真实”为前提，而商法律行为在许多情形下意思表示未必真实或至多为推定的真实，此时并不能判定意思表示无效。再如，第 144、145 条[③] 在适用于商法律行为时也存在一些例外。例如，票据上存在无行为能力人和限制行为能力人签章的，虽然该签章无效，但并不影响其他签章的效力，也意味着不影响票据自身的效力。[④] 第 146 ～ 151 条[⑤] 有关法律行为

---

①《民法总则》第 142 条规定：“有相对人的意思表示的解释，应当按照所使用的词句，结合相关条款、行为的性质和目的、习惯以及诚信原则，确定意思表示的含义。无相对人的意思表示的解释，不能完全拘泥于所使用的词句，而应当结合相关条款、行为的性质和目的、习惯以及诚信原则，确定行为人的真实意思。”

②《民法总则》第 143 条规定：“具备下列条件的民事法律行为有效：（一）行为人具有相应的民事行为能力；（二）意思表示真实；（三）不违反法律、行政法规的强制性规定，不违背公序良俗。”

③《民法总则》第 144 条规定：“无民事行为能力人实施的民事法律行为无效。”《民法总则》第 145 条规定：“限制民事行为能力人实施的纯获利益的民事法律行为或者与其年龄、智力、精神健康状况相适应的民事法律行为有效；实施的其他民事法律行为经法定代理人同意或者追认后有效。相对人可以催告法定代理人自收到通知之日起一个月内予以追认。法定代理人未作表示的，视为拒绝追认。民事法律行为被追认前，善意相对人有撤销的权利。撤销应当以通知的方式作出。”

④《票据法》第 6 条规定：“无民事行为能力人或者限制民事行为能力人在票据上签章的，其签章无效，但是不影响其他签章的效力。”

⑤《民法总则》第 146 ～ 151 条规定依次如下：“行为人与相对人以虚假的意思表示实施的民事法律行为无效。以虚假的意思表示隐藏的民事法律行为的效力，依照有关法律规定处理。”“基于重大误解实施的民事法律行为，行为人有权请求人民法院或者仲裁机构予以撤销。”“一方以欺诈手段，使对方在违背真实意思的情况下实施的民事法律行为，受欺诈方有权请求人民法院或者仲裁机构予以撤销。”“第三人实施欺诈行为，使一方在违背真实意思的情况下实施的民事法律行为，对方知道或者应当知道该欺诈行为的，受欺诈方有权请求人民法院或者仲裁机构予以撤销。”“一方或者第三人以胁迫手段，使对方在违背真实意思的情况下实施的民事法律行为，受胁迫方有权请求人民法院或者仲裁机构予以撤销。”“一方利用对方处于危困状态、缺乏判断能力等情形，致使民事法律行为成立时显失公平的，受损害方有权请求人民法院或者仲裁机构予以撤销。”

效力的规定基本不适用。如前所述，商法律行为基本不应因错误、欺诈或虚假的意思表示而导致无效或可撤销。《民法总则》于商法律行为调整的不足凸显了《商法通则》制定的必要性。

（二）商事准法律行为

商法上有众多的准法律行为。商法有很多强行性规范，其中的一些强行性规范，即为规定一些商行为的法律效果的。商法中的这种规定很多。例如，召开股东会或董事会的通知，《票据法》中的行使追索权的通知等。需要指出的是，这些行为并不是事实行为。原因是，这些行为有相应的意思表示行为。

商法上的准法律行为，多与信息公开有关。现代市场经济越来越复杂，信息越来越不对称，法律的作用就在于尽量地要求商人能公开一些必要的信息，以减少商业误判。除了商业登记行为，商法的准法律行为还有通知和公告两种：第一，通知，即对个别人的公示行为。通知有针对投资人的，也有针对债权人的。《公司法》中通知的规定比较多。[①] 针对债权人的通知通常与公告并用。第二，公告，则是对不特定的人的公示行为。公告在《公司法》中应用非常普遍。公司合并或减资、召集股东会、清算都要预先予以公告。[②] 公告的形式有店面公告，[③] 媒体公告则为主要形式。公告既可以与通知并用，也可以与登记并用。[④] 商人公开发行证券通过公告进行信息披露已经成为各国商法的惯例。例如，公司发行证券要进行初始

---

①《公司法》第 41、71、72、81、90、102、110、173、175、177、184、185 条等。例如，《公司法》第 175 条规定："……公司应当自作出分立决议之日起十日内通知债权人，并于三十日内在报纸上公告。"

②《公司法》第 7、81、85、90、102、134、136、154、165、173、175、177、184、185、188 条等。

③ 例如，《公司法》第 7 条规定："公司营业执照应当载明公司的名称、住所、注册资本、实收资本、经营范围、法定代表人姓名等事项。"

④ 例如，《公司法》第 188 条规定："公司清算结束后，清算组应当制作清算报告，报股东会、股东大会或者人民法院确认，并报送公司登记机关，申请注销公司登记，公告公司终止。"

披露和持续披露，披露的信息包含资产负债、重大经营决策等。证券发行后，上市公司还应当持续披露年度报告、中期报告和临时报告等（《证券法》第 65 ～ 67 条）。

商法中的准法律行为规范要比民法中普遍得多，准法律行为遍布各种商事法律性文件之中。这反映了商法调整的特点，即法律效果强制与自治相结合。商主体可以通过一定的意思表示达到法定的法律效果，这种效果的内容是确定的，是不容双方当事人商量的，这有利于法律关系的确定。相比于法律行为，法律效果显然更为确定和有效率。这反映了商业实践对于确定性和效率的追求。

三、法律调整商行为模式

商法强调效率和安全，无论从意思形成、内容和形式上均对于商行为有较多的控制。当然，不同的商行为根据商业活动的不同需要，法律会采取不同的模式控制。

（一）商行为的法定主义控制

商法中的法定主义模式是通过强制性规范进行的控制模式。强制性规范不依行为人的意志而无条件适用。如前所述，这些强制性规范为私法规范。法定主义对法律行为的内容控制，分为积极的控制和消极的控制。

1. 积极内容控制

积极内容控制，指法律、交易习惯直接参与交易人意思的形成，直接确定交易内容。例如，《公司法》第 25 条直接规定了有限责任公司章程的必要记载事项。有限责任公司制定章程就必须包括这些事项，不得变更。再如，票据行为的方式、内容和效力都是由法律直接规定的。又如，《德国商法典》第四编第六章对仓储营业合同的内容进行了详细的规定，其中不乏积极强行控制性条件。例如，该法第 475c 条规定仓单应该包含的事项有:“(1)签发仓单的地点和日期;(2)寄托人的名称和地址;(3)仓库营业人的名称和地址;(4)寄托的地点和日期;(5)货物种类的通常名称和包装的种类,对于危险货物,载明其依危险货物规定的名称或其他公认的名称;(6)货件的数量、标志和编号;(7)货物的毛重或以其他方式注明的数量;(8)在混合储藏的情形,对此的记载。”再如,第47条规定:“仓库营业人因仓库营业合同而负有储藏和保管货物的义务。寄托人负有支付约定的报酬的义务。”这些都是强制性规范,它们参与了意思表示的形成,以及合同内容的确定。

商法中的许多交易内容是由交易习惯确定的,这些交易习惯具有了准法律的性质。例如,各种类型的交易所都会制定相应的规则,这些交易规则具有强制效力。在商业活动中,各地的交易习惯也有所不同,这些交易习惯同样具有准法律的性质。

商法中的一部分法定主义调整方式是通过标准合同实现的。商业交易中,有许多交易是反复的、定型的交易,此时没有必要对这些交易一事一议。制定标准的合同条款有利于减少谈判成本。同时,许多标准合同事先要经过行业协会和监管部门的审查,实质上已经反映了不仅仅是标准合同提供方一方的意志。这种经过审查的标准合同,有些甚至是监管部门提供的指引,可以起到保护交易相对人的作用。但是,也必须避免标准合同固化标准合同提供方利益的情况出现。

2. 消极内容控制

消极内容控制,指通过内容不违反法律和公序良俗这一管道直接否定法律行为的内容。此种控制是对第三人利益、社会公共利益、经济秩序和社会公德的保护,其作用在于补充积极控制的不足,行为人不能以意思表示进行变更。[①] 这种控制主要体现了公法的需要。我国台湾地区学者苏永

① 参见赵中孚主编:《商法总论》(第4版),中国人民大学出版社2009年版,第155页。

钦先生引述德国学者论述道："如何把公法规范适度地延伸到私法关系中，以调和现代社会管制与自治的矛盾，是依赖体系思考而传统又以公私法的区隔为基本体系架构的大陆法国家的一项重大的考验——不论对立法或司法。"① 最终立法与司法将"不违反法律"这一生效要件认为是私法为公法开辟了一条公法进入私法的管道。应当说，这是避免私法被公法过度侵扰的一个不错的选择。在这里，公法的条款在进入私域之内欲干预私人生活时，其必须要经过法律行为生效条款的检视。并且，其实施方式也是私法式，即以有效或无效的方式发挥公法规范的作用，而不是那种公法强烈而直接地对个人发挥作用。此外，不同于单行立法直接课以严格责任或惩罚性赔偿等条款，通过"不违反法律"这种转介条款以实现法律对社会生活的控制让"公私法体系运作仍如一'无缝之网（seamless）'"。②

（二）商行为的意定主义控制

意定主义控制模式主要体现为私法对合同之债所采取的控制方式。民法是生活之法，要解决人们的个性需要、发展需要，此时不得不屈服于个人意志。曾经有一些国家和地方，实验过由国家安排人们的生活需要。于是，人们的意志被忽视，人们的个性被扼杀。人们穿同样的衣服，服从同一个意志。这样的社会不可持续，必然崩溃，因为它没有创造力，最终必然窒息，直到灭亡。更重要的是，这种社会制度忽略了人才是最终目的这一终极思想。民法同样也是营利之法。依本书界定，商事关系由民法与商法共同调整，民法负责自由的一面，商法负责限制自由的一面，但目的都是为了营利。商行为也是如此。商行为的意定主义控制自由的一面由民法负责，但商法同时也会用外观原则对自由进行限制。

---

① 苏永钦:《以公法规范控制私法契约》，载《人大法律评论》2010 年卷。

② 苏永钦:《以公法规范控制私法契约》，载《人大法律评论》2010 年卷。

意定主义控制模式分为自由意定主义控制模式和推定意定主义控制模式。自由意思控制模式，是指交易内容中具体条款是交易自由协商确定的。完全的自由意思控制模式主要存在于原始商品经济之中，其规则由传统的民法规定，在此模式下，交易中的所有内容是交易双方一对一地逐一确定。这是一种非常古典的贸易形式，实际并不多见。更多的意定主义控制模式是推定意定主义控制模式。例如，《合同法》第 363 条规定："在技术咨询合同、技术服务合同履行过程中，受托人利用委托人提供的技术资料和工作条件完成的新的技术成果，属于受托人。委托人利用受托人的工作成果完成的新的技术成果，属于委托人。当事人另有约定的，按照其约定。"这种模式之下，交易人对于不重要的交易条款可以不进行协商，而由法律推定。推定解决了合同的不完备性。根据现代学者的研究，合同的不完备性是常态。交易双方不可能事无巨细，将交易细节都一一确定，他们没有这种能力，也没有这个必要。如果没有推定条款的存在，交易双方将就所有的交易细节进行商谈，其耗费成本之高足以影响到交易人的交易兴趣。

商行为的意定主义控制主要通过推定条款实现。推定条款，指没有约定依法定的条款。例如前述《合同法》第 363 条。再如《公司法》第 34 条规定："股东按照实缴的出资比例分取红利；公司新增资本时，股东有权优先按照实缴的出资比例认缴出资。但是，全体股东约定不按照出资比例分取红利或者不按照出资比例优先认缴出资的除外。"第 42 条规定："股东会会议由股东按照出资比例行使表决权；但是，公司章程另有规定的除外。"第 71 条股权对内对外转让：有限责任公司的"股东向股东以外的人转让股权，应当经其他股东过半数同意。……公司章程对股权转让另有规定的，从其规定"。

四、商事合同的法律规制

（一）商事合同

商事合同，指在营业中所为的合同。其特征如下：其一，商事合同在营业中所为。其二，商事合同是基本的商法律行为形式，接近于民事法律行为，合同以协商成立。当然，商法在调整商事合同方面有更多的强制性规定，目的在于提高交易效率和保障交易安全。其三，商事合同一般至少有一方为商主体。如果双方都是商主体，自然为商事合同；如果只有一方是商主体，另一方是消费者，则商法调整的目的是加强商主体之义务。商事合同以当事人双方均为商主体最为典型。商事合同通常为简单商事交易的法律行为，因而与民事合同并无重大差别。应当说，近现代民事合同规则正是在吸收商事合同规则的基础之上发展起来的。罗马法上的民事合同注重烦琐形式而排斥意思自治，与近现代民事合同的理念完全不同。现代法上，商事合同与民事合同在理念和制度上都比较接近。尽管如此，鉴于商事活动自身和主体的特殊性，商事合同的一些地方还是需要法律进行特别调整。

商事合同规则与民事合同规则的区别是明显的，不应当因为统一规定就失去其特色。但在我国，一些商事规则令人遗憾地被放弃了。① 例如，《合同法》第 49 条规定："行为人没有代理权、超越代理权或者代理权终止后以被代理人名义订立合同，相对人有理由相信行为人有代理权的，该代理行为有效。"根据该条，无论商事领域的表见代理还是民事领域的表见代理，构成要件都不强调外观形成的可归责性。事实上，民事领域的表见代理是需要考虑诱因原则的。《合同法》第 410 条"委托人或者受托人可

① 这种情况说明民事法律的商化不足或商化过度。参见张谷:《中国民法商法化举隅》，载《金融法苑》2005 年第 1 期。

以随时解除委托合同。因解除合同给对方造成损失的，除不可归责于该当事人的事由以外，应当赔偿损失”之规定也值得商榷。任意解除合同的规定，只应适用于往往是无偿性的民事合同，而非多为有偿性的商事合同。[①]再如，在民法上，契约的成立必须经过要约和承诺，如果受要约人未对要约做出明示的或默示的承诺，契约就不会存在。但是，“如果受要约人是商人，而其业务涉及对他人事务的管理，那么在其不打算接受要约时，必须做出明确的表示，对要约的沉默将构成承诺”。[②]据此，“如果一个客户指示其经纪人买进某种证券，而经纪人既未答复也未买进，那么该经纪人就要对此承担契约上的责任”。[③]再如，在德国，善意取得对善意买受人的保护，在商法中也得到了进一步的扩大。在商业活动中，商主体常常有权出售属于他人的货物，如行纪代理商等。因此，“《德国商法典》第366条规定，那些知道出卖人并非所有权人，但善意地相信出卖人有权代表所有权人处分物品的善意买受人，也应受到保护”。[④]

我国立法者显然也意识到了商主体与非商主体注意义务的区别。但在多数情况下他们无计可施，因为统一的合同法既不区分民事合同和商事合同，也不区分商主体和非商主体。不过，在几个有限的有名合同中，利用当事人的特殊性，立法者不失时机地区分了双方的注意义务。例如，《合同法》第302条规定：“承运人应当对运输过程中旅客的伤亡承担损害赔偿责任，但伤亡是旅客自身健康原因造成的或者承运人证明伤亡是旅客故意、重大过失造成的除外。”在这里，无疑具有商主体身份的承运人不能因非商主体的旅客的一般过失而减轻责任。旅客的注意义务相对降低了。

---

① 参见许中缘：《商法的独特品格与我国民法典编纂》（下），人民出版社2017年版，第565页。

②《德国商法典》第362条。

③［德］罗伯特·霍恩、海因·科茨、汉斯·G.莱塞：《德国民商法导论》，楚建译，中国大百科全书出版社1996年版，第237页。

④［德］罗伯特·霍恩、海因·科茨、汉斯·G.莱塞：《德国民商法导论》，楚建译，中国大百科全书出版社1996年版，第237～238页。

鉴于商事合同与民事合同的差别不大，合一似乎是现实的选择。但是，合一并不意味着抹杀差别。为此，应当制定《商法通则》，在《商法通则》的商行为部分统一规定商事合同区别于民事合同不同的规则，以解决上述统一立法所导致的商化不足或商化过度的问题。立法者如果实在不愿意制定《商法通则》，也应当在正在制定的《民法典》合同编分则增加一章名为“商事合同的一般规定”的规定。这样可以将商法有关交易效率和交易安全的相关理念引入《民法典》合同编分则规定的相关合同之中。关于商事合同与民事合同的区分，可以作如下规定：“民事主体从事营业活动所签订的合同适用本章规定。”该章内容主要规定商事合同的基本原则和基本规则。例如，针对商主体意图通过约定排除有名商事合同的适用以规避法律规制的，可以规定：“从事营业活动的当事人不得通过约定规避本编列名合同的适用。”此外，也可以将一些比较专业的商事合同单独立法，以充分展示商法促进交易效率和保障交易安全的价值。

（二）商事买卖合同

1. 定义与特征

商事买卖合同，一般指货物买卖合同，是指出卖人为取得价金之对价而同意转让其标的物所有权的合同。本书定义对《合同法》中买卖合同的定义作了一个修正。《合同法》第 130 条规定：“买卖合同是出卖人转移标的物的所有权于买受人，买受人支付价款的合同。”该条的问题是没有突出债务合同的承诺性质。① 同时，处分即转移标的物的所有权的权利属于所有权自身内容而不属于债务自身的内容。仅依据一个承诺本身是不能导致所有权转让的，导致所有权转让的依据，必须是所有权自己所涵盖的权能。《物权法》第 39 条规定：“所有权人对自己的不动产或者动产，依法享

① 如果仅从文义看，该条更像是一个物权合同。

有占有、使用、收益和处分的权利。”其中，处分即包括所有人对物的转让。也就是说，《合同法》第132条“出卖的标的物，应当属于出卖人所有或者出卖人有权处分”中规定的处分权指的是所有权的权能。作为债权法一部分的合同法实际上是不能处理这一问题的。商事买卖合同具有以下一些特征：第一，买卖主体一方至少为商主体。第二，买卖标的多为种类物。第三，买卖链条由短变长。第四，买卖目的从实际利用到转卖营利。第五，买卖条件从任意到定型。[①] 买卖合同号称合同之母，其对其他合同或多或少有一定的指导意义。[②] 以下以我国《合同法》为基准，就商事买卖合同一些特别的问题加以探讨。

2. 买卖标的

我国《合同法》将买卖标的限定为“物”。两个界定：第一，物既包括动产，也包括不动产。事实上，还要更进一步地理解，如与物有关的用益物权也属于“物”的范围。英国法以及国际公约将商事买卖的标的限定为货物，货物即动产。《英国1979年货物买卖法》第61条将货物定义为“包括权利财产和金钱以外的一切动产”。1980年《联合国国际货物销售合同公约》也作了类似的规定，其第2条又进一步对货物进行了限定，将“购供私人、家人或家庭使用的货物的销售”排除在公约的调整范围之外。[③] 第二，物包括将来物。在英国，货物包括“正制造中和卖方在买卖

① 参见周林彬主编:《商法与企业经营》，北京大学出版社2010年版，第216～217页。

②《合同法》第174条:“法律对其他有偿合同有规定的，依照其规定；没有规定的，参照买卖合同的有关规定。”

③《联合国国际货物销售合同公约》第1条规定:“(1)本公约适用于营业地在不同国家的当事人之间所订立的货物销售合同：……”第2条规定:“本公约不适用于以下的销售:(a)购供私人、家人或家庭使用的货物的销售，除非卖方在订立合同前任何时候或订立合同时不知道而且没有理由知道这些货物是购供任何这种使用;(b)经由拍卖的销售;(c)根据法律执行令状或其他令状的销售;(d)公债、股票、投资证券、流通票据或货币的销售;(e)船舶、船只、气垫船或飞机的销售;(f)电力的销售。”

合同订立后将占有的货物”。[①]《合同法》从文义上理解似乎不包括将来物。《合同法》第 132 条规定：“出卖的标的物，应当属于出卖人所有或者出卖人有权处分。”《合同法》第 51 条也将出卖他人之物的合同规定为效力待定合同。[②]但是，避开将来物的买卖是不可想象的。因此，将来物的买卖显然为《合同法》所调整。相关不和谐的制度，也经立法与司法的共同努力而基本消解。将来物的交易并不是期货交易，甚至不是远期交易。将来物的交易使得买卖合同的构造非常复杂，一定程度上，它脱离了人们的经验范围。尽管《合同法》中的买卖合同的买卖标的没有包括所有财产，但如果法律对某种标的的买卖没有特别规定的，也可以参照适用。《合同法》对其他有偿合同没有特别规定的，买卖合同的规定具有参照意义。

3. 法律规制

商事买卖的法律规制，区分为积极规制和消极规制。前者是通过强制性规范的形式实现；后者是通过任意性规范的形式实现。商事买卖合同中的任意性规范尊重意思自治，但就规范本身而言，也体现了效率与安全的价值。这里着重讨论商事买卖的积极规制。

《合同法》在积极规制方面是较为普遍的。[③]主要包括以下几个方面：第一，规定合同解除的条件。[④]例如，因标的物质量不符合质量要求，致使不能实现合同目的的，买受人可以拒绝接受标的物或者解除合同。买受人拒绝接受标的物或者解除合同的，标的物毁损、灭失的风险由出卖人承

---

① 董安生：《新编英国商法》，复旦大学出版社 2009 年版，第 230 页。

②《合同法》第 51 条：“无处分权的人处分他人财产，经权利人追认或者无处分权的人订立合同后取得处分权的，该合同有效。”

③ 涉及《合同法》第 135、136、140、148、149、150、152、153、157、158、162、163、164、165、166、167、168、169、171 条。

④ 涉及《合同法》第 148、164、165、166、167 条。

担。[①]第二，规定出卖人义务。[②]例如，出卖人就交付的标的物，负有保证第三人不得向买受人主张任何权利的义务，但法律另有规定的除外。[③]例如，出卖人应当按照约定的质量要求交付标的物。出卖人提供有关标的物质量说明的，交付的标的物应当符合该说明的质量要求。[④]第三，规定买受人的义务。[⑤]例如，出卖人多交标的物的，买受人可以接收或者拒绝接收多交的部分。买受人接收多交部分的，按照合同的价格支付价款；买受人拒绝接收多交部分的，应当及时通知出卖人。[⑥]再如，试用买卖的买受人在试用期内可以购买标的物，也可以拒绝购买。试用期间届满，买受人对是否购买标的物未作表示的，视为购买。[⑦]第四，规定买受人的权利。[⑧]例如，标的物毁损、灭失的风险由买受人承担的，不影响因出卖人履行债务不符合约定，买受人要求其承担违约责任的权利。[⑨]例如，买受人有确切证据证明第三人可能就标的物主张权利的，可以中止支付相应的价款，但出卖人提供适当担保的除外。[⑩]第五，其他规定。关于交付的规定，标的物在订立合同之前已为买受人占有的，合同生效的时间为交付时间。[⑪]关于孳息的规定，标的物在交付之前产生的孳息，归出卖人所有，交付之后产生的孳息，归买受人所有。[⑫]

---

①《合同法》第 148 条。

② 涉及《合同法》第 135、136、150、153、168、169 条。

③《合同法》第 150 条。

④《合同法》第 153 条。

⑤ 涉及《合同法》第 157、158、162、171 条。

⑥《合同法》第 162 条。

⑦《合同法》第 171 条。

⑧ 涉及《合同法》第 149、152 条。

⑨《合同法》第 149 条。

⑩《合同法》第 152 条。

⑪《合同法》第 140 条。

⑫《合同法》第 163 条。

积极规制条款应当视为商事买卖合同的一部分。但是，积极规制条款与默示条款不同。默示条款是英美法上的概念，它是相对于明示条款而言的。所谓明示条款，指明确表示出合同内容的条款。明示条款需要有证据加以证明。最常见的证据是合同书，也包括摘记、口头等形式。默示条款，指“根据当事人的行为，根据合同其他明示条款或根据法律规定，不言自明、理应存在的合同条款”。默示条款应当视为合同内容的一部分。一般情况下，默示条款可以为明示条款所排除。但是，积极规制条款不得被合同条款所排除。①

4. 无权处分与区分原则

许多商事买卖合同的链条非常长，合同并不能即时履行，这就产生了合同履行时出现的问题是否会影响合同成立或效力的问题。履行时可能出现的最大的问题是出卖人对标的物没有处分权。《合同法》第 132 条首先要求出卖人对出卖的标的物拥有处分权，然后根据《合同法》第 51 条规定，如无处分权将影响买卖合同的效力，买卖合同在没有经过权利人追认前为效力待定合同。这一问题非常重要。如果无权处分合同最终变为无效合同，那么买受人将无法依据有效合同主张自己的利益，这对买受人是十分不利的。② 为此，《最高人民法院关于审理买卖合同纠纷案件适用法律问题的解释》(2012年3月31日最高人民法院审判委员会第1545次会议通过，以下简称《买卖合同司法解释》) 第 3 条规定:“当事人一方以出卖人在缔约时对标的物没有所有权或者处分权为由主张合同无效的，人民法院不予支持。出卖人因未取得所有权或者处分权致使标的物所有权不能转移，买受人要求出卖人承担违约责任或者要求解除合同并主张损害赔偿的，人民

① 一定意义上，可以将其理解为合同明示条款。

② 需要追认使得出卖人与买受人之间订立的合同，最后形成了出卖人愿意履行则予以履行，出卖人不履行也受法律制约的局面。显然，“这就是交易法律规制的‘不诚信’。”孙宪忠:《中国物权法总论》(第 3 版)，法律出版社 2014 年版，第 299 页。

法院应予支持。”[①]

《买卖合同司法解释》第3条体现了区分原则。所谓区分原则，指依据法律行为发生物权变动时，物权变动的原因与结果作为两个法律事实，它们的成立及生效分别依据不同的法律根据的原则。[②] 区分原则有以下优势：第一，明晰。区分原则是区分物权和债权的必然结果。债法只能提供物权变动的原因而不能提供物权变动的根据。债法仅处理相对人之间的关系，无法处理特定的物权人与不特定的义务人之间的物权关系。物权的根据还是应当来自物权法，并且遵循与债权不同的法理。此外，导致物权变动原因的债务其本义是承诺，承诺本身并无法导致物权变动，只有依物权法所作出的具有对世效果的物权行为（处分行为）[③] 才是物权变动的根据。第二，实用。区分原则能够对法律关系进行分解并精确分析，因此其在解决实践问题上非常实用。与此相比，债权形式主义虽也具备了区分原则的多数优点，但是，该理论无法适用所有情况，且对一些问题是束手无策的。例如，债权形式主义将履行行为看作事实行为，这可能会造成这样一种情况：即便履行人在履行时丧失行为能力，相对人一方仍然可以取得物权。这对于履行人一方是不公正的。区分原则对于交易安全至关重要，理应继续予以坚持。

---

① 《物权法》第15条规定："当事人之间订立有关设立、变更、转让和消灭不动产物权的合同，除法律另有规定或者合同另有约定外，自合同成立时生效；未办理物权登记的，不影响合同效力。"该条款明确将合同生效规定于合同成立时。但是，该规定仅能适用不动产的买卖。

② 参见孙宪忠：《中国物权法总论》（第3版），法律出版社2014年版，第276页。

③ 为表达这种对世效果，物权行为需要公示。

第二节　商行为法的建议条款及条款说明

一、商行为的定义与类型

（一）建议条款

第 × 条［定义和类型］

商行为，指营利性营业行为[①]和法律规定为商行为的行为。

商行为，既包括双方均为商主体的商行为，也包括仅单方为商主体的商行为。

（二）条款说明

1. 关于定义

这一定义有以下规定性：第一，商行为由商主体实施；第二，商行为的目的是营利；第三，商行为或为营业行为，或为法定商行为。

2. 关于分类

（1）单方商行为和双方商行为

单方商行为，又称“混合交易”行为，是指一方为商主体，另一方为民事主体的商行为；双方商行为则是双方都是商主体的商行为。双方商行为，法律对双方主体的控制是对等的，法律假定他们是平等且同样聪明的，法律不会单独考虑一方的利益。近现代商法中的绝大部分商行为法都是规范双方商行为的，例如商事合同、票据、证券、海商、保险

---

① 参见董安生、王文钦、王艳萍编著：《中国商法总论》，吉林人民出版社 1994 年版，第 125 页。

等。[①] 单方商行为最典型的是经营者与消费者之间的商行为，运输商与旅客之间的交易行为，银行与顾客之间的存贷行为等。单方商行为反映了民法和商法在生活实践中的交叉调整问题。在德国和日本法上，单方商行为统一适用商法。例如，《日本商法典》第 3 条规定“当事人一方所为行为是商行为时对双方适用”商法；“在当事人一方为数人的场合，其中一人所为行为是商行为时，对其全体适用”商法。在法国和英美法，则认为应当分别对待，即对商主体一方适用商法，而对民事主体则适用民法。[②]本书认为，单方商行为实质上是民事行为和商行为混合而成的行为，因此法国和英美法上的做法更合理。需要指出的是，按照本书的理解，商主体与商人不同，商主体是实施商行为的人。然而在有些行为中，可能非常复杂。例如普通股民，可能在进行证券交易时，他是商主体，而在处理和证券商之间的服务关系时，他却是一个民事主体。再如投保人，他可能既是民事主体又是一个商主体。《保险法》要求他履行高于民法的诚信义务，这实际上是把他当作商主体看待的。然而，当他作为一个金融消费者时，他又是一个民事主体。法律适用时，应当看到一个行为人的不同身份。

（2）营业商行为和法定商行为

营业商行为，指基于营业而实施的商行为。同一行为，非基于营业，则不是商行为。例如，同样是买卖旧车行为，私人间的偶然买卖，为民事行为，而私人向旧货经营所购，则为单方商行为。营业商行为包括基本商行为和附属商行为。附属商行为是为直接从事的营业行为服务的行为，如为售卖货物而进行的包装等行为。营业商行为以营业作为判断，是一种客观主义判断标准，并不是传统理论上相对商行为以商人作为判断标准。

---

① 参见赵中孚主编:《商法总论》(第 4 版)，中国人民大学出版社 2009 年版，第 156 页。

② 参见董安生、王文钦、王艳萍编著:《中国商法总论》，吉林人民出版社 1994 年版，第 129 ~ 130 页。

法定商行为，指并不基于营业，而是法律规定为商行为的商行为。如票据行为。本书所主张的法定商行为不会与营业商行为部分重叠。那种“营业行为为商行为，非营业行为非为商行为的行为”不是法定商行为。法定商行为的判断是客观主义加法定主义的判断标准。

（3）普通商行为和特殊商行为

普通商行为，指商事合同等与民法上的法律行为相近的商行为，其特点是可以与相应的民法上的法律行为统一规定，法律仅就商行为的特别之处作出规定即可。以商事买卖为例，许多国家有统一的买卖法，或单独立法，或规定于合同法之中，或规定于民法典之中；也有一些国家，如德国、日本等，商事买卖单独规定于《商法典》之中，但是，由于与民事买卖相近，大多规定比较简约。例如，《日本商法典》只有5条规定。这些都说明这些普通商行为与民法上的法律行为非常类似。特殊商行为，是指商行为本身非常特殊，以至于必须单独立法以反映其特殊之处的商行为。例如，票据行为、证券交易、拍卖、期货交易等。这些交易为了进一步提高交易效率和保障交易安全，已经不能适应一般合同法的规则，而需要单独立法。如果将其纳入一般合同法，将有可能使合同法的基本原理受到冲击。商事立法仅应当就特殊商行为进行规定，普通商行为则交由民法进行规定。

（三）立法例

《日本商法典》第501条规定：“下列行为，为商行为：1. 以获利转让的意思，有偿取得动产、不动产或有价证券的行为或者以转让取得物为目的的行为；2. 缔结自他人处取得动产或有价证券的供给合同以及为履行该合同而实施的以有偿为目的的行为；3. 交易所中的交易行为；4. 有关票据及其他商业证券的行为。”

《日本商法典》第502条规定：“下列行为，被作为营业实施时为商行为。但专以取得工资报酬为目的制造物品或者从事劳务的行为，不在此限。1. 以出租的意思，有偿取得或承租动产、不动产或者以出租其取得或承租物为目的的行为；2. 为他人实施制造或加工的行为；3. 供电或供气行为；4. 运输行为；5. 工程或劳务承包；6. 出版、印刷或摄影行为；7. 以招徕顾客为目的的服务业经营场所中进行的设施利用交易；8. 兑换及其他银行交易；9. 保险；10. 保管行为；11. 居间或行纪行为；12. 商行为代理；13. 信托行为。”

《日本商法典》第 503 条规定：“1. 商人为其营业所进行的行为为商行为。2. 商人的行为，推定为其营业所实施的行为。”

《德国商法典》第 343 条规定：“商行为是指属于经营商人的营业的一切行为。”

《法国商法典》第 632 条规定：“下列行为，法律视为商行为：旨在以原状或加工并交付使用后重新出售的动产购买行为；旨在重新出售的不动产购买行为，但买受人目的在于建造一座或若干座楼房并整体或分块出售的行为除外；购买、认购或出售不动产、营业资产、房地产公司的股份或份额的中介活动：动产租赁业；制造企业、行纪企业、行纪代理企业、陆地或水上运输企业；供货企业、代理行、商务代办处、拍卖机构、公开演出机构；汇总、银行及居间业务；共有银行的业务；批发商、零售商和银行经营者之间的债；各种人之间的汇票。”

二、商行为的法律规制

（一）建议条款

第 × 条［注意义务的提高］

商主体为商行为时，应当遵循通常商主体之注意义务。

第 × 条［双方商行为的可撤销规则的限制］

法律行为双方均为商主体的，法律行为不因当事人一方错误或受欺诈、胁迫而可撤销，但错误或受欺诈、胁迫所导致的后果显著超越一方当事人承受能力的除外。

第 × 条［缄默视为要约之承诺］

法律行为双方均为商主体的，一方向与其保持有商业联系的另一方提出要约，另一方必须毫不迟疑地对要约予以回答；另一方的缄默视为要约之承诺。

第 × 条［双方商行为标的物检查］

买卖对当事人双方均为商行为的，买受人应在出卖人交付后不迟延地对标的物进行检查，但以此举依通常的营业为可能为限，并在出现瑕疵时，不迟延地向出卖人进行通知。买受人不进行此项通知的，标的物视为被承认，但瑕疵在检查时不能辨识的，不在此限。在以后出现此种瑕疵的，必须在发现后不迟延地进行通知；否则，即使存在此种瑕疵，标的物仍视为被承认。恶意不告知瑕疵的出卖人不得援用上述规定。

第 × 条［不得调整违约金］

商主体在经营其营业中约定的违约金，不得请求法院或仲裁机构予以减少。

第 × 条［商业习惯的适用］

双方均为商主体的，法律行为的效力确定方面，应注意在商业往来中适用的习惯和惯例。

第 × 条［单方商行为的法律规制］

法律行为一方为商主体的，商主体的义务高于非商主体的注意义务。

法律行为不因商主体当事人一方错误或受欺诈、胁迫而可撤销，但错误或受欺诈、胁迫所导致的后果显著超越一方当事人承受能力的除外。

法律行为可因非商主体当事人一方错误或受欺诈、胁迫而可撤销。

（二）条款说明

1. 立法设想

目前我国法律对商行为的规制存在许多缺陷。第一，没有明确区分商事合同与民事合同。我国目前在合同法上采民商合一的立法体例，多数合同都统一规定在《合同法》之中，法律对商事合同和民事合同并没有明确区分。如果仔细研究会发现，《合同法》分则规定的有名合同共有15个，其中纯粹的商事合同有："供用电、水、气、热力合同""借款合同""融资租赁合同""建设工程合同""运输合同""技术合同""仓储合同""行纪合同""居间合同"；纯粹的民事合同有："赠与合同""租赁合同""承揽合同""保管合同"；[①]民商合一的合同有："买卖合同""委托合同"。该类合同商主体适用之，为商事合同，普通人适用之，为民事合同。多数有名合同泾渭分明。我国《合同法》存在两头都不讨好的窘境：既做不到真正合一，又无法凸显商法和民法各自的价值和原则，并造成法律适用上的困难。第二，对单方商行为缺乏必要的规制。商法中单方商行为一方为经营者，而另一方则为消费者，二者在智力和财力上均存在较大差异，商法应当对消费者予以倾斜保护。此外，虽然消费者对交易效率没有特别的要求，但是就经营者来说，交易效率还是非常重要的。经营者要遵守有关提高交易效率和保障交易安全的交易规则，不应因对方为消费者而有所改变。

对商行为进行规制是商法的一个显著特征。本书设想如下：第一，合同法仍然统一规定各种合同。同时，制定《商法通则》规定商行为与商主体的定义，规定商行为中一些常见的特殊规则，以适应对商行为的特殊调

---

① 关于民事合同的类型，参照《德国民法典》上的类型：买卖、赠与、租赁、借贷、雇佣、承揽、委任、寄托、合伙、保证、和解等。

整。需要指出的是，一些典型的商事合同可以单独立法以脱离《合同法》的规定。第二，应当通过《商法通则》商行为部分对单方商行为的规则进行规定。

2. 具体建议条款说明

（1）关于“注意义务的提高”条款的具体说明

建议条款赋予了商主体的特别的注意义务。对此，有明确的立法例可借鉴。《德国商法典》第 347 条对此予以明确规定：“因在其一方为商行为的行为而对他人负有注意义务的人，应对通常商人之注意负责。《民法典》关于债务人在一定情形只对重大过失负责任或只对其通常在自己事务上应尽之注意负责的规定，不因此而受影响。”这是因为，“商人自身保护的能力更强以及对他们保护的必要性也因此降低，特别是考虑到他们的交易和法律的经验”。[①]《德国商法典》第 384 条第 1 款“行纪人有义务以通常商人的注意义务行所承担的行为”的有关行纪商行为的规定重申了这一义务。

（2）关于“双方商行为的可撤销规则的限制”条款的具体说明

法律行为双方均为商主体的，法律行为不应当因当事人一方错误或受欺诈、胁迫而可撤销。商主体被假定为“强而智”的人，这样的人不会轻易犯错误，通常也不会被他人欺诈与胁迫；即便出现错误，为了交易效率与交易安全，商主体也应当予以承受。事实上，商主体也不应当轻易承认自己犯错误，因为那样就展示了自己的不专业。一个专业的形象对其开展商务活动是十分必要的。不过，如果错误或受欺诈、胁迫所导致的后果显著超越一方当事人的承受能力，也应当允许商主体撤销相关交易。

（3）关于“缄默视为要约之承诺”条款的具体说明

该条款在德国与日本法均有体现。如《德国商法典》第 362 条第 1 款规定：“如果与商人保持有业务联系的行为人，向处理他人事务的商人提

① [德] C. W. 卡纳里斯:《德国商法》，杨继译，法律出版社 2006 年版，第 589 页。

出处理该事务之要约，该商人必须毫不迟疑地对要约予以回答；商人之缄默视为要约之承诺。在商人向行为人主动提出事务处理之后，如果行为人再次向商人提出处理事务要约，以上规定同样生效。”商业交易稍纵即逝，作为交易对手应当充分理解交易人的需求，以免耽误交易人的商业机会。

（4）关于“双方商行为标的物检查”条款的具体说明

《德国商法典》第 377 条对买卖标的物检查进行了详细规定。在这里，出卖人原则上被优待，而买受人的义务则被加重，目的是“实现商事买卖中被期望的法律关系的快速声明和清算”。[①] 不过，上述规定在德国仅适用双方商行为。《合同法》第 157 条和第 158 条也有类似规定。由于我国《合同法》统一适用于民事合同与商事合同，如果上述规定适用于消费者当事人，对其所施加的注意义务稍显严苛。为体现民商合同相互区分的原则，有必要在未来制定民法典时，将《合同法》中的相关条款删除，而在《商法通则》商行为部分规定建议条款。

（5）关于“不得调整违约金”条款的具体说明

“强而智”的人像假定意味着有时不需要对商主体给予伦理意义上的公平对待。《德国商法典》第 348 条明确规定“商人在经营其营业中约定的违约金”不得请求减少。我国《合同法》为了统一民事合同与商事合同，牺牲了商事合同的这一规定。《合同法》第 114 条明确规定，“约定的违约金过分高于造成的损失的，当事人可以请求人民法院或者仲裁机构予以适当减少”。近来的趋势是，法院大多不支持商事合同当事人对违约金的调整要求。这是外观原则在商事合同领域适用的体现，当事人的真实意思以合同文义为准，且不得反言。商事合同，应当以效率安全的价值优先。正如前所述，此时不需要对商主体给予伦理意义上的公平对待。一种意见认为，上述对商事合同违约金不予调整的规则反映了商法规则对私法自治的

---

① [德] C. W. 卡纳里斯：《德国商法》，杨继译，法律出版社 2006 年版，第 681 页。

扩展，这似乎与一般商法对意思自治的限制的原则相背离。事实上，允许调整或许更符合意思自治。因为高额的违约金未必是当事人的真实意思。退一步说，即便这是对意思自治的扩展，那也是极个别的。《德国商法典》中这种内容方面的扩展仅限于违约金不得减少的规定。更重要的是，这种意思自治的扩展是建立在“强而智”的商主体人像假定基础之上的。

（6）关于“商业习惯的适用”条款的具体说明

商业习惯在法律行为效力确定方面的应用是不言而喻的。在一些情况下，甚至会出现商业习惯优先于强制性规范适用的情况。商业习惯是商事活动合理性精神的产物，有利于商主体经营活动的展开，具有进步意义。商事制定法相比之下较为固化，存在一些未考虑商人间合理交易习惯的死条文，有些规定因与实际发生的商主体间的交易活动不相适应而导致丧失了其自身的价值。此种情况下，也可能存在商业习惯优先于商法强制性规范适用的例外情况。①“强制性法律永远优先”的观点并不永远有效。②当然，这种例外情况不以实现不正当目的为前提。

（7）关于“单方商行为的法律规制”条款的具体说明

法律之所以向单方商行为中的非商主体一方倾斜，在于法律承认一个前提，即商主体或者在能力或者在实力上超过非商主体。现代商主体日趋强大，又在自己熟悉的领域，在实力和能力上超过多为自然人的非商主体实属正常。此时如果过分强调意思自治和合同自由，将带来实质的不平等。德国著名法学家基尔克早在1889年就正确指出：“毫无限制的合同自由会摧垮其自身。作为强者手中令人生畏的武器，弱者手中不称手的工具，它将成为一方压迫另一方的手段，成为智力上和经济上强势的一方进

---

① 附空白委托书的记名股转让案。大判昭昭和十九年（1944年）2月29日民集第23卷第90页。[日]近藤光男:《日本商法总则·商行为法》，梁爽译，法律出版社2016年版，第12页。

② 卡纳里斯认为“强制性法律永远优先”。[德]C. W. 卡纳里斯:《德国商法》，杨继译，法律出版社2006年版，第559页。

行无情剥削的工具。”[①]

本部分建议稿是开放的。不排除有更多的更为具体的商行为规制条款被制定出来以适应商业交易的需要。

（三）立法例

《德国商法典》第 347 条规定：“因在其一方为商行为的行为而对他人负有注意义务的人，应对通常商人之注意负责。”

《德国商法典》第 384 条规定：“行纪人有义务以通常商人的注意义务行所承担的行为。”

《德国商法典》第 390 条规定：“行纪人对于处在自己保管之下的财产的丧失和毁损负责任，但丧失或者毁损系基于不能够通过通常商人之注意加以避免的事由的，不在此限。”

《德国商法典》第 362 条第 1 款规定：“如果与商人保持有业务联系的行为人，向处理他人事务的商人提出处理该事务之要约，该商人必须毫不迟疑地对要约予以回答；商人之缄默视为要约之承诺。在商人向行为人主动提出事务处理之后，如果行为人再次向商人提出处理事务要约，以上规定同样生效。”

《德国商法典》第 377 条规定：“买卖对当事人双方均为商行为的，买受人应在出卖人交付后不迟延地对商品进行检查，但以此举依通常的营业为可能为限，并在出现瑕疵时，不迟延地向出卖人进行通知。买受人不进行此项通知的，商品视为被承认，但瑕疵在检查时不能辨识的，不在此限。在以后出现此种瑕疵的，必须在发现后不迟延地进行通知；否则，即使存在此种瑕疵，商品仍视为被承认。为保持买受人的权利，及时寄发通知即可。出卖人恶意不告知瑕疵的，其不得援用此种规定。”

① [德] 卡尔·拉伦茨:《德国民法通论》(上册)，王晓晔等译，法律出版社 2003 年版，第 80 页。

《合同法》第 157 条规定："买受人收到标的物时应当在约定的检验期间内检验。没有约定检验期间的，应当及时检验。"

《合同法》第 158 条规定："当事人约定检验期间的，买受人应当在检验期间内将标的物的数量或者质量不符合约定的情形通知出卖人。买受人怠于通知的，视为标的物的数量或者质量符合约定。当事人没有约定检验期间的，买受人应当在发现或者应当发现标的物的数量或者质量不符合约定的合理期间内通知出卖人。买受人在合理期间内未通知或者自标的物收到之日起两年内未通知出卖人的，视为标的物的数量或者质量符合约定，但对标的物有质量保证期的，适用质量保证期，不适用该两年的规定。出卖人知道或者应当知道提供的标的物不符合约定的，买受人不受前两款规定的通知时间的限制。"

《德国商法典》第 348 条规定："商人在经营其营业中约定的违约金，不得依《民法典》第 343 条的规定减少。"

《合同法》第 114 条第 2 款规定："约定的违约金低于造成的损失的，当事人可以请求人民法院或者仲裁机构予以增加；约定的违约金过分高于造成的损失的，当事人可以请求人民法院或者仲裁机构予以适当减少。"

《德国商法典》第 346 条规定："在商人之间，在行为和不行为的意义和效力方面，应注意在商业往来中适用的习惯和惯例。"

《日本消费者合同法》第 1 条规定："鉴于消费者和经营者之间在所掌握信息的质或量上及谈判能力上的差别，为在经营者的一定行为导致消费者误认或者困惑的场合可以撤销合同要约或承诺的意思表示，并使合同中免除经营者损害赔偿责任的条款及其他不当损害消费者利益的条款全部或一部无效，以维护消费者的利益，促进国民生活稳步提高及国民经济健康发展之目的，制定本法。"①

① 高在敏主编:《商法》(第 2 版)，法律出版社 2016 年版，第 88 页。

三、代理商行为的法律规制

（一）建议条款

第 × 条［定义］

本节规定的代理，指代理商从事的代理行为。

代理商，指作为独立的营业人受托为另一人媒介交易或以其名义成立交易的人。独立的人是指基本上可以自由形成其活动和决定其工作时间的人。

第 × 条［通知义务］

代理商应当及时向委托人通知所从事交易代理或媒介事项。

第 × 条［留置］

代理商在其对委托人因代理所生债权得到清偿以前，可以留置他为委托人占有的物。

第 × 条［解除］

代理合同未约定代理期间的，委托人和代理商可以提前两个月发出通知解除双方间的合同。

（二）条款说明

1. 关于“定义”条款的说明

代理商，指作为独立的营业人受托为另一人媒介交易或以其名义成立交易的人。本书将商人界定为企业，因而代理商均为商主体，但未必是商人。代理商的特征如下：第一，以被代理人名义缔结交易或者媒介交易。第二，长期性。代理商与被代理人之间的契约关系是一种持续的完整的委托关系，不同于一般民事代理的临时性和偶然性。[①] 第三，独立性。代理

① 参见赵中孚主编:《商法总论》（第 4 版），中国人民大学出版社 2009 年版，第 140 页。

商可以自由决定自己的商业并支配自己的工作时间；否则，它是使用人而不是代办商。代理商营业场地、营业费用、商号等，都具有独立性。代理商甚至可以同时是几个委托人的代理商。行纪商、居间商、经销商和特许经营商等与代理商不同，他们不限于进行单纯的媒介服务，其行为也不受以企业名义的限制。①

商人向其客户提供商品或服务，可以利用自己的雇员直接销售，也可以像金融机构一样建立众多的分支机构（营业部）。但商人还可以有另外一种选择，即与众多的第三人合作。代理商即是其中之一。代理商自身并不直接生产，其出现是商业分工的结果。代理商制度，“一般认为发端于行商的商业雇员制度，当商业雇员离开商人在某地定居下来成为辅助商人营业的独立商人时，即形成了代理商”。代理商制度源自于德国商法。②

我国代理商行为主要适用《合同法》第21章“委托合同”的规定，并没有独立的代理商行为的规范。“委托合同”统一调整各种民商事委托，忽视了民事委托行为与商事委托行为甚至是一般商事委托行为和代理商行为的区别。代理商行为由以代理为业的代理商实施，其有许多特别之处，法律应当予以单独调整。

2. 关于“通知”条款的说明

代理商行为的结果须由委托其代理的人承担，因而代理商应当就其代理行为及时通知委托人。

3. 关于“留置”条款的说明

代理商代理的目的是赚取委托商人所支付的代理佣金，因而有必要规定留置条款，以保护通常居于弱势地位的代理商。

商法之所以对代理商进行特殊规定，是因为代理商通常居于弱者地

---

① 参见［德］C. W. 卡纳里斯：《德国商法》，杨继译，法律出版社2006年版，第411页。

② 参见刘成杰：《日本最新商法典译注》，中国政法大学出版社2012年版，第65页。

位，而对代理商进行特别的保护。在德国，有关代理商法的“一系列条款都不能以给代理人带来不利益的方式来适用”。一方面，代理商的代理合同可能是其主要生活收入来源，另一方面则是代理商常常处于弱者地位（这一理由德国政府曾经明确说明）。代理商的独立商人地位经常受到被代理人的指示权的约束。这种弱者地位在单独商号代理商中表现更为明显。[①]

4. 关于“解除”条款的说明

代理商所享有的代理权具有长期性。为保证代理商的利益，有必要规定未约定代理期间的代理商随时可以解除代理权。

（三）立法例

《德国商法典》第 84 条第 1 款规定：“代理商是指作为独立的经营人受托为另一企业主（企业主）媒介交易或以其名义成立交易的人。独立的人是指基本上可以自由形成其活动和决定其工作时间的人。”

《日本商法典》第 27 条规定：“代理商（指经常性为商人就其营业部类的交易从事交易代理或媒介的非从属于该商人的人）从事交易代理或媒介时，必须及时向商人通知该事项。”

《日本商法典》第 28 条规定：“未经商人准许，代理商不得实施以下行为：（1）为自己或他人进行与该商人的营业属于同一部类的交易；（2）成为与该商人经营同种类营业之公司的董事、执行官或者执行业务的社员。代理商违反前款规定实施前款第（1）项所规定之行为时，代理商或第三人因该行为所得利益的金额推定为商人所遭受损失的金额。”

《日本商法典》第 30 条规定：“商人与代理商之间未约定合同期间时，可以提前两个月发出预告解除双方间的合同。当存在不得已事由时，商人

---

① 参见［德］C. W. 卡纳里斯：《德国商法》，杨继译，法律出版社 2006 年版，第 411 ~ 417 页。鉴于代理商法的弱者保护法的特征，卡纳里斯认为《德国商法典》第 84 条以下的许多规定都不属于商法，而属于社会保障法。

及代理商可以不受前款规定的约束随时解除合同。”

《日本商法典》第31条规定：“代理商从事交易代理或媒介所生全权的清偿期到来时，在该债权得到清偿以前，可以留置其为商人占有的物或有价证券。但当事人间有特别意思表示时，不在此限。”

四、行纪商行为的法律规制

（一）建议条款

第×条［定义］

本节规定的行纪，指行纪商从事的行纪行为。

行纪商，指为委托人的利益，以自己的名义买卖物品并以此为业的人。

第×条［三方关系］

行纪商为委托人行为时，对相对人享有权利、担负义务。

行纪商为委托人行为时，若相对人不履行其债务，则行纪商应当承担该履行责任。但是当事人另有约定的除外。

第×条［遵从指示及报告义务］

行纪商，应当遵从委托人的指示，并有义务向委托人对行为作出报告，并且向委托人交付自己因处理事务所取得的利益。

行纪商违反委托人的指示，或者故意隐瞒行纪业务的重要事实或者提供虚假情况，损害委托人利益的，不得要求支付报酬并应当承担损害赔偿责任。

第×条［保管及紧急处置］

行纪商应当妥善保管为委托人占有的物。

委托物交付给行纪人时有瑕疵或者容易腐烂、变质的，经委托人同意，行纪商可以处分该物；和委托人不能及时取得联系的，行纪商可以合理处分。

第 × 条［及时受领及提存］

行纪商按照约定买入委托物，委托人应当及时受领。经行纪商催告，委托人无正当理由拒绝受领的，行纪商依照规定可以提存委托物。

委托物不能卖出或者委托人撤回出卖，经行纪商催告，委托人不取回或者不处分该物的，行纪商可以提存委托物。

第 × 条［留置］

行纪商在其对委托人因行纪行为所生债权得到清偿以前，可以留置他为委托人占有的物或有价证券。

第 × 条［介入权］

行纪商卖出或者买入具有市场定价的物，除委托人有相反的意思表示以外，行纪商自己可以作为买受人或者出卖人。

行纪商有前款规定情形的，仍然可以要求委托人支付报酬。

第 × 条［归属权］

行纪商自委托人处得到的物或者因行纪而取得的物、债权，视为委托人的所有或者委托人的债权。

第 × 条［报酬与费用］

行纪商完成或者部分完成委托事务的，委托人应当向其支付相应的报酬。

行纪商处理委托事务支出的费用，由行纪人负担，但当事人另有约定的除外。

第 × 条［准行纪行为的准用］

本节规定准用于行纪商以自己名义为委托人从事买卖物品以外的行为。

第 × 条［准用委任及代理规定］

行纪商行为，除本章规定外，准用委任及代理的相关规定。

（二）条款说明

1. 关于“定义”条款的说明

这里所称的行纪是行纪商的营业。行纪商，指受委托人委托，以自己的名义从事商事交易，委托人支付报酬的人。其特征如下：第一，受委托人委托，行纪行为上的盈亏由委托人承担；第二，以自己的名义进行活动，对合同享有或承担直接的权利或义务；第三，以行纪为业；第四，行纪商可以自己充任买受人或出售人，并收取报酬。[①] 易言之，行纪突破了民间上禁止双方代理的规则。行纪业务的显而易见的风险是委托人付出了购物款但可能无法直接享有所购物品的所有权。常见行纪业务出现在进出口、艺术品和部分证券交易中。与代理商不同，行纪商相对于委托人的地位更为强势。代理商通常服务于商人，而行纪商则通常既服务于非商人，也服务于商人。日本实践中存在一种与特定商人建立持续性、经常性联系的行纪商（取次行纪商，行纪代理商）。[②] 如果行纪商与委托人之间形成了类似代理商那样的长期委托关系，也要考虑适用代理商的保护规则。但这种需要保护的情况并不会经常发生。行纪人能够以自己的名义，即表明行纪商的地位通常强于委托人。

我国有关行纪商行为的法律规范规定在《合同法》第22章。与德国、日本、韩国等立法不同，该章从合同而非从行纪商的角度规范行纪行为。该章也不强调行纪人以此为业，似乎有将一般的不以行纪为业所从事的行纪合同也纳入规范的范围。这种做法值得商榷。一方面，行纪行为一般为以行纪为业的行纪人所为，不应当承认所谓不以行纪为业的行纪人所从事的行纪行为；另一方面，不以此为业的行为人以自己名义从事的，法律效

---

①《合同法》第419条。

② 参见刘成杰:《日本最新商法典译注》，中国政法大学出版社2012年版，第65～66页。

果由委托人承受的行为，为间接代理。《民法总则》没有就间接代理进行规定，相关规则适用《合同法》第 402 条规定："受托人以自己的名义，在委托人的授权范围内与第三人订立的合同，第三人在订立合同时知道受托人与委托人之间的代理关系的，该合同直接约束委托人和第三人，但有确切证据证明该合同只约束受托人和第三人的除外。"① 值得注意的是，我国台湾地区"民法典"虽亦未规定行纪人应当以行纪为业，但其第 576 条明确规定，行纪为营业。

2. 关于"三方关系"条款的说明

本条款实际上是对行纪和行纪商定义条款的具体化。行纪业务通常涉及三个合同：一是委托合同，委托人委托行纪商购买或销售物品，并约定向其支付佣金的行纪契约；二是买卖合同，行纪商为完成其职责而与第三人签订的买卖合同；三是行纪商将上述交易的结果转移给其委托人。如果委托人不接受这一结果，那么行纪商应当对第三人承担相应的履行担保责任。我国《合同法》第 421 条对"三方关系"及履行担保责任已有明确规定。履行担保责任条款最早源自于日本商法典。

3. 关于"遵从指示及报告义务"条款的说明

行纪商行为的结果须由委托人承担，因而行纪商应当就其行纪行为及时通知委托人。不及时通知导致委托人利益受到损害的，行纪商应当承担相应的损害赔偿责任。《合同法》对此未进行规定，应当是行纪合同民法化的结果。事实上，行纪是典型的商行为，行纪人也是典型的商主体，应

---

①《合同法》第 403 条进一步规定："受托人以自己的名义与第三人订立合同时，第三人不知道受托人与委托人之间的代理关系的，受托人因第三人的原因对委托人不履行义务，受托人应当向委托人披露第三人，委托人因此可以行使受托人对第三人的权利，但第三人与受托人订立合同时如果知道该委托人就不会订立合同的除外。受托人因委托人的原因对第三人不履行义务，受托人应当向第三人披露委托人，第三人因此可以选择受托人或者委托人作为相对人主张其权利，但第三人不得变更选定的相对人。委托人行使受托人对第三人的权利的，第三人可以向委托人主张其对受托人的抗辩。第三人选定委托人作为其相对人的，委托人可以向第三人主张其对受托人的抗辩以及受托人对第三人的抗辩。"

当遵循商法的基本价值与规则。指示及报告义务体现了对交易安全的考量，是典型的商行为规则。

4. 关于“保管及紧急处置”条款的说明

我国《合同法》第416条和第417条对行纪商的委托物的保管和紧急处置义务进行了规定。本书建议予以保留。

5. 关于“及时受领及提存”条款的说明

我国《合同法》第420条规定了委托人的及时受领义务和行纪人的提存权利。本书建议予以保留。

6. 关于“留置”条款的说明

留置为各立法例均予以规定的行纪商的权利。我国《合同法》第422条也予以规定。值得注意的是，《物权法》对作为担保物权的留置权作了全面规定。《物权法》第230条规定：“债务人不履行到期债务，债权人可以留置已经合法占有的债务人的动产，并有权就该动产优先受偿。前款规定的债权人为留置权人，占有的动产为留置财产。”第231条规定：“债权人留置的动产，应当与债权属于同一法律关系，但企业之间留置的除外。”根据这两条规定，即使《合同法》第422条不对行纪商的留置权予以规定，行纪商也可以依据《物权法》的相关规定予以留置。问题是，各国立法例关于担保物权的规定很少像我国赋予各种债权人如此强大且广泛的导致债权人与债务人权利义务不平衡的担保性的留置权。本书主张，应当缩小甚至废除《物权法》的相关规定，应根据法律政策给予必要的具体类型的债权人设置留置权。有鉴于此，本书主张规定行纪商的留置权。

7. 关于“介入权”条款的说明

介入权为各立法例均予以规定的行纪商的权利。介入权，是指行纪人可以作为出卖人或者买受人，卖出或者买入具有市场定价的商品。介入权源于商业习惯，最早出现于《德国商法》，后《日本商法》《瑞士商务法》等纷纷仿效。我国《合同法》第419条也有明确规定。各国立法例对介入权的行使有严格的条件，卖出或者买入的物须具有市场定价，《日本商法典》第555条更是明确规定卖出或者买入的物品须有交易所报价。法律如此规定，在于行纪商与委托人之间存在信息不对称。为保护委托人的利益，需要对介入权的行使进行严格限定。行纪人行使介入权后，其仍然是行纪行为的当事人，因而委托人不能以此而拒绝支付报酬。但是，如果委托人明确不同意行纪商此种做法的除外。

8. 关于“归属权”条款的说明

行纪商自委托人处得到的物品或者因行纪而取得的物、债权应当归属于委托人。“归属权”条款源自于《韩国商法典》第103条“在委托人与行纪人之间的关系上，或者在委托人与行纪的债权人之间的关系上，将行纪人自委托人处得到的物品或者有价证券或者因行纪而取得的物品、有价证券、债权，视为委托人的所有或者委托人的债权”的规定。尽管其他立法例对此多未进行规定，但本书认为还是应当予以规定。尽管依据法理，行纪商占有的委托物自然应当归属于委托物，但委托物多属于动产和有价证券，容易与行纪商自有或行纪商占有的其他委托人的动产和有价证券混同。法律作此规定，有利于在行纪商破产时不将这些财产纳入破产财产，从而保护委托人的利益。这一规定在金融、证券、期货等行业尤其重要。“归属权”条款很大程度取决于诸如金融、证券、期货等行业对这些财产前置性隔离措施的规定。

9. 关于“报酬与费用”条款的说明

本条属于推定条款，以避免行纪商与委托人之间未就费用支出负担作出约定产生纠纷而影响交易效率。

10. 关于“准行纪行为的准用”条款的说明

各立法例关于行纪的规定，多以物或有价证券买卖为原型。我国《合同法》也是如此。事实上，行纪行为除此之外，还有在广告业等行业中广泛存在。遗憾的是，《合同法》对此未予以规定。为填补这一法律漏洞，建议增加“准行纪行为的准用”条款。

11. 关于“准用委任及代理规定”条款的说明

《合同法》第 423 条：“本章没有规定的，适用委托合同的有关规定。”因此行纪不仅可以适用委托合同的规定，还可以适用代理的规定。《日本商法典》第 552 条第 2 款对此予以明确规定：“行纪商与委托人之间，除本章规定外，准用委任及代理的相关规定。”行纪本质上源自于委托及代理，因此适用相关规则并无问题。如《民法总则》第 165 条“委托代理授权采用书面形式的，授权委托书应当载明代理人的姓名或者名称、代理事项、权限和期间，并由被代理人签名或者盖章”的规定，以及第 169 条转委托的规定，① 于行纪行为也有适用空间。

（三）立法例

1. 关于“定义”条款的立法例

《法国商法典》第 94 条（1863 年 5 月 23 日法律）规定：“以自己名义或以公司名义为委托人进行活动者，为行纪商。”

《德国商法典》第 383 条规定：“行纪人是指依营利事业的方式，为他人（委托人）的计算，而以自己的名义承担商品或者有价证券的买受或者出卖的人。本章的规定，在行纪人的企业依性质或者规模不要求以商人方式所设置的营业经营，并用企业的商号未依第 2 条登入商事登记簿的，亦予适用。”

《日本商法典》第 551 条规定：“行纪商，是指以自己的名义为他人销

---

①《民法总则》第 169 条规定：“代理人需要转委托第三人代理的，应当取得被代理人的同意或者追认。转委托代理经被代理人同意或者追认的，被代理人可以就代理事务直接指示转委托的第三人，代理人仅就第三人的选任以及对第三人的指示承担责任。转委托代理未经被代理人同意或者追认的，代理人应当对转委托的第三人的行为承担责任，但是在紧急情况下代理人为了维护被代理人的利益需要转委托第三人代理的除外。”

售或购买物品并以此为业者。”

《韩国商法典》第 101 条规定：“行纪人，是指以自己的名义为他人办理物品或者有价证券买卖的人。”

《合同法》第 414 条规定：“行纪合同是行纪人以自己的名义为委托人从事贸易活动，委托人支付报酬的合同。”

我国台湾地区“民法典”第 576 条规定：“称行纪者，谓以自己之名义，为他人之计算，为动产之买卖或其他商业上之交易，而受报酬之营业。”

2. 关于“三方关系”条款的立法例

《日本商法典》第 552 条第 1 款规定：“行纪商为他人从事销售或购买行为时，对相对人享有权利、担负义务。”

《日本商法典》第 553 条规定：“行纪商为委托人从事销售或购买行为时，若相对人不履行其债务，则行纪商承担该履行责任。但另有意思表示或习惯时，不在此限。”

《韩国商法典》第 102 条规定：“行纪人通过为委托人所进行的买卖，直接对对方取得权利并承担义务。”

《合同法》第 421 条规定：“行纪人与第三人订立合同的，行纪人对该合同直接享有权利、承担义务。第三人不履行义务致使委托人受到损害的，行纪人应当承担损害赔偿责任，但行纪人与委托人另有约定的除外。”

我国台湾地区“民法典”第 578 条规定：“行纪人为委托人之计算所为之交易，对于交易之相对人，自得权利并自负义务。”

我国台湾地区“民法典”第 579 条规定：“行纪人为委托人之计算所订立之契约，其契约之他方当事人不履行债务时，对于委托人，应由行纪人负直接履行契约之义务，但契约另有订定或另有习惯者，不在此限。”

我国台湾地区“民法典”第 588 条规定：“行纪人得自为买受人或出卖人时，如仅将订立契约之情事通知委托人，而不以他方当事人之姓名告知者，视为自己负担该方当事人之义务。”

3. 关于“遵从指示及报告义务”条款的立法例

《德国商法典》第 384 条规定：“行纪人有义务以通常商人的注意义务行所承担的行为；其在被告知所承担的行为时，应当维护委托人的利益，并且遵从委托人的指示。其应当向委托人进行必要的通知；其有义务，向委托人对行为作出报告，并且向委托人交付自己因处理事务所取得的利益。”

《德国商法典》第 385 条规定：“行纪人不依委托人的指示行为的，其对于委托人负有赔偿损害义务。”

《韩国商法典》第 104 条规定：“行纪人办理被委托的买卖之后，应毫不迟延地通知委托人该合同的要点及对方的住所、姓名，并提出计算书。”

《日本商法典》第 554 条规定：“行纪商以低于委托人指示价格销售或者高于委托人指示价格购买物品时，若自己负担差额，则其销售或购买行为对委托人有效。”

《合同法》第 418 条：“行纪人低于委托人指定的价格卖出或者高于委托人指定的价格买入的，应当经委托人同意。未经委托人同意，行纪人补偿其差额的，该买卖对委托人发生效力。行纪人高于委托人指定的价格卖出或者低于委托人指定的价格买入的，可以按照约定增加报酬。没有约定或者约定不明确，依照本法第六十一条的规定仍不能确定的，该利益属于委托人。委托人对价格有特别指示的，行纪人不得违背该指示卖出或者买入。”

我国台湾地区“民法典”第 580 条规定：“行纪人以低于委托人所指定之价额卖出，或以高于委托人所指定之价额买入者，应补偿其差额。”

我国台湾地区“民法典”第 581 条规定：“行纪人以高于委托人所指定之价额卖出，或以低于委托人所指定之价额买入者，其利益均归属于委托人。”

4. 关于“保管及紧急处置”条款的立法例

《合同法》第 416 条规定：“行纪人占有委托物的，应当妥善保管委托物。”

《合同法》第 417 条规定：“委托物交付给行纪人时有瑕疵或者容易腐烂、变质的，经委托人同意，行纪人可以处分该物；和委托人不能及时取得联系的，行纪人可以合理处分。”

我国台湾地区“民法典”第 583 条规定：“行纪人为委托人之计算所买入或卖出之物，为其占有时，适用寄托之规定。前项占有之物，除委托人另有指示外，行纪人不负付保险之义务。”

我国台湾地区“民法典”第 584 条规定：“委托出卖之物，于达到行纪人时有瑕疵，或依其物之性质易于败坏者，行纪人为保护委托人之利益，应与保护自己之利益为同一之处置。”

5. 关于“及时受领及提存”条款的立法例

《合同法》第 420 条规定：“行纪人按照约定买入委托物，委托人应当及时受领。经行纪人催告，委托人无正当理由拒绝受领的，行纪人依照本法第一百零一条的规定可以提存委托物。委托物不能卖出或者委托人撤回出卖，经行纪人催告，委托人不取回或者不处分该物的，行纪人依照本法第一百零一条的规定可以提存委托物。”

我国台湾地区“民法典”第 585 条规定：“委托人拒绝受领行纪人依其指示所买之物时，行纪人得定相当期限，催告委托人受领，逾期不受领者，行纪人得拍卖其物，并得就其对于委托人因委托关系所生债权之数额，于拍卖价金中取偿之，如有剩余，并得提存。如为易于败坏之物，行纪人得不为前项之催告。”

我国台湾地区“民法典”第 586 条规定：“委托行纪人出卖之物，不能卖出或委托人撤回其出卖之委托者，如委托人不于相当期间取回或处分其物时，行纪人得依前条之规定，行使其权利。”

6. 关于“留置”条款的立法例

《法国商法典》第 95 条（1998 年 2 月 6 日法律）规定：“行纪商对其委托人拥有佣金债权，即使产生于以前的委托事务，对其义务标的的货物价值及其相关文件享有优先权。行纪商享有优先权的债权，包括本金、利息、佣金费用。”

《德国商法典》第 397 条规定：“以行纪人占有行纪财产，特别是借助于海运提单、提单或者仓单可以对此处分为限，行纪人因就财产所支付的费用、佣金、就财产所给予的预付款项和借贷、就财产所签署的票据，或者以其他方式所缔结的债务，以及因由行纪行为中的继续性计算所产生的一切债权，而对行纪财产享有质权。”

《韩国商法典》第 111 条规定：“第 91 条（代理商的留置权）的规定准用于行纪人。”

《合同法》第 422 条规定：“行纪人完成或者部分完成委托事务的，委托人应当向其支付相应的报酬。委托人逾期不支付报酬的，行纪人对委托物享有留置权，但当事人另有约定的除外。”

7. 关于“介入权”条款的立法例

《德国商法典》第 400 条规定：“买入或者卖出商品的行纪，以商品具有交易所价格或者市场价格为限，以及买入或者卖出有价证券的行纪，以有价证券具有官方确认的交易所价格或者市场价格为限，在委托人无其他的指定时，可以由行纪人实行：在自己应当买入财产的情形，自己作为出卖人交付此种财产；在自己应当卖出财产的情形，自己作为买受人承受此种财产。”

《日本商法典》第 555 条规定：“行纪商受托销售或购买有交易所报价的物品时，自己可成为买方或卖方。在此情形中，买卖的价格依据行纪商发出自己成为买方之通知时交易所报价确定。前款情形中，行纪商亦可以向委托人请求报酬。”

《合同法》第 419 条规定：“行纪人卖出或者买入具有市场定价的商品，除委托人有相反的意思表示的以外，行纪人自己可以作为买受人或者出卖人。行纪人有前款规定情形的，仍然可以要求委托人支付报酬。”

我国台湾地区“民法典”第 587 条规定：“行纪人受委托出卖或买入货币、股票或其他市场定有市价之物者，除有反对之约定外，行纪人得自为买受人或出卖人，其价值以依委托人指示而为出卖或买入时市场之市价定之。前项情形，行纪人仍得行使第五百八十二条所定之请求权。”

8. 关于“归属权”条款的立法例

《韩国商法典》第 103 条规定：“在委托人与行纪人之间的关系上，或者在委托人与行纪的债权人之间的关系上，将行纪人自委托人处得到的物品或者有价证券或者因行纪而取得的物品、有价证券、债权，视为委托人的所有或者委托人的债权。”

9. 关于“报酬与费用”条款的第 × 条的立法例

《合同法》第 415 条规定：“行纪人处理委托事务支出的费用，由行纪人负担，但当事人另有约定的除外。”

《合同法》第 422 条规定：“行纪人完成或者部分完成委托事务的，委托人应当向其支付相应的报酬……”

《德国商法典》第 396 条规定：“行为已经付诸实行的，行纪人可以请求佣金。行为不付诸实行的，以存在地方惯例为限，其仍然享有佣金的请求权。”

我国台湾地区“民法典”第 582 条规定：“行纪人得依约定或习惯请求报酬、寄存费及运送费，并得请求偿还其为委托人之利益而支出之费用及其利息。”

10. 关于“准行纪行为的准用”条款的立法例

《德国商法典》第 406 条规定：“一个行纪人在自己的商事营利事业的经营中，承担为另外一个的计算而以自己的名义，订立第 383 条中所称的行为之外其他行为的，亦适用本章的规定。”

《日本商法典》第 558 条规定：“本章规定准用于以自己名义为他人从事销售及购买以外行为并以此为业者。”

《韩国商法典》第 113 条规定:“本章的规定，准用于以自己的名义，将为他人进行非买卖行为为业者。”

11. 关于“准用委任及代理规定”条款的立法例

《日本商法典》第 552 条第 2 款规定:“行纪商与委托人之间，除本章规定外，准用委任及代理的相关规定。”

《韩国商法典》第 112 条规定:“关于委托人与行纪人之间的关系，除了适用本章的规定之外，还适用有关委托的规定。”

《合同法》第 423 条规定:“本章没有规定的，适用委托合同的有关规定。”

我国台湾地区“民法典”第 577 条规定:“行纪，除本节有规定者外，适用关于委任之规定。”

五、居间商行为的法律规制

(一) 建议条款

第 × 条［定义］

本节规定的居间，指居间商从事的居间行为。

居间商，指充当他人间商行为的媒介并以此为业者的人。

第 × 条［通知义务］

居间商应当就有关订立合同的事项向委托人如实报告。居间商故意隐瞒与订立合同有关的重要事实或者提供虚假情况，损害委托人利益的，不得要求支付报酬并应当承担损害赔偿责任。

第 × 条［不得受领给付义务］

居间商不得受领媒介所成立合同之给付。

第 × 条［报酬确定］

对居间商的报酬没有约定或者约定不明确，根据商业习惯合理确定。

居间商的报酬由当事人双方平均分担。

居间商未促成合同成立的，不得要求支付报酬。

第 × 条［日记账］

居间商应当设日记账，应当每日将所订立的全部交易登记于日记账。

第 × 条［损害赔偿］

居间商对于因自己的过错而发生的损害，应当向受害当事人承担损害赔偿责任。

（二）条款说明

1. 关于“定义”条款的说明

居间商，指充当他人间商行为的媒介并以此为业者的人。居间商有以下重要特征：第一，充当媒介。第二，以此为业。只是偶尔充当他人间商行为媒介的，不为居间商。居间商不一定商人。居间商可能为个体经营者，而本书界定的商人均为企业。第三，居间商的活动不受他人的约束，完全是自由独立的。

法理上，居间商仅居间介绍，不受禁止双方代理的影响，此与代理商是不同的。但在实践中，很难区分媒介行为和代理行为。居间商与代理商最主要的区别是居间业务的临时性。在日本，代理商既代理交易也提供媒介服务。提供媒介服务时，代理商与居间商并无严格区分。[①]正因如此，《日本商法典》第 549 条规定：“居间商未向相对人表明当事人姓名、名称或商号时，应自行负履行责任。”我国台湾地区“民法典”第 575 条也有类似规定：“当事人之一方，指定居间人不得以其姓名或商号告知相对人者，居间人有不告知之义务。居间人不以当事人一方之姓名或商号告知相对人时，应就该方当事人由契约所生之义务，自己负履行之责，并得为其受领

---

① 参见刘成杰：《日本最新商法典译注》，中国政法大学出版社 2012 年版，第 65 页。

给付。”本书不采纳这些规定。如居间商从事代理或行纪业务的，准用有关代理或行纪的规定。

2. 关于“通知义务”条款的说明

居间商媒介他人交易，自然应当及时通知委托人。居间商应当诚实对待委托人，否则，隐瞒或欺骗以损害委托人利益的，应当承担损害赔偿责任并不得要求支付报酬。

3. 关于“不得受领给付义务”条款的说明

居间商仅应当从事媒介行为，但不得受领媒介所成立合同之给付。对此，德国和我国台湾地区等立法例均有明确规定。稍有不同的是，《日本商法典》第544条在规定“不得受领给付义务”之余，规定“有特别的意思表示或者习惯的，不在此限”。本书认为，从居间与行纪区分以及避免居间商损害当事人利益出发，我国不应当采纳日本立法例的除外规定。此外，给付应不包括样品。《日本商法典》第545条规定：“居间商进行媒介行为时，若收到样品，则在其行为完成之前必须保管样品。”

4. 关于“报酬确定”条款的说明

居间业务属于商行为，因而收取报酬理所当然。居间报酬的确定，有约定依约定，无约定依习惯。除当事人另有约定外，报酬应当由双方当事人平均分担。未能促成交易的，不得收取报酬。需要指出的是，这些条款具有一定的强制性。为了促进交易效率和保障交易安全，三方均不得违背。

5. 关于“日记账”条款的说明

居间业务应当通过账簿反映出来，如此可以清晰地反映交易情况，减少交易争议，保障交易安全。这也是德国法与日本法的做法。

6. 关于“损害赔偿”条款的立法例

与行纪不同，居间商的媒介行为可能导致当事人的损害。对于损害，居间商如有过错的，当然应当承当损害赔偿责任。对此，《德国商法典》

第98条规定:"对于因自己的过错而发生的损害，商事居间人应当向双方当事人中的任何一方负责任。"

（三）立法例

1. 关于"定义"条款的立法例

《合同法》第424条规定:"居间合同是居间人向委托人报告订立合同的机会或者提供订立合同的媒介服务，委托人支付报酬的合同。"

《德国商法典》第93条规定:"（1）为他人承担关于商号或者有价证券的合同的媒介，或者承担关于保险、货物运送、船舶的使用租赁或者其他商事往来标的的合同的媒介，并且以此为营利事业，而未被他人依合同关系持续受托的人享有商事居间人的权利和义务。（2）对于所称交易之外其他交易的媒介，特别是对于不动产交易的媒介，即使媒介由商事居间人进行，仍然不适用本章的规定。（3）商事居间人的企业依性质或者规模不要求以商人方式所设置的营业经营的，亦适用本章的规定。"

《日本商法典》第543条规定:"居间商，是指充当他人间商行为的媒介并以此为业者。"

我国台湾地区"民法典"第565条规定:"称居间者，谓当事人约定，一方为他方报告订约之机会或为订约之媒介，他方给付报酬之契约。"

2. 关于"通知义务"条款的立法例

《合同法》第425条规定:"居间人应当就有关订立合同的事项向委托人如实报告。居间人故意隐瞒与订立合同有关的重要事实或者提供虚假情况，损害委托人利益的，不得要求支付报酬并应当承担损害赔偿责任。"

《德国商法典》第94条规定:"（1）以当事人未作出此种免除，或者依商品的种类，地方惯例不作出此种免除为限，商事居间人应当在交易订立之后，不迟延地向任何一方当事人送达一份由自己签署的订约凭单，此项订约凭单应当包含双方当事人、交易的对象和条件，特别是在出卖商品或者有价证券的情形，应当包括其种类和数量，以及价格和交付的时间。（2）对于不应当立即履行的交易，应当将订约凭单送达双方当事人签署，并且任何一方当事人应当送交由另外一方当事人签署的订约凭单。（3）一方当事人拒绝接受或者签署订约凭单的，商事居间人应当不迟延地以此向另外一方当事人作出通知。”

《日本商法典》第 546 条规定：“当事人间行为成立时，居间商应以书面形式记载各当事人的名称、商号、行为的日期及其他主要内容，并及时将该书面文件署名后交付各当事人。除当事人立即履行的情形外，居间商应要求各当事人于前款规定中的书面上署名，并于署名后支付相对人。在前两款规定的情形中，若当事人一方不接受书面文件或者不在其上署名，则居间商应及时将该事项通知相对人。”

我国台湾地区“民法典”第 567 条规定：“居间人关于订约事项，应就其所知，据实报告于各当事人。对于显无履行能力之人，或知其无订立该约能力之人，不得为其媒介。以居间为营业者，关于订约事项及当事人之履行能力或订立该约之能力，有调查之义务。”

3. 关于“不得受领给付义务”条款的立法例

《德国商法典》第 97 条规定：“商事居间人不被视为有权受领付款，或者受领其他在合同中约定的给付。”

《日本商法典》第 544 条规定：“居间商进行媒介行为时，不得为当事人受领支付及其他给付。但有特别的意思表示或者习惯的，不在此限。”

我国台湾地区“民法典”第 574 条规定：“居间人就其媒介所成立之契约，无为当事人给付或受领给付之权。”

4. 关于“报酬确定”条款的立法例

《合同法》第 426 条规定：“居间人促成合同成立的，委托人应当按照约定支付报酬。对居间人的报酬没有约定或者约定不明确，依照本法第六十一条的规定仍不能确定的，根据居间人的劳务合理确定。因居间人提供订立合同的媒介服务而促成合同成立的，由该合同的当事人平均负担居间人的报酬。居间人促成合同成立的，居间活动的费用，由居间人负担。”

《合同法》第 427 条规定：“居间人未促成合同成立的，不得要求支付报酬，但可以要求委托人支付从事居间活动支出的必要费用。”

《德国商法典》第 99 条规定：“当事人之间未对应当由何方支付居间报酬作出约定的，在没有背离性的地方惯例时，居间报酬应当由当事人各自支付一半。”

《日本商法典》第 550 条规定：“居间商在完成第 546 条规定的手续之前，不得请求支付报酬。居间商的报酬由当事人双方平均分担。”

我国台湾地区“民法典”第 566 条规定：“如依情形，非受报酬即不为报告订约机会或媒介者，视为允与报酬。未定报酬额者，按照价目表所定给付之。无价目表者，按照习惯给付。”

我国台湾地区“民法典”第 568 条规定：“居间人，以契约因其报告或媒介而成立者为限，得请求报酬。契约附有停止条件者，于该条件成就前，居间人不得请求报酬。”

我国台湾地区“民法典”第 569 条规定：“居间人支出之费用，非经约定，不得请求偿还。前项规定，于居间人已为报告或媒介而契约不成立者适用之。”

我国台湾地区“民法典”第 570 条规定：“居间人因媒介应得之报酬，除契约另有订定或另有习惯外，由契约当事人双方平均负担。”

我国台湾地区“民法典”第 571 条规定：“居间人违反其对于委托人之义务，而为利于委托人之相对人之行为，或违反诚实及信用方法，由相对人收受利益者，不得向委托人请求报酬及偿还费用。”

我国台湾地区“民法典”第 572 条规定：“约定之报酬，较居间人所任劳务之价值，为数过钜失其公平者，法院得因报酬给付义务人之请求酌减之。但报酬已给付者，不得请求返还。”

我国台湾地区“民法典”第573条规定：“因婚姻居间而约定报酬者，就其报酬无请求权。”

5. 关于“日记账”条款的立法例

《德国商法典》第100条规定：“商事居间人有义务记日记账，以及有义务每日将所订立的全部交易登记于该日记账。”

《日本商法典》第547条规定：“居间商应将前条第一款规定事项记载于账簿。当事人就居间商所为媒介行为随时可以请求其交付相关账簿的誊本。”

6. 关于“损害赔偿”条款的立法例

《德国商法典》第98条规定：“对于因自己的过错而发生的损害，商事居间人应当向双方当事人中的任何一方负责任。”

第三节　商特别交易法

按照商事交易之内容，商特别交易法的内容非常多，如商事合同、票据行为、证券交易、保险、银行、海商、期货、代理、行纪和居间等。限于篇幅和结构，这里仅介绍银行商务法和证券法两种特别交易法。

一、银行商务法

（一）立法设想

世界上最早的股份银行出现于14世纪的热那亚。[①] 在德国，银行法主要分为银行监管法和银行合同法，后者属于商法，而前者则属于公法。德

① 参见范健、王建文:《商法的价值、源流及本体》，中国人民大学出版社2004年版，第96页。

国学者的观点表明，“现代社会中，银行的职能已经不仅仅像传统的那样，在商事交易中发挥着重要的中介作用，而且它已经成为控制、引导、管理商事交易的重要手段或工具”。[①]

本书认为，商业银行法按其内容主要可以区分为银行商事法和银行监管法。其中，银行商事法又可以分为银行商务法和银行组织法。前者属于商行为法，后者属于商人法。本书认为三者均可以单独立法。本节介绍的仅限于银行法中的商行为法，即银行商务法。

（二）基本内容

银行主要从事存款、贷款和中间业务。这些行为有的是单方商行为，如存款行为；有的则是双方商行为，如贷款行为中对商人的贷款。银行商务主要分为存款贷款、中间业务和资产管理业务三大块。

1. 存款贷款

存款方面，法律规制主要体现对存款人的保护：[②]商业银行办理个人储蓄存款业务，应当遵循存款自愿、取款自由、存款有息、为存款人保密的原则。对个人储蓄存款，商业银行有权拒绝任何单位或者个人查询、冻结、扣划，但法律另有规定的除外。对单位存款，商业银行有权拒绝任何单位或者个人查询，但法律、行政法规另有规定的除外；有权拒绝任何单位或者个人冻结、扣划，但法律另有规定的除外。商业银行应当保证存款本金和利息的支付，不得拖延、拒绝支付存款本金和利息。贷款方面，商业银行应当与借款人订立书面合同。[③]合同应当约定贷款种类、借款用途、

① Aberauehihre Er Rterung erfolgtregelmig im Zusammenhangmit der ents Preehenden Spezialliteratur, vgl.2.B.C — W.Canaris, Bankvertragsreeht, 2.Aufl. 1981, Rdn.1810 ff, 2080ff. 参见范健：《德国商法：传统框架与新规则》，法律出版社 2003 年版，第 491 页。

②《商业银行法》第 29 ~ 33 条。

③《商业银行法》第四章。

金额、利率、还款期限、还款方式、违约责任和双方认为需要约定的其他事项。①

商业银行在存款贷款业务中可以将所有存款资金汇总使用，存款和贷款之间不再存在一一对应关系。资金池可使商业银行实现资产与负债之间规模、期限、风险的错配，是商业银行能够将闲散资金汇聚形成资本的根本工具。

2. 中间业务

商业银行办理票据承兑、汇兑、委托收款等结算业务，应当按照规定的期限兑现，收付入账，不得压单、压票或者违反规定退票。有关兑现、收付入账期限的规定应当公布。

3. 资产管理

现代银行还从事资产管理业务。资产管理业务，指商业银行接受委托，为投资者从事的资金投资业务。作为资产管理人，商业银行按照约定把扣除管理费后的投资收益交还给投资者。每项资产管理产品可以有多个投资人，但就单个的资产管理产品而言，其资金的来源与运用是清晰的，不能和其他资产管理产品的资金混合在一起使用。投资者自行承担投资风险。商业银行应当忠实并勤勉地为投资者提供资产管理服务。商业银行不能将不同资产管理产品的资金汇聚成“资金池”。资产管理业务与借款贷款业务的运行逻辑完全不同。②

---

① 贷款业务中不乏金融监管的内容：商业银行贷款，应当对借款人的借款用途、偿还能力、还款方式等情况进行严格审查。商业银行贷款，应当实行审贷分离、分级审批的制度。商业银行贷款，借款人应当提供担保。商业银行应当对保证人的偿还能力，抵押物、质物的权属和价值以及实现抵押权、质权的可行性进行严格审查。经商业银行审查、评估，确认借款人资信良好，确能偿还贷款的，可以不提供担保。这些应当属于经济法的调整范围。

② 二者存在完全不同的监管逻辑。借款贷款业务为表内业务，应当接受充足率、不良率、流动性等监管；资产管理业务为表外业务，不管性质为委托还是信托，都应当遵循忠实与勤勉义务。法律应当严禁两种业务混同。

商业银行的营业时间应当方便客户，并予以公告。商业银行应当在公告的营业时间内营业，不得擅自停止营业或者缩短营业时间。商业银行办理业务，提供服务，按照规定收取手续费。

二、证券法

证券法最初表现为习惯法。证券的发行与交易规则法律均无规定。1720年，为了应对证券欺诈，英国制定了《泡沫法案》，首开对证券市场的干预。[①] 此后100多年，英国再也没有发行一只股票。现代证券法开始于美国1933年的《证券法》和1934年《证券交易法》。证券法从习惯法演变为成文法。我国《证券法》于1998年制定，并于2005年进行了重大修订。目前《证券法》正在进行第二次的重大修订。证券法的核心内容包括两部分，即证券发行和证券交易。

（一）立法设想

目前，一些立法例用金融商品交易法替代《证券法》。本书认为，金融商品众多，但各自属性并不相同，笼统放在一起并不能进行有针对性的规范。因此，《证券法》应当予以保留。不过，我国《证券法》管制色彩浓厚。本书认为，应当减少《证券法》中的管制条款。相关监管条款可以另行制定《证券监管法》，以维护证券市场与金融市场的秩序与安全。

（二）基本内容

1.《证券法》价值理念

《证券法》应当以提高交易效率和保障交易安全为基本价值。证券市

① 一般认为，《泡沫法案》是针对南海公司的。但该法案实际上是南海公司为了打压竞争对手而游说议会制定的。法案认为民间股票是泡沫。据此，政府解散了很多公司。法案还对股份公司的设立和法人资格的取得施加许多限制，并规定只有法人团体才能发行股票。

场存在的根本原因在于效率与安全。没有效率和安全的证券市场不但不能提供基本的证券交易功能，而且将损害投资者利益并扰乱国家基本的资本秩序。《证券法》应当以保障普通投资者权益为基本理念。普通投资者即是证券市场的上帝，如果没有了普通投资者，那么证券市场也没有了存在的意义，从而证券市场所具有的诸多功能也将消弭于无形。保护投资者权益，最重要的是放开证券诉讼的大门，允许投资者用诉讼手段保护自己。私法救济比公法救济要更直接也更有效，毕竟公法救济在动力以及能力方面都是存在不足的。

2. 证券和证券权利

证券是一种表示民事权利的凭证，行使民事权利以持有该凭证为必要。[①] 但是，证券的无纸化使证券消失了。证券尽管消灭了，但证券权利依然存在。[②] 这是因为证券的功能仅在于服务于证券权利：[③] 第一，作为证券权利的载体。证券权利无法通过占有与交付对证券权利进行公示。在信息技术尚不发达时，这阻碍了证券权利像物权一样便捷地流动。于是，把证券权利承载于证券之上，就成了促成证券权利便捷流转的最佳选择。形式上转移的是证券，而实质上转移的是证券权利。第二，作为证券权利的公示方式。证券权利能够快速流转的最主要的原因是其是一种对世性的权利。而作为对世性的权利，其必须是一种公示性的权利而不能是一种秘密权利。证券具有便携性，将证券权利公示并承载于证券之上，使证券权利可以准用动产物权的法律规定，从而使证券权利取得极大的流动性。

证券权利是为了克服债权、股权等请求权的流动性不足而产生的。以

① 参见谢怀栻:《外国民商法精要》，法律出版社 2002 年版，第 333 页。

② 证券权利完全可以脱离证券所有权而存在。据考证，历史上，证券权利是先于证券所有权而存在的。参见刘戈:《证券登记结算中法律问题》，吉林大学 2010 年博士学位论文，第 26 页。

③ 权利人取得证券，不是因为纸张大小和印刷好坏，而是因为权利价值。参见曾世雄:《票据法论》，中国人民大学出版社 2002 年版，第 5 页。

债权为例，债权转让要以通知为条件；同时，债权转让不仅转让债权本身，还转让了有关债权的抗辩。[①]债权的这些流动性障碍使得债权转让步履维艰。因此，把债权等请求权证券化为可以自由流转的绝对权是一种现实的选择。通过废除债权转让时的通知，废除债务人的抗辩等证券化的手段，债权转化为一种新型的权利，即证券权利。证券权利能够自由转让，其根本原因并不取决于证券，而取决于其自身的性质。无纸化的条件下，所谓的证券即是指证券权利而不是指原来的证券权利。证券法上的证券指投资证券。学理上认为，流通性是证券的生命。但各国证券法上的投资证券往往并不以流通性为条件。投资证券多由商人创设，面向公众发行，往往涉及经济安全和金融安全。证券法特别是证券发行法，实际上是规范利用他人财产投资的法律。

3. 证券发行

证券发行，是指发行人创设证券权利，并通过出售等方式由投资人取得证券权利的行为。证券发行的性质是：第一，发行是在创设证券（权利）。第二，投资人通过从发行人处购买等方式获得证券权利。第三，从经济的意义上说，证券发行则是发行人向社会募集资金的行为。发行人要通过证券市场把自己创制的证券出售给投资人。这个出售原始证券的市场可以称为证券发行市场，又叫证券一级市场。一级市场是一个无形的市场，没有固定的场所。一级市场与后面要讲到的二级市场最大的不同是，一级市场交易者一方必然是发行人，而二级市场的交易者双方都是投资者。[②]

证券法有两个重点，即披露和反欺诈，二者一表一里，披露是为了

① 《合同法》第 82 条规定："债务人接到债权转让通知后，债务人对让与人的抗辩，可以向受让人主张。"

② 1949 年之后，由于力行公有制经济，股票在我国一度绝迹。1984 年，上海飞乐音响公司在改革开放后首次发行股票，股票才渐渐重新为国人所熟知。

反欺诈服务的。[①] 证券法对欺诈如此关注，原因是证券发行和上市可以带来点石成金的效果。亿万富翁的财富积累无不取决于在股票上市时资产的几何式暴增。利润如此之大，诱惑自然也就如此之大。证券法如不加以规制，欺诈就难以避免了。如果投资者自己有反欺诈的能力，那么自然就不需要法律的特别保护。如此，法律就可以豁免注册。

4. 证券交易

证券交易，是指交易人之间在法律认可的交易场所，依特定交易规则交易证券的行为。证券交易是特殊交易，在交易场所、交易主体、交易对象、交易方式、交易规则等方面与普通商事交易相比均具有特殊性。证券交易典型反映了商法利用各法律技术追求交易的效率和安全的极致。证券发行也是交易，但它是一次性的创设证券的交易，当证券被创设后，再次转让就被称为交易而不是发行。当然，这也不是绝对的。例如，发行人将证券包销给中介机构，这可以算是发行，而中介再次出售证券的行为就不能称为交易而必须仍然称为发行。同理，如果发行人通过私募途径把大量的证券卖给少数的机构投资者，投资者再次迅速在公开市场上转让算什么呢？显然也应当视为发行。美国对此类视同发行的行为严加管制是有其道理的。证券交易的意义同样是重大的。第一，证券只有流通中才能显示其真实的价值。第二，证券只有在流通中才能显示出资产配置的价值。第三，投资者需要避险手段和变现的工具。

证券发行后，绝大多数的证券是允许转让的。如果转让，就需要有交易市场。证券二级市场可以分为两种，即场内市场和场外市场。场内市场即交易所市场，是一国证券市场的主要形式。场内市场以拍卖为主，以报价为辅。场外市场以报价交易为主，以经纪交易为辅。已发行的证券获准在证券

① 公开将是欺诈的大敌。持续不断的公开，更是使得发行人不敢欺诈，一处谎言往往需要一万次的谎言去弥补，发行人总有露出破绽的时候。

交易所挂牌交易被称为证券上市。这里的证券上市是狭义的证券上市，理论上，只要证券一经发行，如果没有限售，便已经在市场上流通。只不过这样的市场可能是场外交易市场，而证券上市则特指证券在场内上市。在成熟的证券市场，证券发行与证券上市是完全分开的，基本上不会出现发行并上市的情形。二级市场是一级市场的基础。表面上看，没有发行市场，就不可能有交易市场，然而实际情况是，如果没有二级市场的活跃，一级市场将寸步难行。

目前，我国证券交易主要集中在证券交易所，场外交易的交易量微不足道。交易所的交易过程分为五个步骤：开户、委托、交易、结算和过户。证券权利变更登记与传统的物权登记不同，是由投资者通过网络由登记系统自动完成的。登记机构在登记过程中并不需要人工的参与。自动化是证券权利变更登记的重要特点。

（三）《证券法》具体制度的修订建议

现行《证券法》已逾10年未进行重大修订。10年来，我国证券市场发展迅速，但其中积累了不少问题。有鉴于此，立法机关于2015年启动了《证券法》的修订程序，并公布了《证券法（修订草案）》。[①] 本章结合现行《证券法》存在的一些问题，提出相关修订建议。

1. 证券定义的修订

证券的定义十分重要，其决定了证券法所调整的范围。《证券法（修订草案）》第3条给证券下了概括性的定义："本法所称证券是指代表特定的财产权益，可均分且可转让或者交易的凭证或者投资性合同。"鉴于现行《证券法》关于证券的定义十分狭窄，遗漏了诸多需要调整的投资权

① 《中华人民共和国证券法（修订草案）》全文，载 http://www.financialservicelaw.com.cn/article/default.asp?id=4777，最后访问日期：2017年10月30日。

益，《证券法（修订草案）》对于证券的范围无疑有所扩展。

但是，该定义于证券的内涵扩展仍有所不够。依照依定义，证券的界定要具备两个要素：一是证券要表现为财产权益的凭证或投资合同；二是证券要可均分、可转让或者可交易。但这两个要素均存在一定的问题：第一，证券并不一定都体现为凭证。证券无纸化使财产权利不需要借助一定的物理形式即可以证券化为证券，证券的载体消失了，财产权利本身即是证券。证券凭证本身不重要，重要的是财产权益本身。可以作为佐证的是，我国台湾地区“证券交易法”（1968 年颁布，2013 年最新修订）第 6 条也未要求证券必须以凭证形式出现：“……前二项规定之有价证券，未印制表示其权利之实体有价证券者，亦视为有价证券。”第二，证券法上的证券并不一定都是可均分、可转让或可交易的。必须要明确的是，证券法上的证券与法理上的证券概念是有一定差异的。法理上的证券当然应当具备可均分、可转让或可交易性。流通是证券的本质，不能流通在理论上便不能称为证券，因为证券化的目的即是将一种不能自由转让的财产权益转化为可以自由转让的证券。问题是，证券法除规范证券的交易之外，另一个重要目的是规范投资行为。向大众募集资金是一项需要监管的经济活动，不管这项经济活动是冠之以股票还是债券的概念，或者投资合同的概念，或者均分，或者不均分，或者可以流动，或者不可以流动，都应被认定为证券。如果计较其可转让性，将会把许多公众集资行为排除在证券法的调整范围之外。证券的定义是一个门槛，只要发行人发行的不是证券，就可以不进行信息披露，不接受监管部门的监管。因此，发行人会挖空心思设计一些可能不会被认定为证券的投资产品。

笔者认为，证券法定义证券要基于监管的方便，而不是学理的探讨。证券法必须将证券定义得非常宽泛，这样才有可能不给发行人以可乘之机。对此，美国的做法可以借鉴。美国将凡是涉及众多普通投资者的类似于股权融资的直接融资都纳入投资合同这一概念之中。依美国判例，投资合同是投资者将金钱投资于一个共同的事业，并且仅仅依赖他人的努力即可获取利润的合约。其特征如下：第一，金钱投资；第二，共同事业指投资者将钱集中到一起，用于共同的目的；第三，预期利润（expected profits），不包括非营利性的捐赠，也不包括那些不成比例的回报。例如众筹出版等；第四，仅凭他人的努力，投资者并不参与经营管理，仅依赖他人（资产管理者）的努力获取利润。管理者要有能力，且是实质性的。在一些植树计划中，投资者每年仅仅给树浇浇水是不能算管理的。①美国的投资合同实质上是一个兜底性的一般条款，其将各种实质上的证券一览无余地包括在投资合同这一概念之内。投资合同意在将那些"无证券之名而有证券之实的"投资纳入证券法的调整范围之列。正如一位美国法官所指出的："如果我们只在一般类型的公司发行证券时保护投资者，而在一个较为复杂的、似是而非的计划面前退缩而不去保护投资者，那将是对证券法的嘲弄，因为这正是投资者最需要证券法保护的时候。"②

《证券法（修订草案）》第3条也借鉴了美国做法，引入投资合同并将其改名为投资性合同。但仅仅引入其名而未引入实质。为此，笔者认为应当以美国法投资合同的定义为基础，定义我国证券法上的定义。定义如下："本法所称证券是指，（1）可均分且可转让或者交易的财产权益；（2）投资者将金钱投资于一个共同的事业，并且仅仅依赖他人的努力即可获取利润的投资合同。"证券定义的宽泛也可以避免筹资人陷入非法集资的境地。③长期以来，我国将公开发行之外的众多正常的筹资活动定性为非法集资，由公安部门进行刑事处理。这样做是不恰当的。其一，扼杀了中小企业正常的融资活动。中小企业由于种种原因，很难从传统金融中获得金融支持，证券私募成为其筹资不多的渠道之一。目前民间筹资或有不规范之

① 参见朱伟一：《美国证券法判例解析》，中国法制出版社2002年版，第19页。

② 朱锦清：《证券法学》，北京大学出版社2011年版，第7页。

③ 参见张保红：《论证券非公开发行制度的重构》，载《政治与法律》2015年第4期。

处，但许多并不至于达致犯罪的程度，如果加以规范引导，民间金融完全可以为中小企业提供足够的金融支持。其二，非法集资的帽子虽大，但很模糊，由于涉及犯罪，有关部门更不敢轻易认定。于是，要么任由此类行为不规范地存在，要么选择性执法或运动性执法，从而造成执法上的不公平，破坏了法治权威。由此，笔者建议法律将投资证券定义得宽泛一些，并制定相关制度规范这些民间金融行为。需要指出的是，此处的证券非学理上的证券，而是融资意义上的证券。

2. 证券发行制度的修订

（1）发行体制的修订

证券发行往往要面向公众，会涉及公众利益和经济安全，因此，政府有必要对证券发行进行监管。监管主要采取两种方式，一种为注册制，另一种为核准制。所谓注册制，即是政府对于发行人的条件不加限制，但发行人如若公开发行证券，则必须要到监管部门进行注册，披露自身的相关信息；所谓核准制，即是发行人公开发行证券，除了必须要到监管部门进行注册外，还要满足法律规定的条件方可进行发行。注册制和核准制都要求发行人公开信息。证券发行人和其他义务人要主动公开可能影响证券价格的一切信息。证券发行人对相关信息有主动披露的义务。证券是一种特殊的商品，人们在交易证券时并不能像交易普通商品那样亲自检查商品的品质。证券的价值完全取决于发行人的经营，如果交易人不了解发行人的基本信息，是无法确定证券的真正价值的。

目前许多学者和实践界鼓吹注册制，但事实上，注册制的推行是有一定条件的。这个条件即是允许投资者起诉一切证券欺诈侵权行为。但是，在我国，证券侵权诉讼仍然寥寥无几。需要说明的是，核准制虽然有一定的弊病，但是相较于注册制，两害相权取其轻，还是应当在当前保留核准制。当然，核准制是需要改造的，当前最重要的是要取消发行审核委员会。

（2）非公开发行制度的修订

非公开发行，又称私募，是指向特定对象进行的证券发行。私募的容量往往比公开市场容量更大。国际上许多的巨量发行无不是以公开发行加私募的方式，并且绝大部分的证券是通过私募出售的。但是，必须把非公开发行限制在一定范围内，并且限制私募证券在二级上的流通；否则，私募就会变成变相的公开发售。这种变相的公开发售可以成为发行人规避监管的方式。

合格投资者的构成是非上市公司证券非公开发行的核心。法律对于证券发行行为规制的目的在于保护投资者。法律对于非公开发行规制较少的前提条件是非公开发行的主要对象应当是合格投资者。豁免注册的主要逻辑不是因为非公开发行的方式，而是因为合格投资者有能力和有实力获得应当获得的信息才可以豁免注册的。我国目前合格投资者应当有以下几类：第一，银行、保险机构、证券公司、基金等机构投资者；第二，私募基金；第三，现金资产达规定标准的富裕自然人（发行企业的员工除外）；第四，具有投资经验的自然人。对后两类合格投资者应当实行总量控制。

3. 操纵市场制度的修订

操纵市场不但破坏市场秩序，而且严重损害投资者利益，因而各立法例多对其加以禁止。我国现行《证券法》第 77 条对操纵市场行为也进行了规定，但该条从制定伊始便存在致命的先天缺陷，一方面，可操作性不足，从而使得执法与司法人员无法适用法律；另一方面，没有对一些典型的证券操纵市场类型予以规定，从而给了不轨者以可乘之机。2015 年全国人民代表大会常务委员会公布的《证券法（修订草案）》第 94 条“操纵市场行为”条款相比现行立法有一定的进步，增加了蛊惑交易、虚假申报和反向操纵三种典型的证券操纵市场行为。但是，仍然有一些典型的市场操纵类型并没有被吸收到草案之中，且条款依然存在操作性不足的缺陷。相关条款仍有进一步完善的必要。

本书认为，目前在亟须增加“单次申报或交易数额巨大但不通过大宗交易系统交易”的操纵市场类型（以下简称“规避大宗交易操纵市场类型”）。投资者投入大量资金购买大量的证券本身并不违法，但如果该种行为意图用于严重影响证券价格，那么就应当构成操纵市场。在去年的万科事件中，某投资者在临近股市收盘时，投入数十亿元资金以拉升股价，其控制股价的目的昭然若揭，其操纵市场的行为肆无忌惮。这种情况存在严重的不公平，但现行规则对此也无可奈何。原因是我国的大宗交易规则不具有强制性，行为人可以选择也可以不选择，这使得大宗交易平台形同虚设，根本无法达到避免证券价格被人为操纵的目的。大宗交易制度推出的目的本来是让那些大额申报通过特别交易系统交易从而不对股票价格及指数造成较大影响。因此，本书建议，法律应当规定大宗交易规则是强制性的，一旦申报突破限额［目前沪深两市的大宗交易限额均为A股单笔买卖申报数量在30万股（含）以上，或交易金额在200万元（含）人民币以上］，就必须通过大宗交易系统，否则将构成操纵市场行为。法律明确禁止此类行为十分必要，否则证券市场将变成弱肉强食的市场，证券市场的健康成长将无从谈起。

需要申明的是，增加该种操纵市场类型并不突兀。我国证券监管部门制定的《证券市场操纵行为认定指引（试行）》早已将特定时间的价格或价值操纵和尾市交易操纵纳入规制范围，而这两种操纵类型实际上是规避大宗交易操纵市场类型的典型形式。当然，规避大宗交易操纵市场类型的规制范围相比之下有所扩张，不仅在特定的时间（尾市交易也是一种特定时间），而且在其他时间也禁止此类操纵，这更有利于遏制证券市场中集中利用资金优势的市场操纵行为。所谓特定时间的价格或价值操纵，指“行为人在计算相关证券的参考价格或者结算价格或者参考价值的特定时间，通过拉抬、打压或锁定手段，影响相关证券的参考价格或者结算价格或者参考价值的行为”。所谓尾市交易操纵，指“行为人在即将收市时，通过拉抬、打压或锁定手段，操纵证券收市价格的行为”。所谓拉抬、打压或锁定，通常只能采取集中资金或证券优势完成。由于特定时间的价格或价值操纵和尾市交易操纵并未纳入《证券法（修订草案）》的规制范围，规定“规避大宗交易操纵市场类型”则可以涵盖这两种操纵市场行为。

如上所述，《证券法》操纵市场相关条款存在操作性不强的问题。对此，建议作如下规定：“**国务院证券监督管理机构应当对上述操纵证券市场行为制定具有可操作性的认定规则。**”该规定可以解决操作性不足的问题。例如，监管部门可以制定关于连续买卖的认定规则，规定每个交易日连续三次单边交易某一证券即可以被认定为操纵行为（美国法即是如此）；再如，可以将我国证券市场上的利用微信群、QQ 群等聚集大量散户实行同步操作也认定为联合买卖行为。这种形式非常普遍，但并没有得到有效的规范与处理。监管部门应当根据授权条款制定各操纵市场类型的认定细则，在提高法律条款可操作性的同时也给投资者以明确的行为指引。

根据上面的论述，本书认为，我国《证券法》操纵市场相关条款应当修订如下（黑体为相对于现行《证券法》条文修订的部分）：

“禁止任何人以下列手段操纵证券市场：

（一）单独或者通过合谋，集中资金优势、持股优势或者利用信息优势联合或者连续买卖，**影响或者意图影响**证券交易价格或者证券交易量；

（二）**单次申报或交易数额巨大但不通过大宗交易系统交易，影响或者意图影响证券交易价格或者证券交易量；**

（三）与他人串通，以事先约定的时间、价格和方式相互进行证券交易，影响证券交易价格或者证券交易量，**影响或者意图影响**证券交易价格或者证券交易量；

（四）在自己实际控制的账户之间进行证券交易，**影响或者意图影响**证券交易价格或者证券交易量；

（五）**不以成交为目的的频繁申报和撤销申报；**

（六）利用虚假或者不确定的重大信息，诱导投资者进行证券交易；

（七）对证券及其发行人公开作出评价、预测或者投资建议，并进行反向证券交易；

（八）国务院证券监督管理机构认定以其他手段操纵证券市场。

国务院证券监督管理机构应当对上述操纵证券市场行为制定具有可操作性的认定规则。"

关于这一修订有两点说明：第一，《证券法（修订草案）》为文字简洁，将《证券法》第 77 条"禁止任何人以下列手段操纵证券市场"行文修改为"禁止任何人以下列手段操纵证券市场，影响或者意图影响证券交易价格或者证券交易量"，且删除了第 1 款第（一）、（二）、（三）项下的"影响证券交易价格或者证券交易量"的行文，本书认为不妥。理由是，并不是任何操纵证券市场的行为都意在"影响或者意图影响证券交易价格或者证券交易量"。行文简洁不能削弱法律规范的准确性。第二，连续买卖、联合买卖、串通买卖、自买自卖这些典型的操纵证券市场类型自然应当继续列入。除此之外，我国证券市场常见的且被《证券市场操纵行为认定指引（试行）》规定的虚假申报、蛊惑交易和反向操纵也应当列入。特别需要强调的是，《证券法》应当规定"规避大宗交易操纵市场类型"并授权监管部门制定操作性规则。对此，上面已经予以详细阐述。

4. 证券无纸化相关条款的修订

（1）现行登记结算制度及其存在的问题

根据目前相关法律文件的规定，我国证券登记结算制度包括证券账户、登记、存管和结算四个部分。第一，证券权利人应当在登记机构实名开立证券账户（《证券法》第 166 条）。第二，证券权利人所拥有的证券应当登记在登记机构处。《证券法》确立了直接登记（《证券法》第 160 条）和集中登记体制（《证券法》第 158 条）。第三，证券存管（托管）。我国的证券在上市交易时，应当全部存管在证券登记结算机构（《证券法》第

159条）。现行《证券法》仅规定了中央存管。"二级托管"体制则是监管部门确立的《证券登记结算管理办法》（中国证监会2006年发布，2009年重新修订发布）第35条确立的。现行《证券法》没有使用"托管"这个概念，"二级托管"的合法性值得质疑。第四，证券结算。监管部门确立了分级结算制度。证券登记结算机构负责办理证券登记结算机构与结算参与人之间的集中清算交收；结算参与人负责办理结算参与人与客户之间的清算交收（《证券登记结算管理办法》第43条）。

现有证券登记结算体制并不符合法理和实践。无纸化后，证券没有实体，缺乏一个识别的标志，根本无法被证券公司"托管"和被证券登记机构"存管"。证券登记机构对投资者的法定义务在于维护好相关证券权利记录，而不是替投资者"存管"所谓的证券权利。遗憾的是，《证券法（修订草案）》没有纠正上述错误，反而为所谓的"二级托管"提供了法律依据。（该草案第68条规定："投资者委托证券经营机构买卖证券的，应当将证券和资金托管给证券经营机构。"）

（2）证券登记规则的重构

证券无纸化后，是选择新的无纸化法理，还是继续有纸化的思维，要取决于各国的具体情况，而不是盲目照搬。本书认为，国外之所以多数选择了继续有纸化的思维，实际上是与他们继续存在实物券和不实行集中而直接的中央登记有关。我国实行的是不可逆的证券无纸化，实行集中直接登记，这决定了我国只能采用无纸化法理，抛弃以前众多的概念。

无纸化后，按照无纸化的思维，证券登记结算体制应当总体设计如下：第一，证券享有和变动的公示采用登记和登记变更。事实上，我们是这样做的，只不过我们的"头部"进入无纸化后，而"后腿"还拖在有纸化里。第二，证券实行直接和集中登记。中国证券登记公司为全国唯一的证券登记机构。证券登记机构集中为一家，可以保证证券登记的高效和安全。间接登记的法律关系由信托法调整。第三，证券结算采中央一级结算方式，由中国证券登记公司负责。具体如下。

第一，证券的权属登记和变动登记。权属登记方面，应当“以直接登记为主，以名义登记为辅”。所谓直接登记，是指把投资者的证券权利直接登记在中央证券登记机构的簿记系统里的登记。我国证券登记体制的主体是直接登记。《证券法》第 160 条确立了投资者与证券登记机构的直接关系，是我国采直接登记的法律依据。但是，《证券法》第 160 条的规定稍显模糊，建议立法予以明确。法律应当明确使中央证券登记机构直接面对投资者，直接向投资者负责。所谓名义登记，是指中介机构将投资者的信托证券在登记机构登记簿上的登记。间接登记和名义登记并不是同一概念：间接登记指投资者在中介机构登记簿上的登记，而名义登记则指中介机构在登记机构登记簿上的登记。严格地说，名义登记也是直接登记，中央登记机构仅应当向名义登记人负责而非向信托证券的委托人负责。笔者认为，我国可以承认名义登记的效力。为了促进市场的活力和专业化，适当地对特定的证券种类、特定的投资者实行间接登记也是有必要的。但是，该间接登记只具有保管或者信托的意义，只有名义登记才具有证券法的意义。对于名义登记，必须要规定严格的条件，作为名义人的中介机构必须合格，实际投资者也必须合格。信托受益权登记在我国实践中已经小范围地存在，例如，融资融券业务中的用来担保的证券被登记以证券公司为“名义持有人”（《证券公司融资融券试点管理办法》第 31 条）。

第二，证券变动登记。证券变动需要登记，否则不发生效力。证券变动登记是证券权利变动的公示方式。法律应当具体规定登记变更的方法。首先，规定申请变更登记的方式。可以规定当事人通过证券账户向证券登记机构提供证券权利变更登记的申请。证券账户与登记机构的簿记系统已经网络化，通过证券账户申请方便、快捷、经济。其次，规定证券权利变更登记的方法。证券登记机构登记变更证券权利时，应当在转让人的证券账户中作减记登记，同时在受让人的证券账户中作增记处理。在集中交易时，双方证券权利变动登记是自动化处理，一般会同时进行登记；但对于非集中交易的，可能会出现两个证券账户登记时间不一致的情况，此时法律应当规定证券权利自受让人证券账户作增记登记后始发生转移。

现行《证券法》第 112 条“登记过户”以及第 157 条第 1 款第 2 项规定的证券“过户”，即为证券变动登记。《证券法》第 112 条“登记过户”以及第 157 条第 1 款第 4 项还规定了“交收。”从《证券法》第 112 条的文义理解，证券权利变动时是先“交收”后过户。显然，过户与交收并不是同一概念。这种做法是没有必要的，无端地增加了法律理解的难度。正如前述，无体证券是以登记变更为变动公示方式的，登记变更即意味着权利移转，交收本来不应当具有法律意义。何况，无体证券没有实体，又如何交收呢？建议法律废除对无体证券的交收概念，证券权利直接以登记变更方式发生变动。

（3）证券结算规则的重构①

结算是证券集中交易的产物，目的是提高集中交易的效率和安全性。在“证券以协议转让、继承、捐赠、强制执行、行政划拨等方式转让”（《证券登记结算管理办法》第 29 条第 2 款）时，证券登记机构没有结算这个程序，而是直接根据交易人的申请进行证券权利变更的。换句话说，证券在协议转让时，并不需要结算这个程序而直接可以进行证券权利变更。我国《证券法》（第 112 条）规定的分级结算体制是有纸化思维继续作祟的结果。分级结算对于无体证券并没有特别的必要。有体证券的结算与无体证券的结算是有很大不同的。结算通常包括清算和交收，但这是针对有体证券的。对于无体证券，“交收”这个概念不存在了。由于无纸化、电子化的原因，登记机构可以直接同投资者进行资金交付和证券权利移转，工作量大为减少，“结算”原有的大部分的意义都已经丧失了。结算

① 张保红：《证券登记结算制度的缺陷与重构》，载《法商研究》2014 年第 2 期。

仅剩下的职能是作为交易双方的共同对手方。共同对手方（Central Counter Party，CCP），即证券登记结算机构居于“所有买方的卖方”和“所有卖方的买方”的地位，这就使得交易不再为寻找交易对手而费时费力，也不再为了违约风险而担心，从而极大地提高了交易效率和安全。当然，证券登记机构也面临着投资者的违约风险问题，但这个通过“货银对付”即可以解决。在交易、结算电子化时代，“一手交钱，一手交货”的“货银对付”的原则是极易实现的。“货银对付”属于同时履行抗辩权，具有担保履行的作用。至于其他诸如多级结算、多级托管、结算保证金等传统的保障交易效率和安全的制度，在电子化时代，已经没有存在的价值。据笔者所查所限，各国尚未有在直接登记体制下进行“二级结算”的立法例。

我国应当重构证券结算体制。证券登记机构应当向投资者执行一级结算，而不是经由证券公司的二级结算。一方面，交易电子化、证券无纸化、登记电子化和结算电子化支持一级结算。现代网络技术、计算机技术完全可以保障交易、结算和登记的安全。另一方面，结算时执行“货银对付”原则，完全可以解决交易履行时的违约风险。

《证券法》的修订应当以证券无纸化理论为其理论基础。证券无纸化是我国证券实践的现实。现代科技的发展，使证券权利拥有全新的公示方式。证券权利完全可以登记在电子登记簿上，以登记作为权利的存在方式，以登记变更作为权利变动的方式。在现代科技条件下，登记和登记变更这种权利公示方式比占有和交付的方式更为优越。为反映这一现实，《证券法》的修订应当摒弃诸如过户、托管等过时的概念。

徒法不足以自行。正如亚里士多德所指出的：“法治应该包含两重含义：已成立的法律获得普遍的服从，而大家所服从的法律又应该是本身制定得良好的法律。”[①] 法律修订再好，如不实施，那也只能算是文本的进步。

①［古希腊］亚里士多德：《政治学》，商务印书馆 1985 年版，第 198 页。

参 考 文 献

中文著作：

1. 许中缘：《商法的独特品格与我国民法典编纂》（上），人民出版社 2017 年版。

2. 许中缘：《商法的独特品格与我国民法典编纂》（下），人民出版社 2017 年版。

3. 樊涛：《中国商法总论》，法律出版社 2016 年版。

4. 刘俊海：《现代公司法》（上），法律出版社 2015 年版。

5. 王延川：《现代商法的形成：交易模型与价值结构》，法律出版社 2015 年版。

6. 冯果主编：《证券法》，武汉大学出版社 2014 年版。

7. 童列春：《商法基础理论体系研究》，法律出版社 2014 年版。

8. 张强：《商法强制性规范研究》，法律出版社 2014 年版。

9. 曾大鹏：《中国商法通则理论与立法研究》，法律出版社 2013 年版。

10. 郑曙光、胡新建：《现代商法：理论基点与规范体系》，中国人民大学出版社 2013 年版。

11. 朱庆育：《民法总论》，北京大学出版社 2013 年版。

12. 徐强胜：《商法导论》，法律出版社 2013 年版。

13. 胡骏:《古希腊民商事立法研究——以雅典城邦为中心考察》,上海人民出版社 2012 年版。

14. 刘凯湘:《民法总论》,北京大学出版社 2011 年版。

15. 刘俊海:《现代证券法》,法律出版社 2011 年版。

16. 梁慧星:《民法总论》(第 4 版),法律出版社 2011 年版。

17. 徐金海:《商法源流论》,中国经济出版社 2011 年版。

18. 周林彬主编:《商法与企业经营》,北京大学出版社 2010 年版。

19. 郭晓霞:《商行为与主体制度研究》,中国人民公安大学出版社 2010 年版。

20. 朱锦清:《公司法前沿问题研究》,浙江大学出版社 2010 年版。

21. 施天涛:《商法学》(第 4 版),法律出版社 2010 年版。

22. 王焜:《积极的信赖保护:权利外观研究》,法律出版社 2010 年版。

23. 樊涛、王延川:《商法总论》,知识产权出版社 2010 年版。

24. 赵中孚主编:《商法总论》(第 4 版),中国人民大学出版社 2009 年版。

25. 董安生:《新编英国商法》,复旦大学出版社 2009 年版。

26. 钟瑞栋:《民法中的强制性规范》,法律出版社 2009 年版。

27. 陈本寒主编:《商法新论》,武汉大学出版社 2009 年版。

28. 邹海林、张辉:《商法基础理论研究的新发展》,中国社会科学出版社 2009 年版。

29. 徐卫东主编:《保险法学》(第 2 版),科学出版社 2008 年版。

30. 邹海林主编:《中国商法的发展研究》,中国社会科学出版社 2008 年版。

31. 覃有土主编:《商法学》,高等教育出版社 2008 年版。

32. 王保树:《商法总论》,清华大学出版社 2007 年版。

33. 彭万林主编:《民法学》(第 6 版),中国政法大学出版社 2007 年版。

34. 夏雅丽:《证券市场与股份制度研究》，科学出版社 2007 年版。

35. 范健、王建文:《证券法》，法律出版社 2007 年版。

36. 王欣新:《破产法》(第 2 版)，中国人民大学出版社 2007 年版。

37. 全先银:《商法上的外观主义》，人民法院出版社 2007 年版。

38. 苗延波:《中国商法体系研究》，法律出版社 2007 年版。

39. 范健主编:《商法》，高等教育出版社 2007 年版。

40. 叶林主编:《商法学原理与案例教程》，中国人民大学出版社 2006 年版。

41. 叶林:《证券法》(第 2 版)，中国人民大学出版社 2006 年版。

42. 周友苏:《上市公司法律规制论》，商务印书馆 2006 年版。

43. 季立刚:《民国商事立法研究》，复旦大学出版社 2006 年版。

44. 王志华:《中国近代证券法》，北京大学出版社 2005 年版。

45. 范健、王建文:《商法基础理论专题研究》，高等教育出版社 2005 年版。

46. 范健、王建文:《商法的价值、源流及本体》，中国人民大学出版社 2004 年版。

47. 张民安、龚赛红:《商法总则》，中山大学出版社 2004 年版。

48. 王利明主编:《民法学》，中国人民大学出版社 2004 年版。

49. 张守文:《经济法理论的重构》，人民出版社 2004 年版。

50. 李永军:《合同法》，法律出版社 2004 年版。

51. 朱锦清:《证券法学》，北京大学出版社 2004 年版。

52. 刘宗胜、张永志:《公司法比较研究》，中国人民公安大学出版社 2004 年版。

53. 范健:《德国商法：传统框架与新规则》，法律出版社 2003 年版。

54. 黄茂荣:《债法总论》，中国政法大学出版社 2003 年版。

55. 陈若鸿编译:《英国货物买卖法：判例与评论》，法律出版社 2003

年版。

56. 梁宇贤：《票据法新论》，中国人民大学出版社 2003 年版。

57. 郑玉波：《民法总则》，中国政法大学出版社 2003 年版。

58. 赵万一：《商法基本问题研究》，法律出版社 2002 年版。

59. 谢怀栻：《外国民商法精要》，法律出版社 2002 年版。

60. 王保树主编：《中国商事法》（新编本），人民法院出版社 2001 年版。

61. 王泽鉴：《民法总则》（增订版），中国政法大学出版社 2001 年版。

62. 王泽鉴：《债法原理》（第 1 册），中国政法大学出版社 2001 年版。

63. 何勤华主编：《法国法律发达史》，法律出版社 2001 年版。

64. 周枏：《罗马法原论》，商务印书馆 2001 年版。

65. 沈达明编：《法国商法引论》，对外经济贸易出版社 2001 年版。

66. 史尚宽：《债法总论》，中国政法大学出版社 2000 年版。

67. 谢振民：《中华民国立法史》，张知本校订，中国政法大学出版社 2000 年版。

68. 林诚二：《民法理论与问题研究》，中国政法大学出版社 2000 年版。

69. 高在敏：《商法的理念与理念的商法》，陕西人民出版社 2000 年版。

70. 董安生、王文钦、王艳萍编：《中国商法总论》，吉林人民出版社 1994 年版。

71. 江平主编：《新编公司法教程》，法律出版社 1994 年版。

72. 沈达明、郑淑君：《比较破产法初论》，对外贸易教育出版社 1993 年版。

73. 江平主编：《法人制度论》，中国政法大学出版社 1993 年版。

74. 徐学鹿：《商法概论》，中国商业出版社 1986 年版。

75. 史尚宽：《债法总论》，荣泰印书馆 1986 年版。

76. 张国键：《商事法概要》，三民书局 1986 年版。

77. 金观涛、唐若昕：《西方社会结构的演变》，四川人民出版社 1985

年版。

78. 刘清波:《破产法新论》(修订版),京华书局 1984 年版。

79. 张国键:《商事法论》,三民书局 1980 年版。

80. 王伯琦:《民法通则》,中正书局 1979 年版。

译著:

1. [美] 保罗·戴维斯、莎拉·沃辛顿:《现代公司法原理》(第 9 版),罗培新、赵渊、胡改蓉、张天颖译,法律出版社 2016 年版。

2. [日] 近藤光男:《日本商法总则·商行为法》,梁爽译,法律出版社 2016 年版。

3. [美] 弗兰克·伊斯特布鲁克、丹尼尔·费希尔:《公司法的经济结构》(中译本第 2 版),罗培新、张建伟译,北京大学出版社 2014 年版。

4. [德] 维尔纳·弗卢梅:《法律行为论》,迟颖译,法律出版社 2013 年版。

5. [德] 汉斯·布洛克斯、沃尔夫·迪特里希·瓦尔克:《德国民法总论》(第 33 版),张艳译,中国人民大学出版社 2012 年版。

6. [日] 前田庸:《公司法入门》(第 12 版),王作全译,北京大学出版社 2012 年版。

7. [德] 格茨·怀克、克里斯蒂娜·温德比西勒:《德国公司法》,殷盛译,法律出版社 2010 年版。

8. [德] 道格拉斯·诺思、罗伯特·托马斯:《西方世界的兴起》,厉以平、蔡磊译,华夏出版社 2009 年版。

9. [美] 保罗·海恩、彼得·勃特克、大卫·普雷契特科:《经济学的思维方式》,马昕、陈宇译,世界图书出版公司 2008 年版。

10. [英] 保罗·戴维斯:《英国公司法精要》,樊云慧译,法律出版社 2007 年版。

11. [德] 马克斯·韦伯:《经济通史》，姚曾廙译，上海三联书店 2006 年版。

12.[德]C. W. 卡纳里斯:《德国商法》，杨继译，法律出版社2006年版。

13. [日] 松波仁一郎:《日本商法论》，秦瑞玠等译，中国政法大学出版社 2005 年版。

14. [法] 伊夫·居荣:《法国商法》，罗结珍、赵海峰译，法律出版社 2004 年版。

15. [德] 卡尔·拉伦茨:《法学方法论》，陈爱娥译，商务印书馆 2004 年版。

16. [冰岛] 拉恩·埃格特森:《经济行为与制度》，吴经邦等译，商务印书馆 2004 年版。

17. [美] 罗斯科·庞德:《法理学》(第 1 卷)，邓正来译，中国政法大学出版社 2004 年版。

18. [比利时] 亨利·皮朗:《中世纪欧洲经济社会史》，乐文译，上海人民出版社 2001 年版。

19. [日] 石川明:《日本破产法》，何勤华、周桂华译，中国法制出版社 2000 年版。

20. [日] 我妻荣:《债权在近代法上的优越地位》，王书江、张雷译，中国大百科全书出版社 1999 年版。

21. [葡] 平托:《民法总则》，法律翻译办公室、澳门大学法学院译，1999 年版。

22. [法] 克洛德·商波:《商法》，刘庆余译，商务印书馆 1998 年版。

23. [德] 马克斯·韦伯:《论经济与社会中的法律》，张乃根译，中国大百科全书出版社 1998 年版。

24. [美] 本杰明·卡多佐:《司法过程的性质》，苏力译，商务印书馆 1998 年版。

25. [德]古斯塔夫·拉德布鲁赫:《法学导论》，米健等译，中国大百科全书出版社1997年版。

26. 孟德斯鸠:《论法的精神》(下册)，张雁深译，商务印书馆1997年版。

27. [英]梅因:《古代法》，沈景一译，商务印书馆1996年版。

28. [美]泰格、利维:《法律与资本主义的兴起》，纪琨译，学林出版社1996年版。

29. [奥地利]凯尔森:《法与国家的一般理论》，沈宗灵译，中国大百科全书出版社1996年版。

30. [美]哈罗德·J.伯尔曼:《法律与革命》，贺卫方等译，中国大百科全书出版社1993年版。

31. [日]北川善太郎:《民法总则》，有斐阁1993年版。

32. [英]施米托夫:《国际贸易法文选》，赵秀文译，中国大百科全书出版社1993年版。

33. [德]茨威格特:《比较法研究》，贺卫方等译，贵州人民出版社1992年版。

34. [美]小艾尔弗雷德·D.钱德勒:《看得见的手——美国企业的管理革命》，重武译，商务印书馆1987年版。

35. [日]金泽良雄:《经济法学概论》，满达人译，甘肃人民出版社1985年版。

36. [英]梅里曼:《大陆法系》，顾培东、禄正平译，知识出版社1984年版。

37. [法]布瓦松纳:《中世纪欧洲生活和劳动》，潘源来译，商务印书馆1982年版。

38. [英]亚当·斯密:《国民财富的性质和原因的研究》，郭大力、王亚南译，商务印书馆1974年版。

39. [日]米谷隆三:《现代日本法的解释》，钻石出版社1944年版。

40.［日］我妻荣:《中国民法债编总则论》，洪锡恒译，商务印书馆1935年版。

中文论文：

1. 史紫伟:《电子商务立法定位的法律思考》，载吕来明主编:《商法研究》2015年卷，中国政法大学出版社2016年版，第263～264页。

2. 张保红:《论证券非公开发行制度的重构》，载《政治与法律》2015年第4期。

3. 蒋大兴:《论民法典〈民法通则〉对商行为之调整——透视法观念、法技术与商行为之特殊性》，载《比较法研究》2015年第4期。

4. 王轶:《民法典的规范类型及其配置关系》，载《清华法学》2014年第6期。

5. 张保红:《证券登记结算制度的缺陷与重构》，载《法商研究》2014年第2期。

6. 郭富青:《商法外观主义与商事裁判思维》，载王保树主编:《中国商法年刊（2013）》，法律出版社2013年版。

7. 单飞跃:《中国经济法部门的形成：轨迹、事件与特征》，载《现代法学》2013年第4期。

8. 谢鸿飞:《民法典与特别民法关系的建构》，载《中国社会科学》2013年第2期。

9. 刘保玉、郭栋:《权利外观保护理论及其在我国民法典中的设计》，载《法律科学》2012年第5期。

10. 蔡立东:《法人分类模式的立法选择》，载《法律科学》（西北政法大学学报）2012年第1期。

11. 叶林:《企业的商法意义及"企业进入商法"的新趋势》，载《中国法学》2012年第4期。

12. 刘洪华:《论有限责任公司股东资格的认定》，载《暨南学报》（哲学社会科学版）2012 年第 8 期。

13. 王明锁:《论商事账簿及其法律关系的性质》，载《法学杂志》2011 年第 3 期。

14. 苏永钦:《以公法规范控制私法契约》，载《人大法律评论》2010 年卷。

15. 于娟:《商法价值指向与经济法价值向度相关度考察》，载《求索》2010 年第 2 期。

16. 何晓行:《公司经理法律制度研究》，载《天府新论》2009 年第 3 期。

17. 李建伟:《从小商贩的合法化途径看我国商个人体系的建构》，载《中国政法大学学报》2009 年第 6 期。

18. 叶林、石旭雯:《外观主义的商法意义》，载《河南大学学报》（社会科学版）2008 年第 3 期。

19. 刘云升:《商事通则构造论》，载《河北法学》2007 年第 4 期。

20. 赵旭东:《制定〈商事通则〉的五大理由》，中国商法年刊 2007 年，第 1 ～ 11 页。

21. 王轶:《论倡导性规范——以合同法为背景的分析》，载《清华法学》2007 年第 1 期。

22. 赵万一:《从民法与宪法关系的视角谈我国民法典制定的基本理念和制定架构》，载《中国法学》2006 年第 1 期。

23. 王丽萍:《对契约自由及其限制的理性思考》，载《山东大学学报》（哲学社会科学版）2006 年第 6 期。

24. 张民安:《法国商事登记制度研究》，载王保树主编:《商事法论集》（第 11 卷），法律出版社 2006 年版。

25. 张谷:《商法，这只寄居蟹》，载《清华法治论衡》2005 年第 2 期。

26. 张谷:《中国民法商法化举隅》，载《金融法苑》2005 年第 1 期。

27. 王志华:《中国商法百年(1904～2004)》，载《比较法研究》2005年第2期。

28. 税兵:《法人独立责任辨析》，载《四川大学学报》(哲学社会科学版)2005年第2期。

29. 李德智:《论公司有限责任制度》，载《现代法学》2005年第5期。

30. 王保树:《商事通则：超越民商合一与民商分立》，载《法学研究》2005年第1期。

31. 梅夏英:《民法上公示制度的法律意义及其后果》，载《法学家》2004年第2期。

32. 李康宁:《论商法部门与商法公法化》，载《天津师范大学学报》(社会科学版)2004年第2期。

33. 曹兴权:《认真对待商法的强制性：多维视角的诠释》，载《甘肃政法学院学报》2004年第5期。

34. 杨继:《中国股份公司法定代表人制度的存废》，载《现代法学》2004年第12期。

35. 雷兴虎:《商事通则：中国商事立法的基本形式》，载《湖南社会科学》2004年第6期。

36. 任尔昕:《制定〈商事通则〉论纲——以总体思路、体系结构为内容》，载《甘肃政法学院学报》2004年第3期。

37. 曹兴权:《认真对待商法的强制性：多维视角的诠释》，载《甘肃政法学院学报》2004年第5期。

38. 石少侠:《我国应实行实质商法主义的民商分立——兼论我国的商事立法模式》，载《法制与社会发展》2003年第5期。

39. 史际春、姚海放:《再论商法》，载《首都师范大学学报》(社会科学版)2003年第1期。

40. 赵旭东:《商法的困惑与思考》，载《政法论坛》2002年第1期。

41. 李永军:《论商法的传统与理性基础》，载《法制与社会发展》2002年第6期。

42. 熊进光:《德国商号制度及其改革》，载《河北法学》2002年第1期。

43. 王保树、钱玉林:《经理法律地位之比较研究》，载《法学评论》2002年第2期。

44. 韩强:《特许经营的责任分担和风险防范》，载《华东政法大学学报》2002年第6期。

45. 梁治平:《法律史的视界：方法、旨趣与范式》，载《中国文化》2002年第19期。

46. 范健:《德国商法的历史命运》，载《南京大学法律评论》2002年秋季。

47. 胡鸿高:《商法价值论》，载《复旦学报》2002年第5期。

48. 钱玉林:《商法的价值、功能及其定位》，载《中国法学》2001年第5期。

49. 史际春、陈岳琴:《论商法》，载《中国法学》2001年第4期。

50. 冯果:《论公司资本三原则的现代局限》，载《中国法学》2001年第3期。

51. 谢非:《德国商业登记法律制度的沿革》，载《德国研究》2000年第3期。

52. 帅天龙:《清末的商事立法》，载徐学鹿主编：载《商法研究》(第1辑)，人民法院出版社2000年版。

53. [德] 沃尔夫岗·塞勒特:《从德国商法典编纂历史德国民商法之间的关系》，载范健等主编:《中德法律继受与法典编纂》，法律出版社2000年版。

54. 张秀全:《商法基本原则研究》，载《现代法学》1999年第5期。

55. 甘培忠:《我国独资企业立法的几个问题》，载《中外法学》1999

年第 5 期。

56. 卜元石:《德国商法的改革》，载《德国研究》1999 年第 1 期。

57. [德] 卡斯腾 · 施密特:《德国商法改革法》，王彦明、涂长风译，载《法制与社会发展》1999 年第 6 期。

58. [德] 康德拉 · 茨威格特、海因 · 克茨:《合同法中的自由与强制》，孙宪忠译，载梁慧星主编:《民商法论丛》(第 9 卷)，法律出版社 1998 年版。

59. 费安玲:《1942 年〈意大利民法典〉的产生及其特点》，载《比较法研究》1998 年第 1 期。

60. 顾敏康:《公司法定代表人的比较研究》，载《华东政法学报》1998 年第 1 期。

61. 丁南:《论民商法上的外观主义》，载《法商研究》1997 年第 5 期。

62. 费方域:《两权分离、代理问题和公司治理》，载《上海经济研究》1996 年第 8 期。

63. 李茂管:《法学界关于公法与私法划分问题的争论》，载《求是》1995 年第 22 期。

64. 赵旭东:《独资企业立法研究》，载《政法论坛》1995 年第 1 期。

65. 范健:《德国商号法律制度评析》，载《法律科学》1994 年第 1 期。

66. 王利明:《公司的有限责任制度的若干问题》，载《政法论坛》1994 年第 2 期。

67. [美] 丹尼斯 · 特伦:《商法与经济法》，载《法学译丛》1986 年第 4 期。

外文文献:

1. A.N.Yiannopoulos, “The Civil Codes Of Louisiana” , 1 *Civil Law Commentaries*, 2008.

2. Gunther A. Weiss, “The Enchantment of Codification in the Common-

Law World" , 25 *Yale Journal of International Law*, 2000.

3. Nancy R. Furmari, "Are Traditional Agency Principles Effective for Internet Transactions, Given the Lack of Personal Interaction" , 63 *Albany Law Review*, 1999.

4. Peter Van Schilfgaarde, "System, Good Faith and Equity in the New Dutch Civil Code" , 5 *European Review of Private Law*, 1997.

5. Menachem Mautner, "'The Eternal Triangles of Law' : Toward a Theory of Priorities in Conflicts Involving Remote Parties" , 90 *Michigan Law Review*, 1991.

6. Jean Louis Bergel, "Principle Features and Methods of Codification" , 48 *Louisiana Law Review*, 1988.

7. Coy Goode, "The Codification of Commercial Law" , 14 *Monash University Law Review*, 1988.

8. FH Easterbrook & DR Fiscel, "Limited Liability and the Corporation" , 52 *University of Chicago Law Review*, 1985.

9. Tony Orhniaiedited, *Limited Liability and the Corporation*, Croom Helm, London & Canberra, 1982.

10. Dame Mary Arden, "Time For an English Commercial Code? " , 56 *Cambridge Law Journal*, 1977.

11. RA Posner, "The Rights of Creditors of Affiliated Corporations" ,43 *University of Chicago Law Review*, 1976.

12. Hayek, *Law, Legislation and Liberty*, The University of Chicago Press, 1973.

13. Frederick Pollock & Frederic W. Maitland, *The History of English Law*, Vol. 1, Cambridge University Press, 1968.

14. Grant Gilmore, "On the Difficulties of Codifying Commercial Law" ,

57 *Yale Law Journal*, 1948.

本书所引外国法律译本：

1. 戴永盛译:《瑞士债务法》，中国政法大学出版社 2016 年版。

2. 刘成杰:《日本最新商法典译注》，中国政法大学出版社 2012 年版。

3. 杜景林、卢谌:《德国民法典评注》，法律出版社 2011 年版。

4. 金邦贵译:《法国商法典》，中国法制出版社 2000 年版。

5. 吴日焕译:《韩国商法》，中国政法大学出版社 1999 年版。

6. 杜景林、卢谌译:《德国商法典》，中国政法大学出版社 1999 年版。

本书所引我国法律制定与最近修订年限：

1.《民法总则》，2017 年制定。

2.《个体工商户管理条例》，国务院 2011 年制定，2014 年修订，2016 年 2 月修订。

3.《企业名称登记管理规定》，国务院 2011 年批准，2012 年修订。

4.《合同法解释（二）》，最高人民法院《关于适用〈中华人民共和国合同法〉若干问题的解释（二）》，最高人民法院 2009 年制定。

5.《企业破产法》，2007 年制定。

6.《期货交易管理条例》，国务院 2007 年制定，2012 年修订。

7.《个人独资企业法》，1999 年制定。

8.《合同法解释（一）》，最高人民法院《关于适用〈中华人民共和国合同法〉若干问题的解释（一）》，最高人民法院 1999 年制定。

9.《合同法》，1999 年制定。

10.《证券法》，1998 年制定，2005 年修订、2013 年修订。

11.《合伙企业法》，1997 年制定，2006 年修订。

12.《商业银行法》，1995 年制定，2003 年修订、2015 年修订。

13.《票据法》，1995 年制定，2004 年修订。

14.《保险法》，1995 年制定，2009 年修订、2014 年修订、2015 年修订。

15.《公司登记管理条例》，国务院 1994 年制定，2014 年修订。

16.《消费者权益保护法》，1993 年制定，2013 年修订。

17.《公司法》，1993 年制定，2013 年修订。

18.《海商法》，1992 年制定。

19.《企业会计准则——基本准则》，1992 年财政部制定，2006 年修订，2014 年修改。

20.《民法通则》，1986 年制定，2009 年修订。

21.《民事诉讼法（试行）》，1982 年制定，现已废止。

图书在版编目(CIP)数据

中国商事立法研究 / 张保红著. -- 北京 : 法律出版社, 2019

ISBN 978 - 7 - 5197 - 2421 - 4

Ⅰ. ①中… Ⅱ. ①张… Ⅲ. ①商法 - 立法 - 研究 - 中国 Ⅳ. ①D923.994

中国版本图书馆 CIP 数据核字(2019)第 004664 号

中国商事立法研究
ZHONGGUO SHANGSHI LIFA YANJIU

张保红 著

责任编辑 孙东育 王 珊
装帧设计 李 瞻

出版 法律出版社
总发行 中国法律图书有限公司
经销 新华书店
印刷 三河市龙大印装有限公司
责任校对 晁明慧
责任印制 陶 松

编辑统筹 学术·对外出版分社
开本 720 毫米×960 毫米 1/16
印张 23.75
字数 303 千
版本 2019 年 1 月第 1 版
印次 2019 年 1 月第 1 次印刷

法律出版社/北京市丰台区莲花池西里 7 号(100073)
网址/www. lawpress. com. cn
投稿邮箱/info@ lawpress. com. cn
举报维权邮箱/jbwq@ lawpress. com. cn
销售热线/010 - 83938336
咨询电话/010 - 63939796

中国法律图书有限公司/北京市丰台区莲花池西里 7 号(100073)
全国各地中法图分、子公司销售电话:
统一销售客服/400 - 660 - 6393
第一法律书店/010 - 83938334/8335
西安分公司/029 - 85330678
重庆分公司/023 - 67453036
上海分公司/021 - 62071639/1636
深圳分公司/0755 - 83072995

书号:ISBN 978 - 7 - 5197 - 2421 - 4
定价:89.00 元

中国法学会后期资助项目文丛

BOOK SERIES FUNDED BY CHINA LAW SOCIETY

1. 《行政程序法典化研究》姜明安 等著
2. 《解读青年马克思的黑格尔法哲学批判》姚远 著
3. 《清代“杀一家三人”律、例辨析》吴杰 著
4. 《中央地方关系中的民主集中制研究》苗泳 著
5. 《证券内幕交易构成要件比较研究》曹理 著
6. 《欧洲婚姻财产法的未来》樊丽君 译
7. 《德国刑法教义学上的客观处罚条件》王钰 著
8. 《结果加重犯的基本原理与认定规则研究》邓毅丞 著
9. 《刑事诉讼中法院职权调查问题研究》林铁军 著
10. 《人民陪审员角色研究》刘方勇 著
11. 《非典型劳动者权益保护研究》班小辉 著
12. 《创新与反垄断——互联网企业滥用行为之法律规制研究》仲春 著
13. 《不得援引国家豁免的商业交易诉讼研究》纪林繁 著
14. 《国家侵权的国际私法问题研究》李华成 著

15.《法律的空间意象性》朱垭梁 著

16.《罗马体育法要论》赵毅 著

17.《〈大清律例〉律目研究》张田田 著

18.《陕派律学家事迹纪年考证》闫晓君 著

19.《论行政法上的意思表示——兼论行政行为构成中的意识要件》田勇军 著

20.《新农村建设中保障农民政治参与权利的制度创新研究》蔡振亚 王为东 著

21.《国家赔偿法研究述评》上官丕亮 主编

22.《个人信息与权利配置——个人信息自决权的反思和出路》刘金瑞 著

23.《从“大陆”走向“混合”的路易斯安那民法典》李宁 著

24.《防控网络恐怖活动立法研究》皮勇 著

25.《背信犯罪：当代社会的白领犯罪》刘荣 译

26.《刑事诉讼中的鉴定意见质证制度研究》王跃 著

27.《互联网规制的国际贸易法律问题研究》孙南翔 著

28.《相关市场界定研究——以技术许可协议为视角》周围 著

29.《外资并购国家安全审查制度的平衡机制研究》杨静 著

30.《司法改革背景下裁判文书说理繁简分流研究》罗灿 著

31.《当代中国法制的政治逻辑》瞿郑龙 著

32.《美国行政法规的司法审查研究》杨蕾 著

33.《非上市公司股份交易法律问题研究》黄爱学 著

34.《中国商事立法研究》张保红 著

35.《日本民事再审事由研究——以判例分析为中心》翟志文 著

36.《论民法教义体系与家庭法的对立与融合：现代家庭法的谱系生成》刘征峰 著

37.《香港与内地刑事法制冲突问题研究》马正楠 著

38.《刑事程序性法律后果研究》马永平 著

39.《抢劫罪量刑经验研究》赵学军 著

40.《生态安全义务履行与人的致灾性法律控制》王建平 著

41.《税法的分配功能研究》侯卓 著